Taffy

Peter Stiff

Taffy

die unglaubliche und wahre Geschichte
eines weissen Killers in Afrika

Ins Deutsche übertragen
von Michael K. Georgi

Eichborn Verlag

Taffy's Widmung:
Für Chuck Hind, ehemals beim 22-SAS-Regiment ... er hat »gegen die Uhr verloren« und starb als unbesungener Held im Kampf für Rhodesien
und
Für Francis,
die ganz besondere und wunderschöne Frau, die ich liebe ... ein unverzichtbarer Teil meiner Bücher und meines gesamten Lebens

Titel der Originalausgabe:
SEE YOU IN NOVEMBER 1985
Galago Publishing (Pty) Ltd

Deutsche Ausgabe:

März 1985. Umschlaggestaltung: Uwe Gruhle.
Gesamtherstellung: Fuldaer Verlagsanstalt GmbH. ISBN 3-8218-0135-2.
Verlagsverzeichnis schickt gern: Eichborn Verlag, D-6000 Frankfurt 70

CIP-Kurztitelaufnahme der Deutschen Bibliothek

Stiff, Peter:

Taffy : d. unglaubl. u. wahre Geschichte e. weissen Killers in Afrika / Peter Stiff. Übers. aus d. Engl. von Michael K. Georgi. — Frankfurt am Main : Eichborn, 1986.
Einheitssacht.: See you in November [dt.]
ISBN 3-8218-0135-2

Ein faschistisches Buch

Wir haben uns lange überlegt, ob man ein so ungeheuerliches Buch aus einem südafrikanischen Militaria-Verlag in der Bundesrepublik verlegen kann. Ein Buch, das in der Republik Südafrika eine enorme Verbreitung fand und die Weltpresse beschäftigte.
Wie wird es bei uns verstanden?
Liefern wir damit den unverbesserlichen Rechtsaußen Lesestoff?
Wirkt es wie ein Landser-Heft?
Wir hoffen, es macht die Augen auf für die schockierende Realität.
Bei aller trivialen Spannung – hier geht es um Tatsachen!
Das ungebrochene, blindwütige Heldentum eines Killers Taffy ist heute überall in der Welt an der Tagesordnung, bezahlt, zumindest unterstützt von westlichen wie östlichen Geheimdiensten, im Namen der Zivilisation, der Freiheit . . .
Was Taffy hier schildert – und nach eigenem Bekunden jederzeit wiederholen würde – ist Faschismus pur. (Nicht alles, was Gewalt ist, ist Faschismus; dieser Begriff wird oft völlig unhistorisch mißbraucht.)
In der Sekundärliteratur gibt es zahllose Abhandlungen über das Fortwirken des Kolonialismus in der Dritten Welt, auch Sachbücher über das unselige Wirken der Geheimdienste.
Wohl kein Werk führt jedoch die alltägliche Brutalität des weißen Herrenmenschen in unserer Gegenwart so drastisch und unmittelbar vor Augen wie dieses Buch. Und manche westliche Arroganz, auch in Kreisen, die sich für aufgeklärt halten und schnell mit intellektuellen Rezepten für die Dritte Welt bei der Hand sind, verblaßt angesichts dieser Realität. Taffys Bericht ist schieres Gift. Wir hoffen, daß er Abwehrkräfte mobilisiert.
Und – nehmen wir uns selbst und unseren Wirklichkeitsausschnitt nicht so leichtfertig als Maßstab aller Dinge . . .

Der Verlag, im Mai 1986

INHALT

Das Vorwort der südafrikanischen Originalausgabe

Dies ist ein authentischer Bericht über den Krieg des rhodesischen Geheimdienstes, erzählt von Taffy – Codename des Anführers einer der geheimsten Auslandseinsatzgruppen der Central Intelligence Organisation CIO.

Es ist eine unglaubliche Geschichte über mehr als sechs Jahre spannenden Abenteuers, über Tapferkeit und Raffinesse, über Standhaftigkeit und über eine Einsamkeit, die dem Bewußtsein der Beteiligten entsprang, daß ihr Land, Rhodesien, jedes Wissen um ihre Existenz ableugnen würde, falls man sie faßte.

Es ist eine Geschichte, die nie erzählt worden wäre, wenn es Rhodesien noch gäbe.

Zwei hatten sich ihren makellosen Ruf in den Eliterängen der unübertroffenen Kriegsschule von Großbritanniens 22-SAS-Regiment erworben, der andere war ein sambischer Farmer, im Lande geboren, als es noch Nord-Rhodesien war.

Obwohl ihre Stärke dezimiert wurde, erst durch Tod, dann durch Gefangennahme, gelang es ihnen auf brillante Weise, eine tiefe Kluft aufzureißen zwischen Rhodesiens wichtigsten terroristischen Gegnern, die von Sambia aus operierten - Robert Mugabes ZANU und Joshua Nkomos ZAPU –, eine Kluft, die bis heute besteht. Sie spielten zu einem verwirrenden Tanz des Todes und der Zerstörung auf und suggerierten jeweils der einen Gruppe, daß die andere verantwortlich dafür sei. Durch den Mord an Herbert Chitepo, dem Chef der ZANU, sorgten sie dafür, daß Präsident Kaunda von Sambia alle Mitglieder des militärischen Oberkommandos der ZANLA als Mordverdächtige verhaftete und die ZANU aus dem Land jagte, wodurch ihre kriegerischen Aktivitäten 18 Monate lang lahmgelegt wurden.

Das Team lieferte Aufklärungsmaterial für die großen Luftangriffe der Rhodesier auf Joshua Nkomos von den Sowjets ausgerüsteten und unterstützten ZIPRA-Stützpunkte in Sambia, es griff wirtschaftlich wichtige Ziele der Sambier an, um ihnen die Lust zu nehmen, rhodesische Regimegegner zu unterstützen – es ließ Eisenbahnzüge entgleisen, schoß ein Treibstofflager mit Raketen in Brand, und nur durch einen dummen Zufall mißlang der Plan, die riesige Mufulira-Kupfermine dauerhaft außer Betrieb zu setzen.

Taffy führte die SAS nach Sambia bei einem waghalsigen, wenn auch erfolglosen Unternehmen, Nkomo zu liquidieren, nachdem die ZIPRA mit einer von den Sowjets gelieferten Boden-Luft-Rakete eine zivile Passagiermaschine der Rhodesia Airlines abgeschossen und anschließend die meisten der unter Schock stehenden und verletzten Überlebenden umgebracht hatte.

Im September 1979 ging Taffy nach London, um Robert Mugabe, den Führer der ZANU, während der Unabhängigkeitsverhandlungen im Lancaster House zu ermorden. Sein Plan, im Foyer des Royal Gardens Hotels in Kensington eine Sprengladung zu zünden, war bis zur »Knopfdruck-Phase« gediehen, als die Operation mit dem Codenamen »November« abgeblasen wurde. Über den Grund dafür kann auch heute nur spekuliert werden.

Des weiteren enthält das Buch bisher unveröffentlichte, sensationelle Einzelheiten über die Ausbildung und über von Taffy durchgeführte Operationen aus seiner Dienstzeit beim britischen 22-SAS-Regiment, sowie über den Plan des MI-6 zur Ermordung des lybischen Führers Oberst Gadaffi im Jahre 1970, ein Plan, der scheiterte, nachdem die CIA Wind davon bekam und ihn stoppte.

Einige Namen wurden geändert, um die Identität zu schützen. Rhodesien ist zwar von den Zeitläuften weggeweht worden, doch viele Menschen, die für ihr Land gekämpft haben, sind in dem jetzigen Simbabwe geblieben.

1

März 1980
NACHSPIEL

Am 15. März 1980 hörte Rhodesien auf, eines der wichtigsten Dinge in meinem Leben zu sein, und ich verbannte es in die Rolle einer traurigen Erinnerung.

Das war der Tag, als ich auf das Vorfeld des Flughafens von Salisbury lief und, zum letzten Mal, eine Boeing 720 der Air Rhodesia bestieg – Flug RH161 nach Johannesburg. Von dort nahm ich eine British-Airways-Maschine nach London, und nach einem Monat zu Besuch bei Verwandten wollte ich nach Amerika fliegen. Ich fühlte mich sehr verbittert, und darin stand ich nicht allein. Praktisch jeder, der sich als Rhodesier bezeichnete, teilte meine Verbitterung. Ich war nicht in Rhodesien geboren, hatte jedoch dort neun Jahre gelebt und es als meine Heimat angenommen ... so wie Rhodesien mich als Sohn angenommen hatte.

»So«, sagte mein Vater, der seinen Sohn so wenig verstand, zur Begrüßung in Cardiff, »es muß schön sein, wieder nach Hause zu kommen.«

»Zu Hause« war für meinen Vater Großbritannien, und er fand es nur natürlich, daß sein Sohn dieses Gefühl teilte, doch für mich war es nicht länger die Heimat, auch wenn ich einst für Großbritannien die gleichen Feinde, wie es mir schien, bekämpft hatte wie vor kurzem noch für Rhodesien.

Der Fall von Rhodesien schien lediglich ein weiterer Schritt in dem gleichen Plan, der den Westen Kontrolle oder Einfluß über die halbe Welt gekostet hatte.

Es ließ sich nicht ändern. Die Engländer hatten die Rhodesier schmählich verkauft. Ich vermute, sie waren von Anfang an entschlossen gewesen, Rhodesien einer schwarzen Mehrheitsregierung zu übergeben, wie sie es so blauäugig nannten. Sie setzten eine demokratische Wahlmaschinerie in

Gang inmitten eines Sturms der Selbstgerechtigkeit, wodurch von Sowjets und Chinesen unterstützte schwarze Terroristen die Macht ergreifen konnten.

Bei den Rhodesiern konnten sie kaum mit Euphorie rechnen. Euphorisch wie Lord Carrington, der Architekt der ganzen Katastrophe, und Lord Soames, der britische Übergangsgouverneur, der mit einem breiten Lächeln auf dem Gesicht so tat, als sei eine Machtübergabe an Terroristen der krönende Abschluß britischer Zivilisationsbemühungen.

Wir hatten viele Jahre gegen beide Terroristengruppen gekämpft, so wie wir uns erfolgreich gegen Großbritannien und gegen den Rest der Welt zur Wehr setzten, die sogar Wirtschaftssanktionen gegen uns verhängten, um unseren Untergang herbeizuführen.

Und am Ende schafften sie uns.

Als ich am Dienstag, dem 4. März 1980 um 9.00 Uhr morgens die Ergebnisse der von den Briten überwachten Wahlen hörte, wußte ich, daß alles vorbei war. Mubabe und seine Anhänger hatten eine absolute Mehrheit von siebenundfünfzig Sitzen in dem hundert Sitze umfassenden Parlament errungen.

Ich traf mich am nächsten Morgen mit Colonel Joe, wie üblich im Garten des Park Lane Hotels in Salisbury, und es war klar, daß er mir mindestens sechs Bier voraus hatte.

»Sie können nicht in Rhodesien bleiben, Taffy«, sagte er.

Ich verzog das Gesicht. Es kam nicht gerade überraschend. Über die Möglichkeit von Mugabes Sieg war oft diskutiert worden, doch ich hatte, auf die Unterstützung von Colonel Joes Vorgesetzten bauend, entprechende Katastrophenpläne gemacht.

»Diese fünfzehntausend Dollar«, sagte ich, »Sie wissen doch, mein eigenes Geld. Ich hab's bei unserem letzten Treffen Ricky May gegenüber erwähnt. Hat er von der Zentralbank die Genehmigung bekommen, daß ich es außer Landes bringen darf?«

»Tut mir schrecklich leid, Taffy«, erwiderte Colonel Joe entschuldigend, »aber Ricky May sagt, es sei nicht mehr in seiner Macht, Ihnen zu helfen. Sie dürfen lediglich die üblichen tausend Dollar mitnehmen, wie jeder andere emigrierende Rhodesier.«

»Ich spreche von meinem eigenen Geld«, wiederholte ich. »Über die Jahre sind viele tausend Dollar Spesenvorschüsse der CIO durch mein Hände gegangen. Ich habe jeden Cent abgerechnet und alle Überschüsse zurückgezahlt. Ich habe nie einen Penny für das verlangt, was ich für meine Pflicht als Rhodesier ansah. Jetzt verlange ich nichts weiter, als daß man mir erlaubt, mein eigenes Geld aus dem Land zu bringen, damit ich irgendwo einen neuen Anfang machen kann.«

»Nein«, sagte Colonel Joe. »Ich habe ein richtig schlechtes Gewissen, aber es ist Ricky May und ganz gewiß mir aus den Händen genommen. Jeder von uns ist betroffen. Wir alle werden nicht viel Geld ins Ausland bringen können.«

»Großartig«, sagte ich bitter, »nachdem jetzt alles aus ist, heißt es einfach: ›Pech für dich‹.«

»Ach, das würde ich nicht sagen, Taffy. Das ist ein bißchen unfair. Übrigens, jemand hoch oben hat vorgeschlagen, Ihnen einen Orden zu verleihen – das Silberne Kreuz von Rhodesien.«

»Wie nett von ihm«, meinte ich ironisch.

»Nun ja«, erwiderte der Colonel unbehaglich, »aber Sie werden sicherlich verstehen, daß man unter den gegebenen Umständen den Gedanken wieder fallenlassen mußte.« Heftig fügte er hinzu: »Wenn es allerdings nach mir gegangen wäre, hätten Sie das rhodesische VC bekommen – das Große Verdienstkreuz.«

»Ich brauche lediglich ein bißchen Geld im Ausland, damit ich anderwo neu anfangen kann«, sagte ich, etwas freundlicher. »Das ist mir Belohnung genug.«

Ich will nicht leugnen, daß ich mich, obwohl ich nie um eine Auszeichnung gebeten noch eine erwartet hatte, geschmeichelt fühlte.

»Ich habe ein ganz schlechtes Gewissen, nach allem, was Sie für uns getan haben«, fuhr Colonel Joe bedrückt fort, und ich zweifelte nicht, daß er es ehrlich meinte. Während der Kriegsjahre, in denen ich Operationen für Rhodesien durchgeführt hatte, war er mein CIO-Führungsoffizier gewesen . . . und er war mir zu einem guten Freund geworden.

»Was passiert, wenn Mugabe und seine Bande und die Kubaner und die Sowjets in Ihren Akten stöbern und entdecken, was ich all die Jahre getrieben habe?«

»Dazu kommt's nicht«, versicherte Colonel Joe. »Mugabe ist noch nicht bereit, die gesamte Macht zu übernehmen. Er hat Lord Soames gebeten, offiziell noch im Amt zu bleiben, bis er seine ZANU-Partei soweit organisiert hat, daß sie die Macht übernehmen kann. Das heißt, es gibt ein großes Freudenfeuer. Alles wird verbrannt. Sie haben sogar die Heizkessel des Krankenhauses requiriert und das Krematorium auf Warren Hills. Lastwagenkonvois mit Akten sind bereits unterwegs. Alles verschwindet, darauf haben Sie mein Wort.

»Wir wollen hinterher keine Nacht der langen Messer wegen dem, was wir im Krieg taten oder nicht taten. Das gleiche gilt für die Sanktionen, jedermann hat Anweisung vom Handels- und Industrieministerium bekommen, alle Unterlagen zu verbrennen ... und zwar schleunigst. Wenn Mugabe später nachweisen möchte, wer Rhodesien während des Kriegs geholfen hat, wird ihm das verdammt schwerfallen.«

»Die Akten über mich sind von hohem Erinnerungswert«, sagte ich mit erzwungener Fröhlichkeit.

»Keine Sorge«, antwortete Colonel Joe, »ich kümmere mich persönlich darum. Bis Sie gehen, sind nicht nur alle Sie betreffenden Akten in der CIO-Zentrale nur noch Rauch und Asche, auch alle anderen Unterlagen werden verschwunden sein – Ihre Krankenakten, Ihre Postfachnummer, Führerscheinunterlagen, Steuererklärungen und alle sonstigen Beweise, daß Sie jemals in Rhodesien gelebt haben.«

»Genau das möchte ich«, sagte ich. »Eine saubere Akte.«

»Es ist das mindeste, was ich für Sie tun kann.«

Der Colonel stand auf, und wir tauschten einen festen Händedruck.

»Passen Sie auf sich auf, Taffy. Es war eine Ehre, Sie gekannt zu haben. Irgendwie bedauere ich, daß diese Geschichte nie erzählt werden kann. Wenn ich mir überlege, was Sie in den wenigen Jahren erreicht haben, würde der literarische ›Schakal‹ vor Neid erblassen.«

»Hat wohl auch sein Gutes«, meinte ich. »Ich werde langsam ein bißchen zu alt dafür. Es war Zeit, aus dem Spiel auszusteigen.«

»Jeder muß sich irgendwann zur Ruhe setzen«, pflichtete Joe bei.

Ich nickte nachdenklich und war mir sicher, daß ich prompt abgelehnt haben würde, wenn man mir einen neuen Vertrag angeboten hätte. Und doch wußte ich tief in meinem Herzen – und weiß es auch heute noch –, daß ich binnen vierundzwanzig Stunden, ohne daß es großer Überredungskünste bedürfte, meine Entscheidung umwerfen und mich den anderen Freiwilligen anschließen würde.

Ich habe ein Problem. Ich kann nicht nein sagen, wenn es schlecht steht ... vorausgesetzt, ich bin von der Sache überzeugt. Ich bin kein Söldner ... das ist jemand, der für Geld kämpft.

Ich schätze, der SAS hat wirklich gute Arbeit geleistet und wußte genau, was er tat, als er mich vor vielen, vielen Jahren in seine Elitetruppe aufnahm.

2

SPECIAL AIR SERVICE
»Wer wagt, der gewinnt«

Ich hatte drei Jahre in der Parachute Brigade, der Fallschirmjägerbrigade, gedient. Man brauchte mindestens diese Dienstzeit, bevor man sich für den Special Air Service bewerben konnte – den SAS.

Obwohl ich ein rotes Käppi trug wie alle anderen, war ich ein Royal Engineer, ein Pionier. Die Parachute Brigade ist eine völlig eigenständige Truppe mit eigener Artillerieeinheit, Fernmeldern, Pionieren und so weiter, die alle ihre unterschiedlichen Regimentsabzeichen tragen.

Die Paras bekamen kurz nach ihrer Gründung im Zweiten Weltkrieg wegen ihrer roten Käppis den Spitznamen *Red Devils*, die *Roten Teufel*.

Mein Sergeant Major hatte nichts Schmeichelhaftes über mich zu sagen, als ich ihm eröffnete, daß ich mich für den SAS bewerben wollte.

»Taffy«, sagte er, »ich bezweifle sehr, ob ein verantwortungsloser Bastard wie du im SAS guttut. Ich sage nicht, daß du nicht clever bist, ich sage nicht einmal, daß du kein guter Soldat bist ... wenn du willst ... aber wenn du dich dort so benimmst und so viele Disziplinarverstöße hast wie bei uns ... dann schicken die dich schneller zurück, als du aus den Augen gucken kannst.«

Einige Monate nach meiner Bewerbung bekam ich einen Brief, daß der nächste SAS-Auswahlkurs im November anfinge. Ich sollte mich an dem betreffenden Tag in Bradbury Line in der Grafschaft Hereford melden – dem SAS-Depot. Mitbringen sollte ich meine normale Militärausrüstung und sollte dafür sorgen, daß ich einigermaßen fit sei und Grundkenntnisse im Kartenlesen hätte.

Der Auswahlkurs für die Parachute Brigade war hart, wirklich hart, daher bat ich den stellvertretenden Kommandeur, während der verbleibenden Monate als Ausbilder an dem nächsten Para-Auswahlkurs teilnehmen zu dürfen.

Ich hätte mich natürlich einfach hinstellen und den Fallschirmjäger-Anwärtern bei ihren Übungen zuschauen können, aber ich wollte fit werden, und so lief ich mit ihnen, hetzte über Balken und Gräben und Schikanen und absolvierte den Hindernisparcours, bis ich hart und fit war, als die Zeit zur Abreise kam.

Ich war stolzer Besitzer eines blauen VW-Käfers. Einen Tag bevor ich mich in Hereford zu melden hatte, verstaute ich meine Ausrüstung auf dem Rücksitz und startete zu einem Erkundungstrip.

Ich fuhr eine ruhige Vorstadtstraße in Hereford hinunter und entdeckte Bradbury Lines, wie das SAS-Depot genannt wird. Äußerlich zumindest wirkte es nicht im mindesten geheimnisvoll; es sah enttäuschend gewöhnlich aus, wie alle anderen Truppenlager, die ich in England gesehen hatte. Der Hauptkomplex bestand aus sechs einstöckigen Holzbaracken für jeweils zwanzig Mann, mit einem Sanitärblock in der Mitte, der über Gänge mit den anderen Gebäuden verbunden war.

Ich fuhr zum Haupttor, wo die Schranke geschlossen war. Dort stieg ich aus und klopfte energisch ans Fenster der Wachstube. Zwei Soldaten, die nicht vom SAS waren, lungerten in der Hütte und interessierten sich nicht im geringsten für das große Ereignis meiner Ankunft. Ich zeigte ihnen meine Papiere.

Der SAS hatte, wie ich später erfuhr, eine Stärke von zweihundertfünfzig Offizieren und Mannschaften, unterteilt in die »A«-, »B«- und »D«-Schwadron. Die meisten waren im Feldeinsatz, andere machten Einsatzvorbereitungen, und einige waren im Nachrichten- und Erkundungsdienst tätig. Es gab auch eine »C«-Schwadron, doch dies war eine rhodesische Einheit, mit der ich nie direkt zu tun hatte.

Dem SAS angeschlossen waren gut dreihundert weitere Männer, die von den unterschiedlichsten Einheiten kamen, meistens Leute, die die SAS-Aufnahmeprüfung nicht geschafft hatten. Sie arbeiteten als Fahrer, Schreibstubenhengste und kümmerten sich um alle sonstigen Etappengeschäfte. Das begehrte Abzeichen und das sandbraune Käppi des SAS durften sie nicht tragen.

Der SAS unterstand direkt dem Home Office, dem Innenministerium – nicht dem Verteidigungsministerium, wie bei anderen Einheiten. Der MI-5, zuständig für die innere Sicherheit von Großbritannien, bekommt seine Instruktionen vom Home Office, desgleichen die Polizei.

Später, als international operierende Terroristen immer raffinierter vorgingen und sie sich mit ihrer Ausbildung und ihrem Waffenarsenal einem gewöhnlichen Polizisten weit überlegen zeigten, hatte der SAS die besten Voraussetzungen, mit der Polizei zu kooperieren und sie unterstützen.

Im SAS bekam jeder den Mindestsold eines Corporals, unabhängig von seinem Dienstgrad, allerdings gab es eine Anzahl von speziellen Zulagen. Mick Scarr war ein Lance Corporal, als er zum SAS ging, doch durch automatische Beförderungen erreichte er in seinem Stammregiment den Rang eines WO-2. Man wurde befördert, selbst wenn man nicht bei seinem Regiment war. Schließlich konnte man keine Minuspunkte in seiner Führungsakte bekommen, wenn man nicht bei seiner Einheit war. Mick erhielt den Sold eines SAS-Corporals, doch mit allen Zulagen war das mehr, als er als WO-2 in seinem Stammregiment verdient hätte.

Wenn beispielsweise jemand als Corporal von der Royal Artillery zum SAS kam, mußte er dort als Trooper, als Schütze anfangen, obwohl er auf der Soldliste der Royal Artillery ein Corporal blieb. Oft genug bekamen Männer Benachrichtigungen, daß sie in ihrer Stammeinheit zum Sergeant oder zum Staff Sergeant befördert worden waren. Sie konnten jederzeit zurückkehren und diesen neuen Dienstgrad einnehmen, doch nur wenige taten das.

Bei Offizieren war das System anders. Sie konnten nur beim SAS eintreten, nachdem sie den Rang eines Captains erreicht hatten. Es war nicht üblich, daß ein Offizier beim Eintritt eine Zurückstufung hinnehmen mußte, da er die Queen's Commission innehatte – das Königliche Offizierspatent. Dennoch mußte ein Major sich mit dem Rang eines Captains begnügen, wenn er erstmals in den SAS eintrat.

In späteren Jahren wurden SAS-Mannschaftsgrade häufig direkt zum Captain befördert. »Tankie« Smith, der als Sergeant in der »A«-Schwadron diente, als ich eintrat, war Major, als ich ging. Und was für einen prima Offizier er abgab!

Der normale Berufsoffizier dient drei Jahre beim SAS und kehrt dann zu seiner angestammten Einheit zurück, wo er seinen neuen Dienstrang einnimmt. Die Besten kehren jedoch nach einigen Jahren zurück, um den Befehl über eine Schwadron zu übernehmen, wie zum Beispiel Major de Billiere zu der Zeit, als ich zum SAS kam. Nach weiteren drei Jahren beim SAS werden sie dann erneut zu ihrer Stammeinheit versetzt.

Die Allerbesten kommen möglicherweise noch einmal als Colonel zurück, wie Colonel de Billiere, zwölf oder fünfzehn Jahre nachdem er erstmals als junger Offizier im SAS gedient hatte.

Nachdem der eine Soldat meine Papiere in Ordnung befunden hatte, öffnete er den Schlagbaum. »Fahren Sie dort hinunter«, sagte er mit einer Handbewegung, »und biegen Sie die zweite Straße rechts ab. Dann geradeaus, bis Sie zur Aufnahme-*basha* kommen. Dort werden Sie ein paar Typen finden.«

Basha ist die SAS-Bezeichnung für ein beliebiges Gebäude. Das Wort stammt aus der Zeit, als der SAS im malaiischen Dschungel kämpfte.

Sobald ich den Schlagbaum passiert hatte, stellte ich fest, daß es ein sehr hübsches Lager war, anders als die üblichen Truppenlager. Es gab einen riesigen Paradeplatz, der jedoch, da der SAS niemals exerzierte, als Parkplatz benutzt wurde. Direkt daran anschließend standen die üblichen offenen Exerzierschuppen, in denen bei schlechten Wetter die Truppen paradieren konnten. Wie bei dem Exerzierplatz waren auch sie umfunktioniert worden. Unter ihren Dächern standen einige alte Panzer, gepanzerte Fahrzeuge, Lastwagen und sogar Flugzeuge – zu Demonstrationszwecken bei Lehrgängen für Sprengkommandos.

In der *basha* fand ich ein paar weitere Anwärter vor, die schon vor mir eingetroffen waren. Sie zeigten mir den Weg zu einem Magazin, wo ein Hilfssoldat mir Bettzeug ausgab.

»Kannst dir irgendein Bett in der *basha* aussuchen«, sagte er. Ich war verblüfft . . . ich hatte eine Wahl . . . dies schien mir bemerkenswert salopp und ganz anders, als ich es mir vorgestellt hatte.

Am Abend kam ein weiterer Hilfssoldat in die *basha*. Er wies uns auf ein Schwarzes Brett im Korridor hin, neben dem Dienstzimmer des OC, des Kommandierenden Offiziers Auswahlkurs, und sagte, wir sollten jeden Abend nachschauen, um uns über das Programm des nächsten Tages zu informieren.

Neugierig strömten wir hin. Ein simpler Zettel war angeheftet. »Morgen früh 08.00 Uhr Appell im Schulungsraum.« Ich fand niemanden, den ich fragen konnte, welche Uniform für diesen Appell angesagt war, also blieb ich bei meiner Alltagsuniform – Denims, Stiefel, Wickelgamaschen, Hemd und Gürtel.

Am nächsten Morgen gab es keinen Namensappell, und niemand weckte uns auf. Anscheinend waren wir uns selbst überlassen . . . mußten uns dort einfinden, wo man es von uns erwartete.

Die meisten waren pünktlich für den 08.00-Uhr-Appell. Im Schulungsraum stellte sich der Kommandierende Offizier Auswahlkurs vor, Major Bruce Merrie, ein kleiner, sehr fit wirkender Mann mit schütteren blonden Haaren, und begrüßte uns zu dem Kurs.

Der Attentatsplan auf Gadaffi

1 oben links – 1969 wurde König Idris von Libyen von (dem damaligen) Leutnant Gadaffi durch einen Militärputsch gestürzt.

2 oben rechts – Umar al-Shalhi, Chefberater am Hofe von König Idris, plante einen Gegenputsch mit dem englischen MI-6 und der amerikanischen CIA, unter Verwendung von ehemaligen SAS-Angehörigen, die für die Tarnorganisation des MI-6, Watchguard International, arbeiteten.

3 Die CIA zog sich zurück und forderte, die Operation abzubrechen. Ohne ihr Wissen trieben die Briten jedoch den Plan voran, unter Einsatz von drei Watchguard-Männern und einem Team des französischen SDECE. Kurz vor Beginn der Operation von Brindisi in Italien aus bekam die CIA Wind davon und brachte den Plan zu Fall. Das Schiff, das eingesetzt werden sollte, die Conquistador XIII (unten), wurde von den Italienern beschlagnahmt.

4 rechts – Das Resultat war, daß Colonel Gadaffi sich zu einem Despoten entwickeln konnte, der einem mittelalterlichen Piraten kaum nachsteht. Heute ist Libyen ein Waffenarsenal mit mehr Kampfflugzeugen als Piloten. Gadaffis Mörderbanden machen die Welt unsicher und liquidieren seine Gegner.

5 ganz oben – Die SAS brachte mit Klepper-Faltbooten Nachschub für das CIO-Team von Mica Point in Rhodesien über den Karibasee nach Eagle's Rest in Sambia.

6 oben – Die Sicherheitskräfte erbeuteten in Rhodesien zahllose Waffen von der ZANLA und der ZIPRA.

7 links – Die Hauptpost in Lusaka wurde als erstes Ziel für einen Sprengstoffanschlag ausgewählt.

8 unten – Sambias High Court – der Justizpalast – war das zweite Ziel. Der rechte Löwe auf diesem – älteren – Foto aus den Tagen des britischen Weltreichs fehlt heute.

Das Attentat auf Chitepo.

9 rechts – Herbert Chitepo, Chef der ZANU und Hauptarchitekt einer Terrorpolitik, die den Tod von Tausenden schwarzen und weißen Zivilisten verursachen sollte, wurde von dem CIO-Team bis zu seinem Haus in Lusaka verfolgt. Dort brachte das Team eines Nachts eine Sprengladung an seinem geparkten Wagen an.

10 unten – Chitepo wurde von der Explosion getötet und sein Wagen zerstört. Präsident Kaunda von Sambia gab der ZANU die Schuld und ließ das gesamte militärische Oberkommando der ZANLA verhaften, wodurch ihre terroristischen Aktivitäten 18 Monate lang lahmgelegt wurden. Hätte Chitepo überlebt, wäre er jetzt mit hoher Wahrscheinlichkeit statt Robert Mugabe Premierminister von Simbabwe.

Der Anschlag auf Jason »JZ« Moyo

11 Jason »JZ« Moyo, in Lusaka stationiert, war Joshua Nkomos zweiter Vizepräsident und zuständig für Auslandsbeziehungen und für militärische Entscheidungen. Die CIO entschloß sich zu einem Mordanschlag, worauf Taffy eine Bombe anfertigte und sie ihm in einem Buch versteckt aus Botswana zusandte. Die CIO wußte allerdings nicht, weil streng geheim, daß Moyo der wichtigste Informant der rhodesischen Special Branch – der politischen Polizei – über die ZAPU gewesen war. Sein Codename war »Nummer 1«, und er hatte seit 1959 Informationen geliefert.

12 Die Bücherbombe hatte die Form einer kostenlosen Buchausgabe von Reader's Digest – in der Tat ein explosiver Lesestoff.

13 rechts – Hugh »Chuck« Hind, ehemals beim britischen 22-SAS-Regiment, Träger der Queen's-Tapferkeitsmedaille, kam am 28. Januar 1977 in Sambia ums Leben, während er für Rhodesien kämpfte.

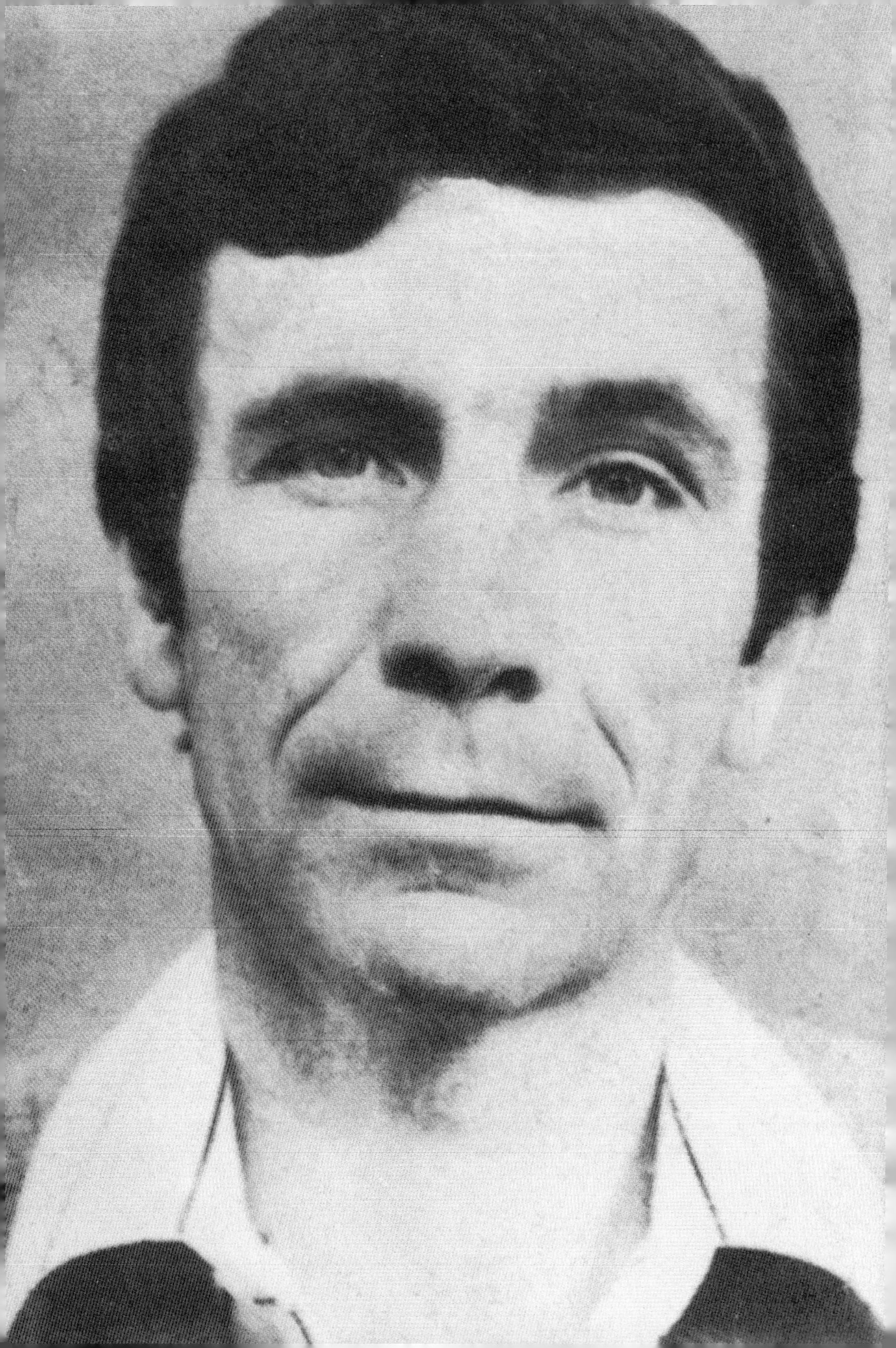

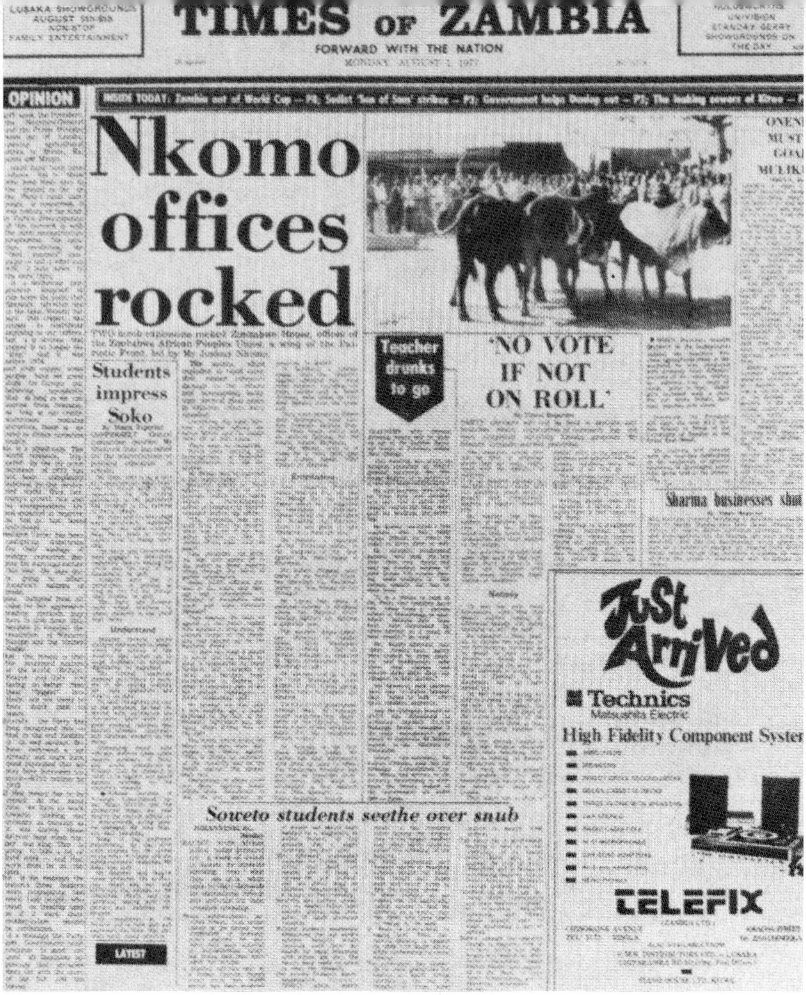

TIMES OF ZAMBIA

FORWARD WITH THE NATION

OPINION

Nkomo offices rocked

TWO bomb explosions rocked Zimbabwe House, offices of the Zimbabwe African Peoples Union, a wing of the Patriotic Front, led by Mr Joshua Nkomo.

Students impress Soko

Teacher drunks to go

'NO VOTE IF NOT ON ROLL'

Sharma businesses shut

Soweto students seethe over snub

LATEST

Just Arrived
Technics
Matsushita Electric
High Fidelity Component Syster
TELEFIX

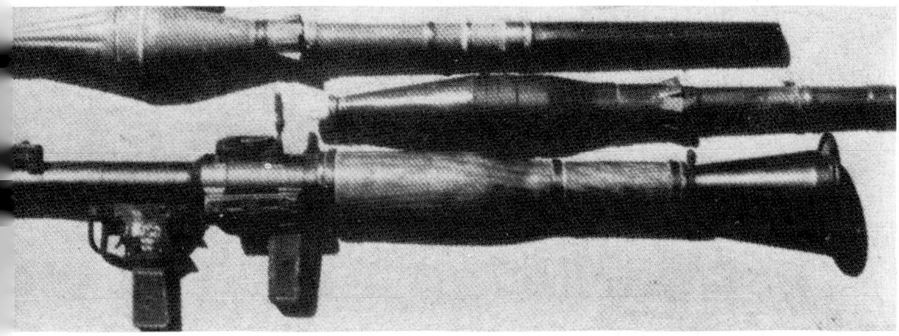

14 ganz oben – Der angebliche Bombenanschlag auf Nkomos Hauptquartier war in Wirklichkeit ein Raketenangriff.

15 Mitte – Russischer RPG-7-Raketenwerfer und Raketen. Taffy setzte diese Waffe zweimal gegen das Zimbabwe House der ZAPU in Lusaka ein.

16 unten – Sambias riesige Mufulira-Kupfermine entging nur durch einen dummen Zufall dem Schicksal, auf immer außer Betrieb gesetzt zu werden. Die Mine ist eine von Sambias Haupteinnahmequellen.

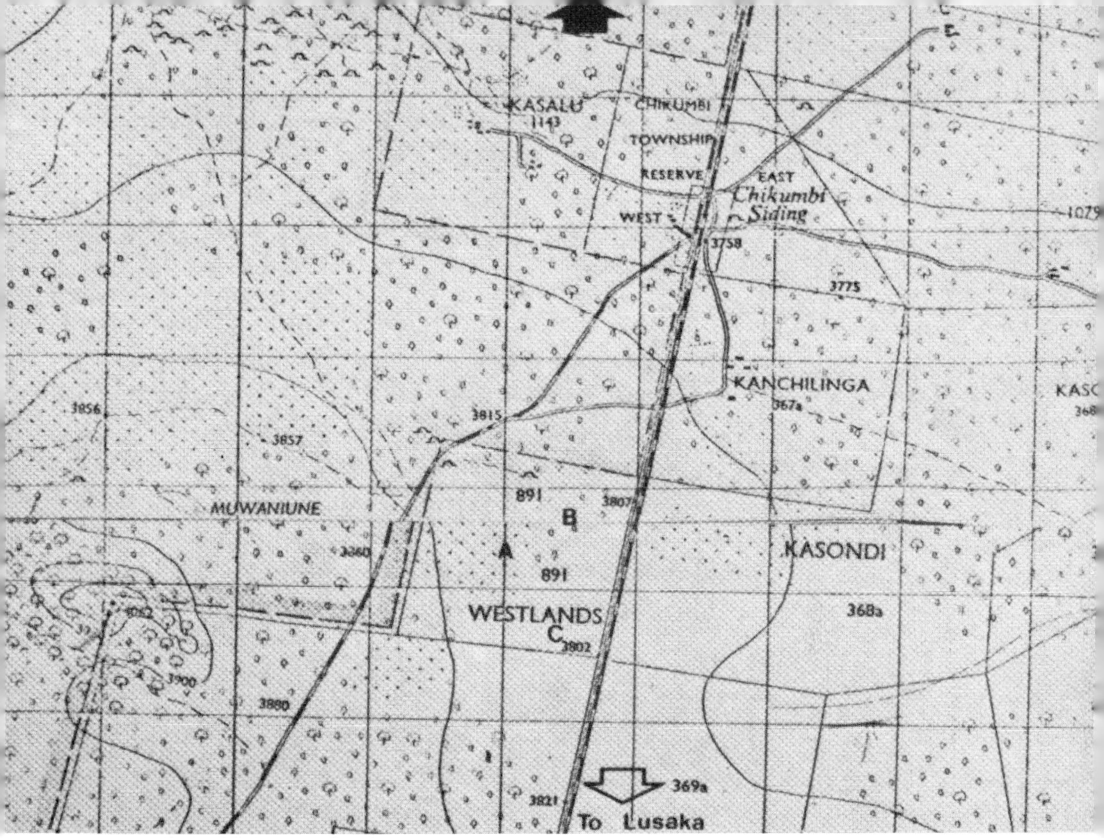

7 oben – Die drei Stellungen der ZIPRA-Guerillas auf der Westland Farm, auch FC oder Freedom Camp genannt, sind auf der Karte mit A, B und C bezeichnet. Maßstab: 1 Quadrat = 1000 Meter.

8 unten – Die Bewohner von Lusaka sahen Rauchpilze über Westlands Farm aufsteigen nach dem »Green Leader«-Angriff der rhodesischen Luftwaffe mit Canberra-Bomber, Hawker Hunter-Jagdbombern und gepanzerten Alouette-K-car-Helikoptern.

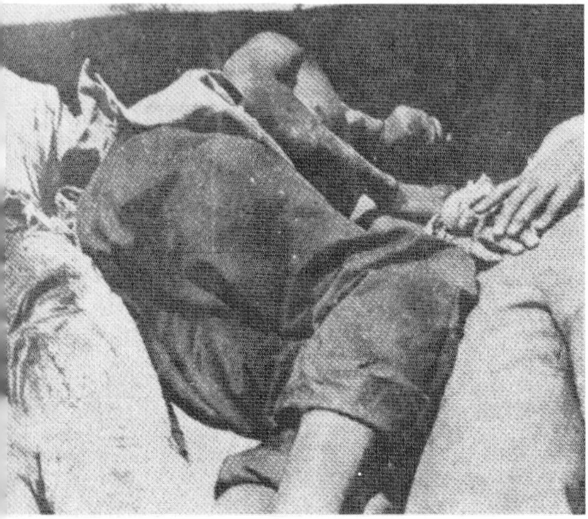

19–20 oben – Menschenmengen säumten die Straßen von Lusaka, als die ZIPRA-Opfer in die Stadt gebracht wurden. Man kümmerte sich nur um die Verwundeten. Die Toten wurden in Massengräbern beigesetzt.

21 unten – Verwundete ZIPRA-Guerillas werden in das University Teaching Hospital von Lusaka gebracht.

22–23 rechts und darüber – Präsident Kaunda von Sambia bezeichnete die ZIPRA-Terroristen als Flüchtlinge, Gorden Leak von der Londoner News of the World sagte: »Kaunda hat mehr Freunde in Moskau, als der Verräter Blunt je Gemälde gesehen hat.« Einer von Kaundas Freunden war der Sowjetbotschafter und KGB-Mann Vasilij Solodonokow, der den Terrorkrieg der ZIPRA gegen Rhodesien inszenierte.

24 unten rechts – Die Rhodesier freuten sich über den Angriff auf Westlands Farm, wie dieser Karikatur von Meintjes in der rhodesischen Presse zu entnehmen ist (Bildunterschrift: »Das muß der Dünger sein, den Kenneth uns versprochen hat.«).

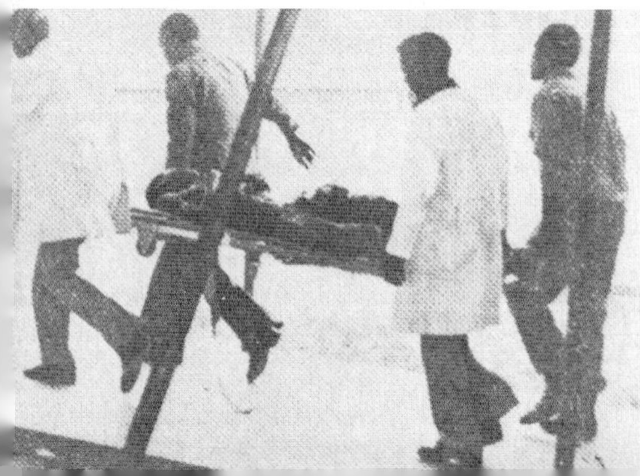

25 – 26 oben und links – Der SAS-Angriff auf das Mkushi Camp der ZIPRA führte zu weiteren schweren gegnerischen Verlusten.

27 unten – Dies war der zweite Eisenbahnzug, der in weniger als einer Woche von dem CIO-Team in die Luft gesprengt wurde. Die Sambische Regierung geriet in Panik.

TIMES OF ZAMBIA

FORWARD WITH THE NATION

EDDIE RABBITT VARIATIONS

OPINION

BRITAIN FLIES IN DEFENCE WEAPONS

Rail engine blown up

By Times Reporter

Low output at Dar costs Tanzania K15m

'Allegations are madness'

DAR SUMMIT GIVES TONIC TO SOURING RELATIONS

'I was to... for Mus...

LATEST

Students protest at Western treachery

Stuttafords
RAND Daily Mail
Stuttafords
We did kill them—Zapu
Hostesses died in shooting
Ban plain paper copier jams
R20 000 for a lion
R600
MINIMUM TRADE-IN ON ALL FIAT CARS

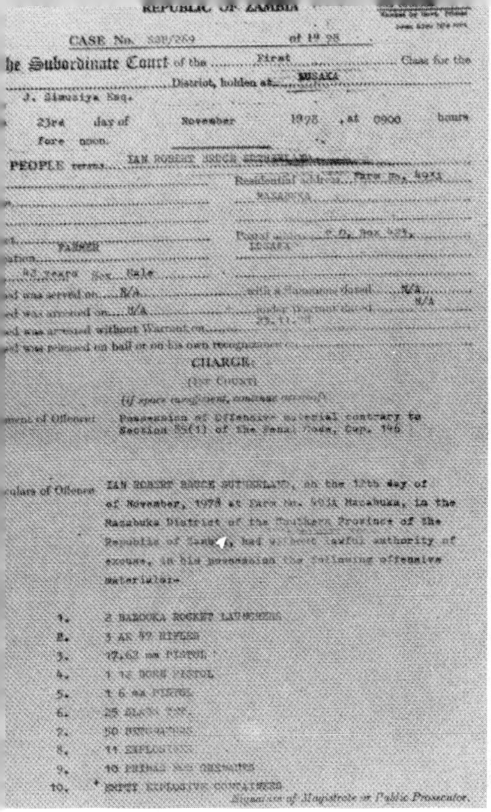
REPUBLIC OF ZAMBIA

CASE No. of 19 78

he Subordinate Court of the First Class for the District, holden at LUSAKA

J. Simusiya Esq.

23rd day of November 1978, at 0900 hours fore noon.

PEOPLE versus IAN ROBERT BRUCE

Residential address Farm No.

P.O. Box

FARMER

years Sex Male

was served on N/A with a Summons dated N/A

was arrested on N/A under Warrant dated

was arrested without Warrant on

was released on bail or on his own recognizance

CHARGE:

ment of Offence: Possession of Offensive material contrary to Section of the Penal Code, Cap. 146

culars of Offence: IAN ROBERT BRUCE SUTHERLAND, on the day of of November, 1978 at Farm No. Mazabuka, in the Mazabuka District of the Province of the Republic of had lawful authority of excuse, in his possession the following offensive materials:-

1. 2 BAZOOKA ROCKET LAUNCHERS
2. 3 AK RIFLES
3. 7.62 mm PISTOL
4. 1 BORE PISTOL
5. 1 6 mm PISTOL
6.
7.
8.
9.
10. EMPTY EXPLOSIVE CONTAINERS

Signature of Magistrate or Public Prosecutor.

28 links – Diese Fotomontage von Joshua Nkomo in der Uniform eines Sowjetmarschalls mit einem Exemplar der Rand Daily Mail vom 6. September 1978 erklärt, warum die Rhodesier so auf Nkomos Tod erpicht waren. (Nach dem Abschuß einer rhodesischen Passagiermaschine durch die ZIPRA wurden die wenigen Überlebenden grausam massakriert – Schlagzeile: »Wir haben sie umgebracht – ZAPU«).

29 oben rechts – Die Sambier erhielten einen Tip über das CIO-Team, und bei einer umfangreichen Durchsuchungsaktion der Better Óle Farm in Mazabuka wurde ein Waffenlager entdeckt.

30 Ian Sutherland wurde zwei Wochen lang von der sambischen Polizei schwer mißhandelt, um ihn zu einem Geständnis zu zwingen, aber sie konnten ihn nicht kleinkriegen. Schließlich wurde dieser unglaublich tapfere und standfeste Mann vor Gericht geführt, zerschlagen und in Ketten, und verurteilt, nachdem er sich des relativ minderen Delikts »Gesetzwidriger Besitz von Offensivwaffen« schuldig bekannt hatte.

31 oben – Die erste Seite von Ian Sutherlands Prozeßakte weist als Datum der Festnahme das Datum des Prozeßbeginns auf – 23. November 1978. Der schwarze sambische Magistratsrichter ignorierte die offenkundige Tatsache, daß der Angeklagte gesetzwidrig vierzehn Tage lang, bis zum Prozeßbeginn, von der Polizei festgehalten, verhört und schlimm mißhandelt worden war.

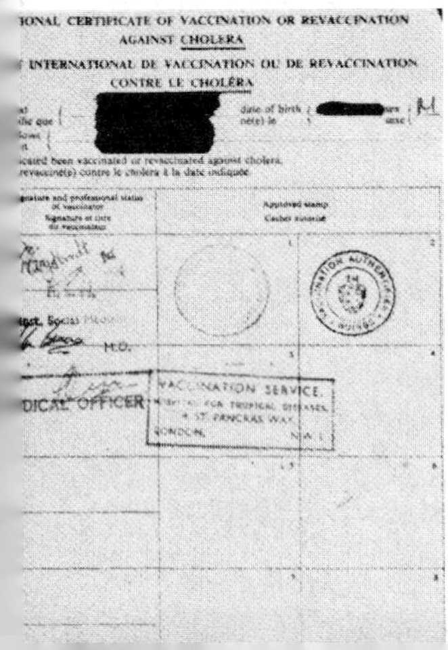

…IONAL CERTIFICATE OF VACCINATION OR REVACCINATION
AGAINST CHOLERA
…INTERNATIONAL DE VACCINATION OU DE REVACCINATION
CONTRE LE CHOLÉRA

[redacted] date of birth / né(e) le [redacted] sex / sexe M

…icated been vaccinated or revaccinated against cholera.
…revacciné(e) contre le choléra à la date indiquée

…gnature and professional status of vaccinator / Signature et titre du vaccinateur	Approved stamp / Cachet autorisé	
M.O.		
…DICAL OFFICER	VACCINATION SERVICE. … FOR TROPICAL DISEASES. 4 ST. PANCRAS WAY. LONDON. N.W.1.	

Der Plan, Ian Sutherland aus dem Gefängnis zu befreien

32 oben – Ein Aufklärungsflugzeug der Rhodesischen Air Force, ein Canberra-Bomber, fotografierte alle Orte, die als Gefängnisse in Frage kamen. Das Bild zeigt Lusaka Prison, die Haftanstalt von Lusaka.

33–35 unten – Von der CIO zur Verfügung gestellte gefälschte Personalpapiere für Taffy für einen Erkundungstrip nach Sambia mit dem SAS-Offizier Peter Cole, um Ian Sutherlands Aufenthaltsort herauszufinden. Ein SAS-Team, unter der Führung von Taffy, sollte ihn aus dem Gefängnis befreien.

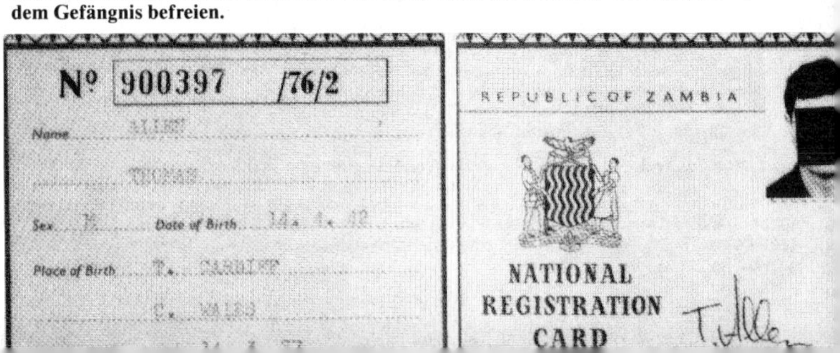

Nº 900397 /76/2

Name ALLEN

THOMAS

Sex M Date of Birth 14. 4. 42

Place of Birth T. CARDIFF

C. WALES

REPUBLIC OF ZAMBIA

NATIONAL REGISTRATION CARD

T. Allen

Der Überfall mit dem Ziel, Nkomo zu töten

36 Luftaufnahme mit Joshua Nkomos Haus in Lusaka.

37 kleines Foto – Sabre Land-Rover der SAS aus den Tagen, bevor die zunehmende Verminung von Rhodesiens Straßen durch Terroristen zu ihrem Ersatz durch minengeschützte Fahrzeuge führte. Diese alten Land-Rover wurden bei Verwaltungseinheiten requiriert und bei dem Überfall auf Lusaka eingesetzt.

Nkomos Haus in Lusaka nach dem SAS-Angriff

38 oben – Links ist der Vordereingang zu sehen, den zwei SAS-Männer mit leichten RPD-Maschinengewehren bestrichen, um die Ve teidiger in Schach zu halten. Im Vordergrund das große Wohnzimmer. An der Wand zwischen den Türen sieht man genau die Treffer vo Capt. Ant Whites sowjetischem RPG-7-Raketenwerfer.

39 unten – Die Gesamtansicht zeigt insbesondere die Zerstörungen, die von Bunkerbomben am Schlaftrakt hinter dem Haus angeric tet wurden.

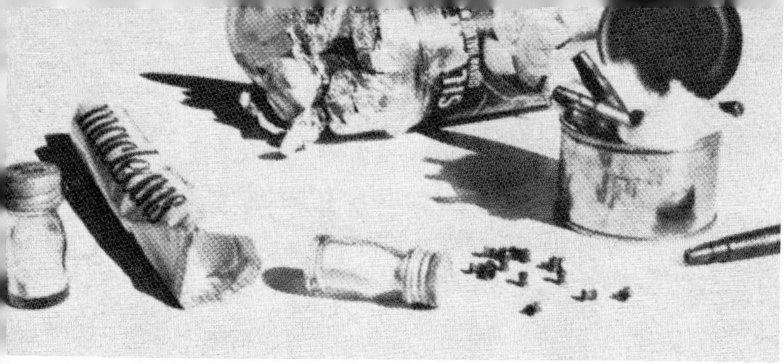

Der Attentatsplan auf Robert Mugabe in London

40 Das Monomatapa-Hotel in Salisbury diente als Testobjekt für in Fahrstühlen versteckte Bomben, die durch Funksignale ferngezündet wurden.

41 Taffy transportierte in Obstkonservendosen Plastiksprengstoff, vergiftete Armalite-Dum-Dum-Patronen und Luftgewehrkugeln nach London. In Zahnpastatuben war Rizin- und Thalliumgift versteckt.

42 In London kaufte sich Taffy einen Aktenkoffer und baute ihn zu einer Claymore-Mine um. Der Empfänger für das auslösende Funksignal war in Geschenkpapier eingeschlagen. Er hatte vor, die Tasche im Foyer des Royal Gardens Hotels in Kensington zu deponieren und sie per Funkbefehl zu zünden, wenn Mugabe vorbeikam.

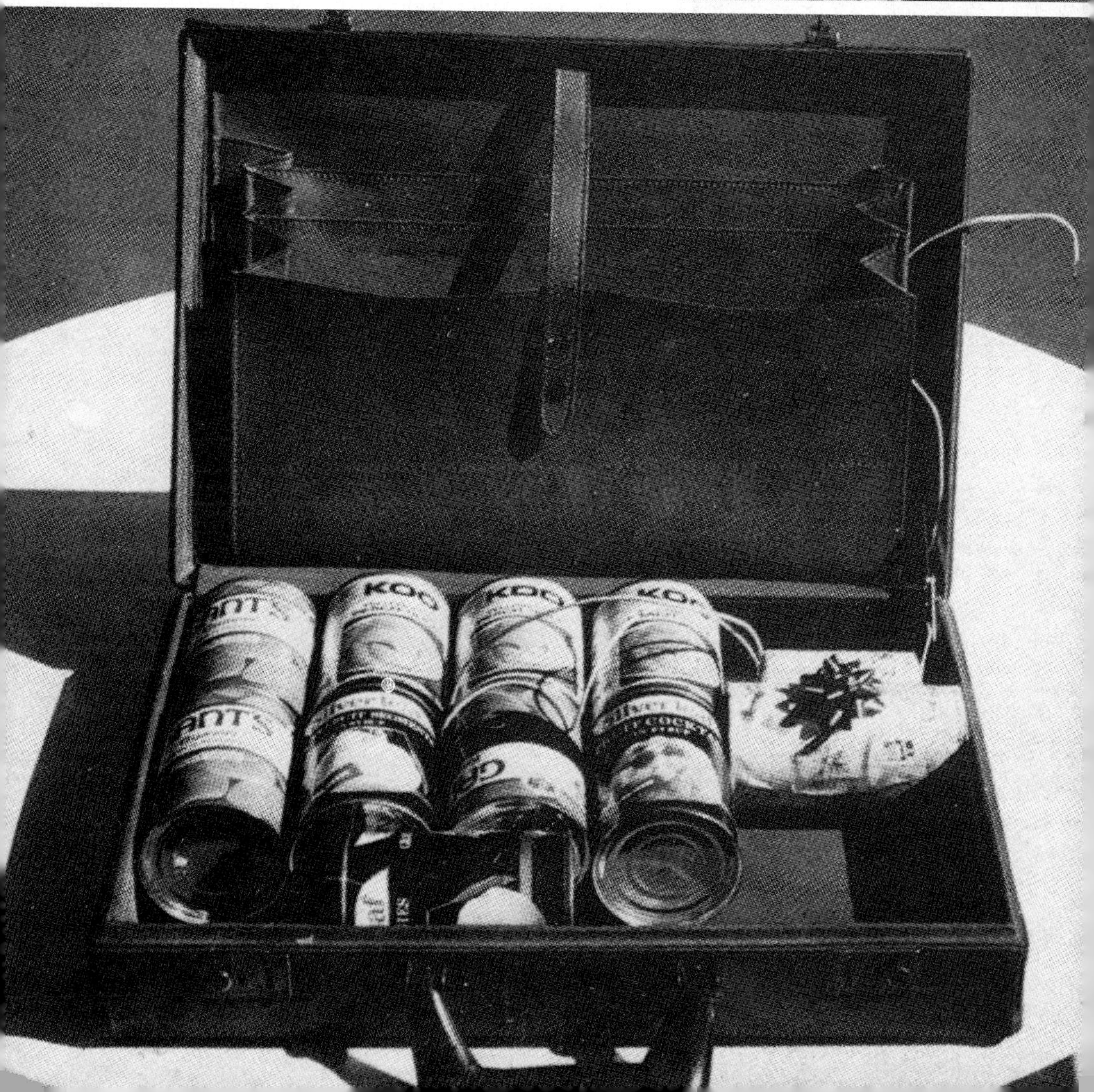

43 oben – Das Foyer des Royal Gardens Hotels. Die Bombe sollte rechts neben dem Pfeiler, an dem damals noch keine Möbelstücke standen, auf den Boden gestellt werden. Bei der Detonation hätte sich Robert Mugabe an der gleichen Stelle befunden wie der Mann auf dem Bild.

44 Mitte – Das Royal Lancaster Hotel an der Bayswater Road in London, wo Joshua Nkomo mit seiner Delegation abgestiegen war, hätte die Szene für einen weiteren Bombenanschlag abgeben können.

45 links – Joshua Nkomo und Robert Mugabe, die beiden Überlebenden. Darüber lachten sie allerdings nicht. Sie lachten, weil der Westen es im Verein mit den Sowjets nach fünfzehnjährigen Bemühungen geschafft hatte, die Rhodesier, ein kleines, aber tapferes Pioniervolk, das der afrikanischen Wildnis in nur 90 Jahren einen modernen Staat abgerungen hatte, auf die Knie zu zwingen.

Es gab ungefähr einhundertzwanzig Freiwillige, aus allen nur denkbaren Einheiten. Eine Vielzahl interessanter Kopfbedeckungen war zu sehen – Dienstmützen, Käppis, einige mit kleinen Federn und sonstigen merkwürdigen Verzierungen im Nacken. Es herrschte das übliche Durcheinander, wie immer, wenn Soldaten nicht, wie gewohnt, eindeutige Befehle bekommen. Jeder schien anders gekleidet, vom Sportdreß bis zur Ausgehuniform.

»Meine Herren«, sagte der Major, »es mag Ihnen aufgefallen sein, daß Sie seit Ihrer Ankunft niemand angebrüllt hat, noch hat es eine Inspektion oder Kontrolle gegeben. Solange Sie hier sind, erfahren Sie im voraus, was für den nächsten Tag geplant ist und welche Uniform Sie zu tragen haben. Alles andere ist Ihnen selbst überlassen. Im SAS wollen wir keine Leute, hinter denen wir herlaufen müssen. Wir wollen Männer, die eigenverantwortlich handeln können.«

Nach dieser Einführung, die bei allen große Erwartungen weckte, rechnete ich damit, daß es nun sofort losging, doch es geschah wenig. In den ersten Tagen wurden wir lediglich im Kartenlesen gedrillt.

Bei den Fallschirmjägern hatte ich viele Orientierungsübungen mitgemacht, doch da wir stets das gleiche Meßtischblatt von Aldershot bekamen, steckten wir meist die Karte weg und orientierten uns an dem von überall sichtbaren Kirchturm der Brigade Church an der Queens Avenue. Dies war sowieso naheliegend, da wir bei den Übungen stets angehalten wurden, für Kompaßpeilungen Kirchtürme zu benutzen.

In Malaya oder Borneo gab es jedoch keine Kirchtürme, wie der SAS uns sehr bald beibrachte. Die Orientierungsmärsche fänden in der wilden Gebirgsgegend der Welsh Brecon Beacons statt, sagte man uns grimmig. Wenn wir also nicht rasch lernten, uns an Hand der Karten im Gelände zurechtzufinden, würden wir uns sehr bald verirren.

Am einen Ende der *basha* stand ein Schrank mit Besen und Schrubbern. Es gab keinen Aushang, der uns namentlich zum Stubendienst einteilte. Ich wollte keine Minuspunkte. Zusammen mit einigen anderen gewöhnte ich mir an, nach dem Aufstehen zu putzen und die Betten zu machen.

Nach ein paar Tagen hatten die meisten anderen damit aufgehört, weil es anscheinend keine Kontrollen gab. Noch eine Weile später machten einige Männer nicht mal mehr ihre Betten. Einige wenige hörten sogar auf, sich zu rasieren, weil niemand sie dazu anhielt.

Später erfuhr ich, daß es zwar keine offenen Stubenappelle gab, man jedoch heimlich die *basha* inspizierte, wenn wir morgens gegangen waren. Minuspunkte wurden notiert, wo angebracht.

Eine Gruppe von sechs bis zehn SAS-Soldaten, offenbar nicht mehr im aktiven Dienst, begleitete uns ständig. Wir hatten keine Ahnung, welchen Dienstrang sie innehatten, weil niemand im SAS Rangabzeichen trägt oder mit »Sir« angesprochen wird, außer dem Kommandierenden Offizier und dem Spieß.

Soldaten, die ganz offensichtlich einen hohen Rang hatten, griffen sich gelegentlich und unerwartet einen von uns heraus.

»He, Taffy«, hieß es dann ganz unzeremoniell, »komm doch mal her und zeig mir auf der Karte, wo wir sind.«

Eines Abends, nachdem wir uns mehrere Tage im Kartenlesen geübt hatten, gingen wir wie üblich zum Schwarzen Brett.

»Appell um 04:30 Uhr vor der *basha* mit 30 Pfund Gewicht im Bergen-Rucksack. Backsteine liegen am Ende des Korridors«, lasen wir. Am Ende des Korridors fanden wir tatsächlich in Jute eingewickelte Backsteinpakete, alle mit dem gleichen Gewicht.

Wir waren mit einem Bergen-Rucksack ausgestattet worden, zwei Wasserflaschen, einer Tagesration, Gürteltaschen und einem alten .303-Karabiner. Die Karabiner seien nur für Exerzierzwecke, sagte man uns, doch da wir nie exerzierten, begriffen wir sehr rasch, daß man sie uns lediglich als Schikane gegeben hatte. Wir mußten sie immer dabei haben.

»Du lieber Gott, vier Uhr dreißig . . . wie sollen wir da von alleine aufwachen, wenn es keinen Weckappell gibt«, sagte ein Mann und sprach damit unser aller Gedanken aus.

Unnötig zu sagen, daß die meisten von uns doch aufwachten. Sobald ich meine Denims, die Tarnjacke, Hemd, Stiefel und Wickelgamaschen angezogen hatte, holte ich mir meine Ladung Backsteine ab.

Vor der *basha* standen einige Lastwagen, und um Punkt 4 Uhr 25 befahlen uns die SAS-Ausbilder aufzusitzen. Um genau 4 Uhr 30, während einige Männer noch im Quartier waren, weil es keinen Befehl zum Antreten gegeben hatte, fuhren die Lastwagen los.

Wir fuhren anderthalb Stunden nach Wales hinein und in das Gebiet der Brecon Beacons. Die Lastwagen hielten an verschiedenen Stellen, und jedesmal mußte ein Soldat aussteigen. Als ich an die Reihe kam, erhielt ich einen Zettel, der mir meinen derzeitigen Standort bekanntgab und mich anwies, zu einer angegebenen Kartenposition zu marschieren.

Die Nacht war pechschwarz, und es regnete Bindfäden. Es überlief mich kalt, während ich dort stand, langsam in den schlammigen Boden einsank und den verschwindenden Hecklichtern der Lastwagen nachschaute.

Ich kramte die sechs Kartenblätter im Maßstab ein Zoll zu einer Meile hervor, die ich bekommen hatte, und versuchte sie, ohne großen Erfolg, vor dem Regen zu schützen. Wie man sich vorstellen kann, lehrt einen die Erfahrung sehr rasch, einen Plastikbeutel mitzunehmen, um die Karten trocken zu halten.

Nach kurzem Überlegen hatte ich meinen Standort bestimmt. Der Bezugspunkt, den ich bekommen hatte, lag ein Stück von der Straße weg, aber wie ich später erfuhr, war das stets der Fall. Ich nahm eine Kompaßpeilung vor und machte mich entschlossen querfeldein auf den Weg.

Nach einigen deprimierenden und einsamen Stunden erreichte ich schließlich das angegebene Ziel. Ich fand einen Ausbilder, der unter einer Zeltplane kauerte. Meine Augen leuchteten auf, als ich sah, daß er einen Teekessel aufgesetzt hatte.

»Hallo, Kamerad, wie fühlst du dich?« fragte er.

»Bin heilfroh, daß die Schinderei vorbei ist«, erwiderte ich und ließ mich zu Boden fallen.

»Pech für dich, Kamerad«, sagte er lässig, »du mußt noch ein bißchen weiter.«

Er erkundigte sich nach meinem Namen und gab mir einen weiteren Zettel mit meinem neuen Zielpunkt.

»Bin ich dann fertig, wenn ich dort ankomme?« fragte ich mit einer Naivität, die sich beim SAS sehr bald legt.

»Wirst du feststellen, wenn du dort bist«, antwortete der Ausbilder. Er kroch wieder unter die Zeltplane und widmete sich seinem Tee. Ich marschierte in die unwirtliche Nässe der Brecon Beacons hinaus.

Als ich Stunden später mein Ziel erreichte, hörte ich dort zu meinem Mißvergnügen die gleiche Story.

An diesem Punkt kam mir der Verdacht – der sich später bestätigte –, daß es das System des SAS war, einen Mann systematisch im ungewissen zu lassen, damit er nie wußte, wie weit er noch zu marschieren hatte.

Es war eine schreckliche Schinderei. Ich merkte, daß ich mir Rastpausen gönnen mußte, wenn ich den Marsch durchhalten wollte. Dies war schwierig, denn ich wußte nie, wieviel Zeit mir zwischen den einzelnen Zielpunkten zur Verfügung stand, und so konnte ich kaum abschätzen, wie lange ich rasten durfte.

Des weiteren wußte man beim Start nie, aus wievielen Etappen der Marsch bestand, denn das änderte sich jedesmal.

Schließlich erreichte ich, nach dieser ersten qualvollen Nacht, einen Lastwagen, der in einem kleinen Tal wartete, um mich und den Rest der Männer aufzunehmen. Erst da konnte ich mir ausrechnen, wieviel Zeit mir insgesamt zur Verfügung gestanden hatte. Es waren acht Stunden, und zwar acht Stunden und keine Minute mehr, entsprechend dem SAS-Brauch. Auf die Sekunde genau ließ der Fahrer den Motor an und fuhr diejenigen, die das Glück gehabt hatten, es rechtzeitig zu schaffen, nach Hereford zurück.

Es war so angelegt, daß wir alle am gleichen Zielpunkt endeten, nachdem man uns auf individuelle Zickzackkurse geschickt hatte. Die Pechvögel, die es nicht rechtzeitig zum Lastwagen schafften, wurden zurückgelassen und konnten zusehen, wie sie zu dem gut neunzig Kilometer entfernten Hereford zurückgelangten.

Wenn du an einem Etappenziel ankamst und niemand dort vorfandest, warst du in einem Dilemma. Du hattest entweder den Lastwagen verpaßt oder falsch navigiert und dich verfranzt.

Während des gesamten Auswahlkurses verpaßte ich kein einziges Mal den Lastwagen. Einmal mußte ich dem anfahrenden Lastwagen nachrennen und mich mit letzter Kraft an der Heckklappe hochziehen.

Das Bewertungssystem war so, daß man drei Punkte bekam, wenn man eine Stunde vor der Zeit eintraf, zwei Punkte, wenn man es gerade rechtzeitig schaffte, und nichts bekam, wenn man den Lastwagen verpaßte . . . obwohl man unter widrigsten Bedingungen marschiert war, manchmal zwölf Stunden und mehr.

Um die Ungewißheit bei den Kandidaten noch zu erhöhen, wußten nur die Ausbilder, wieviele Punkte nötig waren, um den Kurs zu bestehen – und sie sagten nichts.

Wenn man Blasen bekam und sich entschloß, an einem bestimmten Marsch nicht teilzunehmen, sagte niemand einen Ton, wenn man den ganzen Tag im Lager in Hereford blieb. Die Schwierigkeit war nur, du konnest nicht genau abschätzen, wie gut du ingesamt standest, und so wußtest du nie, ob du dir den Ruhetag leisten konntest.

Diejenigen, die den Lastwagen verpaßt hatten, kamen oft erst um vier Uhr morgens ins Lager zurück, nachdem sie sich zu Fuß oder per Anhalter auf den Heimweg gemacht hatten. Trotzdem standen sie um vier Uhr dreißig bereit für den nächsten Marsch, ohne daß jemand ihre Entschlossenheit, den Zeitplan einzuhalten, zu würdigen schien, obwohl sie völlig durchnäßt und erschöpft waren.

Den Lastwagen zu verpassen, brach den stärksten Mann. Einige wenige bestanden dennoch den Kurs, indem sie irgendwie den nächsten Tag hinter sich brachten, aber dazu gehörte ganz schön viel.

Niemand schien sich für unser Aussehen zu interessieren, wenn wir morgens starteten, aber ich hatte in weiser Voraussicht sechs Garnituren mitgebracht, so daß ich jeden Morgen mit einer sauberen Uniform antreten konnte. Jeden Abend nach unserer Rückkehr stolperten wir müde zum Schwarzen Brett, um zu sehen, was am nächsten Tag geplant war, immer in der Hoffnung, daß der Druck plötzlich nachlassen würde... aber der wurde eher noch stärker. Vier Uhr dreißig war stets die Startzeit, und das Gewicht unseres Backsteinballasts erhöhte sich von Tag zu Tag.

Die täglichen Märsch wurden länger, aber niemand sagte uns, wie lange der Kurs dauern würde. Der knochenbrechende Drill ging einen Monat lang, und viele Männer gaben auf. Wiederum bekam keiner gesagt, es sei hoffnungslos mit ihm und er solle lieber aus dem Kurs aussteigen. Es wurde klar, daß man hauptsächlich dadurch bestand, daß man den Kurs gut zu Ende brachte.

Die Märsche waren schrecklich anstrengend, und die alten Gewehre wurden immer hinderlicher, je länger wir sie trugen. Ich erinnere mich an einen Mann, der seinen Karabiner den Hügel hinaufschleuderte, während er mühsam weiterkletterte. Wenn er das Gewehr erreichte, warf er es erneut ein Stück weiter und wiederholte das wieder und wieder.

Um sicherzustellen, daß ich die höchstmögliche Punktezahl bekam, gewöhnte ich mir an, vor jedem Etappenziel mein Hemd ordentlich in die Hose zu stopfen, alle Knöpfe zu schließen und mein Käppi aufzusetzen, um bei der Ankunft wie ein properer Soldat auszusehen. Vor dem Ausbilder kauerte ich dann nieder und nahm eine Art Hab-acht-Stellung ein, während er nach meinem Namen fragte und mir den nächsten Zettel gab.

Danach marschierte ich ohne Pause weiter und ließ mich erst zu Boden fallen und trank aus meiner Wasserflasche, wenn ich außer Sichtweite war. Dann knöpfte ich mein Hemd auf, steckte die Mütze weg und machte es mir bequem.

Andere zogen eine mehr dramatische Schau ab - die ich allerdings für weniger wirkungsvoll hielt –, um zu unterstreichen, wieviel Mühe sie sich gaben. Sie kamen wie Betrunkene in das Etappenziel getorkelt, keuchend und nach Luft ringend.

Gegen Ende des Kurses erreichten wir gelegentlich nach einem besonders anstrengenden Marsch einen Treffpunkt, nur um zu hören, daß wir unser Gepäck ablegen und eine nicht-taktische Übung absolvieren sollten.

Beispielsweise reichte uns der Ausbilder eine ausländische Waffe.

»Nimm folgendes an«, sagte er. »Du bist über feindlichem Gebiet mit dem Fallschirm abgesprungen, um einen Partisanenangriff auf eine gegnerische Garnison anzuführen. Die Waffen sind mit dir abgeworfen worden, und dies ist eine davon. Es hat eine Panne gegeben, und dies sind nicht die erwarteten Waffen – du kennst sie nicht mal. Du hast fünf Minuten Zeit, dich damit vertraut zu machen. Danach stell dir vor, ich sei ein Partisan, und unterweise mich im Gebrauch.«

Man mußte herausfinden, wie die Waffe zerlegt und gereinigt wurde, und dann eine simple Ausbildungslektion daraus machen. Natürlich kannte man nicht die Mündungsgeschwindigkeit oder die Feuergeschwindigkeit, aber das war unwichtig. Wichtig war, wie man die Waffe lud und entlud, wie man visierte und wie man feuerte.

Einmal traf ich an einem bestimmten Staudamm in den Bergen ein und bekam gesagt, ich solle mir vorstellen, ich sei einer von vier SAS-Soldaten. Insgesamt hätten wir fünfzig Kilogramm Sprengstoff mit uns. Ich bekam die üblichen fünf Minuten, um einen Plan zu entwerfen, und dann mußte ich schildern, wie ich den Damm sabotieren würde.

Er wußte, daß ich ein Royal Engineer, ein Pionier war, und ich wußte natürlich, daß es unmöglich war, mit nur fünfzig Kilogramm einen Damm in die Luft zu sprengen. Mein Plan sah vor, den Schieber am Grundablaßkanal zu beschädigen. Wenn der Schieber nicht repariert werden konnte, würde der Stausee leerlaufen. Logischerweise wurde von einem Pionier ein vernünftiger Plan erwartet, aber bei einem Küchenbullen, der als einzige todbringende Waffe vielleicht nur sein Kantinenessen kannte, mußten entsprechende Abstriche gemacht werden.

Sie wollten einfach herausfinden, ob jemand Initiative entwickelte. Sie wollten sehen, ob man lediglich achselzuckend auf seine völlige Unkenntnis in Sprengstoffdingen verwies, oder ob man wenigstens einen Versuch zu einem Plan machte – selbst wenn du hofftest, mit den fünfzig Kilogramm den ganzen Damm in die Luft jagen zu können.

Ein andermal bekam ich ein Funkgerät und sollte mir vorstellen, daß der Ausbilder der Pilot einer Hunter Hawker war. Ein großer Felsen in der Nähe sollte eine Höhle enthalten, in der sich Araber versteckt hatten. Sie verfügten über ein beträchtliches Waffenlager.

»Du hast mich herbeordert für einen Luft-Boden-Angriff. Ich spiele den Pilot, und du dirigierst mich für den Angriff auf die Höhle.«

Am letzten Tag des Kurses – obwohl uns keiner sagte, daß es der letzte Tag war –, wurden wir auf einen Gewaltmarsch geschickt, mit fünfzig Kilo Backsteinen im Rucksack. Ich brauchte zweiundzwanzig Stunden dafür. Ich war die ganze Zeit allein, während ich von einem Treffpunkt zum nächsten marschierte. Wieder hatte ich keine Ahnung, wie die Route aussehen würde.

Es gibt dort einen Berg namens Pen-y-fan, und vom Fuß bis zum Gipfel sind es über zehn Kilometer. Der Berg hat eine dreieckige Form. Ich startete an einem Punkt und kletterte zum ersten Etappenziel auf dem Gipfel, in einer Höhe von etwa tausend Metern. Das nächste Ziel war drunten im Tal an einem Bach, das nächste wiederum oben auf dem Gipfel. Dann ging's auf der anderen Seite wieder hinunter. Dies war der einzige Marsch, wo ich das gleiche Gelände mehrmals durchquerte.

Es war lang und ungeheuer kräftezehrend. 1963 fanden zwei Männer eines SAS-Auswahlkurses dabei den Tod, und seitdem hat es weitere Opfer gegeben. Zu allem Unglück schneite es auch noch, und oft mußte ich durch hohe Schneeverwehungen waten. Sie hatten mit Absicht das schlimmste Gelände ausgesucht. Eine Stelle war mit großen zackigen Felsbrocken bedeckt.

Unter einer Brücke legte ich eine Rastpause ein. Es regnete heftig. Meiner Schätzung nach hatte ich Zweidrittel des Marschs hinter mir. Ich wußte, daß ich bisher gut vorangekommen war, und glaubte, noch genügend Zeit zu haben.

Die Brücke schützte mich vor dem Regen, während ich meine Biscuits aß und mir eine Tasse Tee kochte.

Ein weiterer Mann kam aus der Nacht angestolpert. 1966 sollte er in Aden im Kampf fallen. Seine Blasen waren so schlimm, daß Blut durch die Ösen seiner Schuhriemen sickerte. Er lehnte mein Angebot auf eine Tasse Tee ab. Seine Füße machten nicht mehr lange mit, und er wußte, daß es noch viele Stunden bis zum Ziel waren. Er brach bald wieder auf, während ich noch eine Weile ausruhte. Später überholte ich ihn nach kurzer Zeit.

Ich sah mir hinterher seine Füße an – rohes Fleisch. Dennoch erreichte er rechtzeitig den Lastwagen und wurde in den SAS aufgenommen.

In den frühen Morgenstunden erreichte ich nach diesem letzten Gewaltmarsch den Lastwagen. Ich brühte mir Tee und wartete auf die Ankunft der anderen.

Die Lastwagen erreichten gegen neun Uhr Hereford. Ich duschte, wankte in mein Bett und fiel in einen tiefen Schlaf, aus dem ich erst nach zwanzig Stunden erwachte ... den anderen ging es, glaube ich, nicht anders.

Dieser Kurs waren die vier längsten Wochen meines Lebens, aber am Ende war ich unheimlich fit, fitter als ich jemals vorher oder nachher war.

Bei den Fallschirmjägern kannst du, wenn du dir den Knöchel verstaucht hast, im Quartier bleiben und den nächsten Auswahlkurs mitmachen. Im SAS bedeutet ein verstauchter Knöchel das Aus. Wenn du willst, kannst du es frühestens nach einem Jahr noch einmal versuchen.

Während dem Kurs konnte man jederzeit aufgeben, bei jedem Etappenziel. Du mußtest lediglich warten, bis der Ausbilder mit seiner Arbeit fertig war. Logischerweise kannte er eine einfache Route zurück zum Lastwagen.

Am Ende des Gewaltmarsch waren nur noch acht Mann übrig – weniger als sieben Prozent der Kandidaten, die vor einem Monat so hoffnungsvoll angefangen hatten. Neunzig Prozent hatten während der ersten zwei Wochen aufgegeben, einige wegen Verletzungen, aber die meisten hörten einfach auf, weil sie es nicht länger durchhielten.

Wir hatten alle schreckliche Blasen.

Am nächsten Tag, nach einem Mahl und ein paar Glas Bier, pilgerten wir wie üblich zum Schwarzen Brett. Dort stand zu lesen, wir hätten am folgenden Morgen vor dem Dienstzimmer des Kommandierenden Offiziers Auswahlkurs zum Appell anzutreten.

»Was wollen die von uns?« fragte ich am nächsten Morgen einen Schreibstubenhengst. »Ist das üblich?«

»Nein«, erwiderte er, »das ist ungewöhnlich. Vermutlich haben sie entschieden, daß einer oder zwei von euch die Anforderungen nicht erfüllen, obwohl ihr den Kurs durchgehalten habt. Wir glauben, daß der Boss den einen oder anderen durchfallen läßt.«

Wir hatten uns, die Übriggebliebenen, für eine Eliteauswahl gehalten und blickten uns betroffen an. Wenn das nun stimmte? Wie konnten die Schweine einen von uns durchfallen lassen, nach allem, was wir durchgemacht hatten?

Ich kann's jedenfalls nicht sein, tröstete ich mich. Ich hatte mich wirklich abgerackert und mir nie etwas zuschulden kommen lassen.

»Taffy«, rief Major Bruce Merrie aus seinem Dienstzimmer, »kommen Sie rein, und zwar ein bißchen plötzlich.«

Das Herz plumpste mir in die Hosen, und die anderen schauten mich an, unsicher, ob sie mich bemitleiden oder froh sein sollten, daß sie selbst nicht hereingerufen worden waren.

Ich riß mich zusammen, marschierte ins Zimmer und salutierte. Auf dem Schreibtisch lag meine Personalakte, wie ich feststellte. Ich hatte die Akte eine Weile nicht mehr gesehen und war überrascht, wie dick sie war. Mein Herz plumpste einen weiteren Meter.

»Ich habe mir Ihre Führungsakte bei den Fallschirmjägern angesehen«, sagte er knapp, »und ich finde sie grauenhaft. Ich kann mich nicht erinnern, innerhalb einer so kurzen Dienstzeit jemals soviele Disziplinarverstöße bei einem einzigen Mann gesehen zu haben.«

»Jawohl, Sir«, räumte ich geknickt ein. Ich wußte, daß es stimmte, auch wenn ich es damals nicht so gesehen hatte – dafür hatte es mir bei den Fallschirmjägern einfach viel zu gut gefallen.

»Freut mich, daß Sie es einsehen«, sagte er. »Trotz Ihrer schlechten Führung haben wir uns entschlossen, Sie aufzunehmen. Allerdings sollen Sie wissen, daß es bei weiteren derartigen Disziplinarverstößen keine Warnung mehr gibt. Ist das klar?«

»Jawohl, Sir«, antwortete ich. »Vielen Dank, Sir.«

»Rufen Sie die anderen herein.«

Das schlimmste war geschafft, aber es war noch nicht das Ende des Auswahlkurses. Weitere sechs Monate Ausbildung standen uns bevor, während denen wir nach wie vor die Abzeichen unserer Stammeinheiten zu tragen hatten. Wir blieben in der Aufnahme-*basha*, denn es gab nur zwei Auswahlkurse im Jahr, und der nächste begann erst in einigen Monaten. Während dieser Zeit fand das eigentliche SAS-Training statt. Man brachte uns medizinische Grundlagen bei, waffenlose Selbstverteidigung, Funkverkehr, Sabotage, Taktik, den Bau von Verstecken und die Bemannung von Beobachtungsständen. Nebenbei verballerten wir massenweise Munition auf dem Schießstand und wurden wochenlang im Gebrauch ausländischer Waffen der verschiedensten Fabrikate unterwiesen.

Zusätzlich zu Faustfeuerwaffen und leichten Waffen feuerten wir mit panzerbrechenden NATO- und Ostblockwaffen, mit leichten und schweren Maschinengewehren und mit Mörsern. Auch lernten wir Artillerietechniken, damit wir die Probleme von Artilleristen verstanden und um die Aufgaben eines vorgeschobenen Baobachters wahrnehmen zu können. In einem ähnlichen Kurs lernten wir, Bodenbeobachter und Einweiser für Hunter-Piloten der Royal Airforce zu spielen.

Es gab zahlreiche Bücher in der Bibliothek, einige davon waren Pflichtlektüre. Dazu gehörten Marx, Lenin, Hitler, Ho-Chi-Minh, und so weiter. Man erwartete von uns, daß wir den Inhalt verstanden, und die Ausbilder prüften uns regelmäßig. Auch in Sabotage, medizinischer Versorgung etc. fanden Prüfungen statt.

Auf einen Kandidaten kam ein Ausbilder, so daß wir sehr viel lernten. Sie brachten uns eine Menge neuer Fähigkeiten bei, wie man Forellen fängt, wie man Schafe und andere Tiere in freier Natur tötet, sie abhäutet, welche Teile roh genossen werden können, und so weiter.

Während dieser ersten sechs Probemonate konnten wir trotz allem jederzeit noch aus dem Kurs fliegen, und jeder von uns war sich dieser Tatsache bewußt. Nach Abschluß wurden wir auf drei Monate zu einem

Dschungeltrainingskurs nach Borneo geschickt. Meist fanden diese Kurse in Malaya statt. Anschließend kehrten wir nach Großbritannien zurück. Diejenigen, die noch keine Fallschirmspringerausbildung hatten, wurden auf einen Kurs nach Abingdon geschickt. Die wenigen anderen, einschließlich mir, nahmen an einem Fortgeschrittenenkurs in Sprengstoffen und Sabotage teil.

Als die anderen aus Abingdon zurückkamen, gab es eine Parade, und wir bekamen unsere Springerabzeichen. Die begehrten SAS-Abzeichen waren uns noch immer nicht erlaubt, die mußten wir uns durch unseren ersten Feldeinsatz verdienen.

Jeder trug die gleiche Uniform, ungeachtet seines Dienstgrads. Im Winter waren es Stiefel, Wickelgamaschen, Denims, Hemd und Anorakjacke. Im Sommer trug man ein kurzärmeliges Hemd ohne die Anorakjacke. Keinerlei Uniformwinkel, Rangabzeichen oder Medaillen durften an der Uniform getragen werden.

Jeder wurde mit seinem Vornamen angesprochen, bis auf den Kommandeur der Schwadron, einen Captain, der stets *Boss* genannt wurde. Der Kommandierende Offizier und der Spieß wurden mit »Sir« angesprochen.

Wenn ein Mann in Schwierigkeiten geriet, wurde er sofort zu seiner Stammeinheit zurückversetzt. Er mußte am gleichen Tag abreisen, ohne jede Diskussion und ohne Beschwerdemöglichkeit. Ich entsinne mich, daß dies einem Soldaten passierte, den die Polizei wegen Trunkenheit am Steuer festgenommen hatte. Als er aus der Polizeizelle entlassen wurde und ins Lager zurückkam, stellte er fest, daß seine gesamte Habe säuberlich gepackt war und ein Eisenbahnfahrschein auf seinem Bett lag.

Es gibt keine permanente Versetzung zum SAS, lediglich eine Abordnung auf Zeit. Wenn die Polizei dann irgendwann eine Vorladung für den Trooper Soundso vom SAS brachte, bekam sie gesagt, daß es keinen Mann dieses Namens beim SAS gab, dafür deinen bei den Fallschirmjägern. Vor dem Magistratsgericht verantwortete er sich dann als Angehöriger der 9. Fallschirmjäger-Schwadron und nicht als Trooper vom SAS.

Manchmal gab auch ein Bursche in einer Kneipe etwas zu lautstark damit an, in irgendeiner Ecke der Welt ein paar Terroristen abgemurkst zu haben. Es gab überall Ohren, und wenn der Mann ins Lager zurückkehrte, konnte man sicher sein, daß seine Habe gepackt und zur sofortigen Abreise bereit war.

Nachdem die Parade vorüber war, wurden wir einzeln zu dem Kommandierenden Offizier Auswahlkurs gerufen und gefragt, ob wir einen bestimmten Wunsch hätten, in welche Schwadron wir versetzt werden wollten. Ich wollte in die »D«-Schwadron.

»Warum?« fragte Major Bruce Merrie mißtrauisch.

»Weil ich dort drei Kumpels habe, Sir.«

»Und wer sind die, Taffy?«

»Bob Varey, Freddy Fox und Benny Benson.«

»Hm«, brummte der Major. »Ich halte es nicht für sehr geschickt, wenn Sie mit Ihrer grauenhaften Führungsakte mit solchen Leuten zusammen sind. Außerdem hat die ›D‹-Schwadron bereits genügend Unruhestifter. Ich teile Sie zur ›A‹-Schwadron ein. Major de Billiere ist ein ausgezeichneter Kommandeur, und zusammen mit seinem Sergeant-Major Lawrence Smith wird er Sie schon auf Vordermann bringen.«

Und so begann mein aktiver Dienst beim SAS.

3

SANDBRAUNE KÄPPIS
»Wen kümmert's, wer gewinnt«

Es gab zwei Einsatzbereiche, in denen der SAS damals aktiv war. Einer war in Borneo, wo die britischen und Commonwealth-Truppen den sogenannten »Konfrontationskrieg« gegen Präsident Sukarno von Indonesien führten, der andere war im Protektorat Aden, wo die von Rotchina unterstützte Radfan-Rebellion gerade dabei war, auf Touren zu kommen. Die rotchinesische Unterstützung wurde später von den Russen übernommen, die, als die Briten sich zurückzogen, das Territorium fest in ihren Einflußbereich eingliederten.

Es gab damals nur drei Schwadronen in dem Regiment, »A«, »B« und »D«. Die »C«-Schwadron war eine rhodesische Einheit. Sie operierten zusammen mit uns im Protektorat Aden, doch 1965 wurden wir durch die hohe Politik getrennt – durch die einseitige rhodesische Unabhängigkeitserklärung. Bei drei Schwadronen hieß das, daß stets eine in Borneo stationiert war, eine weitere in Aden, und die dritte in Europa an NATO-Manövern teilnahm.

Unabhängig von den Schwadronen gab es zu allen Zeiten eine Anzahl von Splittergruppen, die überall auf der Welt die unterschiedlichsten »Sondereinsätze« absolvierten.

Der SAS war stets unterbemannt, und wir mußten andauernd in Bereitschaft stehen, aber das schien niemanden zu stören. Der typische britische Soldat legt Wert darauf, jedes Jahr seinen vollen ihm zustehenden Urlaub zu nehmen, doch der SAS-Soldat schob selten mehr als ein paar Urlaubstage ein, wann immer zwischen Einsätzen die Möglichkeit dazu bestand.

Ich nahm nicht sehr oft Urlaub und blieb dann meistens im Lager. Wenn mir das Herumsitzen langweilig wurde, ging ich in die Funkbude und übte ein bißchen Morsen, oder ich frischte meine Kenntnisse über ausländische Waffen auf, nur damit ich etwas zu tun hatte. Oft wanderte ich durch die Brecon Beacons, hielt mich fit und übte mich im Kartenlesen.

Mein erster Feldeinsatz war in Borneo. Danach durfte ich das sandbraune Käppi tragen mit dem Abzeichen eines geflügelten Dolchs und dem trotzigen Motto: *Wer wagt, der gewinnt* – das ich mit großem Stolz trug. Die mehr zynisch veranlagten SAS-Soldaten bestanden darauf, das Motto hätten lauten müssen *Wen kümmert's, wer gewinnt.*

***

Die Insel Borneo ist eine große Landmasse, Dreiviertel davon indonesisches Gebiet. Das restliche Viertel, bestehend aus den ehemaligen britischen Territorien Brunei, Nord-Borneo (jetzt Sabah) und Sarawak, bilden einen Teil des heutigen Malaysia.

1962 war der Staatenbund von Malaysia ein relativ neues Gebilde. Präsident Sukarno von Indonesien, der im Zweiten Weltkrieg einen Partisanenkrieg gegen die Japaner führte, nachdem sie den Holländern Indonesien abgenommen hatten, war ein entschiedener Gegner des Anschlusses der alten britischen Kolonien an Malaysia.

Er betrachtete es als ein imperialistisches Überbleibsel, als Anachronismus, der seinen Nationalstolz verletzte, daß der britische weiße Mann, der so kürzlich vom japanischen gelben Mann gedemütigt worden war, noch immer die Macht haben sollte, willkürlich Gebiete Malaysias einzuverleiben. Für ihn waren diese Gebiete historisch und geographisch ein Teil von Indonesien.

Er machte die Vereinigung dieser malaysischen Gebiete mit Indonesien zu einer populären nationalen Sache. Er sah es als den ersten Schritt auf dem Weg zur Vorherrschaft in Asien an, eine Führungsrolle, die die Japaner gezwungenermaßen hatten abgeben müssen. Die Grenze zwischen dem malaysischen Borneo und dem indonesischen Borneo war gut sechzehnhundert Kilometer lang und verlief durch wildes, gebirgiges Land, bedeckt von tropischen Regenwäldern.

Es war die echte Grüne Hölle, wenn es je eine gab.

Es gab nie einen erklärten Krieg, nicht einmal einen eingestandenen Konflikt zwischen den beiden Staatsgebieten, aber die Indonesier unternahmen alle Anstrengungen, Auseinandersetzungen und Rebellionen zu schüren. Sie schickten reguläre Truppen über die Grenze und förderten Untergrundbewegungen wie die CCO, die »Clandestine Communist Organisation«, die Terrorismus nach malaysischem Vorbild nach Sarawak importieren wollte.

Alle diese Organisationen wurden von den Malaysiern sofort verboten und verfolgt, wenn sie in Erscheinung traten, hauptsächlich mit Hilfe von britischen Truppen, doch um die indonesischen Infiltrationen entlang solch einer ausgedehnten Grenze zu unterbinden, wären Tausende von Soldaten mehr erforderlich gewesen, als es die angespannten britischen Staatsfinanzen verkraften konnten.

Sukarno schürte weiterhin sorgfältig Subversion in den malaysischen Gebieten, bis am 8. Dezember 1962 offene Unruhen ausbrachen, als Guerillas gleichzeitig ein Kraftwerk, einige Polizeikasernen und andere öffentliche Ziele im Sultanat Brunei angriffen.

Malaysia war Mitglied der SEATO, des südostasiatischen Verteidigungspakts, ebenso wie Großbritannien, Australien, Neuseeland, Thailand und andere Staaten in der Region, und die Mitgliedsstaaten hatten sich verplichtet, im Falle eines bewaffneten Angriffs gegenseitig Hilfe zu leisten.

Die erste britische Reaktion auf die indonesisch geschürte Revolte war eine hastig zusammengestellte Truppe, die aus dem 42 Royal Marine Commando, Gurkhas und den Queen's Own Highlanders bestand und die, binnen wenigen Wochen, eine Anzahl von Europäern befreite, die von den Rebellen als Geiseln genommen worden waren, und Gesetz und Ordnung wiederherstellte.

Schließlich wurde entschieden, den Guerillakrieg über die Grenze nach Indonesien hinein zu tragen. Die Idee war, dem Gegner Ärger frei Haus zu liefern, auf den er sich konzentrieren mußte, damit ihm keine Zeit mehr blieb, ähnlichen Ärger in den malaysischen Gebieten anzufachen.

Der SAS bildete die Speerspitze dieses Konterguerillakriegs, und so spielten wir in Borneo zur Abwechslung einmal Guerillas.

Die Indonesier kamen über die Grenze in Verbänden bis zu Battaillonsstärke. Unser Job war die Aufklärung. Wir machten die gegnerischen Truppen aus und gaben die Informationen an größere konventionelle Verbände weiter, die sich dann um die Eindringlinge kümmerten.

Häufig war es notwendig, uns direkt mit dem Gegner anzulegen, und es kam zu einigen sehr lebhaften Gefechten. Wir arbeiteten viel mit den Gurkhas zusammen, die sehr gute Soldaten waren.

Am Ende des Kriegs betrugen die britischen Verluste 63 Gefallene und 27 Verwundete. Die Indonesier hatten Tausende von Toten zu beklagen.

***

Am 29. April 1964 waren zwei SAS-Patrouillen, die eine aus vier, die andere aus fünf Mann bestehend, auf Aufklärungsmission jenseits der Grenze des Protektorats Aden in Nordjemen. Wir waren Meilen hinter dem Zeitplan, aber solche Dinge passieren.

Das Protektorat Aden war eine schwierige Gegend für einen Krieg. Wir konnten nur nachts marschieren, weil man bei Tageslicht 25 oder 30 Kilometer weit sehen konnte, und Bäume oder Gebüsch gab es nicht.

Die beste Route wäre entlang den Wadis gewesen – den ausgetrockneten Flußläufen –, aber das war unmöglich, weil dort die Einheimischen lebten . . . und die waren feindselig.

Bei diesem Erkundungstrip hielten sich die Patrouillen auf halber Höhe der Hügel, aber das Terrain war wild und zerklüftet. Die Berge bestehen aus vulkanischem Gestein, nicht aus Sanddünen. An Wasser hatten wir nur das zur Verfügung, was wir mit uns tragen konnten.

Um drei Uhr morgens war der Marsch zu Ende. Die Sonne geht gegen halb sechs auf, und es war unerläßlich, uns den höchsten Punkt der Gegend zu suchen, damit der Gegner nicht noch höher steigen und unsere Stellung von dort beherrschen und uns abknallen konnte.

Wenn wir uns tagsüber versteckten, bauten wir uns aus Felsbrocken Unterstände, die *sangars* genannt wurden. Es war wichtig, sie so natürlich wie möglich aussehen zu lassen, damit sie sich der Umgebung anpaßten. Sobald die *sangars* gebaut waren, verkroch man sich dahinter und beobachtete mit Ferngläsern die Gegend, bis es wieder Nacht wurde. Dann marschierte die Patrouille weiter.

Wenn man einen Hinterhalt legte, geschah das in den Wadis nach Einbruch der Dunkelheit. Auch hier setzte man sich um drei Uhr morgens ab, stieg auf den höchsten Berg und verbrachte dort den Tag. Bei Tageslicht war es unmöglich, die Wadis anzugreifen, denn der Gegner hätte uns sofort ausgemacht. Außerdem bewegten sich die arabischen Rebellen, aus den gleichen Gründen wie wir, nur nachts.

In den frühen Stunden des 29. April 1964 suchten sich die beiden SAS-Patrouillen getrennte Stellungen auf zwei verschiedenen Bergkämmen des Jebel Ashquale. Wir bauten uns *sangars*, aber es war eine dunkle und mondlose Nacht. Als die Morgendämmerung kam, stellten wir fest, daß wir nicht auf dem höchsten Punkt saßen.

Meine Patrouille bestand aus Captain Robin Edwards, Nick Warburton, der das Funkgerät hatte, Paddy und mir. Die andere setzte sich aus »Darkie«, Bill, Roger, Reg und Geordie zusammen.

Die Araber sind derart aufmerksame Beobachter, daß es für einen Europäer kaum vorstellbar ist. Wenn ein Europäer morgens aus dem Fenster schaut und sieht, daß seine Gartenstühle an einer anderen Stelle stehen, kommt ihm vielleicht der Verdacht, daß nachts jemand in seinem Garten war. Der Araber jedoch sieht viel mehr Details. Wenn jemand auf einem nahegelegenen Hügel einen Stein bewegt hat, ist es mehr als wahrscheinlich, daß er es sieht.

Wir merkten sehr bald, daß die Rebellen sich für unsere *sangars* interessierten. Wir sahen, wie ein Hirtenjunge aus dem Tal zu uns hinaufkletterte und dabei Ziegen vor sich hertrieb. Es war sonnenklar, daß er uns auskundschaften sollte... hier oben gab's für seine Ziegen gewiß nichts zu fressen.

Wir zogen die Köpfe ein und bewegten uns nicht, doch der Hütejunge kam schließlich so dicht an die *sangars* heran, daß er uns sah.

Sofort drehte er sich um und rannte den Abhang hinunter. Geordie stand vor einer schweren Entscheidung, aber es blieb ihm keine Wahl. Er hob seine Waffe, und Sekunden später war der Junge tot.

Wenn unerwartet ein einzelner Schuß abgefeuert wird, fällt es sehr schwer, die Position des Schützen abzuschätzen. Der Gegner wußte, daß wir irgendwo hier oben waren, aber wo genau, wußte er nicht. Wenn der Junge lebend zurückgekehrt wäre, hatte er unseren exakten Standort verraten können.

Einige Stunden lang geschah nichts, doch wir wußten, daß sie ihre Truppen mobilisierten. Dann starteten etwa vierzig von ihnen plötzlich einen Angriff. Die Araber sind tapfere und entschlossene Kämpfer, und sie hielten uns den ganzen Tag unter Beschuß.

Per Funk holten wir Luftunterstützung herbei, und eine Zeitlang mußten die Gegner die Köpfe einziehen, während RAF-Hunters sie mit Bordkanonen bestrichen.

Die Araber schossen mit einem bunt zusammengewürfelten Waffenarsenal, .303, einige AK-47 und ein paar alte französische Gewehre. Glücklicherweise waren sie nicht sonderlich gut organisiert, und sie hatten nur wenige schwere Waffen, obwohl gelegentlich eine Mörsergranate in unsere Richtung flog.

Ein unglücklicher Schuß durchschlug Paddy beide Beine und tötete dann Nick Warburton. Dann fing das Funkgerät ein paar Kugeln ein, was das Ende unseres Funkverkehrs bedeutete.

Wir hielten dem Gegner bis zum Einbruch der Dunkelheit stand, doch dann, nach einem kurzen Kriegsrat, beschlossen wir, uns zu verdrücken. Wir rannten los, wobei Captain Robin Edwards durch einen Schuß in den

Rücken getötet wurde. Sein Rucksack verfing sich zwischen zwei Felsbrocken, als er nach rückwärts fiel.

Nick Warburtons Leiche hatten wir in dem *sangar* gelassen, denn helfen konnten wir ihm doch nicht mehr.

Sie jagten uns fast die ganze Nacht, während wir Paddy so gut es ging mitschleppten. Bis zum Morgengrauen hatten sie unsere Spur verloren und wußten nicht, wo wir uns versteckt hatten.

Wir hatten uns auf einer Hügelkuppe in Deckung gelegt und beobachten dort den ganzen Tag durch unsere Feldstecher die Suche nach uns. Als es dunkel wurde, marschierten wir weiter, überquerten noch vor Tagesanbruch die Grenze zum Protektorat Aden und waren bald darauf in Sicherheit.

In ihrer Wut, daß wir ihnen entwischt waren, nahmen die Araber grausame Rache an unseren toten Kameraden, Robin Edwards und Nick Warburton.

Großbritannien hatte damals bereits die diplomatischen Beziehungen zu Nordjemen abgebrochen, doch die Amerikaner unterhielten noch eine kleine Diplomatische Mission.

Der amerikanische Geschäftsträger schlenderte eines Tages, auf dem Weg nach Hause, über den Marktplatz der nordjemenitischen Hauptstadt und erblickte mit Grausen die aufgepfählten Köpfe zweier Europäer.

Es kam zu einer Welle von Abscheu und Empörung in den westlichen Ländern, als die Nachricht bekannt wurde. Im britischen Unterhaus wurden Fragen gestellt, weil der Tod von Captain Robin Edwards und Nick Warburton bekanntgegeben worden war, bevor man die Angehörigen benachrichtigt hatte. Was noch schlimmer war, die Familienangehörigen der Männer in der »A«-Schwadron hatte man in der Meinung gelassen, die Soldaten seien auf Manöver in Salisbury Plain. Niemand wußte, daß sie in Aden stationiert waren.

Als sich der Abscheu der Welt über sie ergoß, dementierte die Regierung von Jemen hastig die Story und bezeichnete sie als britische Erfindung.

Später jedoch suchte eine Patrouille der Federal Army den Ort auf, wo die Kämpfe stattgefunden hatten, und fand zwei Rümpfe ohne Kopf, die später als die sterblichen Überreste unserer beiden Kameraden identifiziert wurden.

***

Die Politik der NATO war von Anbeginn, daß der Westen nie als erster einen Krieg gegen die Sowjetunion anfangen würde, und schon gar nicht einen Atomkrieg.

Großbritannien ist acht Minuten von der Zerstörung entfernt, falls die Russen auf den Knopf drücken. Das ist die Zeit, die ihre Raketen brauchen, bis sie ihre Ziele in Großbritannien erreichen. Acht Minuten reichen kaum, um das Frühwarnsystem auszulösen, wahrscheinlich können daher höchstens zehn Prozent der anfliegenden Raketen noch in der Luft zerstört werden.

Nach Schätzungen sterben vierzig Prozent der britischen Bevölkerung in der ersten Woche nach einem Angriff, weitere vierzig Prozent sterben innerhalb von zwei Monaten an den Folgen der Radioaktivität, weitere zehn Prozent an den Spätfolgen innerhalb von zwei Jahren.

Die einzigen Gebiete Großbritanniens, wo denen noch Leben möglich wäre, würden die Äußeren Hebriden und ein kleiner Teil von Irland sein, aber es gäbe nicht genug Nahrungsmittel, selbst wenn die Überlebenden sich dorthin durchschlagen könnten.

Jedenfalls wissen die NATO und der Warschauer Pakt nur zu gut, daß sie, aus taktischen Gründen, einen Krieg nicht mit einem Atomschlag beginnen können. Ziel des Westens wäre der Vormarsch und die Einnahme des Ostens, so wie der Ostblock Europa besetzten wollte. Wenn das Gebiet zwischen den beiden Armeen nur mehr aus nuklearen Trümmern bestünde, wäre ein Vormarsch und Landgewinn praktisch unmöglich.

Das bedeutet, wenn es je zu einer kriegerischen Auseinandersetzung kommt, wird sie aller Voraussicht nach mit konventionellen Waffen geführt, weil keine Seite, aus Angst vor einem Vergeltungsschlag, es wagt, ihr nukleares Arsenal einzusetzen.

Solange beide Seite ihre Atomraketen haben, ist es eine klassisches Pattsituation. Deswegen sind die Kommunisten auch hinter den Kulissen so aktiv, Abrüstungsbewegungen im Westen zu fördern.

Der SAS und anderen Special-Force-Einheiten kam eine besondere Rolle zu, falls die Russen angriffen.

Wenn ein sowjetischer Angriff bevorstand, würde sich der SAS in die Nähe der Zonengrenze begeben, sich dort, samt Fahrzeugen, Treibstoff und Ausrüstung, in vorgefertigten Bunkern eingraben und sich von den anstürmenden Panzerkolonnen überrollen lassen. Die meisten Strategen gehen davon aus, daß die Russen im ersten Ansturm mindestens bis zur Weser vordringen. Anschließend würde der SAS Fahrzeuge und Waffen ausgraben und dem Feind von der ungeschützten Rückseite zusetzen.

NATO-Übungen wurden vom SAS, der mehr Fronterfahrung hatte als alls anderen Truppen, eigene und gegnerische, als willkommener Urlaub betrachtet. Bei den NATO-Manövern gab es immer eine Rote Armee und eine Blaue Armee. Die eine Seite wurde beispielsweise von den Amerikanern und den Kanadiern gebildet, die andere von den Briten, den Deutschen und den Dänen.

Hinter den Fronttruppen kommen bei jeder Armee die Versorgungseinheiten, die Feldlazarette, Raketenbatterien, Fernmeldetruppen und so weiter. Für sie, und für die Etappenhengste, findet der Krieg selten an der Front statt, sondern an den Funkgeräten, den Fernschreibern und den Bildschirmen. Sofern sie nicht gerade das Pech haben, von einem gegnerischen Angriff überrollt zu werden, bevor sie sich zurückziehen können, gleicht ihr Krieg eher einem Space-Invader-Videospiel. Bei Manövern waren sie unweigerlich sorglos und bemerkenswert nachlässig, und so hielt der SAS reiche Ernte bei ihnen.

***

Wir spähten durch eine Hecke und sahen eine große Scheune, vor der mehrere britische Armeefahrzeuge parkten.

»Möchte nur wissen«, meinte der Corporal mit einem boshaftem Grinsen, »was die Brüder dort treiben.«

Wir stürmten los, mit dem Corporal an der Spitze.

In echtem John-Wayne-Stil trat er die Tür ein, und dort, an einem langen Tisch und uns mit offenen Mündern entgegenstarrend, saßen die Offiziere eines pikvornehmen britischen Kavallerieregiments. Sie hatten gerade zum Diner Platz genommen mit ihren Ehrengast, einem Brigadier.

Als Zugeständnis an den Manövereinsatz trugen sie Tarnuniformen statt Gala. Die Kellner dagegen waren in Livree.

Das wunderschöne gestärkte weiße Tischtuch bildete eine perfekte Kulisse für das feine Porzellan, das Silberbesteck und die antiken silbernen Suppenterrinen, die zweifellos gestiftet worden waren von einem längst gestorbenen blaublütigen Offizier, der mit dem Regiment während des Indischen Aufstands gekämpft hatte, oder während des langen Marschs nach Kandahar mit Lord Roberts.

Es war waren herrliche Sachen, der Stolz des Regiments ... und völlig deplaziert und lächerlich bei einem NATO-Manöver.

Nein, dachte ich, als ich das böse Glitzern in den Augen meines Corporals sah, sogar er wird sich ein bißchen zurückhalten, nachdem ein Brigadier anwesend ist. Doch für den Corporal war es Krieg. Er packte den Tisch, warf ihn um, und all das schöne Silberbesteck, das feine Porzellan und die Suppenterrinen klirrten und klapperten auf den Boden der Scheune.

***

Eine ruhige ländliche Gegend in Deutschland. Am Dorfrand unter prächtigen Bäumen ein friedliches Camp, bestehend aus einem großen klimatisierten Wohnwagen und ein paar Zelten. Ein temporäres, aber höchst komfortables Quartier, überspannt von Tarnnetzen.

Wachtposten hatte niemand für nötig gehalten.

Die Szene machte den Eindruck einer ausgesprochenen Oase inmitten des Krieges – auch wenn es nur ein Manöver war. Es war ein wichtiges Zielobjekt, denn es enthielt eine Artillerieleitstelle.

Vier von uns vertraten die Rote Armee, John Foley – unser Offizier –, Johnny, Smudger und ich.

»Auf geht's«, sagte der Captain, und todesverachtend stürmten wir den Feuerleitstand.

Drinnen überraschten wir einen britischen Major mit vier Männern, die wir alle zu Gefangenen erklärten. Die Gefangennahme wurde später von einem Schiedsrichter bestätigt.

Eine Wand des Wohnwagens war mit Karten bedeckt, denen jemand seine ganze Liebe gewidmet hatte. Die Karten waren übersät mit bunten Stecknadeln, Fähnchen und kleinen Leitern. Sie wären der Stolz eines jeden Kriegsmuseums gewesen.

Zum ungläubigen Entsetzen des Majors stürzten wir zu den Karten, rissen sie von der Wand und zertrampelten sie ... mitsamt allen Nadeln, Fähnchen und Leitern.

»Das war aber wirklich nicht nötig«, protestierte der Captain vornehm näselnd.

»Wissen Sie, Sie sind der Feind, alter Junge«, erwiderte unser Captain ungerührt. Er hatte eine ebenso feine Internatserziehung genossen wie der Major. »Bei einem Angriff müssen Sie mit so etwas rechnen.«

»Klar, altes Haus«, sagte der Major, »aber darum geht's nicht. Das ist einfach nicht fair ... ich habe einen ganzen Tag dafür gebraucht, und ich habe keinen Reservesatz.«

»Gehen wir«, schlug ich dem Captain vor.

»Ich hätte dem Scheißer meinen Gewehrkolben über den Schädel ziehen sollen«, knurrte Smudger beim Gehen.

***

Wir waren zu zwölft in dem Unterrichtsraum, vier von meiner eigenen, der »A«-Schwadron, der Rest von anderen Schwadronen. Wenn du so als Gruppe zusammengestellt wirst, weißt du, daß etwas besonderes anliegt.

Der Kommandierende Offizier der »A«-Schwadron, Major de Billiere, trat ein, und wir salutierten.

»Die Regierung von Kenia hat darum gebeten, daß der SAS Präsident Jomo Kenyattas Leibwache trainiert«, verkündete er. Wir seien als das Ausbilderteam vorgesehen.

Er instruierte uns allgemein und stellte uns dann einen europäischen Offizier der kenianischen Polizei vor. Der erzählte uns von den *shifta*, wie die Terroristen genannt wurden, die von Somalia nach Kenia einströmten, und erwähnte, daß wir das gleiche Personal auch in Terrorismusbekämpfung zu schulen hätten. Wir warfen uns glückliche Blicke zu – es schien eine willkommene Abwechslung zu sein. Jedenfalls war es besser, als nach Aden zu gehen, wo die »A«-Schwadron in sechs bis acht Wochen die »B«-Schwadron ablösen sollte.

Wir wurden vom allgemeinen Dienst befreit und erhielten eine Sonderschulung, damit die Leibwache entsprechend ausbilden konnten. Rasch wurden wir zu Lehrern, jeder spezialisierte sich auf ein bestimmtes Gebiet. Wir übten fleißig, bis die »A«-Schwadron nach Aden flog. Wir begleiteten sie, um uns ein bißchen Sonnenbräune zuzulegen, damit wir in Kenia nicht wie Neuankömmlinge aussahen. In Aden unterzogen wir uns einem intensiven Fitneßprogramm und verbrachten auch eine Menge Zeit auf dem Schießplatz.

»Wenn ihr nach Nairobi fliegt«, sagte der Instruktionsoffizier, »werdet ihr inkognito reisen. Dort werdet ihr zu kenianischen Polizei-Inspektoren und tragt auch deren Uniform. Kein Mensch darf wissen, daß ihr vom SAS seid.«

Mit einer RAF-Transportmaschine flogen wir von Aden nach Nairobi. Die anderen Passagiere waren das übliche Militärpersonal nebst ein paar Angehörigen. Wir hatten Order, auf unseren Plätzen zu bleiben, bis die Maschine gelandet war. Sobald die anderen Passagiere das Flugzeug verlassen hätten, würde ein Bus vorfahren und uns ohne jede Paß- und Zollformalitäten wegbringen. Wir sollten möglichst unauffällig einreisen, gemäß dem Wunsch der britischen Regierung.

Als die Maschine landete, standen die anderen Passagiere auf und warteten ungeduldig, daß die Türen geöffnet wurden. Wir, die Jüngsten und Fittesten, blieben sitzen, während schwangere Mütter mit quengelnden Kindern im Mittelgang standen.

In Nairobi war es viel kühler als in Aden, aber auf dem nackten Beton des Vorfelds heizte sich die Maschine doch in der Sonne ungemütlich auf. Schließlich öffnete sich die Tür, und die Passagiere begannen auszusteigen. Ein junger RAF-Offizier kam aus dem Cockpit den Mittelgang herunter. »Auf, auf, Jungs, wollt ihr hier Wurzeln schlagen?« rief er in befehlendem Ton.

Unser Dienstältester beugte sich zu ihm hinüber und flüsterte: »Wir sind die erwartete Gruppe. Wir sollten sitzenbleiben, bis alle ausgestiegen sind.«

»Ach Gott, ja«, sagte der RAF-Offizier mit einer durchdringenden Stimme, die in der ganzen Maschine zu verstehen war, »dann seid ihr wohl diese James-Bond-Typen!«

Die anderen Passagiere blieben stehen und sahen neugierig zu uns herüber. Wir ignorierten sie und den RAF-Offizier und versuchten uns in unsere Sitze zu verkriechen.

Nachdem sich die Maschine geleert hatte, holten wir unser Gepäck und und hielten erwartungsvoll Ausschau nach dem Bus.

Der war nicht da und kam auch nicht. Jemand von der Britischen High Commission in Nairobi hätte es organisieren sollen. Offenbar hatte er uns vergessen oder die Termine durcheinandergebracht. Nach einer ungeduldigen halben Stunde in der glühend heißen Maschine bat uns der Captain entschuldigend, jetzt auszusteigen, da er nach Aden zurückfliegen müsse.

Unser Dienstältester rief von der Abflughalle aus, noch vor der Zollkontrolle, die High Commission an. Dummerweise wußte niemand, wo unser Kontaktmann steckte, und auch sonst wußte niemand über uns Bescheid.

»Sie haben doch alle gültige Pässe, nicht wahr?« sagte man unserem Sprecher ungeduldig. »Diese Geheimniskrämerei ist doch völlig überflüssig. Kein Mensch wird wissen, wer Sie sind. Sie gehen als ganz normale britische Touristen durch die Paßkontrolle. Ich lasse Sie dann irgendwie abholen . . .»

Es blieb uns nichts anderes übrig, als unsere Koffer zu schnappen und uns zur Paß- und Zollkontrolle zu begeben. Dort fanden es die kenianischen Beamten schon ein wenig sonderbar, daß wir so lange in der Maschine geblieben waren ... insbesondere, als wir uns als ganz normale Touristen ausgaben.

Gene Franks stellte sich als erster an. Er lächelte und reichte seinen Paß einem schwarzen Paßbeamten, der mit ausdruckslosem Gesicht dasaß. Es war ein südafrikanischer Paß ... und Südafrikaner durften, was Gene nicht wußte, nicht mehr nach Kenia einreisen.

Der Beamte studierte mit erstauntem Entzücken den Paß, so als hätte er im Fußballtoto gewonnen. Er war nicht interessiert an Genes Erklärungen, und Gene wurde als vermeintlicher südafrikanischer Spion festgenommen und weggebracht.

Ich war der Dritte hinter Gene. Die Beamten, noch mißtrauischer geworden durch die Festnahme, kontrollierten die Männer vor mir außerordentlich gründlich. Als ich an die Reihe kam, wurde das Foto in meinem Paß ganz genau mit meinem Gesicht verglichen. Dann forderte mich ein Zollbeamter auf, meinen Koffer zu öffnen.

Mir wurde es flau im Magen, denn ich erinnerte mich plötzlich, was da alles drinnen war, aber mir blieb keine Wahl. Ich grinste bedrückt und klappte den Deckel auf. Neben der üblichen Habe eines gesetzestreuen Touristen lagen auch spezielle Demonstrationsobjekte darin: Zeitbomben, Zünder, Zündschnüre und Sprengkapseln.

Es überraschte niemanden, als sie auch mich festnahmen und zu Gene steckten. Es gab eine ziemliche Aufregung, und von überall her liefen Beamte zusammen. Die anderen von meiner Gruppe mußten sich in eine Ecke stellen, während man überlegte, was man mit ihnen anfangen sollte.

Dann traf zu unserer großen Erleichterung mit hochrotem Gesicht ein Vertreter der Britischen High Commission ein. Glücklicherweise wurde er begleitet von einem diplomatisch gewandten Kenianer, der unser Auftauchen zur allseitigen Zufriedenheit erklären konnte.

Es war ein vielversprechender Anfang.

Wir verbrachten neun Monate in Kenia und taten wenig mehr, als einheimischen Polizisten eine Grundausbildung angedeihen zu lassen. Die Kenianer hatten ihre besten Leute ausgesucht. Leider konnte trotzdem keiner von ihnen schießen, wie das bei den meisten Afrikanern der Fall ist, und schien es auch nicht lernen zu können.

Wir gaben ihnen eine gründliche Waffenausbildung, ließen sie fast täglich auf dem Schießplatz üben und hetzten sie über Dschungelpfade, doch trotz alledem blieben ihre Schießkünste nur einen Hauch besser als hoffnungslos.

Gegen Ende des Antiterrorkurses, nachdem wir ihnen beigebracht hatten, wie man einen explosiven Hinterhalt legt mit Minen, Granaten, Claymore-Minen und Sprengladungen, kamen afrikanische Regierungsvertreter von Nairobi angereist, um zu sehen, was ihre Männer gelernt hatten.

Die Demonstration, die wir für sie vorbereitet hatten, sollte zeigen, was einem Angehörigen der *shifta* passierte, wenn er in solch einen Hinterhalt geriet. Bei einem Typ-A-Hinterhalt würde jemand auf den Knopf drücken und den Terroristen in die Luft jagen. Beim Typ-B-Hinterhalt wurde die Detonation durch Stolperdrähte ausgelöst. In diesem Fall mußte man ungefähr wissen, auf welchen Wegen der Gegner vorrückte.

Der Demonstrationshinterhalt war von den Ausbildern gelegt worden. Den Besuchern erzählten wir jedoch, daß alles von den Schülern gemacht sei – ein Beweis der großen Fachkenntnisse, die sie sich im Verlauf des Kurses angeeignet hatten. Damit alles möglichst realistisch war, hatten wir richtigen Sprengstoff und scharfe Minen verwendet.

Nachdem wir unseren Gästen gezeigt hatten, wie gründlich unsere Schüler alle Spuren des Hinterhalts verwischt und die Stolperdrähte mit Moos und Gras kaschiert hatten, wollten wir die Minen mit Hilfe einer langen Schnur auslösen. Die Explosion würde dann ein paar Figurenscheiben, die eine Bande von Terroristen darstellen sollten, in Stücke zerfetzen.

Mit einiger Verspätung trafen die acht Würdenträger ein, in einem auf Hochglanz polierten Landrover, der für Truppenparaden gedacht war. Er hatte Sitzbänke im Heck und eine verchromte Stange, an der man sich im Stehen festhalten konnte, wenn man den Salut entgegennahm. Die Männer steckten in Nadelstreifenanzügen, mit Westen und Homburgs.

»Marvellous« Maurice führte sie durch den Hinterhalt und zeigte ihnen die interessanten Einzelheiten, bevor wir mit den Sprengungen begannen.

»Sehen Sie dort die Landmine unter dem Busch . . . das dort drüben ist eine Claymore-Mine . . .»

Wenn man zu Trainingszwecken eine scharfe Sprengladung legt, ist es zum Glück eine Grundregel, einen Sicherheitszünder zu verwenden, der zwischen der Zündkapsel und der Sprengladung etwa fünfzehn Sekunden brennt. Es ist als Schutz gedacht, falls irgendein Trottel versehentlich die Zündung auslöst. In den fünfzehn Sekunden kann sich jeder in Deckung werfen. Bei einem echten Hinterhalt geht die Ladung sofort hoch.

Maurice hatte seinen Rundgang fast beendet, als einer der Regierungsvertreter sich umdrehte, um sich irgendeine besonders interessante Sache genauer anzusehen. Bevor er gestoppt werden konnte, war er ein Stück den Weg zurückgelaufen.

Maurice schrie ihm nach, stehenzubleiben, doch es war schon zu spät. Es gab einen bedrohlichen Knall, ein Zischen, und dann stieg plötzlich blauer Rauch auf.

»Lauft um euer Leben!« brüllte Maurice.

Das Gelände war flach und ohne jede Deckung. Die einzige Chance war, eine möglichst große Distanz zum Explosionherd zu schaffen, und so rannte jeder aus Leibeskräften los.

Nachdem es vorüber war, sahen wir die komische Seite der Sache, wie »Marvellous« Maurice und die acht afrikanischen Gentlemen in Homburgs um ihr Leben gerannt waren ... aber in dem Moment fand es niemand komisch.

»Hinlegen!« schrie Maurice, als vierzehn Sekunden verstrichen waren.

Alle warfen sich zu Boden.

Rrrums!

Es gab eine große schwarze Rauch- und Staubwolke.

Glücklicherweise wurde niemand verletzt, wenn auch die Würde unserer Besucher ziemlich ramponiert war, ganz zu schweigen von ihren Nadelstreifenanzügen. Der hochglanzpolierte Landrover hingegen war schrottreif. Er mußte von einem Abschleppwagen nach Nairobi zurückgebracht werden.

Als wir fertig waren in Kenia, gab der britische Militärattaché Colonel Pring, ein Offizier alter indischer Schule mit Ladestock im Kreuz und weißem Schnurrbart, in seiner großen Villa einen Abschiedsempfang für uns. Einige Kabinettsminister und andere hohe kenianische Offizielle waren ebenfalls geladen.

Es begann um 17 Uhr 30 mit Ansprachen und Cocktails und war eine ziemlich steife und propere Angelegenheit. Die Kellner trugen weiße Uniformen mit einem roten Fez, und die geladenen Gäste nippten bedächtig an ihrem Pink Gin.

Um 19 Uhr 30 hatte sich die Atmosphäre grundlegend gewandelt, nachdem sich eine große Zahl von afrikanischen Honoratioren unter Tische und sonstige Möbelstücke getrunken hatten. Die trinkfesteren Überlebenden machten dann eine richtige Fete daraus, zogen die Jacketts aus und drehten das Radio bis hinten auf.

Es artete in eine wüste Orgie aus, doch als ich ging, ziemlich früh, stand der gute Colonel noch am Rande des Geschehens, nippte tapfer an seinem Scotch und versuchte, das alles zu ignorieren.

***

Im Verlauf des SAS-Auswahlkurses wurden wir auch einem Sprachentest unterzogen. Die kollektive Weisheit der Verantwortlichen entschied, ich sei der geeignete Mann, Thai oder Arabisch zu lernen. Danach hörte ich nichts mehr davon und vergaß die ganze Sache.

Während ich noch in Kenia war, kam die Order, nach Abschluß meiner Tätigkeit nach Aden zu gehen und dort einen Arabisch-Kursus zu absolvieren. Da ich Arabisch bereits genossen hatte und nicht sonderlich mochte, schlug ich vor, statt dessen Thai zu lernen. Dies wurde akzeptiert, und ich flog nach Singapur, um die Far East Languages' School in Nee Soon zu besuchen. Ein weiterer SAS-Mann kam mit.

Für einen Frontsoldaten war Singapur das reinste Paradies, und ich widmete mich in aller Ruhe meinem Spachkurs, während die »A«-Schwadron in den Dschungeln von Borneo schwitzte.

Außer uns beiden von SAS gab es noch einen Captain von einer Fernmeldeeinheit und zwei australische Offiziere, einer davon ein Russe, dessen Vater kurz nach dem Zweiten Weltkrieg nach Australien geflohen war. Wir verbrachten herrliche drei Monate, die letzten Wochen davon in Thailand bei der thailändischen Armee, um in die Praxis umzusetzen, was wir auf der Schule gelernt hatten.

Nach Beendigung unserer Abstellung zur thailändischen Armee kehrten der andere SAS-Mann und ich nach Singapur zurück und rechneten damit, nach Großbritannien zurückzufliegen. Statt dessen bekamen wir Befehl, uns im Brigadehauptquartier in Singapur zu melden, um uns dort mit einem SAS-Offizier zu treffen, der uns weitere Instruktionen geben sollte.

Am folgenden Tag meldeten wir uns bei Major The Honourable George Campbell-Johnson, bekannt unter dem Spitznamen »The Pack Rat«, der damals die »B«-Schwadron kommandierte. Es mag sonderbar erscheinen, daß ein Offizier extra aus England angeflogen kam, um sich mit uns zu treffen, aber so war es eben beim SAS. Eine Einsatzbesprechung wurde niemals an den Offizier einer fremden Einheit delegiert.

»Hört zu, Jungs«, sagte er, »es hat eine Planänderung gegeben, und ihr fliegt nicht nach England. Wir schicken euch nach Thailand zurück. Dort sind bereits Leute von den amerikanischen Special Forces und der CIA, mit denen ihr zusammenarbeiten werdet.« Wir sollten uns eingehend mit Thailand vertraut machen, mit der politischen, gesellschaftlichen und wirtschaftlichen Situation, mit der Geographie und so weiter. »Wenn ihr zurückkommt«, sagte er zum Abschluß, »müßt ihr den Colonel und das Regiment einweisen, da wir weitere Truppen in das Land verlegen wollen.«

Ich kannte damals die Hintergründe nicht, erst in späteren Jahren konnte ich es mir nach und nach zusammenreimen. Die Vereinigten Staaten hatten ernsthaft daran gedacht, sich aus Vietnam zurückzuziehen, denn obwohl militärisch alles günstig lief, war es politisch ein Fiasko.

Wegen dieser politischen Situation suchten die USA dringend Unterstützung bei ihren Verbündeten. Benachbarte Länder wie Kambodscha und Thailand leisteten bereits Hilfe, und auch eine kleine Zahl von australischen und neuseeländischen Soldaten kämpfte mit, aber von dem wichtigsten Verbündeten, von Großbritannien, war bisher keine Unterstützung gekommen.

Premierminister Harold Wilson sah es als politischen Selbstmord für einen britischen Premier an, englische Truppen nach Vietnam zu schicken.

Thailand hatte mittlerweile im Nordosten des Landes Probleme mit einer Rebellenbewegung, der Pathet Lao, die vage Beziehungen zu Nordvietnam unterhielt, kommunistisch und regierungsfeindlich war. Damals war alles noch verhältnismäßig harmlos, die Aufständischen ermordeten gelegentlich einen Stammesführer, der sich ihnen widersetzte, überfielen gelegentlich einen Polizeiposten und jagten gelegentlich ein öffentliches Gebäude in die Luft.

Die Amerikaner, denen das nicht entgangen war, wollten diese Situation in Thailand geschickt ausnutzen, um England zu einem stärkeren Engagement in Südostasien zu zwingen.

Großbritannien, die Vereinigten Staaten, Australien, Neuseeland, Thailand, die Philippinen und ein paar andere Staaten waren Mitglieder der SEATO. Vietnam und Laos dagegen waren keine Unterzeichnerstaaten. Wie bei Borneo waren die anderen verpflichtet, wirtschaftliche und militärische Hilfe zu leisten, wenn eine Mitgliedsnation angegriffen wurde.

Die Amerikaner wandten sich an die Thais und erinnerten sie, daß sie bereits massive Wirtschafts- und Militärhilfe von den USA bekamen... mehr zu verlangen, sei unbillig. Doch es gäbe ja die SEATO. »Bittet einfach die Engländer, euch Truppen zu schicken«, schlug man vor.

Die Thais hielten das für eine ausgezeichnete Idee.

Als Premierminister Harold Wilson und seinem Kabinett dieses unerwartete Ansuchen auf den Tisch flatterte, sorgte das für beträchtliche Aufregung, die vermutlich an Panik grenzte. Die Rechtsexperten brüteten zweifellos über den Vertragstexten, doch es gab kein Schlupfloch, das den Engländern erlaubt hätte, sich vor ihrer Verantwortung zu drücken.

Ob sie es wollten oder nicht, es blieb ihnen offenbar nichts anderes übrig, als Truppen nach Thailand zu entsenden.

Nordost-Thailand liegt nur etwa sechzig Kilometer von der nordvietnamesischen Grenze, hinter der der berühmte Ho-Chi-Minh-Pfad verläuft, über den die Kommunisten ihren Nachschub transportierten. »Pfad« war hierbei eine Umschreibung für vielerlei Routen, auf denen die Kommunisten Waffen und Material vom Norden in den Süden schafften, seien es nun Routen durch Vietnam, durch Laos oder was auch immer.

Den Amerikanern war klar, daß den Briten, sobald sie Truppen in Thailand stationiert hatten, gar nichts anderes übrigblieb, als auch gegen den Vietkong und den Ho-Chi-Minh-Pfad vorzugehen. Außerdem war für den in der Regel nicht übermäßig gut informierten Durchschnittsbürger in der westlichen Welt Thailand, Laos, Kambodscha oder Vietnam so ziemlich das gleiche. Für ihn würde es so aussehen, als kämpften die USA und Großbritannien in Südostasien plötzlich Seite an Seite.

Obwohl streng geheim, erfuhr der Oberkommandierende des SAS sehr bald von dem Dilemma der britischen Regierung. In jenen Tagen verfügte der SAS über beträchtlichen Einfluß in Regierungskreisen. Ehemalige Befehlshaber des SAS wurden regelmäßig als Brigadier ins Verteidigungsministerium übernommen und hatten auf diesem Posten direkten Zugang zum Premierminister.

»Hören Sie, Harold«, sagte er vermutlich zu Premierminister Wilson, »es gibt einen Ausweg aus diesem Problem. Wir vom SAS sind im aktiven Dienst und können jederzeit eingesetzt werden. Großbritannien muß seine Verpflichtungen aus dem SEATO-Vertrag erfüllen, aber es steht nirgends, welche Truppen oder wieviele Truppen Sie entsenden müssen. Wie wär's, wenn Sie einfach den SAS schicken?« Dieser Vorschlag führte dazu, daß wir beide nach Thailand gesandt wurden. Der SAS hoffte, durch sanfte Überredung in Regierungskreisen erreichen zu können, daß wir die ersten von vielen sein würden.

Einige Tage darauf flogen wir nach Bangkok. Mittlerweile konnten wir Thai sprechen, aber es nicht lesen oder schreiben, weil die Schrift anders ist als die gesprochene Sprache. Die Menschen, mit den wir zu arbeiten hatten, waren Bauern und meist Analphabeten, deren Vokabular kaum über 200 oder 300 Worte hinausging. Wir wurden von Angehörigen einer thailändischen Spezialeinheit abgeholt und nach Nakhon Ratchasima gefahren, wor wir übernachteten. Am nächsten Tag fuhren wir weiter in den Nordosten, bis wir einen Ort namens Ban-bung erreichten, was »Sumpf-Dorf« heißt, wo ich stationiert werden sollte. Mein Kollege fuhr an einen anderen Ort.

In Ban-bung hatte ich meine ersten Sprachschwierigkeiten. Die Einheimischen sprachen eine Mischung aus Thai und Laotisch. Glücklicherweise sind die beiden Sprachen sehr ähnlich, so daß ich das Problem bald überwand.

Ich sollte eng mit den zwei amerikanischen Gruppen zusammenarbeiten. Zum einen gab es, etwa zwanzig Kilometer entfernt, eine Sendestation der *Stimme Amerikas*, die von der CIA betrieben wurde. Es war ein Propagandasender, der nach Vietnam, Kambodscha und Laos strahlte.

Dann war eine Einheit der amerikanischen Special Forces im nahem Ubon stationiert, wo sich ein bedeutender Militärflughafen befand, von dem aus Bombenflüge nach Vietnam starteten.

Ein paar Starfighter der australischen Lufwaffe waren ebenfalls in Ubon stationiert, aber die schienen nie aufzusteigen. In Anbetracht der traurigen Absturzbilanz waren sie vermutlich nur als Dekoration gedacht.

Phantom-Kampfbomber der US-Lufwaffe waren die Arbeitspferde, die bei jedem Angriff mitflogen.

Die Aufgabe der Special Forces – und damit meine Aufgabe – war es, den Ho-Chi-Minh-Pfad aus dem Westen über Laos anzugreifen. Die Amerikaner wußten, daß die Regierung von Laos die Augen vor den Vietkong verschloß, die durch ihr Land kamen, und sie gingen deshalb davon aus, daß man auch uns tolerieren müßte, wenn wir in Laos gegen den Vietkong vorgingen. Und so war es auch. Laos hatte genug eigene Probleme.

Der ursprüngliche Plan der Special Forces ähnelte sehr dem der Malayan Scouts, wie der SAS zuerst hieß, als er Anfang der fünfziger Jahre neu formiert wurde, um den kommunistischen Aufstand in Malaya zu bekämpfen. Ein oder zwei Amerikaner sollten jeweils eine Gruppe von Einheimischen ausbilden, die sich in der Gegend gut auskannten und die anschließend selbständig auf Patrouille gingen, wobei sie ihre guten Ortskenntnisse vorteilhaft einsetzen konnten.

Das Konzept funktionierte jedoch nicht. Menschen, die so rückständig und nachgerade primitiv sind wie diese thailändischen Bauern, kennen sich zwar in ihrer unmittelbaren Umgebung bestens aus, aber wenn man an eine andere Stelle des Dschungels versetzt, vielleicht nur wenige Kilometer entfernt, sinken ihre Spurenlesefähigkeiten ebenso dramatisch wie ihre Ortskenntnisse. Primitive Bauernvölker entfernen sich selten weiter als fünfzehn Kilometer von ihrem Dorf ... im England des Mittelalters war es ähnlich, vermutet man.

Gut ausgebildete Amerikaner, Briten oder andere Europäer erwiesen sich daher stets als die viel besseren Scouts als Thailänder, Malayen, Afrikaner oder sonstige primitive Naturvölker. Man vergißt nur zu leicht, daß der heutige Soldat besser und vielseitiger ist als sein Großvater, wegen seiner umfassenderen Bildung. Warum sollte also ein ungebildeter Primitiver soviel taugen? In Wahrheit ist es sehr mühsam und zeitaufwendig, sie militärisch auszubilden.

Die amerikanischen Green Berets, die schon längere Zeit mit Südostasiaten gearbeitet hatten, vermittelten ihnen lediglich eine gewisse Grundausbildung und setzten sie dann als Wachtposten für die Dörfer und die Reisfelder ein ... und damit endete meist schon ihr aktiver Kriegsdienst.

Die Männer von den amerikanischen Special Forces sind hervorragende Soldaten, und ihre logistische Unterstützung ist unvergleichlich. Bei der britischen Armee trifft die Verpflegung manchmal ein, manchmal auch nicht, die Munition ist manchmal gut, manchmal auch nicht.

In Aden standen wir einmal kurz vor einem Einsatz. Die gerade eingetroffene Munition wurde kontrolliert – sie stammte noch aus dem Zweiten Weltkrieg. Die Patronen hatten bereits Grünspan angesetzt, und wir weigerten uns, das Zeug zu übernehmen. Ein Offizier eines schottischen Infantrieregiments, der es eigentlich hätte besser wissen sollen, empfahl uns, die Patronenhülsen einfach mit Benzin abzureiben. Wenn wir diesem Befehl gehorcht hätten, wäre die Munition wegwerfreif gewesen, denn Benzin kriecht in Löcher und ist hygroskopisch. Der SAS-Soldat jedoch führt nie ersichtlich blödsinnige Befehle aus, und kein Vorgesetzter erwartet das von ihm. Das unterscheidet ihn von anderen Soldaten.

Es war ein Problem, mit dem ein amerikanischer Soldat vermutlich nie konfrontiert wird, denn ihre Logistik ist unübertrefflich.

Wir im SAS kennen die Special Forces gut, denn wir haben oft mit ihnen zusammengearbeitet. In Hereford liefen stets ein halbes Dutzend von ihnen herum, als Verbindungsoffiziere und zur Ausbildung abgeordnet ... und von uns waren immer ein paar in Fort Bragg. In Malaysia hatte ich einmal sechs Wochen lang an der Dschungel-Ausbildung von neuen SAS-Soldaten mitgewirkt. Es waren auch ein paar Angehörige der Special Forces darunter, und das waren ausgezeichnete Soldaten.

Wir bekamen Sektoren in Laos zugewiesen, überquerten in kleinen Patrouillen die Grenze und zogen dort bei den Einheimischen Erkundigungen ein. Ein paar von den Amerikanern sprach ebenfalls thailändisch. Äußerlich waren wir nicht als Briten oder Amerikaner zu identifizieren, wir trugen unauffällige, neutrale Kampfanzüge, ohne Rangabzeichen ... und auch unsere Hundemarken durften wir nicht tragen. Wenn wir fielen, sollte es dem Gegner schwergemacht werden, Propagandakapital aus unseren Leichen zu schlagen.

Unsere Hauptaufgabe war die Erkundung, doch wir wußten sehr wohl, daß wir den Boden für weitere amerikanische und britische Truppen vorbereiten sollten. Ich machte mir daher umfangreiche Aufzeichnungen über die Topographie, Trinkwasserversorgung, die Besiedlungsdichte und so weiter. Insgesamt war ich elf Monate in Thailand, in Großbritannien wußten jedoch nur wenige davon, und diese wenigen sahen darüber hinweg.

Aus dem britischen Engagement an diesem Kriegsschauplatz wurde jedoch nie etwas, wegen der starken Opposition im Unterhaus. Als die Vereinigten Staaten sich aus Vietnam zurückzuziehen begannen, verlor auch England das Interesse.

Ansonsten war der SAS nirgendwo in Südostasien offiziell vertreten, wenn es auch zahlreiche »inoffizielle« Vertreter gab, zweifellos von MI-6 organisiert. Zum Beispiel war bekannt, daß sich in Saigon ein ehemaliger SAS-Angehöriger namens Freddy als Gebrauchtwagenhändler niedergelassen hatte. So wie ich Freddy kannte, hätte er nicht mal in England gebrauchte Autos verkauft, geschweige denn in Saigon . . .

***

Der SAS war ständig im Kampfeinsatz, und es ist klar, daß einen das Glück irgendwann einmal verlassen mußte, wenn man lange genug dabei blieb. In Bradbury Lines, der SAS-Kaserne in Hereford, gibt es ein Uhrtürmchen mit einer Gedenktafel für im Kampf gefallene SAS-Angehörige. Wenn man von einer Operation zurückkehrte, waren meist ein paar Namen hinzugekommen . . . Der SAS war wie eine kleine Familie, jeder kannte jeden. Jeder Gefallene war ein Freund gewesen.

Damals gab es ein Quiz im britischen Fernsehen mit dem Titel »Gegen die Uhr«. Bald nach Beginn dieser Sendung wurde die Redewendung geprägt, wenn jemand sicher von einer Operation zurückkehrte: »Er hat gegen die Uhr gewonnen«.

Wenn du den SAS aus eigenem Antrieb verläßt, ist es üblich, daß du ein letztes Gespräch mit dem Colonel führst. Er redet dich mit dem Vornamen an, während du »Sir« zu ihm sagst. Ich hatte mein Abschlußgespräch mit Colonel John Slim, dem Sohn des berühmten Feldmarschalls Bill Slim, der im Zweiten Weltkrieg in Burma die britische 14. Armee zum Sieg über die Japaner geführt hatte. Er bot mir Tee an, und wir unterhielten uns über alte Zeiten in Singapur. Schließlich erhob ich mich, wir schüttelten uns die Hand, und er wünschte mir Glück für die Zukunft.

»Möchten Sie auf die Liste?« fragte er beiläufig.

»Vielen Dank, Sir«, erwiderte ich ebenso beiläufig. »Gerne.«

»In Ordnung, Taffy«, sagte der Colonel. »Ich werde mich darum kümmern.«

Als Colonel David Stirling nach dem Zweiten Weltkrieg die Armee verließ, gründete er die Firma »Watchguard International«, registriert in Guernsey auf den Channel Islands. Es war ein Unternehmen, das private Sicherheitsaufgaben auf allerhöchster Ebene übernahm . . . zumindest war das die offizielle Fassade.

In Wirklichkeit war Watchguard International eine Tarnorganisation für die Militärische Abwehr – für den MI-5, zuständig für die Innere Sicherheit, und für den MI-6, die Auslandsabwehr. Im SAS hieß Watchguard International nur »die Firma«.

Wenn du gefragt wurdest, ob du auf der Liste stehen möchtest, wollte man wissen, ob du gegebenenfalls dem MI-6 zur Verfügung standest. Es war eine Frage, auf die jeder wartete, wenn er den SAS verließ – aber nicht jeder wurde gefragt. Es galt letztlich als Versagen, wenn man nicht gefragt wurde.

Der MI-6 hatte Hunderte von Abteilungen, die sich mit allen nur denkbaren Dingen befaßten, darunter auch eine für »schmutzige Tricks«. Nur ehemalige SAS-Angehörige wurden für diese Abteilung rekrutiert, denn nur sie verfügten über die notwendige Ausbildung.

Wenn du auf der Liste standest, konnte es sein, daß du vom MI-6 sofort auf eine Mission geschickt wurdest, es konnte drei Jahre dauern – oder der MI-6 holte dich nie. Du hattest keinen Einfluß darauf und konntest keine Fragen stellen.

Wenn Leute im SAS fragten: »Wo steckt denn der und der?« - und die Antwort lautete, er arbeite für irgendeine Ölgesellschaft, dann hieß das, daß er einen Job für Watchguard International ausführte – für die »Firma«.

Manchmal konnten die Jobs offen vom SAS übernommen werden, manchmal war es jedoch politisch unmöglich. Watchguard International, nach außen hin ein Privatunternehmen, konnte Dinge tun, die der britischen Regierung insgeheim sehr recht waren . . . die sie offiziell jedoch strikt mißbilligte.

Zum Beispiel konnte die Ausbildung von Leibwächtern für einen arabischen Scheich oder den Präsidenten einer afrikanischen Nation eine Aufgabe für Watchguard International sein. Als wir in Kenia die Leibwache von Jomo Kenyatta schulten, gingen wir offiziell als SAS, denn Kenia war ein befreundetes Commonwealth-Land. Als Präsident Kenneth Kaunda von Sambia das gleiche wollte, waren die Umstände völlig anders. Sambia grenzte an Rhodesien, das 1965 einseitig seine Unabhängigkeit erklärt hatte. Seitdem hatte Präsident Kaunda ständig verlangt, daß britische Truppen in sein Land entsandt würden, um »Sambia gegen die rhodesischen Angriffe zu schützen.«

In einer derart heiklen Situation wäre es politisch höchst unklug gewesen, den SAS in irgendeiner offiziellen Funktion nach Sambia zu schicken. Die Rhodesier und die Südafrikaner wären sofort auf die Barrikaden gegangen. Also setzte man Personal der Watchguard International ein.

Als der SAS im Protektorat Aden eingesetzt war, wurden grenzüberschreitende Operationen in Nordjemen durchgeführt. Militärisch gesehen wäre es sinnvoll gewesen, den SAS das gleiche von Saudi-Arabien aus tun zu lassen, aber das war nicht möglich, weil es Saudi-Arabiens Vermittlerrolle in der arabischen Welt kompromittiert hätte. Wiederum bot Watchguard International die Lösung ... wenn es auch gelegentlich nicht leicht war, ihre Aktivitäten mit »Sicherheitsaufgaben« zu erklären.

1969 wurden zwei Angehörige der »Firma«, Knocker Parsons und Falcon Wilson, in diesem Operationsgebiet getötet, während sie einen Guerillatrupp anführten. Ihre Leichen fielen dem Gegner in die Hände. Die UNO erregte sich darüber, was zwei weiße Soldaten, beide eindeutig als Briten identifiziert, in Nordjemen zu suchen hatten. Die Engländer logen sich heraus, wie es in der internationalen Politik üblich ist. Sie beharrten darauf, die beiden Männer seien reguläre Soldaten gewesen, die innerhalb des Protektorats Aden im Kampf gefallen waren. Die Nordjemeniten hätten die Leichen in ein sensitives Gebiet geflogen, nur um einen Skandal zu provozieren.

4

GADDAFI UND DIE ALTE »FIRMA«

Am Montag, dem 1. September 1969, putschte ein 28jähriger Armeeleutnant, Muammar al-Gaddafi, mit einer Gruppe von jungen Offizieren erfolgreich gegen König Idris von Libyen, der sich gerade außer Landes aufhielt. Es war ein Ereignis, von dem in der internationalen Politik kaum Notiz genommen wurde. Nur wenige - wenn überhaupt – sahen Folgen für andere Länder voraus... was nur zeigt, wie sehr Politiker sich irren können.

Bis zur Mitte der fünfziger Jahre war Libyen, wie die meisten arabischen Länder, ein ziemlich unbedeutendes Land. Es soll einst die Kornkammer des alten Rom gewesen sein, doch dann blieb der Regen aus, und die Wüste verschlang das fruchtbare Land.

In den Tagen, bevor die europäischen Kolonisatoren ihr Auge auf Nordafrika geworfen hatten, als die arabische Welt noch aus Stämmen ohne markierte Grenzen und ohne Nationalstaaten bestand, stellten die Senussi – eine fanatische Moslembruderschaft, gegründet von Muhammad Ibn Ali, dem Großen Senussi – eine bedeutende religiöse und politische Macht dar. Geboren Ende des 18. Jahrhunderts in Algerien, war Muhammad Ibn Ali schon früh vom Glauben inspiriert worden, zog jahrelang durch Arabien und verbreitete die Lehre des moslemischen Fundamentalismus und der *Dschehad* – des heiligen Kriegs gegen die verhaßten Ungläubigen. Nach Beendigung seiner Wanderschaft ließ er sich in der Cyrenaika nieder, denn die Franzosen hatten während seiner Abwesenheit Algerien erobert, und dies wurde zum Zentrum seiner Bewegung.

Nach seinem Tod im Jahre 1859 übernahm die Nachfolge sein Sohn El Madhi, der bald zum Führer aller Wüstenscheichs ausgerufen wurde und sie im Kampf gegen die Türken anführte, die das Gebiet annektiert und dem Ottomanischen Reich einverleibt hatten. Nach dem Italienisch-Türkischen Krieg 1911 ging das Gebiet in italienische Hände über.

Es war ein Krieg, gegen den Benito Mussolini, damals Führer der Sozialistischen Partei, heftig ankämpfte. Seine Kampagne artete fast in eine Revolution aus, mit der Errichtung von Barrikaden, der *Belagerung von Forli*, Kavallerieattacken gegen ›Arbeiter‹ und schließlich der Verurteilung zu einem Jahr zwei Monaten Haft für Mussolini – im Berufungsverfahren auf sechs Monate reduziert ... nachdem alles vorüber war.

Nach 1922, nachdem Mussolini als faschistischer Diktator die Macht in Italien übernommen hatte, fand er rasch Geschmack an afrikanischen Expansionsgelüsten. Anführer in dem fortwährenden Heiligen Krieg gegen die Ungläubigen war damals Muhammad Idris El Senussi, der vierundvierzigste Abkömmling des Propheten Muhammad. Idris wurde nach Ägypten ins Exil vertrieben, das zweiundzwanzig Jahre dauerte. Jedes Aufbegehren gegen die italienische Herrschaft wurde brutal unterdrückt ... was die Bombardierung von Oasen einschloß.

Ins Exil wurde er von seinem treuesten Kampfgefährten begleitet, Ibrahim El Shalhi, der ihm vierzig Jahre lang in Freundschaft verbunden war und der eines Tages in Libyen der mächtigste Mann nach Idris werden sollte.

Nach dem Ende des Zweiten Weltkrieg zeigte niemand sonderliches Interesse an Libyen. Seine Bewohner waren so arm, daß es die Vorstellungskraft der meisten westlichen Menschen überstieg. Die Säuglingssterblichkeit lag bei 40 Prozent, 94 Prozent der Bevölkerung waren Analphabeten, das jährliche Pro-Kopf-Einkommen lag bei 10 Pfund Sterling. Weniger als ein Dutzend Libyer hatten die Universität besucht. Die minimalen Exporterlöse stammten von Datteln und Hafer sowie von Schrott, der auf den ehemaligen Kriegsschauplätzen gesammelt wurde.

Libyen ist eher eine Wüste als ein Land. Es ist zweimal so groß wie Texas, halb so groß wie Indien und siebeneinhalbmal so groß wie Großbritannien. Damals hatte es weniger als zwei Millionen Einwohner, von denen die meisten in einem schmalen Küstenstreifen lebten, während der Rest auf dem Kamelrücken von Oase zu Oase zog, wie ihre Vorfahren es seit Urzeiten getan hatten.

Die immense strategische Bedeutung der zweitausend Kilometer Küstenlinie war jedoch allen bewußt. Deshalb hatten die Allierten und die Achsenmächte im Zweiten Weltkrieg auch so erbittert darum gekämpft. Nach Kriegsende stritten sich die Sieger heftig über die Beute. Die Russen meldeten Ansprüche an, Ägypten desgleichen. Die Franzosen wollten es zwischen sich, den Briten und den Italienern aufteilen. Die Briten fanden es korrekt, mit den Franzosen halbe-halbe zu machen, wollten den Italienern jedoch nichts zurückgeben. Die Amerikaner, die gegen jeden Kolonialismus waren – weil sie selbst nie Kolonien besessen hatten –, wollten es für zehn Jahre der Treuhandschaft der Vereinten Nationen unterstellen.

Zu dieser Zeit weitete sich der Kalte Krieg aus, und nach der Niederlage der Achsenmächte hatten sich die Machtverhältnisse radikal verändert ... und der Westen und der Osten konnten sich kaum noch über die Uhrzeit einigen, ganz zu schweigen von anderen Dingen. Der einzige akzeptable Kompromiß war, dem Land die Unabhängigkeit zu geben, was 1951 auch geschah.

Muhammad Idris El Senussi, der die langen Jahre im Exil ertragen hatte, während sein Land unter italienischer Herrschaft stand, hatte nie aufgehört, an einen Sieg der Alliierten zu glauben. Er bekam die Belohnung für seine Loyalität, als Großbritannien seinen nicht unbeträchtlichen Einfluß geltend machte und ihn zum König und Herrscher des neuen unabhängigen Staates ernannte.

Die Unabhängigkeitsstatuten interessierten die Briten und Amerikaner keinen Deut, denn sie hatten das Land ohnehin fest in ihrer Hand. Die britische Royal Air Force hatte einen Stützpunkt in El Adem, die Schiffe der Royal Navy lagen in Tobruk. Im Westen, in Tripolitanien, bauten die Amerikaner für über hundert Millionen Dollar den Luftwaffenstützpunkt Wheelus Field aus, wichtigstes Glied in der Kette von Stützpunkten, die den Ostblock umgaben. Wheelus Airbase wurde schließlich zu einem Stück Klein-Amerika. Hinter einer zehn Meilen langen Mauer genossen die sechstausend Soldaten und ihre Familien die gleiche Lebensqualität wie vor ihrer Atlantiküberquerung.

Außerdem war es das Paradies für einen Flieger, denn die riesigen und unbewohnten Wüstengebiete boten ideale Trainingsbedingungen für Flüge und auch für Bombenabwürfe. Der Himmel war das ganze Jahr über blau.

Die Pacht für diese Stützpunkte brachte dem pro-westlichen König Idris weit mehr ein als alle Dattel-, Hafer- und Eisenschrottexporte, Großbritannien und Amerika hatten also das beruhigende Wissen, daß weder König Idris noch irgendein anderer libyscher Führer ohne dieses Geld auskam. Ihre Stützpunkte in Libyen waren für die Ewigkeit gebaut.

Dann wurde Öl gefunden, und das löste den größten Ölboom in der Geschichte aus. Über Nacht wurde das bettelarme Libyen zu einem der reichsten Länder der Welt. Libyen schien nachgerade auf einem See von Öl zu schwimmen. Die Reserven wurden als nahezu unerschöpflich angesehen. Die reichen Ölvorkommen führten bald dazu, daß Libyen zu einem der politisch einflußreichsten Länder im Mittelmeerraum wurde.

Keine Gesellschaft, und schon gar nicht eine vormals derart arme, kann solch plötzlichen Reichtum verkraften, ohne daß es zu nachhaltigen politischen und sozialen Veränderungen kommt. Am Anfang übertünchte der beibehaltene einfache Lebensstil von König Idris und seines Hofs die ersten auftretenden Risse.

Als Libyen noch arm und schwach war, hatte die mächtige Präsenz von Großbritannien und Amerika es vor der gewalttätigen Welle von Nationalismus abgeschirmt, die damals die arabische Welt erfaßte. Während andere arabische Staaten unter den Folgen von Nassers revolutionärer Politik litten oder gar zusammenbrachen – im Irak wurde die Monarchie gestürzt, Syrien war in eine Union mit Ägypten gedrängt worden, der Jemen war von Bürgerkrieg zerrissen, und das Königreich Jordanien taumelte von einer Krise in die andere –, war Libyen als einziges Land immun dagegen. Aus dem gleichen Grund war es auch unberührt geblieben von dem schwelenden Konflikt zwischen den arabischen Staaten und Israel. Ein Konflikt, der von allen wahren Gläubigen, einschließlich den Libyern, als Heiliger Krieg betrachtet wurde – als *Dschehad.*

Mit dem Geld strömten arabische Agitatoren ins Land und verbreiteten ihre Botschaften. Bald wurden die Menschen in den Basaren von bitterem Haß ergriffen, Haß, daß die britischen Luftwaffenstützpunkte 1956 als Ausgangsbasis für den britisch-französischen Angriff auf Suez gedient hatten, während gleichzeitig die Israelis vom Sinai her Ägypten angriffen. Und was war mit Wheelus Field? Die Vereinigten Staaten waren Israels engste Freunde und Verbündete. Sicherlich hatte man Israel von der Airbase aus militärische und logistische Unterstützung angedeihen lassen.

Im März 1964 erklärte ein neuer Premierminister den Briten und Amerikanern, als Antwort auf nationalistische Strömungen und ohne König Idris zu konsultieren, daß sie zu verschwinden hätten, wenn die Pachtverträge für ihre Stützpunkte 1971 und 1973 ausliefen.

König Idris, stets loyal den Briten gegenüber, die ihn über die Jahre gestützt und die ihm seinen Thron gegeben hatten, war entsetzt. Er schockierte die Nation, indem er seine Abdankung erklärte. Dann verschanzte er sich in seinem Palast in Tobruk, bis praktisch alle Minister, Abgeordnete und Senatoren, wie auch Tausende von gewöhnlichen Libyern zu dem Palast gepilgert waren und ihn angefleht hatten, seinen Entschluß rückgängig zu machen ... was er schließlich auch tat.

Zeit seines Lebens hatten dem König Mitglieder der Familie Shalhi als Ratgeber gedient, wenn auch sein alter Freund und treuer Diener Ibrahim El Shalhi im Oktober 1954 auf offener Straße in Bengazi niedergeschossen worden war und sein Sohn Busairi El Shalhi, der seinem Vater als Erster Berater des Königs nachgefolgt war, im April 1964 bei einem Verkehrsunfall starb. Fünf kritische Jahre lang stand offiziell kein Mitglied der Shalhi-Familie dem König als Berater Seite, allerdings war Lieutenant Colonel Abd El Aziz El Shalhi Chef des Militärischen Beschaffungsamtes und Operationsdirektor. Dann, im April 1969, übernahm Umar El Shalhi, ein Mann, den Geldgeschäfte mehr interessierten als Staatsgeschäfte, offiziell den Posten des Königlichen Beraters.

Die Stelle war zu lange unbesetzt gewesen.

König Idris, der zwar nicht im Ernst mit einem Staatsstreich rechnete, traf dennoch stets Vorsorge. Er sorgte dafür, daß es für jeden militärischen Machtfaktor immer einen Gegenfaktor gab. In der Cyrenaican Defense Force, hauptsächlich in Bengazi stationiert, hatte er eine Prätorianergarde. Die Organisation war völlig unabhängig von der Armee und mit gepanzerten Fahrzeugen, Helikoptern und mitterschwerer Artillerie ausgerüstet. Die Offiziere und Mannschaften rekrutierten sich ausschließlich aus absolut loyalen Stämmen tief in der Sahara. Wenn die reguläre Armee mit Chieftain-Panzern ausgerüstet wurde, bekam die CDF automatisch die neuesten und besten Panzerabwehrwaffen, und so weiter. Im Westen des Königreichs stand als Gegengewicht die ebenso gut ausgerüstete Tripolitania Police.

Gaddafi hatte seit seiner Kadettenzeit 1963 die Machtübernahme geplant. Damals bereits gründete er unter seinen Offizierkameraden eine geheime Bruderschaft von fanatischen Moslems, die er *Freie Unionistische Offiziere* nannte. In einem primitven Land wie Libyen, wo die Hauptzentren durch riesige Wüstenstriche getrennt sind, liegt der Schlüssel eines jeden Putschplans in der Kontrolle der Nachrichtenverbindungen. Gaddafi hatte klugerweise dafür gesorgt, daß er soviel über dieses Thema wußte wie kein anderer in Libyen. Um sich dieses unbezahlbare Wissen anzueignen, hatte er 1966 einen zehnmonatigen Fernmeldekurs bei der britischen Armee in Beaconsfield mitgemacht.

Die Verschwörer waren überall verstreut auf Wüstenposten wie auch in zahlreichen Grenzposten an den Grenzen zum Tschad, Algerien und Sudan. Viele waren natürlich in den beiden großen Garnisonen in Tripoli und Bengazi stationiert. Um Kontakt zu halten, schickte ihnen Gaddafi regelmäßig Funksprüche unter Verwendung eines simplen, selbst entwickelten Codes.

Als er schließlich den Staatsstreich wagte, führte er ihn rasch und erfolgreich durch, während der König außer Landes war. Gaddafi übernahm persönlich die gefährliche Aufgabe, die Cyrenaican Defense Force zu neutralisieren. Ihr Kommandant wurde mit vorgehaltener Waffe gezwungen, nach seinen Offizieren zu schicken, die man sofort entwaffnete und festsetzte. Anschließend besetzte man im Handstreich die wichtigsten Punkte in Bengazi, wie die Radiostation, die Post und die Regierungsgebäude. Gleichzeitig hatten seine Mitverschwörer in Tripoli und Al Baidha losgeschlagen, so daß innerhalb von vierundzwanzig Stunden sowohl die CDF als auch die Tripolitania Police ausgeschaltet worden war.

Es war eine vorbildliche militärische Operation. Die einzige Gefahr ging von dem schwarzen Brigadegeneral aus, der den amerikanischen Stützpunkt Wheelus Field befehligte und der nur durch die hastige Intervention des amerikanischen Außenministeriums davon abgehalten wurde, seine Truppen nach Tripoli zu schicken, die Rebellen zu ergreifen und das alte Regime wieder einzusetzen.

Die Welt stellte sehr rasch fest, daß der revolutionäre Leutnant Gaddafi, der sich alsbald zum Oberst beförderte, von einer Sorte war, wie man sie seit Muhammad Ibn Ali, dem Großen Senussi, nicht mehr gesehen hatte. Gaddafi verlangte, wie Ali, eine kompromißlose Rückbesinnung auf den strikten Islam des 7. Jahrhunderts. Was noch schlimmer war, er praktizierte, was er predigte. Er war vom gleichen Kaliber wie Ayatollah Khomeini, der in späteren Jahren der Welt eine weitere unangenehme Überraschung bescheren sollte.

Nach dem Staatsstreich wurden die Gehälter der Minister halbiert und der Mindestlohn für den Mann auf der Straße verdoppelt. Einfuhr, Verkauf und Besitz von Alkohol wurden prompt verboten. Eine administrative Verfügung untersagte die Verwendung der lateinischen Schrift, und alles, von amtlichen Formularen bis zu Coca-Cola-Etiketten, mußte in arabisch geschrieben sein. Der neue Kalender zählte ab Muhammads *Hedschra* nach Medina im Jahre 622 n. Chr., statt der bisherigen Zählweise ab Christi Geburt.

Nachtlokale wurden geschlossen, eines sogar persönlich von Oberst Gaddafi, der, mit einem Revolver bewaffnet, einen Schwarm Polizisten anführte. Die Barclays Bank wurde verstaatlicht, die katholische Herz-Jesu-Kathedrale in eine Moschee umgewandelt, ein paar Juden und gut dreißigtausend Italiener, übriggeblieben aus Kolonialzeiten, wurden ausgewiesen. Binnen eines Jahres waren alle britischen und amerikanischen Militärbasen geschlossen.

Vor allem Großbritannien suchte sich Gaddafi als Zielscheibe aus. Er verstaatlichte ohne jede Entschädigung British Petroleum, eine Gesellschaft, die ungezählte Millionen in die Ölexploration gesteckt hatte, schlug sich auf die Seite des Premierministers von Malta, Dom Mintoff, in seiner lange schwelenden Auseinandersetzung mit Whitehall, zwang eine Passagiermaschine der British Airways (damals BOAC) zur Landung und kidnappte zwei sudanesische Passagiere, die er umbringen ließ, und versprach der IRA Waffen, Geld und logistische Unterstützung.

Die Amerikaner bezogen nicht ganz so schlimme Prügel. Der Luftwaffenstützpunkt Wheelus Field war zwar nur mehr eine nostalgische Erinnerung bei ihren Generälen, aber wenigstens hatte Gaddafi die US-Ölgesellschaften nicht verstaatlicht – wenn sie dem neuen Regime auch horrende Steuern und Förderabgaben zahlen mußten. Und es war klar, daß die Schraube weiter angezogen würde.

All das war, obwohl das offenbar niemand aufging, erst der Anfang.

***

Im Juli 1970 war fast ein Jahr vergangen, seit ich den SAS verlassen hatte. Ich kam mir so ähnlich vor wie eine Schwangere im sechsten Monat. Ich hatte die besten Dinge hinter mir gelassen, das Leben gefiel mir nicht, und ich wußte nicht recht, wie ich die nächsten drei Monate überstehen sollte.

»Jeder fühlt sich eine Zeitlang so,« meinte mein Vater, »nachdem er den Militärdienst quittiert hat.«

Eines Morgens stand ich in der Londoner U-Bahn auf dem Weg zur Arbeit. Ich trug einen dunklen Geschäftsanzug, hielt mich mit der linken Hand an einem ledernen Handgriff unter der Decke fest und hatte den rechten Arm abgewinkelt, so daß ich meinen Regenschirm einhängen konnte. In der rechten Hand hielt ich ein Exemplar des *Daily Telegraph.*

Ich stand da, machte mir Gedanken über mein Leben und war nicht glücklich dabei.

Gedankenversunken starrte ich auf die Scheiben, die wie Spiegel wirkten, während der Zug dahinratterte. Schau dir diesen Wichser dort im Fenster an, dachte ich bei mir.

Das Spiegelbild war ein wenig verzerrt, als der Zug hielt . . . ich sah, daß der Wichser ich selbst war.

Als ich von der Arbeit nach Hause kam, wartete ein Telegramm auf mich. Bei Telegrammen denkt man immer an schlechte Nachrichten, ich mache da keine Ausnahme. Hastig riß ich es auf.

»Hereford 5678 anrufen – Woody«, las ich.

Ich kannte nur einen Woody, und der war ein Sergeant-Major im SAS gewesen, der einige Zeit vor mir ausgeschieden war. Man nannte ihn Woody, weil er ein Kettenraucher war und Woodbines rauchte. Rauchen war verpönt im SAS und während eines Einsatzes sogar verboten, Woody war also ein ungewöhnlicher Typ. Er hatte mir nach meinem Auswahlkurs die Feinheiten im Umgang mit Sprengstoffen beigebracht.

Ich wußte nicht genau, was er trieb, konnte es mir aber denken. Ich erinnerte mich, daß ihn jemand gefragt hatte, was er nach seinem Ausscheiden machen würde, und er sagte, er wolle für eine Ölgesellschaft arbeiten. Alle hatten gelacht ... er arbeitete demnach mit ziemlicher Sicherheit für die »Firma«.

Ich griff zum Telefon und wählte.

»Hier ist Taffy«, sagte ich und versuchte nicht allzu aufgeregt zu wirken.

»Es gibt einen Job«, antwortete Woody lässig. »Hast du vielleicht Interesse?«

Mehr würde ich in diesem Stadium nicht erfahren. So war die Regel. Ich mußte ja oder nein sagen.

»Ja«, sagte ich ohne Zögern. Er hatte mich genau in der richtigen Stimmung erwischt.

»Okay«, sagte Woody so beiläufig, als hätte ich die entgegengesetzte Antwort gegeben. Er nannte mir die Adresse einer Wohnung in Kensington und instruierte mich, ihn dort an einem bestimmten Datum und zu einer bestimmten Uhrzeit aufzusuchen.

Die Wohnung entpuppte sich als eine sehr vornehme Adresse in einem georgianischen Block gegenüber dem Nobelkaufhaus Harrods. Pünktlich auf die Minute drückte ich auf die Klingel, worauf die Tür geöffnet wurde von The Honourable George Campbell-Johnson, ehemals Major The Honourable George Campbell-Johnson vom SAS, bekannt unter dem Spitznamen »The Pack Rat«, den ich zuletzt in Singapur gesehen hatte, als er mich für die Thailand-Mission einwies.

Er lächelte, wir schüttelten uns die Hand, und er führte mich in ein feudal eingerichtetes Wohnzimmer. Dort warteten bereits weitere zehn ehemalige SAS-Angehörige, unter ihnen Woody. Ich kannte sie alle. Stürmisch begrüßten wir uns, und eine Büchse kaltes Bier wurde mir in die Hand gedrückt. Wir unterhielten uns über alte Zeiten, bis zwei weitere Männer, die ich ebenfalls kannte, eintrafen. Sie komplettierten die Schar der Eingeladenen.

Campbell-Johnson hielt eine kleine Ansprache. »Ihr werdet alle mittlerweile begriffen haben, daß ich für die ›Firma‹ arbeite. Ihr seid geholt worden, damit wir herausfinden können, wer von euch Interesse hat, an einer geplanten Operation teilzunehmen. Ihr werdet verstehen, daß ich euch aus Sicherheitsgründen im Moment wenig über den Job sagen kann. Nur soviel, er beinhaltet, sich verdeckt in ein außereuropäisches Land zu begeben. Wir werden bewaffnet sein, und es besteht die Notwendigkeit, einige Leute zu töten. Sollte einer in Gefangenschaft geraten, werden wir jedes Wissen um seine Person ableugnen – darüber sollte sich jeder im klaren sein. Wenn ihr teilnehmen wollt, müßtet ihr euch ungefähr drei Monate freinehmen, für Training und Vorbereitung. Egal, ob die Operation erfolgreich ist oder nicht, jeder erhält fünftausend Pfund in beliebiger Währung. Es besteht die Chance auf einen zusätzlichen Bonus, die fünftausend Pfund sind das Minimum. Wenn jemand nicht teilnehmen möchte oder aus irgendeinem Grund nicht teilnehmen kann, muß er sich jetzt melden, bevor ich fortfahre.«

Zwei Männer, die sich aus geschäftlichen Gründen die drei Monate nicht freimachen konnten, traten vor. Campbell-Johnson nahm sie beiseite und sprach mit ihnen, betonte vermutlich die Geheimhaltungsbedürftigkeit.

Nachdem sie gegangen waren, vergewisserte sich Campbell-Johnson, daß der Rest voll bei der Sache war. Dann erklärte er, er wolle uns nun einzeln Colonel David Stirling vorstellen, dem Begründer des SAS und Chef der »Firma« – Watchguard International –, der in einem anderen Zimmer wartete. Eine Notwendigkeit dafür gab es nicht, aber Stirling hatte darauf bestanden.

Dies war ein großes Ereignis für uns alle, denn Stirling war der berühmteste SAS-Angehörige, obwohl er das Regiment kurz nach dem Ende des Zweiten Weltkrieg verlassen hatte. Keiner von uns hatte ihn bisher persönlich kennengelernt.

Schließlich kam ich an die Reihe. Mit seinen 54 Jahren und einer Größe von einszweiundneunzig war der Colonel eine beeindruckende Gestalt. Wir unterhielten uns kurz über den SAS und meine Zeit dort. Er erwähnte, die »A«-Schwadron sei immer seine Lieblingseinheit gewesen.

Als alles vorüber war, schickte uns Campbell-Johnson nach Hause, wo wir auf Instruktionen warten sollten. Umschläge wurden verteilt, die, wie uns gesagt wurde, einen Honorar- und Spesenvorschuß enthielten. Keiner von uns schaute nach, doch als ich die Wohnung verlassen hatte, ging ich schnurstracks auf die nächste öffentliche Toilette und riß den Umschlag auf. Zweihundert Pfund in brandneuen Scheinen mit fortlaufenden Nummern befanden sich darin. Fünfzig Pfund waren damals ein guter Wochenlohn in England . . .

Die ausgewählten Männer kamen aus den verschiedensten Gegenden Großbritanniens. Ich selbst wohnte in London, nicht weit von Campbell-Johnson, daher wandte er sich in den folgenden Wochen mehrmals an mich und ließ mich bei den administrativen Vorarbeiten im Zusammenhang mit dem Training mithelfen, das auf dem schottischen Landgut der Familie Stirling stattfinden sollte. Unter anderem stellte ich komplette Kartensätze jener Gegend in Schottland zusammen und machte dann Trainingspacks, die aus einem Kartensatz bestanden, einem Kompaß, einem Schlafsack, einer Windjacke, einem Poncho, einem Paar Stiefeln, drei oder vier olivgrünen Hosen und einem Tornister. Meist diente ich Campbell-Johnson als Chauffeur, da er dummerweise kurz zuvor wegen Alkohol am Steuer den Führerschein losgeworden war.

Eines Abends rief er an und bestellte uns alle in die Wohnung in Kensington. Seine Stimme klang ein bißchen bedrückt, aber ich dachte mir nichts dabei. Das ganze Team versammelte sich.

»Hört zu, Jungs«, sagte Campbell-Johnson kurzangebunden, »tut mir leid, euch enttäuschen zu müssen, aber die Operation ist abgeblasen worden. Es hat eine undichte Stelle gegeben, deswegen wurde entschieden, die Sache endgültig sterben zu lassen.« Er dankte uns für unsere Zeit und Mühe und erinnerte uns, nicht über die Angelegenheit zu sprechen. Dann verteilte er Umschläge, die weitere zweihundert Pfund enthielten.

Zu meiner großen Überraschung rief mich Campbell-Johnson eine Woche darauf an. Ich hatte nicht damit gerechnet, noch einmal von ihm zu hören. Er wollte sich mit mir im Air-Terminal in Victoria treffen und legte mir ans Herz, keinem von dem Team etwas davon zu sagen und auch sonst mit niemandem darüber zu sprechen.

»Die Sache läuft wieder«, erklärte er, als ich mich mit ihm traf.

Wegen der ungewöhnlichen Begleitumstände bedrängte ich ihn um Einzelheiten. Zu der Operation selbst gab er keine näheren Auskünfte, sagte mir jedoch, es sei ursprünglich ein Gemeinschaftsunternehmen der CIA und des MI-6 gewesen. Dann hätten die Amerikaner ohne jede Vorwarnung beschlosen, den Plan nicht durchzuführen, somit waren die Briten gezwungen, die Sache abzublasen. Nach Gesprächen auf höchster Regierungsebene sei dann jedoch entschieden worden, daß Großbritannien ein vitales Interesse an der Durchführung hätte. Man würde die Vereinigten Staaten einfach vor vollendete Tatsachen stellen.

»Deswegen ist absolute Geheimhaltung so wichtig«, betonte Campbell-Johnson.

Manche Leute haben keine sonderlich hohe Meinung von amerikanischen Geheimdiensten, aber meine Erfahrungen beim SAS beweisen das Gegenteil. Die Amerikaner sind gut, sehr gut, und ich wußte, daß ein einziges falsches Wort leicht zu ihnen dringen würde, was die Operation zu Fall gebracht hätte.

»Ich brauche Sie für einen Erkundungstrip«, sagte Campbell-Johnson. »Wir treffen uns am Donnerstag um 9 Uhr im Air-Terminal in der Brompton Road ... ich werde auf einer Bank in der Schalterhalle sitzen ... Unter keinen Umständen dürfen Sie zeigen, daß wir uns kennen. Wenn ich Sie sehe, stehe ich auf und lasse ich eine zusammengefaltete Zeitung auf meinem Sitz liegen. Setzen Sie sich auf meinen Platz und nehmen Sie die Zeitung an sich. Sie finden darin Ihr Ticket und Geld. Wir fliegen mit der gleichen Maschine, aber auf getrennten Plätzen. Sie kennen mich nach wie vor nicht. Wenn wir unseren Zielflughafen erreicht haben, nehmen Sie sich dort einen Leihwagen. Dann fahren Sie die Straße hinunter und warten auf mich.«

Ich hielt die Sicherheitsvorkehrungen für ein bißchen übertrieben und fragte ihn, wohin wir fliegen und wie lange wir wegbleiben würden, doch darüber er wollte mir keine Auskunft geben.

Ich erklärte ihm, die Situation sei absurd. Ich mußte irgendwie meine Abwesenheit erklären, und logischerweise konnte ich meinem Arbeitgeber nicht sagen, ich sei für unbestimmte Zeit weg, vor allem, wenn es nur ein paar Tage sein würde. Im übrigen wäre es schlecht für meine Tarnung, wenn ich im Wintermantel in ein südliches Land flog oder mit Tennissachen in ein Land, wo es schneite.

Das sah er ein und erwiderte, wir würden nur ein paar Tage weg sein. Kleidungsmäßig sollte ich mich auf ein gemäßigtes europäisches Klima einrichten.

Versehen mit diesen etwas spezifischeren Informationen, traf ich die notwendigen Vorbereitungen, packte die Kleider, die ich für angemessen hielt, und begab mich zu der vereinbarten Zeit zum Air-Terminal in der Brompton Road.

Ich sah Campbell-Johnson sofort. Er saß in einem Trenchcoat auf einer Bank, den Kragen in James-Bond-Manier hochgeschlagen. Ich wußte, daß er mich ebenfalls gesehen hatte, denn er faltete seine Zeitung zusammen, legte sie auf die Bank, erhob sich und schlenderte davon.

Ich lief hinüber und griff mir die Zeitung, ging dann in eine Toilette und entfaltete die Zeitung. Darin befand sich, wie versprochen, Geld und ein Flugschein nach Brindisi in Italien.

Wir passierten auf dem Leonardo-da-Vinci-Flughafen bei Rom den Zoll und nahmen von dort einen Inlandsflug nach Brindisi. In der Maschine ignorierten wir einander. Nach der Landung nahm ich mir bei Hertz einen Mietwagen, fuhr ein Stück den Zubringer hinunter und parkte dort. Wenig später tauchte Campbell-Johnson hinter mir auf, stieg ein, und ich fuhr los.

Drei Hauptaufgaben hätten wir in Brindisi, erklärte er. Wir müßten uns ein großes leerstehendes Haus mit geräumiger Garage suchen und es mieten, wir müßten einen Uferstrand finden, wo ein Schiff von der Größe eines Torpedoboots aus dem Zweiten Weltkrieg landen könnte, und wir müßten Mittel und Wege finden, Personal und Ausrüstung vom Schiff ins Haus zu schaffen und umgekehrt.

Brindisi ist ein Urlaubsort an der süditalienischen Adriaküste, unser Ziel lag also vermutlich in Italien, in Nordafrika oder in Osteuropa ... das jugoslawische Dubrovnik befindet sich genau gegenüber von Brindisi. Auch Griechenland oder Kreta kamen in Frage, vielleicht um einen politischen Gefangenen zu befreien.

Wir schlüpften in die Rolle von englischen Urlaubern, von denen es noch eine ganze Menge in der Stadt gab, obwohl die Saison fast vorbei war. Am zweiten Tag fanden wir ein großes Haus, das laut Campbell-Johnson für unsere Zwecke ideal war. Es war abgelegen, weil es sich fünf Kilometer nördlich der Stadt befand, und geschützt, weil es von einer hohen Mauer umgeben war. Zum Teil ruhte es auf Pfeilern, unter denen sich eine ungewöhnlich große Garage befand. Von der Garage führte eine Treppe ins Hausinnere. Dies würde uns ein unauffälliges Laden und Entladen von Fahrzeugen ermöglichen.

Einen passenden Strand zu finden, war ebenfalls kein Problem. Eine Straße verlief im Abstand von etwa zweihundert Meter parallel zum Strand, dazwischen befanden sich jedoch Olivenbäume und hohe Dünen. Von der See her war es ideal, denn es gab fast keine Tide, so daß die Wassertiefe praktisch immer gleich blieb. Ich watete hinaus und überzeugte mich, daß der Sand unter meinen Füßen fest war und es keine Unterwasserhindernisse gab. Ein Schiff konnte zwar nicht sehr dicht ans Ufer fahren, aber mit einem Schlauchboot ließen sich alle Transportprobleme lösen.

Nach dieser ersten Erkundung wurde folgender Plan entwickelt: Wenn ein Schiff erwartet wurde, sollte ich in brusttiefes Wasser hinauswaten, dort mit einer Taschenlampe Zeichen geben und das Schiff heranlotsen. Es würde dort ankern, und wir konnten mit einem Schlauchboot die Ladung ans Ufer schaffen.

Das Problem mit Brindisi war, daß ein so großes Operationsteam auffallen würde – selbst wenn jeder in einem anderen Hotel logierte. Der Ort war einfach zu klein. Deshalb sahen wir uns Bari an, einen erheblich größeren Ort im Norden, der zahlreiche große Hotels und ein paar Dutzend Pensionen aufwies. Wir kamen zu der Überzeugung, daß wir in Bari ein gutes Dutzend Männer unterbringen konnten, ohne damit Aufmerksamkeit zu erregen.

Ein anderes Problem war ein größeres Fahrzeug für den Transport von Mannschaften und Material. Die örtlichen Autoverleiher hatten nur winzige Fiats zu vermieten. Sie waren höchst ungeeignet, doch in der Anfangsphase mußten wir uns damit begnügen.

Diese erste Erkundung in Brindisi dauerte fünf Tage, während denen wir aus Sicherheitsgründen mehrmals das Hotel wechselten.

Einige Tage nach unserer Rückkehr rief mich Campbell-Johnson an und bestellte mich zu einer Adresse in Notting Hill. Ich fuhr sofort hin. Ein stämmiger Mann in europäischer Kleidung öffnete mir, aber ich sah sofort, daß er ein Araber war. Er führte mich in ein Wohnzimmer, wo Campbell-Johnson wartete, dann ging er. Er wurde mir nicht vorgestellt, und ich fragte auch nicht, wer er war. Ein paar Jahre darauf sah ich sein Bild in einer Zeitschrift: Es war Senussi Umar al-Shalhi, der Chefberater von König Idris von Libyen. Dem Bericht zufolge steckte er hinter dem Plan, Idris wieder zu seinem Thron zu verhelfen.

»Wir müssen mit dem Training anfangen«, sagte Campbell-Johnson. »Es gibt mehrere Phasen, aber zuerst werden wir uns darauf konzentrieren, in eine Gefängnismauer ein Loch zu sprengen. Das Ziel ist, eine Menge Gefangene zu befreien.« Er schlug die Verwendung einer Auflegesprengladung vor, am Heck eines Lastwagens angebracht, der rückwärts gegen die Außenmauer des Gefängnis gefahren und dann zur Explosion gebracht werden sollte.

Von Auflegesprengungen verstand ich eine Menge, denn Sprengstoffe waren meine Spezialität. Ein großer Rahmen, vielleicht zwei auf zwei Meter, mußte in kleineren Teilstücken gebaut werden, die wir zusammenmontieren würden, wenn wir im Zielgebiet waren. Der Rahmen würde mit einer großen Menge Sprengstoff bepackt, in einer Form, daß die direkte Wucht der Explosion gegen die Mauer gerichtet sein würde.

Die Gefängnismauern waren offensichtlich sehr dick, somit benötigte ich eine kraftvolle Ladung. Die Quantität mußten wir kalkulieren. Normalerweise gibt man noch zwanzig Prozent zu, um ganz sicher zu sein.

Campbell-Johnson instruierte mich, mit dem Zug zu Stirling zu fahren, und versprach, mich vom Bahnhof abzuholen.

Reisen mit der Bahn ist okay in England, wenn man von Norden nach Süden oder umgekehrt fährt, nach Glasgow ging es also schnell. Das nächste Stück verlief allerdings quer zum Hauptstreckennetz, und da sah es wesentlich trüber aus. Auf dem Bahnhof erwartete mich, wie versprochen, Campbell-Johnson und Woody, der, wie ich mittlerweile herausgefunden hatte, ein festangestellter Mitarbeiter des MI-6 war und keineswegs für eine Ölgesellschaft arbeitete. In der »Firma« hatte er den Job eines Quartiermeisters und einer Allroundkraft. Wir fuhren zu einem hübschen Haus auf dem Stirling-Besitz, vermutlich ehemals die Cottage eines Landarbeiters.

Das Landgut war ideal für militärisches Training, da es fast zweitausend Hektar umfaßte und gut bewaldet war.

In der Cottage warteten zwei Franzosen, die mir als Alain und Jon Pierre vorgestellt wurden. Sie wiesen alle Merkmale von Berufssoldaten auf, und als solche stufte ich sie auch ein. Wir sprachen wie üblich nie über unsere Vergangenheit, aber irgend jemand deutete einmal an, sie seien ehemalige Legionäre. Beide sprachen fließend englisch.

Nachdem ich ausgepackt hatte, holte Campbell-Johnson ein Pappmodell des Gefängnisses, seiner Umgebung und der Zufahrtsstraßen hervor. Er identifizierte es nicht, aber von der Anlage her war ich überzeugt, daß es kein europäisches Gefängnis war, eher ein nordafrikanisches oder jugoslawisches.

Ein alter britischer Militärlastwagen mit Plane und Spriegel wurde Woody und mir zur Verfügung gestellt für unsere Experimente beim Entwurf der Auflegebombe. Wir hatten eine Menge Arbeit damit. Zum Beispiel ist es logisch, daß du die Fahrzeugbeleuchtung ausschaltest, um nicht aufzufallen, aber du vergißt nur zu leicht, daß Bremslichter und Rückfahrscheinwerfer unerwartet aufleuchten und dich verraten können.

Die Notwendigkeit, die Glühbirnen zu entfernen, und andere derartige Dinge stellten wir zu einer Checkliste zusammen, damit im Ernstfall nichts vergessen wurde.

Außer dem Pappmodell legte Campbell-Johnson Grundrisse und Zeichnungen vor, die das Innere des Gefängnisses zeigten, die Wachttürme und die Zugänge. Aufgabe der Franzosen sollte es sein, durch die von uns gesprengte Bresche einzudringen und die Wachttürme und sonstigen Verteidigungspunkte auszuschalten. Sobald das gelungen war, würden sie die Gefangenen befreien. Woody und ich würden Hilfestellung geben, sofern erforderlich, indem wir die Zellentüren aufsprengten. Die Zellen, die von der Größe her vielleicht fünfzig Gefangene aufnehmen konnten, waren ein weiterer Hinweis, daß es sich schwerlich um ein europäisches Gefängnis handelte. Wir hielten zahlreiche Planungssitzungen ab. Wir schätzten die benötigten Zeiten und listeten sie auf. Eine Woche brauchten wir, bis wir die Pläne fertiggestellt hatten für das Eindringen in das Gefängnis und für die Befreiung der Gefangenen. Keine anderen Aspekte der Operation wurden von Campbell-Johnson angesprochen.

Ich kehrte nach London zurück, während Woody nach Belgien flog – dem Zentrum des europäischen Waffenhandels –, um dort diverse Waffen zu kaufen. Er hatte eine gefälschte Endbenutzerbescheinigung bei sich, vom MI-6 zur Verfügung gestellt, denn ohne die wäre es unmöglich gewesen, militärische Waffen zu kaufen.

Jon Pierre und Alain blieben in der Cottage, um auf das Eintreffen von weiteren zehn Franzosen zu warten. Als ich das nächstemal nach Stirling fuhr, waren sie bereits dort und trainierten fleißig. Die Franzosen waren so ziemlich in unserem Alter, um die Dreißig, sehr erfahren und körperlich außerordentlich fit. Ich halte es für ausgeschlossen, daß es sich um speziell für diesen Job angeworbene Söldner handelte. Dafür waren sie viel zu professionell. Es wäre unmöglich, eine Gruppe von Söldnern dieses Kalibers zusammenzubekommen. Ich nahm an, daß es ausgewählte Militärangehörige waren, so wie wir, die für den SDECE arbeiteten – das französische Gegenstück zu Großbritanniens MI-6.

Wir machten zahlreiche gemeinsame Ernstfallübungen. Der Kommandeur stellte sich mit einer Stoppuhr und einem Megaphon auf. »Sprengkommando ... vorwärts ... marsch!« brüllte er.

Ohne allzuviel zu tun, konnten wir dennoch rasch die Einsätze simulieren. Durch die Modelle und Pläne hatte jeder von uns ein genaues Bild des Zielobjekts im Kopf.

Campbell-Johnson identifizierte nie den Araber, den ich in Notting Hill getroffen hatte, doch er erwähnte einmal, der Typ sei tatsächlich in diesem Gefängnis eingesperrt gewesen. Kurz danach bestätigte uns Campbell-Johnson, daß unser Ziel in libysches Gefängnis war und daß die Operation dazu dienen sollte, Oberst Gaddafi zu stürzen. Er gab mir diese Information, weil er entschieden hatte, daß wir eine Erkundung der tunesisch-libyschen Grenze durchführen sollten. Tunesien war ein pro-westliches Land.

Campbell-Johnson und ich flogen über Rom nach Tunis, wo wir uns ein Auto mieteten und nach Westen fuhren, bis wir kurz vor der libyschen Grenze waren. Dann bogen wir südlich in die Wüste ab und kampierten dort zwei Tage. In der Wüste war die Grenze nicht markiert, aber an der Hauptstraße stand eine Reihe von weißgekalkten Grenzsteinen. Grenzposten gab es keine.

Bevor wir nach England zurückkehrten, vergewisserten wir uns, daß es kein Problem war, libysches Gebiet über Tunesien zu betreten und auch wieder zu verlassen. In Tunesien fielen wir nicht auf, weil die tunesische Wirtschaft auf Fremdenverkehr ausgerichtet ist und es dort eine Menge Europäer gibt.

Campbell-Johnson erzählte mir noch ein paar Einzelheiten, als wir in der Wüste kampierten. Obwohl Gaddafi das erklärte Ziel war, hatte man noch nicht entschieden, ob wir tatsächlich den tödlichen Schuß auf ihn abgeben sollten. Vom britischen Standpunkt aus wäre es am einfachsten, wenn er bei dem Putsch ums Leben käme. Auf diese Art konnte niemand die Briten direkt verantwortlich machen.

Ich wußte von Zeitungsberichten, daß Gaddafi sehr anti-westlich war ... seine Reden und Taten hatten ihn oft in die Schlagzeilen gebracht. Was ich nicht wußte, war die Stärke der Opposition gegen ihn in Libyen. Campbell-Johnson versicherte mir, daß sie beachtlich sei. Im Ausland gäbe es eine mächtige und einflußreiche Gruppe von Libyern, die darauf vorbereitet seien, sofort eine neue Regierung zu stellen, sobald Gaddafi gestürzt war.

Was die Unterstützung im Lande betraf, so war die Luftwaffe auf Seiten der Verschwörer, während das Heer, fast völlig von Offizieren gesäubert, an deren Loyalität Gaddafi auch nur die geringsten Zweifel hatte, als Gegner angesehen werden mußte. Luftwaffenoffiziere kann man nicht einfach über Nacht ersetzen, denn irgend jemand muß ja die Flugzeuge fliegen, daher war die alte Hierarchie noch mehr oder weniger intakt. Unter der Zvilbevölkerung gab es viele Sympathisanten. Andere warteten nur auf das Signal, um zu den Waffen zu greifen.

Ziel war das Zentralgefängnis des Landes in Tripoli, erbaut von den Italienern in den dreißiger Jahren. Die einhundertfünfzig inhaftierten politischen Gefangenen waren logischerweise alle Gaddafi-Gegner. Die meisten waren ehemalige Armeeoffiziere.

Der Angriff sollte zu einem Zeitpunkt stattfinden, wenn sich Gaddafi in dem Palast in Tripoli aufhielt, was ziemlich oft geschah. Nach unserer Landung sollten wir von örtlichen Aufständischen in Empfang genommen werden, die wir aus unserem Arsenal bewaffnen würden. Dann würden wir uns mit einigen von ihnen zum Gefängnis aufmachen. Unser Team, als die Profis, sollte ein Bresche in die Mauern sprengen, die politischen Gefangenen befreien und sie bewaffnen.

In der Zwischenzeit würde eine andere Rebellengruppe die Radiostation angreifen und besetzen. Am nächsten Morgen, zu Beginn der regulären Sendezeit, würde ein Vertrauter von König Idris der Nation verkünden, daß der König zurückgekehrt war und es Gaddafi nicht mehr gab.

Gleichzeitig mit diesen Angriffen würden andere Rebellen den Palast umzingeln und Gaddafi und seine restlichen Getreuen, die nicht schon bereits entwaffnet worden waren, dort einschließen. Die Luftwaffe würde sodann im Morgengrauen mit Mirage-Jägern und Hawker Hunters Angriffe fliegen und den Palast systematisch mit Bordkanonen und Raketen in einen Trümmerhaufen verwandeln. Dies wäre eine einfache Sache, denn mit organisierter Luftabwehr brauchte man nicht zu rechnen. Man würde einfach solange weitermachen, bis der Palast dem Erdboden gleichgemacht war.

Danach würde der Pöbel, wie es bei solchen »spontanen Volksaufständen« üblich ist, die Ruinen stürmen und Gaddafi in Stücke reißen, falls er wider Erwarten die Luftangriffe überlebt hatte.

Die britischen und französischen Kämpfer, die das alles ausgelöst hatten, würden sich zu ihrem Schiff schleichen und schleunigst ablegen, in der Hoffnung, daß die Weltöffentlichkeit nicht dahinterkam. Die Amerikaner würden natürlich rasch Bescheid wissen und eine Zeitlang toben, aber letztlich müßten sie sich damit abfinden.

So, zumindest, sah der Plan aus.

Einige Wochen darauf unternahmen Woody und ich einen weiteren Trip nach Tunesien mit dem Auftrag, die libysche Grenze zu überqueren und die Küste zu erkunden. Wieder fuhren wir südlich in die Wüste, bogen dann aber nach Norden Richtung Meer ab, sobald wir hinter der Grenze waren, und fuhren an der Küste entlang. Rasch stellten wir fest, daß die Beschaffenheit fast überall gleich war. Das Wasser war zu flach für eine Landung mit einem größeren Schiff, aber wir sollten ja von zahlreichen Einheimischen empfangen werden, und die konnten die Ausrüstung ans Ufer tragen.

Im November begleitete ich Campbell-Johnson nach Brindisi, um uns zu vergewissern, daß sich nichts verändert hatte seit unserem letzten Besuch. Das Haus war leer, so wie wir es zurückgelassen hatten. Campbell-Johnson hatte eine größere Summe im voraus bezahlt. Die Sommersaison war vorüber, und es gab nur noch wenige Touristen in Brindisi. Es war auch sehr kalt, wie ich feststellen mußte, nachdem ich zwei Nächte an dem Landeplatz verbracht hatte, um zu sehen, ob sich nachts jemand dort herumtrieb. Kein Mensch tauchte dort auf.

Eine Woche nach unserer Rückkehr verkündete Campbell-Johnson, daß er jetzt soweit sei, die Operation zu starten, und daß wir zusammen wieder nach Brindisi fliegen würden. Die anderen würden später nachkommen.

Dort angekommen, stieg er in einem großen und feudalen Hotel in Bari ab, während ich mir in Brindisi ein Zimmer in einer Pension nahm. Ich lernte Campbell-Johnsons MI-6-Führungsoffizier kennen, der im gleichen Hotel wohnte. Er wollte sicherstellen, daß alles nach Plan ablief.

Ich versuchte erneut erfolglos, einen VW-Bus oder ein ähnliches Fahrzeug zu mieten, da Jon Pierre und seine Männer mit dem Zug eintreffen sollten und ich sie abholen wollte. Mir blieb jedoch nichts anderes übrig, als den Fiat 124 zu nehmen. Jon Pierres Team traf eines Abends um 23 Uhr ein, und ich verfrachtete sie nach Bari, wobei ich herzlos jeweils sechs von ihnen in den Fiat zwängte. Die erste Gruppe lud ich bei Campbell-Johnson in Bari ab und holte dann den Rest. In Bari verteilte ich sie dann auf verschiedene Hotels und Pensionen.

Am nächsten Tag gab es in Campbell-Johnsons Hotel eine Einsatzbesprechung, an der auch der MI-6-Führungsoffizier teilnahm. Wir bekamen lediglich gesagt, wir sollten uns unauffällig verhalten und auf Instruktionen warten.

Nachdem die Franzosen gegangen waren, bat mich Campbell-Johnson, mich an einer bestimmten Stelle mit Woody zu treffen. Er hatte eine Waffenlieferung aus Belgien, und ich sollte ihn zu dem Haus bringen.

Woody war pünktlich zur Stelle. Mit Entzücken stellte ich fest, daß er einen Kombi fuhr. Auf dem Dachgepäckträger war eine Zeltausrüstung festgeschnallt – während der Fahrt von Belgien über Frankreich nach Italien gab er zur Tarnung an, einen Campingurlaub machen zu wollen. Es war ein nervenaufreibender Trip gewesen, denn unter der Campingausrüstung waren zwanzig FN-Gewehre und einige Munitionskisten versteckt. Der Zoll war sehr neugierig gewesen, zweimal hatte man an der Grenze seinen Wagen flüchtig durchsucht.

Im Haus luden wir alles ab und verstauten es in der Garage. Ich ließ den Kombi dort stehen, weil er zu auffällig war, und fuhr Woody mit dem Fiat nach Bari, wo er in dem gleichen Hotel wie Campbell-Johnson ein Zimmer nahm.

Einige Nächte später gingen Campbell-Johnson, Woody und ich zum

Strand, da wir das für die Operation vorgesehene Boot mit dem Rest unserer Waffen und Ausrüstung erwarteten. Gegen 22 Uhr hörten wir das Tuckern eines Bootsdiesels, worauf ich hinauswatete und mit der Taschenlampe Zeichen gab.

Der dunkle Schatten des Bootes glitt heran und warf dicht vor mir Anker. Es war finster, und ich konnte nicht viel von dem Schiff erkennen, aber es besaß einen hohen Bug und ein niedriges Heck wie ein Torpedoboot. Die Besatzung bestand aus Franzosen.

Während Campbell-Johnson in den Dünen Wache hielt, brachten Woody und ich mit einem Schlauchboot riesige Mengen an Waffen, Munition und militärischer Ausrüstung an Land. Das Material stammte aus dem Ostblock, darunter gut zweihundert Maschinenpistolen tschechischer Herkunft. Außerdem gab es eine große Ladung Plastiksprengstoff, den wir für die Gefängnismauern brauchten.

Nachdem wir die Fracht ausgeladen hatten, glitt das Boot wieder auf See hinaus. Den Rest der Nacht verbrachten wir mit der knochenbrechenden Aufgabe, das Material in Woodys Kombi zu verladen und in die Villa zu schaffen.

Das Team war bestens vorbereitet und brannte darauf, mit der Operation zu beginnen, aber dann kam es zu einer enttäuschenden Wartepause von mehreren Tagen. Wir waren schon ganz verzweifelt und befürchteten, daß die Sache abgeblasen worden war.

Doch dann ging es weiter, und Campbell-Johnson befahl einen Testlauf am Strand, um festzustellen, wie lange es dauern würde, das Boot heranzulotsen, die Waffen und Männer an Bord zu schaffen und wieder Anker zu lichten. Wir transportierten in dieser Nacht kein wirkliches Material, denn das wäre ein unnötiges Risiko gewesen, aber wir hatten die Anzahl von Mannladungen sehr genau ausgerechnet, und das genügte für den Testlauf.

Als das Boot eintraf, watete ich hinaus und gab Lichtzeichen. Nachdem es Anker geworfen hatte, wateten wir hinaus und zum Strand zurück und simulierten das Beladen, übten das An-Bord- und das Von-Bord-Gehen. Die Probe verlief zur Zufriedenheit, und nachdem das Boot wieder abgefahren war, brachte ich die Männer in ihre Hotels zurück.

Am nächsten Tag fuhr ich Campbell-Johnson in den Hafen von Brindisi, wo das Boot festgemacht hatte. Ich konnte es mir zum erstenmal genauer betrachten. Es hieß *Conquistador XIII.* Der Skipper, gleichzeitig der Eigentümer, kannte sich in den Gewässern um Brindisi aus. Normalerweise lag das Boot ein Stück weiter die Küste hinunter. Campbell-Johnson hatte mich ermahnt, in Anwesenheit des Skippers möglichst wenig zu sagen, da er ihn bisher nur bruchstückhaft in den Plan eingeweiht hatte.

Anschließend fuhren wir bei der Villa vorbei, und mit Erstaunen sah ich, daß ein italienischer Arzt sich dort einquartiert hatte, zusammen mit einer Haushälterin. Campbell-Johnson erklärte mir, der Arzt gehöre ebenfalls zum Einsatzteam und sollte sich um die Verwundeten kümmern, falls welche evakuiert werden müßten. Auch für die anderen wäre das Haus ein sicherer Unterschlupf, falls die Behörden eine Suchaktion starteten. Bei solch einem Unternehmen bestand stets die Gefahr einer empörten Reaktion der Weltöffentlichkeit . . . besonders, wenn irgend etwas schiefging.

Das Telefon in der Pension klingelte. Ich unterhielt mich gerade mit Woody. Es war Campbell-Johnson. Er war sehr kurzangebunden.

»Taffy«, sagte er, »es ist alles geplatzt, und ich reise sofort ab. Packen Sie Ihre Sachen und verschwinden Sie nach London. Sagen Sie Woody, er soll ebenfalls abhauen.«

»Was ist mit Jon Pierre und den anderen . . . was ist mit dem Material in der Villa?« fragte ich.

»Vergessen Sie's. Geht Sie nichts mehr an. Hauen Sie nur schleunigst ab.«

Er legte auf.

Woody und ich waren wie vom Schlag getroffen. Nach all den Vorbereitungen war die verdammte Sache geplatzt!

Ich packte hastig meine Sachen und brachte Woody nach Bari, wo er seinen Koffer im Hotel abholte. Dann fuhren wir sofort auf den Flughafen, wo wir uns trennten. Ich gab den Leihwagen zurück und beglich die Rechnung. Wir nahmen die nächste Maschine nach Rom, wobei wir uns separate Sitzlätze suchten. Nach der Ankunft in London gingen wir getrennte Wege, ohne uns zu verabschieden.

Für mich war es noch nicht ganz vorbei, denn ich hatte noch ein kleines Problem. Ich war im Besitz eines hohen Geldbetrags, etwa sechstausend Pfund, die ich gegen Unterschrift von Campbell-Johnson bekommen hatte.

Ich hatte die einzelnen Teammitglieder jeden Tag besucht und ihnen Geld gegeben für ihre Hotelrechnung und andere Auslagen. Quittungen brauchte ich keine aufzuheben, das war aus Sicherheitsgründen sogar untersagt, aber ich mußte den nicht verbrauchten Betrag zurückgeben. Ich hatte jedoch keine Möglichkeit, mit Campbell-Johnson Kontakt aufzunehmen, und er schien es nicht eilig zu haben, mich anzurufen.

Schließlich, nachdem sich nichts tat, ging ich zu der Wohnung in Kensington. Auf mein Klopfen öffnete eine fremde Frau, die mir indigniert erklärte, die Wohnung gehöre ihr und sie kenne keinen Campbell-Johnson oder Colonel Stirling.

»Sie müssen sich doch an mich erinnern ... ich war mal mit einer Gruppe von Männern hier«, drängte ich.

Sie schlug mir die Tür vor der Nase zu.

Ich ging zu dem Haus in Notting Hill und traf wiederum einen Fremden an, der dort angeblich schon Jahre wohnte. Auch er bestritt, einen Campbell-Johnson zu kennen, und einen Araber hätte er schon gar nicht in seine Wohnung gelassen.

Einige Tage später, als ich schon fast die Hoffnung aufgegeben hatte, rief Campbell-Johnson mich an.

»Wo haben Sie denn gesteckt?« fragte ich.

»Ach«, meinte er ausweichend, »ich war sehr beschäftigt.«

Ich erinnerte ihn, daß ich noch eine Menge Geld hatte, das der »Firma« gehörte. Wir trafen uns ein letztes Mal im Air-Terminal in der Brompton Road. Wir begrüßten uns nicht, sonderns setzten uns Rücken an Rücken auf eine Bank. Unauffällig schob ich ihm das Geld zu, und eine Zeitlang unterhielten wir uns flüsternd. Ich war natürlich enttäuscht, daß die Operation abgeblasen worden war, und wollte wissen, ob sie nicht vielleicht doch wieder angesetzt würde – wie beim letztenmal.

»Nein«, murmelte er, »die Sache ist endgültig gestorben.«

»Warum?« fragte ich.

»Es geht Sie zwar nichts an«, erwiderte er knurrig, »aber ich will's Ihnen trotzdem sagen. Sie wissen, daß die Operation beim erstenmal gestoppt wurde, weil die Amerikaner Bedenken anmeldeten. Sie sagten sich, daß Gadaffi zwar anti-westlich war, aber auch anti-sowjetisch, und das bedeutete, daß es weit schlimmer hätte kommen in Libyen. Wir, die Briten, waren nicht dieser Meinung, aber die Amerikaner blieben hart. Danach beschlossen wir, es alleine durchzuziehen, mit französischer Unterstützung. Irgendwie bekamen die Amerikaner dann heraus, daß wir ein startbereites Kommando in Italien sitzen hatten. Sie stellten uns ein Ultimatum, wenn wir nicht innerhalb von vierundzwanzig Stunden Italien verließen, würden sie die italienischen und die libyschen Behörden verständigen.

»Im Moment ist Whitehall«, sagte er zum Abschluß mit typisch britischer Untertreibung, »nicht besonders gut auf die Amerikaner zu sprechen.« Er steckte mir noch einen Umschlag mit sechshundert Pfund als abschließendes Honorar zu, und wir trennten uns.

Ich sah ihn nie wieder.

Ein paar Jahre später las ich, daß das Boot, die *Conquistador XIII*, kurz nach meiner Abreise aus Italien von Brindisi nach Trieste gefahren war, wo die italienischen Behörden es beschlagnahmten. Die Unannehmlichkeiten, denen sich der Skipper ausgesetzt sah, hatte er mit Sicherheit der CIA zu verdanken.

Nach der Zunahme des von Gaddafi geförderten und gesteuerten internationalen Terrorismus in den letzten Jahren habe ich mir oft vorgestellt, was es für einen Unterschied bedeutet hätte, wenn unsere Operation erfolgreich gewesen wäre. Ich persönlich bin überzeugt, es wäre alles nach Plan abgelaufen, wenn die Amerikaner nicht interveniert hätten. Und dann wäre Gaddafi nicht zu dieser Bedrohung für die Welt geworden, die er heute ist.

5
ZIVILIST IN SAMBIA

Der Abbruch der Gaddafi-Operation war mehr als nur eine Enttäuschung für mich; tatsächlich kann ich mich nicht erinnern, jemals in meinem Leben so sauer gewesen zu sein.

Ich hatte gewußt, daß ich nicht ewig Soldat bleiben konnte, und deswegen hatte ich den SAS verlassen. Ich wollte nicht einen einzigen Blick des Bedauerns zurückwerfen, doch dann hatte man mich in einer so schwankenden seelischen Verfassung erwischt, daß ich Hals über Kopf die gebotene Gelegenheit ergriff.

Im Rückblick weiß ich, daß es ein Fehler gewesen war. Ich hatte ein paar Monate verplempert, hatte ein paar hundert Pfund kassiert, aber letztlich stand ich an dem gleichen Punkt wie bei meinem Austritt aus dem SAS ... ohne einen Job.

Ich beschloß, mein Leben zu ordnen. Keine Abenteuer mehr. Im Zivilleben Fuß fassen. Andererseits bezweifelte ich, ob ich jemals im bürgerlichen Englands glücklich sein würde. Meine schönsten Jahre hatte ich in den Tropen verbracht; in Afrika, im Mittleren und im Fernen Osten. Warum nicht einen Job unter südlicher Sonne suchen?

Außer meiner Militärzeit hatte ich wenig vorzuweisen. Als ehemaliger Pionier hatte ich zwar eine Ausbildung als Bauingenieur, doch mir fehlte die zivile Berufserfahrung.

So begann ich, Stellenangebote zu studieren.

Ich saß im Empfang einer großen Baufirma und wartete auf mein Vorstellungsgespräch. Auf dem Tisch lag unter Zeitschriften ein Fotoalbum mit Bildern der verschiedenen Bauprojekte, die die Firma auf der ganzen Welt durchgeführt hatte. Ich blätterte darin und betrachtete die Männer in Schutzhelmen und in dunklen Anzügen, die vor Kanälen, vor Straßenbrücken und Staudämmen posierten. In einer Mitarbeiterzeitung las ich, daß die Firma in Kürze ein Projekt in Thailand beginnen wollte. Thailand . . . das hörte sich nicht schlecht an.

Der Personalchef schüttelte mir die Hand, und ich nahm Platz. Ich wartete gar nicht seine Fragen ab, sondern ging sofort zum Angriff über.

»In der Eingangshalle habe ich in einer Mitarbeiterzeitung gelesen, daß Sie ein Projekt in Thailand haben. Das würde mich sehr interessieren.«

»Ach ja?« murmelte der Personalchef, ohne den Kopf zu heben. »Wie ich sehe, haben Sie eine recht gute Ausbildung, aber wenig Berufserfahrung. Sie waren fast Ihr ganzes Leben Soldat?«

»Ja«, bestätigte ich, »bei den Royal Engineers.«

Wie gut, dachte ich, daß man nie permanent zum SAS versetzt wird. Auf den Entlassungspapieren wurde nur das Stammregiment erwähnt, in meinem Fall die Pioniereinheit. Gebaut hatte ich in den letzten Jahren allerdings wenig, sofern man nicht den Bau von Bomben, Minen und Sprengladungen einrechnete.

»Hm«, meinte er.

»Ich spreche thailändisch«, sagte ich.

»Sie sprechen thailändisch?« wiederholte er erstaunt, als hätte ich ihm gerade eröffnet, ich könne mich mit einem Marsmenschen verständigen.

»Ja«, bestätigte ich.

Zwanzig Minuten später verließ ich sein Büro und freute mich über meinen neuen Job. Die nächsten drei Monate würde ich an verschiedenen Projekten in Südengland mitarbeiten, dann würde ich in den Fernen Osten fliegen und das thailändische Projekt starten.

Sechs Wochen später schickte der Boss nach mir.

»Hören Sie, Taffy«, sagte er, »die Sache in Thailand verzögert sich, möglicherweise wird überhaupt nichts daraus. Wie ich aus Ihrer Personalakte ersehe, haben Sie eine Weile in Afrika gelebt?«

»Ja, in Kenia«, bestätigte ich. »Ungefähr ein Jahr.«

»Sie kennen sich also dort aus?«

»Selbstverständlich«, erwiderte ich prompt. Wenn er einen Experten suchte, sollte er ihn haben.

»In Sambia steht ein Projekt an, am Nordufer des Sambesi. Es ist eine Erweiterung des Kariba-Staudamms – der Bau des Turbinenkraftwerks am Nordufer. Hätten Sie Lust, eine Weile nach Sambia zu gehen und bei der Planung mitzuhelfen?«

Ich hatte Lust.

Drei Diplomingenieure und ich machten uns an die Planung für das

Projekt, das die Firma über eine Ausschreibung bekommen hatte. Drei Monate darauf bildeten wir die Vorhut, die nach Sambia flog.

Rasch stellte ich fest, daß das Nordufer-Projekt, das von der Weltbank finanziert wurde, vorwiegend politisch motiviert war. Bis 1963 hatte Sambia, damals Nordrhodesien, und Rhodesien, damals Südrhodesien, mit Malawi, dem damaligen Njassaland, zur Zentralafrikanischen Föderation gehört. 1963 zerbrach die Föderation, nachdem afrikanische Nationalisten in Sambia und Malawi bei der britischen Regierung erfolgreich für Unabhängigkeit plädiert hatten.

Der Staumdamm am Sambesi war zur Stromerzeugung noch in den Föderationsjahren gebaut worden und schuf den Karibasee – damals der größte künstliche Stausee der Welt. Für Sambia ging es um den Nationalstolz, denn der gesamte Komplex des Wasserkraftwerks war am Südufer errichtet worden, auf rhodesischem Gebiet.

Als sich Rhodesien 1965 einseitig für unabhängig erklärte, forderte Präsident Kaunda, der schwarze totalitäre Herrscher von Sambia, daß Großbritannien Truppen nach Sambia schickte, um sein Land vor der »rhodesischen Aggression«, wie er es nannte, zu schützen. Es gab nicht die geringste Aggression von rhodesischer Seite, aber Sambia hatte begonnen, Nachschubbasen zur Verfügung zu stellen für die Guerillas von Joshua Nkomo, dessen Zimbabwe African Peoples Union (ZAPU) einen militärischen Flügel gebildet hatte, die Zimbabwe Peoples Revolutionary Army (ZIPRA), mit der Absicht, die rhodesische Regierung mit militärischen Mitteln zu stürzen.

Damals wußte ich wenig darüber, nur das, was der durchschnittliche Zeitungsleser erfuhr.

Sambia störte am meisten, daß das von Weißen regierte Rhodesien, das sie als Feind betrachteten, den größten Teil ihres elektrischen Stroms lieferte, und daß es keine Ausweichmöglichkeit gab. Rhodesien konnte Sambia jederzeit, zumindest theoretisch, den Strom abstellen. Durch das neue Kraftwerk am Nordufer sollte Sambia mit seiner Stromversorgung unabhängig werden.

Sehr bald fand ich heraus, daß die Situation in Sambia nachgerade katastrophal war. An allem, was man sich nur denken konnte, herrschte Mangel, dazu kam haarsträubende Inkompetenz. Ein weißer Sambier sagte mir verbittert: »Die haben nach der Unabhängigkeit die höchst profitablen Brauereien verstaatlicht, doch obwohl sie das absolute Monopol und Millionen durstiger Kunden haben, machen die Unternehmen jetzt Verlust.«

Dies warf ein typisches Schlaglicht auf die Verhältnisse im Land.

Ein Subunternehmer bekam den Auftrag, Häuser zu bauen für das Personal, bevor das eigentliche Projekt begann. Drei verschiedene Haustypen waren zu errichten. Etwa zehn »Hochpreishäuser« für das Spitzenmanagement, »Mittelpreishäuser« für die weißen Angestellten wie mich und »Niedrigpreishäuser« für die einheimischen schwarzen Sambier ... die in ihren Stammesgebieten in der Tat unter höchst primitiven Bedingungen lebten.

Das Hauptproblem des Subunternehmers war es, Zement aufzutreiben, denn daran herrschte permanenter Mangel im Land. Ohne Zement konnte er keine Häuser bauen. Es gab andere unüberwindliche Schwierigkeiten. Glas zum Beispiel war einfach nicht zu bekommen, also blieben die Fenster unverglast. Dann konnte man keine Wasserhähne bekommen, keine Toilettensitze, Schrauben, Werkzeuge – praktisch alles, was maschinell gefertigt werden mußte.

Als ich ankam, waren unter den sachverständigen Augen eines schwarzen sambischen Vorarbeiters bereits zwanzig Mittelpreishäuser fertiggestellt. Sie waren alle mit Fensterrahmen versehen, wenn auch noch unverglast, doch alle Rahmen waren verkehrtherum eingesetzt – so daß die Fenstergriffe nach außen zeigten. Alle Rahmen mußten herausgebrochen und neu eingesetzt werden.

Mit dem Projekt selbst sah es noch schlimmer aus. Wenn ein Zementmischer kaputtging, gab es keine Ersatzteile im Land, um ihn zu reparieren. Das gleiche passierte mit den Lastwagen. Dutzende von Lastwagen und Baugeräten standen herum und warteten auf Ersatzteile. Wir gruben und bohrten Tunnel, aber dann war kein Sprengstoff zu bekommen. Alle Maschinen unter Tage werden mit Preßluft betrieben, doch wir konnten keine Druckleitungen bekommen, außer von Südafrika.

Sambia ist ein Bergbauland. Einst lieferte es den größten Teil des Weltkupferbedarfs, doch als wir nach Gebläsen und Ventilationsschächten suchten, entdeckten wir, daß solche Dinge nicht mehr im Land hergestellt wurden. Als wir sie zu importieren versuchten, konnten wir die notwendige Devisengenehmigung nicht bekommen.

Es wird niemanden überraschen, daß unser Projekt sehr bald in Zeitverzug geriet.

Politik interessierte mich nicht besonders. Ich war nach Sambia gekommen, um zu arbeiten und um Geld zu verdienen. Was ich sah, entsetzte mich, doch ich akzeptierte die Zustände als gegeben – was konnte ich schließlich daran ändern.

»Warum fahren wir nicht mal an diesem Wochenende rüber nach Rhodesien und schauen uns dort um?« sagte mein Freund Jock.

Ich wußte, daß Rhodesien auf der anderen Seite des Sambesi lag und man nur über den Karibadamm zu fahren brauchte. »Warum nicht«, erwiderte ich. »Können wir mal woanders saufen als in diesem verdammten Leisure Bay Motel.«

Wir grinsten uns an. Das Leisure Bay Motel war der einzige Schuppen in der näheren Umgebung, wo wir etwas zu trinken bekamen. Es war heruntergekommen und nicht sehr sauber. Vor zehn Jahren war es vermutlich das letztemal gestrichen worden, aber wenn man darüber hinwegsah, war es keine üble Kneipe . . . vor allem, weil es die einzige Kneipe war.

Das größte Problem in dem Hotel waren die einheimischen Sambier. Fünfundzwanzig Tage im Monat lief es gut. Die Kundschaft bestand aus einigermaßen ordentlichen Leuten, die ihre Drinks schlürften und niemanden belästigten. In den restlichen fünf Tagen sah es anders aus, denn da bekamen die schwarzen Bauarbeiter ihren Lohn. In riesigen streitsüchtigen Schwärmen fielen sie ins Leisure Bay Motel ein. Betrunkene lagen herum, Scheiben wurden eingeschlagen, und man mußte aufpassen, daß man nicht in Lachen von Erbrochenem trat. Wenn ein Weißer dort auftauchte, konnte es ihm passieren, daß man ihn kurzerhand verprügelte.

Die Polizei war noch schlimmer. In Boma war ein großes Kontingent stationiert. Der örtliche Polizeichef, natürlich auch ein Schwarzer, kam eines Abends, lang nach der Sperrstunde, mit vier Kumpanen in das Motel und verlangte, die Bar zu öffnen und Drinks zu servieren. Das Motel wurde von Afrikanern betrieben, aber der Inhaber, ein weißer Sambier, war an diesem Abend zufällig auf Besuch da.

»Hören Sie, meine Herren«, sagte er höflich, »Sie wissen doch, daß es gegen das Gesetz ist, jetzt noch Alkohol auszuschenken.«

Das Resultat war, daß die Burschen die Bar zertrümmerten und den Besitzer krankenhausreif prügelten. Als er aus dem Hospital entlassen wurde, schickten sie ihm einen Strafbefehl über zweihundert Kwacha wegen Trunkenheit, ungebührlichen Benehmens und Angriffs auf einen Polizeibeamten.

Der Hotelbesitzer war nicht nur ein strikter Antialkoholiker sondern auch ein überaus sanftmütiger Mann, der nie im Leben gegen jemand die Hand erhoben hatte . . . aber das war eben Sambia.

Nachdem wir an jenem Freitag Feierabend gemacht hatten, setzten wir uns in einen firmeneigenen Landrover und fuhren Richtung Grenze. Am Grenzposten stoppten wir und stiegen aus. Es war kein Mensch zu sehen, erst nach längerem Klopfen trat ein verschlafener und verlottert aussehender Zöllner aus dem Schuppen. Er stempelte unsere Pässe und offerierte uns einen guten Preis für Devisen, die wir aus Rhodesien zurückbrächten.

Wir fuhren über den Damm nach Rhodesien, und sowohl Jock als auch mir verschlug der Kontrast die Sprache.

Das Zollhäuschen war sauber, frisch gestrichen und von einem gepflegten Blumenbeet umgeben. Drinnen saßen Zollbeamte, schwarze und weiße, in adretten Uniformen. Sie waren sehr zuvorkommend und erzählten uns, daß sie bereits von dem Bauprojekt gehört hätten, daß wir jedoch die ersten Projektmitarbeiter seien, die nach Rhodesien kamen. Sie wünschten uns einen angenehmen Aufenthalt und wiesen uns den Weg zu den verschiedenen Hotels in Kariba.

Wenig später trugen wir uns im Cutty Sark Hotel ein. Ein ungeheurer Luxus – verglichen mit Sambia. Es gab funktionierende Duschen, die nicht nur kaltes, sondern auch warmes Wasser lieferten. Wir mußten nicht einmal unser Gepäck tragen, wie es auf der anderen Seite der Grenze der Fall gewesen wäre. Die Pagen rissen sich geradezu um uns.

Aber die Krönung waren die Toiletten, denn dort gab es sogar Toilettenpapier!

Später gingen wir an die Bar und zischten ein paar eiskalte Bier. Es war schön, wählen zu können, denn in Sambia mußte man das nehmen, was einem vorgesetzt wurde. Trotzdem wußte man selten, was man bekam, denn die Flaschen hatten meist kein Etikett.

Der schwarze Barmixer verlangte kein Geld, während wir an der Theke saßen, sondern schrieb sich nur auf, was wir ihm schuldeten.

»Zwei Dollar fünfzig«, sagte er, als wir aufstanden.

Ich griff in die Tasche und legte einen Zehn-Kwacha-Schein auf die Theke. Er betrachtete ihn geringschätzig und lachte. »Tut mir leid, Sir«, sagte er, »dieses Altpapier nehmen wir hier nicht in Zahlung.«

Jock und ich sahen uns an. Wir hatten fünf- oder sechshundert sambische Kwacha bei uns, aber keinen Cent in anderer Währung. Keiner von uns hatte daran gedacht, daß die sambische Währung im Ausland nicht konvertierbar sein könnte. Das Angebot des sambischen Zöllners, uns mitgebrachte Devisen abzukaufen, hätte uns warnen sollen.

Der Barkeeper verwies uns an den Manager, dem wir einigermaßen verlegen unsere Situation erklärten. Ich hatte ein Scheckbuch für mein englisches Konto bei mir und bot an, ihm einen Scheck in Sterling auszuschreiben.

Er öffnete statt dessen seinen Tresor und holte Geld heraus.

»Hier«, sagte er, »ich borge Ihnen hundert rhodesische Dollar. Geben Sie mir's zurück, wenn Sie das nächstemal rüberkommen.«

Er war der erste von vielen, die mich überzeugten, daß die Rhodesier wirklich ein ganz anderer Menschenschlag waren. Ich hatte den Mann nie zuvor gesehen.

Kurz nach diesem Besuch kam ich zu dem vernünftigen Entschluß, daß Sambia nicht mein Land war, Rhodesien jedoch sehr. Zwei Monate darauf war ich in Salisbury und machte mich zusammen mit einem Partner, den ich kennengelernt hatte, selbständig.

6
RHODESIEN

Salisbury war eine schöne Stadt, und ich lebte dort sehr glücklich. Ich nahm Verbindung auf mit einigen Mänern, die mit mir im britischen 22-SAS-Regiment gedient hatten und die jetzt beim rhodesischen SAS waren. Sie hatten nicht allzuviel zu tun, denn die Wirtschaft blühte, trotz der verhängten Sanktionen, und der Grenzkrieg war keine große Sache. Ich ging gelegentlich zu Casinoabenden und wurde fast zu einem Ehrenmitglied in der Unteroffiziersmesse.

Jim, einer der Burschen, den ich noch von England kannte, verließ die rhodesische SAS und ging in die Versicherungsbranche – sagte er zumindest; wie ich jedoch feststellen sollte, bedeutete »Versicherung« in Rhodesien so ziemlich das gleiche wie »Ölgesellschaft« in England. Wenig später erfuhr ich, daß er als Agent zur Central Intelligence Organisation (CIO) gegangen war, dem rhodesischen Geheimdienst. In Rhodesien war die Special Branch (SB) der British South Africa Police (BSAP) zuständig für die Innere Sicherheit, während die CIO sich um das Ausland kümmerte.

Jim rief mich 1973 unerwartet eines Tages an.

»Hallo, Taffy«, sagte er, »da ist jemand, der dich gerne kennenlernen möchte. Er will dir einen Vorschlag machen.«

Ich glaubte im Ernst, daß er in der Versicherungsbranche tätig war, und Versicherungsvertretern gegenüber bin ich sehr mißtrauisch.

»Was für einen Vorschlag, Jim?« fragte ich gereizt. »Worum geht's überhaupt?«

»Unterhalten wir uns darüber«, schlug er vor. »Du wohnst doch in der Nähe des *Red Fox* in Grendale, nicht? Komm heute abend vorbei, dann kippen wir ein paar Bier.«

»Na gut«, brummte ich. »Aber versuch ja nicht, mir eine Versicherung zu verkaufen.«

»Ehrenwort«, erwiderte er lachend. »Nur ein paar Bier.«

Das *Red Fox* war ein Pub im Tudorstil mit mehreren gepflegten Bars. Ich ging in der Absicht hin, mit einem alten Kollegen ein Glas Bier zu trinken, sonst nichts ... nicht im Traum dachte ich daran, daß er möglicherweise Hintergedanken dabei hatte. Mein altes Leben lag weit hinter mir, wenn ich es auch nicht vergessen hatte, das Geschäft blühte, und es ging mir gut.

Jim war bereits dort mit einem anderen Mann, den ich auf Mitte Fünfzig schätzte. Ich erkannte in ihm sofort den Berufssoldaten. Jim stellte ihn als Major Desmond Simpson vor. Den Namen kannte ich gut, er war im britischen SAS gewesen, eine bekannter Mann, der lange über das übliche Pensionsalter hinaus bei Spezialeinheiten aktiv gedient hatte.

Meine Neugier war sofort geweckt, aber auch mein Mißtrauen. Eines war sicher, der Gebietsleiter einer Versicherung war er nicht. Ich kämpfte gegen das unvermittelte, aber wohlvertraute Ansteigen meines Adrenalinspiegels.

»Ihr Name ist mir so geläufig«, sagte ich, »daß es mir beinahe vorkommt, als hätte ich Sie schon persönlich kennengelernt. Worum dreht sich's?«

»Wir haben uns ein bißchen über Sie erkundigt«, erwiderte er.

»Wie meinen Sie das?«

»Wir wissen natürlich von Ihrer Karriere im SAS. Wir wissen auch, daß Sie nach Ihrem Ausscheiden für Watchguard International gearbeitet haben, für die ›Firma‹.«

»Wer hat Ihnen denn diesen Unsinn erzählt?«

»Spielt doch keine Rolle«, meinte Simpson.

»Für mich schon«, sagte ich brüsk.

»Während Sie bei der ›Firma‹ waren«, fuhr er unbeirrt fort, »haben Sie mit Major The Honourable George Campbell-Johnson zusammengearbeitet, der im SAS den Spitznamen ›The Pack Rat‹ trug. Sie waren an einer Operation beteiligt, bei der es darum ging, Oberst Gaddafi von Libyen zu ermorden. Die Sache wurde in letzter Sekunde abgeblasen. Ich weiß ziemlich viel darüber, aber natürlich nicht alles.«

»So ein Quatsch«, lachte ich. »Ich hab ja eine Menge abenteuerliche Stories gehört, aber die schießt doch den Vogel ab.«

»Ich hätte auch nicht erwartet, daß Sie es zugeben«, erwiderte Simpson, »ich wäre sogar sehr enttäuscht gewesen, wenn Sie es getan hätten.«

»Was wollen Sie?« fragte ich.

»Wir vertreten hier in Rhodesien einen ähnlichen Verein wie den, für den Sie in England gearbeitet haben. Wir wissen, daß Sie eine Zeitlang in Sambia gelebt haben, Sie sind also vermutlich mit dem Land vertraut. Wir machen uns Sorgen über die wachsende Zahl von Terroristen dort. Es bedeutet zunehmende Schwierigkeiten für uns in Rhodesien. Wir brauchen jemanden, der ab und zu nach Sambia reist und sich dort umschaut. Kein großer Aufwand. Wir wollen einfach jemand haben, der weiß, was er tut. Jemand, der sich ein bißchen Zeit nimmt und herausfindet, was dort los ist.«

»Nein, tut mir leid«, sagte ich kategorisch, »mit mir können Sie nicht rechnen. Ich habe gerade ein Geschäft aufgemacht, und ich muß an meinen Partner denken. Kommt nicht in Frage.«

»Wir verlangen gar nicht viel von Ihnen«, drängte Simpson. »Ab und zu ein Wochenende ... plus ein paar Tage. Wir übernehmen die Fahrtkosten und sonstigen Auslagen und zahlen Ihnen dazu noch ein Honorar für Ihre Tätigkeit.«

»Kommt nicht in Frage«, erwiderte ich. »Kein Interesse ... ehrlich, ich bin nicht im geringsten interessiert.«

Der Major war sichtlich enttäuscht.

»Na ja, lassen Sie sich's mal durch den Kopf gehen. Rufen Sie Jim an und sagen Sie ihm, wie Sie sich entschieden haben.«

»Das kann ich Ihnen jetzt schon sagen. Die Antwort ist ein entschiedenes Nein.«

Ich ging nach Hause und verbrachte eine sehr unruhige Nacht. Ich drehte mich von einer Seite auf die andere und konnte nicht einschlafen, was ich sonst gar nicht an mir kannte.

Du bist ein Idiot, sagte ich zu mir selbst. Wenn dir jemand den Auftrag anbieten würde, diesen neuen Typ im Kreml umzulegen, würdest du morgen im Flugzeug sitzen ... du hast genug solche Jobs gemacht ... es reicht wirklich ... du bist nicht mehr im aktiven Dienst ... hast jetzt sogar deine eigene Firma ... sag ihnen nein und bleib zur Abwechslung mal dabei.

Du weißt doch, wie leicht ich schwach werde, antwortete ich mir ... du kennst mich, ich bin ein hoffnungsloser Fall ... unmöglich, ich kann das einfach nicht ablehnen ... ach, Scheiße.

Ich griff zum Telefon und rief Jim an.

»Ich möchte mehr darüber wissen«, sagte ich. »Ich bin noch am Überlegen.«

»Okay, komm bei mir vorbei.«

Am nächsten Tag fuhr ich zu ihm nach Hause und sprach mit ihm und mit Colonel Simpson. Ein weiterer Mann namens Joe wurde mir vorgestellt, Colonel Joe, der mein Führungsoffizier sein würde, falls ich den Job annahm. Es würde seine einzige Aufgabe sein, was mir zeigte, welche Bedeutung die CIO meinen Erkundungen beimaß.

Ich wollte wissen, welche Dinge sie speziell interessierten. Wir hatten eine lange Diskussion über die Lage in Sambia mit Joshua Nkomos ZAPU/ZIPRA und Ndabaningi Sitholes ZANU/ZANLA. Es sah in der Tat so aus, als braute sich dort einiges zusammen. Ich hatte Rhodesien als mein neues Vaterland auserkoren, und Rhodesien hatte mich als Sohn angenommen. Die Einberufungen zu den Sicherheitskräften nahmen langsam zu, nachdem die terroristischen Aktivitäten in Centenary im Nordosten Rhodesiens häufiger wurden. Ich besaß gewisse Spezialtalente, die von großem Nutzen sein würden. Ich entschied, daß es als Neubürger meine Pflicht war, zu helfen. Dazu kam, daß ich mein ganzes Erwachsenenleben gegen von den Kommunisten angestifteten Terror gekämpft hatte.

»Ihr könnt mit mir rechnen«, sagte ich. »Ich habe allerdings ein junges Unternehmen, und ich kann mir nicht leisten, das kaputtgehen zu lassen. Ich werde für euch von Fall zu Fall arbeiten. Wenn ich mich entschließe, nach irgendeiner Mission aufzuhören, dann ist das ganz allein meine Entscheidung.«

Man war damit einverstanden, und ich war wieder in dem Geschäft, in dem ich mich am besten auskannte. Ich tat es aus Pflichtgefühl Rhodesien gegenüber und nicht für Geld. In den folgenden sechs Jahren nahm ich über die notwendigen Auslagen hinaus keinen Penny an.

»Sie werden einen Partner brauchen. Kennen Sie jemanden? Natürlich wäre es am besten, wenn Sie jemand vorschlagen könnten.«

»Ja, ich kenne jemanden«, erwiderte ich. »Er heißt Chuck Hind und kennt sich ebenfalls in Sambia aus. Er war mal Ausbilder für Kenneth Kaundas Leibwächter.«

»Das soll wohl in Witz sein!« rief Simpson entgeistert.

»Keine Sorge«, lachte ich. »Er war früher beim SAS und hat dann für Watchguard International – für den MI-6 – die sambischen Leibwächter geschult. Ich habe in Kenia das gleiche gemacht – nur ging es damals offiziell vom SAS aus.«

»Was macht er in Rhodesien?«

»Ist er noch beim MI-6?«

Die Fragen prasselten auf mich nieder.

»Er ist okay«, erklärte ich. »Nein, er arbeitet nicht mehr für die ›Firma‹. Ihm ist's ähnlich ergangen wie mir. Er war ebenfalls schrecklich enttäuscht über die Zustände in Sambia und kam auf ein verlängertes Wochenende nach Rhodesien, um sich mal umzusehen. Genau wie ich hat er sich auf den ersten Blick in das Land verliebt. Er hat sich hier niedergelassen, ist irgendwie im Schmuckgeschäft tätig.«

»Ja, aber meinen Sie, er würde bei so etwas mitmachen?« fragte Simpson skeptisch.

»Keine Frage«, versicherte ich. »Der Bursche hat was auf dem Kasten, das kann ich Ihnen sagen. Er war beim 1st Battalion Parachute Regiment und dann bei der ›B‹-Schwadron im SAS. Eine Tapferkeitsmedaille hat er auch.«

»Ungewöhnlich für den SAS«, meinte Colonel Joe. »Normalerweise verleihen die keine Orden.«

»Ganz recht. Chucks Auszeichnung ist ein ziviler Tapferkeitsorden – die Queen's Commendation for Bravery. Er hat aus dem Hochwasser führenden River Wye ein Kind gerettet. Nicht nur rausgeholt, sondern es auch noch mit Mund-zu-Mund-Beatmung wiederbelebt.«

Ich traf mich mit Chuck auf einen Drink im Meikles Hotel.

»Wie gut hast du diese Gorillas von Kenneth Kaunda trainiert?« fragte ich ihn.

»Ungefähr so gut wie du Jomo Kenyattas Leibwächter«, erwiderte er lachend.

»Ach«, sagte ich beiläufig, »dann glaubst du also nicht, daß sie ein großes Problem sein würden bei einer Operation in Sambia?«

Das Lächeln verschwand von seinem Gesicht.

»Worum geht's, Taffy?«

»Ich habe gerade der CIO zugesagt, einen Erkundungstrip nach Sambia zu machen. Die CIO ist das Gegenstück zum MI-6. Ich brauche einen Partner. Ich habe dich vorgeschlagen.«

»Springt finanziell was raus?«

»Für mich nur die Spesen, aber wenn du was haben willst, werden die sich bestimmt nicht kleinlich zeigen.«

Chuck war wie ich... ein Mann, der nicht neinsagen konnte. Geld nahm er ebenfalls keines.

***

»In Sambia«, sagte Colonel Joe, »wird das dritte Mitglied eures Teams Ian Sutherland sein.« Er blickte mich an. »Sie haben ihn nicht zufällig kennengelernt, als Sie in Sambia waren?«

Ich schüttelte den Kopf.

»Er ist in Sambia geboren, oder Nordrhodesien, wie es damals hieß«, fuhr Colonel Joe fort, »und er ist ein Freiwilliger. Er hatte einfach die Schnauze voll von der Unfähigkeit, der Korruption und dem drastischen Absinken des Lebensstandards nach der Machtübernahme durch die Schwarzen. Er möchte vermeiden, daß das gleiche in Rhodesien passiert.«

Wir besprachen, welche Tarnung wir uns zulegen sollten bei unseren Besuchen in Sambia. Chuck, in der Schmuckbranche tätig, konnte in Sambia den Einkäufer spielen, denn dort gab es wirklich schöne Halbedelsteine. Er hatte bereits eine Deckadresse in Durban.

Ich selbst würde mich als südafrikanischen Geschäftsmann ausgeben, im Transportwesen tätig, mit einer Scania-Lastwagenvertretung in Europa. Ich würde nicht vorgeben, eine Vertretung in Südafrika zu haben, denn dort gab es bereits eine.

Auf Scania kamen wir deswegen, weil Ian Sutherland in den Tagen, als man noch relativ leicht Devisen genehmigt bekam, zwei davon gekauft hatte. Sein Kauf hatte zu Gesprächen mit dem südafrikanischen Vertreter geführt, der darauf drängte, daß Sutherland eine örtliche Vertretung übernahm, um das Geschäft mit Sambia anzukurbeln. Ein Ergebnis war, daß Ian, der über eine gut ausgerüstete Werkstatt auf seiner Farm verfügte, eine Menge Scania-Ersatzteile auf Lager bekam.

Bevor allerdings das Geschäft richtig anlief, wurden die Devisen knapp, doch Ian war es gelungen, noch vier weitere Lastwagen zu importieren. Die Devisengenehmigung bekam er durch einen simplen Trick: Er verkaufte einen der Lastwagen günstig an den schwarzen Sambier, der die Genehmigungen auszustellen hatte.

»Wir werden Ihnen Visitenkarten beschaffen«, sagte Colonel Joe zu mir, »außerdem eine Adresse und Telefonnummer in Johannesburg. Das Telefon wird in einer Tankstelle installiert, die ein ehemaliger Sergeant-Major der rhodesischen Leichten Infantrie betreibt. Sollte jemand dort anrufen und Nachforschungen anstellen, wird er stets sagen, daß Sie auf Geschäftsreise in Sambia sind. Wenn man ihn weiter bedrängt, wird er erklären, daß Ihr Beruf Sie praktisch immer unterwegs sein läßt, aber daß Sie von ihm ein kleines Büro in der Tankstelle gemietet haben. Sollte jemand vorbeikommen und nach Ihnen fragen, wird er auf die verschlossene Tür eines Lagerraums zeigen, an der Ihr Firmenschild hängt. Für Ihre häufigen Reisen nach Sambia haben Sie gute Gründe, denn die Nachfrage nach Lastwagen ist groß dort . . . auch wenn es nicht genügend Devisen für den Import gibt.«

In Spionagethrillern werden zukünftige Agenten häufig einfach von der

Straße geholt. Ein Boss, Typ »M«, trägt ihnen den Auftrag an, sie bekommen vierundzwanzig Stunden Bedenkzeit und werden dann schnurstracks auf eine Spionagemission geschickt ... selbstverständlich mit dem Hinweis, daß niemand von ihnen gehört haben will, wenn sie geschnappt werden.

Wenn jemand dumm genug wäre, so etwas zu versuchen, hätte er sich die Folgen selbst zuzuschreiben, denn in aller Regel würde seine Tarnung in kürzester Zeit auffliegen und er verhaftet werden. Spionagemissionen erfordern umfangreiche Vorbereitungen, die ihre Zeit dauern können. In unserem Fall brauchten wir zwei Monate. Da gibt es keine Abkürzungen, und man darf so etwas nicht übers Knie brechen.

Wir waren beide körperlich fit, waren seit Jahren täglich bei jedem Wetter fünf Kilometer gelaufen, aber das genügte nicht. Unser Fitneßprogramm mußte intensiviert werden. Wir starteten nun jeden Morgen vor Sonnenaufgang, machten einen Zehn-Kilometer-Lauf und ein Zirkeltraining mit Liegestützen, Kniebeugen und so weiter. Binnen zwei oder drei Wochen waren wir topfit.

Waffentraining war ein weiterer Punkt. Bei Einsätzen außerhalb Rhodesiens wären die einzigen Waffen, die wir benutzen durften, kommunistischen Ursprungs ... denn damit waren beide Terroristenorganisationen ausgerüstet. Im SAS hatten wir Erfahrung damit gesammelt, aber das lag eine Weile zurück. Colonel Joe besorgte uns die Genehmigung, daß wir uns aus dem Polizeiarsenal jede gewünschte kommunistische Waffe zu Trainingszwecken ausleihen durften.

Wir holten uns Karabiner, Maschinenpistolen, Leichte Maschinengewehre, alle Arten von Granaten, Raketenwerfer und so weiter. Wir zerlegten die Waffen, reinigten sie, setzten sie zusammen und zerlegten sie erneut. Das übten wir solange, bis wir es mit geschlossenen Augen konnten.

Auf dem Schießplatz der Polizei in Salisbury verschossen wir Unmengen von Munition. Mit den russischen Raketenwerfern RPG-2 und RPG-7 übten wir auf dem Combat-Trainingsgelände der Polizei bei Glen Lorne, im Nordwesten von Salisbury.

Mit Raketen übten wir nicht allzu häufig, weil das unnötig war, es sei denn, wir hatten bei einer bestimmten Operation den Einsatz von Raketen geplant, doch mit Handfeuerwaffen sahen wir regelmäßiges wöchentliches Training vor, wenn wir nicht gerade im Einsatz waren.

Daneben machten wir uns mit dem Leben im Busch vertraut und übernachteten häufig im Freien. Hier gelten grundsätzlich die gleichen Prinzipien, ob man nun in Südostasien trainiert, in Malaya, in England oder in

Afrika. Die Unterschiede liegen nur in der Geografie, der spezifischen Pflanzen- und Tierwelt und dem Klima. In jedem Land muß man lernen, unter welchen Pflanzen sich mit Vorliebe Skorpione oder sonstiges unangenehmes Getier aufhalten, wie es mit Trinkwasser aussieht, wohin man treten darf, ohne daß es knackt und knistert, und wohin nicht.

Ein weiterer Aspekt war die geistige Vorbereitung. Wir mußten zuerst einmal den Gegner kennen, bevor wir ihm an die Kehle gehen konnten. Wir studierten die CIO-Dossiers über die verschiedenen Terroristenführer. Worauf hatte sich dieser Mann spezialisiert? Wo war jener ausgebildet worden? In Moskau oder Peking, Nordkorea oder Tansania? Zu welchem Stammesverband gehörte dieser? War jener ein Akademiker oder ein einfacher Arbeiter?

Wir prüften uns ständig gegenseitig. Bei unseren morgendlichen Läufen rief ich unvermittelt einen Namen, und Chuck mußte dann die komplette Biografie herunterleiern. Anschließend machte er das gleiche mit mir.

Auch unseren Tarnlegenden widmeten wir viel Aufmerksamkeit. Tarnungen können solide und gleichzeitig hauchdünn sein, wenn man ein scheinbar nebensächliches Detail vernachlässigt. Oft nahmen wir uns gegenseitig ins Kreuzverhör. Es ist zum Beispiel sinnlos, sich für einen Farbenvertreter auszugeben, wenn man nichts über Farben weiß. Damit kommst du vielleicht in einer Kneipe durch, wo alle angesoffen und ohnehin nicht übermäßig interessiert sind, aber vor einem Sicherheitsbeamten, der nur auf Widersprüche in deiner Aussage lauert, ist das eine ganz andere Story.

Konsequenterweise hatte es nicht viel Sinn, mich für einen Johannesburger Geschäftsmann auszugeben, der mit Scania-LKWs handelte, wenn ich nichts von Scanias verstand oder nicht sagen konnte, wie man von Johannesburgs Carlton Center nach Hillbrow gelangt. Glücklicherweise kannten wir uns beide ein bißchen in Johannesburg aus, und Colonel Joe vermittelte uns Gespräche mit einigen Geschäftsleuten, die unheimlich hilfsbereit waren . . . und keine Fragen stellten.

Daß wir in Sambia bei Ian Sutherland absteigen wollten, brachte keine Probleme, soweit ich sehen konnte. Offiziell waren wir in der gleichen Branche tätig, es wäre also einleuchtend, wenn wir uns anfreundeten. Chuck, als freiberuflicher Edelsteinhändler, würde sich einfach als Bekannter ausgeben.

7

SAMBIA
Geschäftsmann aus Südafrika

»Ihr seid nun soweit«, sagte Colonel Joe. »Fahrt jetzt mal nach Sambia, lernt Ian Sutherland kennen und seht euch seine Farm an. Überlegt euch, wie man am besten Waffen und Kriegsmaterial heimlich nach Sambia schaffen kann. Schaut euch gut um.«

Inzwischen gab es keine offene Grenze mehr mit Sambia. Sie war geschlossen worden wegen der wachsenden Spannungen zwischen den beiden Ländern. Da wir offiziell südafrikanische Geschäftsleute waren, flogen wir mit einem Satz Tickets nach Johannesburg, ließen die Tickets dort, und nahmen eine andere Maschine über Gaborone und Francistown in Botswana nach Lusaka.

Wir verwendeten unsere eigenen britischen Pässe, die die CIO »gesäubert« hatte, so daß nichts darauf hinwies, daß wir je in Rhodesien gewesen waren. Unsere richtigen Namen benutzten wir deswegen, weil es sich bei einer Tarnlegende stets empfiehlt, so weit wie möglich bei der Wahrheit zu bleiben. Wenn wir verhaftet würden, könnten wir uns um Hilfe an die Britische Botschaft wenden, was mit falschen Namen nicht möglich wäre.

Ian Sutherland, drahtig, braungebrannnt, ein typischer südafrikanischer Farmer, 39 Jahre alt, holte uns auf dem Flughafen ab. Wir kamen gut miteinander zurecht, was mich sehr erleichterte. Das ist sehr wichtig, wenn man eng zusammenarbeiten muß und gemeinsam Gefahren ausgesetzt ist. Ich stellte fest, daß er Priscilla, seine Frau, eingeweiht hatte, aber das störte mich nicht, denn sie war eine vernünftige und entschlossene Frau, die sehr genau wußte, was sie tat. Außerdem wäre es unter den gegebenen Umständen praktisch unmöglich gewesen, die Sache auf Dauer vor ihr zu verheimlichen.

Wir hatten uns die Köpfe zerbrochen über eine Nachrichtenverbindung nach Salisbury. Wie die CIO wußte, hatten die Russen modernste Abhör- und Peileinrichtungen in Sambia installiert. Wenn wir ein Funkgerät benutzten, würde man uns sehr schnell anpeilen. Außerdem war der Besitz eines Funkgeräts mit hohen Strafen bedroht.

Die Telefonverbindung zwischen Lusaka und Salisbury war nie unterbrochen während des Krieges, ganz egal, wie weit der Konflikt eskalierte. Laut der CIO wurden die Gespräche auch nicht abgehört, aber selbst wenn, konnte man in einem simplen Code sprechen.

Wenn wir etwas mitzuteilen hätten, würde Priscilla Colonel Joes Frau Sheila in Salisbury anrufen. Sie würden ein Schwätzchen halten wie alte Schulfreundinnen und verschlüsselte Informationen austauschen, während sie über die Kinder, die Ernte und das Wetter sprachen. Das System funktionierte bis zum Schluß einwandfrei.

Ian erzählte mir, daß er einst ein sehr loyaler Sambier gewesen war. Als nach der Unabhängigkeit 1964 der Auszug der Weißen begonnen hatte, gehörte er zu der kleinen Minderheit, die geblieben war. Es ist schließlich auch mein Heimatland, argumentierte er. Was sollte aus dem Land werden, wenn die Weißen auszogen und ihr gesamtes Know-how mitnahmen?

Dann sank der Standard soweit, daß er seinen Kindern in ihrem Geburtsland nicht einmal mehr eine angemessene Schulbildung bieten konnte. Korruption breitete sich aus bis in die höchsten Regierungsämter. Noch schlimmer, die Afrikaner, die einst freundlich und gesetzestreu gewesen waren, als es noch eine weiße Regierung gab, waren jetzt barsch und unfreundlich, seit ein schwarzer Demagoge an die Macht gekommen war, und die Kriminalität hatte rapide zugenommen.

Dies führte bei ihm zu einem vollständigen Umschwung.

Aus einem Impuls heraus flog er eines Tages nach Salisbury – was aus einem Spionagethriller stammen könnte, nur daß es wirklich so war – und wandte sich an einen alten Bekannten, der bei der Polizei war. Der Polizeibeamte hörte sich seine Geschichte an und brachte ihn dann zur Special Branch.

»Ich lebe in Sambia«, sagte er zu ihnen. »Ich möchte für die Rhodesier gegen Sambia arbeiten. Ich will nicht, daß es Rhodesien genauso ergeht wie meinem Heimatland.«

Ein Weile tat sich gar nichts, zweifellos nahm keiner sein Angebot sonderlich ernst. In der Geheimdienstwelt lacht man solch einen Mann jedoch nicht aus und schmeißt ihn auch nicht aus dem Büro, sondern gibt ihm eine höflich-unverbindliche Antwort und notiert seinen Namen.

Höchstwahrscheinlich war sein Anerbieten registriert worden und dann in Vergessenheit geraten – bis sich die CIO, im Zusammenhang mit meiner Mission, an ihn erinnerte.

Chuck und ich kannten Lusaka ziemlich gut, nachdem wir eine Weile dort gelebt hatten. Zwar konnte man damals noch Meßtischblätter kaufen, aus den Tagen der Föderation und noch mit dem Aufdruck »Föderation Rhodesien und Njassaland«, aber ein Stadtplan war nicht aufzutreiben, obwohl wir die ganze Stadt abgrasten. Schließlich gab uns jemand den Tip, daß Shell früher kostenlos Stadtpläne als Werbung verteilt hatte. Ich ging zur Shell-Zentrale in der Cairo Road, gab mich für einen Touristen aus und verlangte den Presse- und Informationsmanager, einen schwarzen Sambier. Die Stadtpläne seien leider vergriffen, erklärte er mir. Sie wären seit Jahren nicht mehr nachgedruckt worden. Doch ich hatte Glück, denn als ich gerade gehen wollte, kramte er aus seinem Schreibtisch noch ein vergessenes Exemplar.

Chuck und ich machten uns mit Lusaka vertraut, sowohl bei Tageslicht als auch bei Nacht. Wir fuhren mit dem Wagen herum, gingen zu Fuß und joggten. Allmählich lernten wir nicht nur das Zentrum und die Industriegebiete kennen, sondern auch die Wohnquartiere der Schwarzen, ein wüstes Durcheinander von namenlosen Straßen und Gassen.

Wir hielten Übungen ab, um den schnellsten Weg von A nach B festzustellen, und prüften einander abends, wenn wir wieder auf der Farm waren. Wir beobachteten und notierten die Verkehrsdichte in der Innenstadt zu den verschiedenen Tageszeiten, um Zeitpläne für eine Flucht aufstellen zu können, wenn es erforderlich werden sollte.

Ian hatte wenig damit zu tun, denn sein Job war nicht der eines Einsatzagenten. Er sollte uns mit einer sicheren Basis versorgen, gelegentlich als Fahrer fungieren und allgemein den Quartiermeister spielen.

Wir mußten höllisch aufpassen, um nicht durch dumme Fehler aufzufallen, wie ich zwei Tage nach unserer Ankunft feststellte. Ich hatte meinen Rasierpinsel vergessen, und so ging ich in eine große Drogerie auf der Cairo Road und verlangte bei dem europäischen Drogisten einen.

Er bekam einen Lachkrampf und fragte mich unter Tränen: »Sie sind bestimmt nicht aus Sambia, richtig?«

»Wieso fragen Sie?« erwiderte ich, unangenehm berührt.

»Sir«, antwortete er, »seit der Unabhängkeit habe ich in keinem Laden mehr einen Rasierpinsel gesehen.«

Neben dem Eingewöhnen hatten wir die Aufgabe, einen Weg finden, wie sich Waffen und Material nach Sambia schaffen ließen. Wir fanden bald die Antwort.

Ians erster Vorschlag war, in einem seiner Scanias unter dem Tank einen doppelten Boden anzubringen. Bei seinen häufigen Trips nach Francistown in Botswana konnten die dortigen CIO-Agenten leicht Waffen in das Geheimfach laden. Mehrere Nächte lang halfen wir Ian, der ein erfahrener Schweißer war.

Dies war zwar eine zuverlässige Methode, würde jedoch nur sehr kleine Waffenlieferungen zulassen. Wir brauchten noch eine Route. Ich würde den SAS veranlassen, bei Nacht mit Klepper-Faltbooten Material über den Karibasee zu bringen.

Siavonga in Sambia liegt direkt gegenüber von Kariba auf der rhodesischen Seite. Ich hatte dort gelebt und gearbeitet, als ich in Sambia war, und kannte die Gegend wie meine Westentasche. Siavonga war kein Vergleich mit Kariba. In der rhodesischen Stadt waren die Arbeiter untergebracht, als man in den fünfziger Jahren den Staudamm baute. Seitdem hatten die Rhodesier es als Urlaubsort ausgebaut. Es verfügte über einen großen Hafen, in dem zahllose Boote und Schiffe lagen.

In Siavonga dagegen war die Zeit stehengeblieben . . . wie fast überall in Schwarzafrika. Es gab ein Zollhäuschen an der Grenze, acht Kilometer weiter lag der kleine Ort. In dem Ort gab es das Verwaltungsgebäude des District Commissioners, einen Polizeiposten, etwa achtzig neue Häuser für die Beschäftigten des Nordufer-Projekts, eine heruntergekommene staatliche Schule, einige wirklich malerische Hütten am Seeufer, eine Bootsvermietung namens Joe's Boat Hire, die keine Boote vermietete, weil das wegen der gespannten rhodesischen Lage verboten war, einige Ferienhäuser, das Leisure Bay Motel – das eine Bar aufwies, ein Restaurant und sechs Hütten für vier oder sechs Personen – und das Eagle's Rest.

Das Eagle's Rest wollte ich in unseren Plan einbinden, Waffen über den Karibasee zu schmuggeln. Es war wenig mehr als ein Camp für Freizeitfischer und Angler, die meist an den Wochenenden kamen, und bestand aus Hütten am Seeufer. Die Miete für eine Hütte betrug lediglich zehn Kwacha in der Woche. Sie waren sehr spartanisch eingerichtet und enthielten nur Betten und Matratzen – die Gäste brachten ihr eigenes Bettzeug mit.

Chuck und ich fuhren in der Wochenmitte hinunter und mieteten uns für eine Nacht ein, um die Lage zu peilen. Es gab nur einen Angestellten, einen Afrikaner, der für alles zuständig war. Er empfing die Gäste, kassierte die Miete und machte auch sauber. Der weiße Besitzer, Mr. Van, dem unter anderem Van's Garage in der Nähe des Interconti in Lusaka gehörte, kam regelmäßig vorbei und sah nach dem Rechten.

Wenn man sich in Sambia in einem Hotel oder sonstwo einmietete, mußte man einen Meldebogen für die Polizei ausfüllen. Unter anderem wurde nach Einzelheiten des Reisepasses gefragt. Am Ende des Formulars gab es eine Rubrik, die der Empfangsangestellte auszufüllen hatte. Er sollte bestätigen, daß die gemachten Angaben korrekt waren, indem er sie mit dem Paß verglich . . . den man gesetzlich verpflichtet war vorzulegen.

Nachdem wir die Formulare ausgefüllt hatten, schoben wir sie, zusammen mit unseren Pässen, über den Schalter. Der schwarze Angestellte war verdutzt und gab dann verlegen zu, daß er nicht lesen und schreiben konnte. Er konnte unsere Meldebögen gar nicht kontrollieren und sie auch nicht abzeichnen . . . außer mit drei Kreuzen.

Manchmal ist es ganz gut, erst gar keine verfolgbaren Spuren zu hinterlassen. »Ach, Entschuldigung«, sagte ich, »ich fürchte, wir haben uns verschrieben« und nahm ihm die Formulare wieder ab. Wir füllten neue aus, diesmal mit falschen Namen, während er gutmütig zuschaute. Chuck und ich kritzelten unleserliche Unterschriften.

In der Theorie zumindest werden diese Meldebögen einmal in der Woche eingesammelt und von der Polizei überprüft. In der Praxis wurden sie, wie wir später erfuhren, nur gelegentlich eingesammelt und gar nicht überprüft, weil das eine gigantische Aufgabe gewesen wäre.

Wir blieben die ganze Nacht wach, um zu sehen, was sich da alles tat. Der Angestellte, der nicht lesen und schreiben konnte, ging früh zu Bett, und nach 21 Uhr war es totenstill in dem Camp.

Eagle's Rest ist an einer Sandbucht gebaut. Die eine Seite besteht aus einer schmalen Landzunge, die in den See hinausreicht. Vierhundert Meter vor der Küste liegt eine kleine Insel, hinter der sich Faltboote verbergen und auf ein Signal warten konnten.

Wir planten, die Boote zur Spitze der Landzunge zu dirigieren, wo wir die Fracht ausladen, in einem von Ians Autos verstauen und zur Farm bringen würden, wo wir ein geeignetes Versteck anlegen wollten.

Nachdem wir alles erledigt hatten, was wir uns für diesen ersten Erkundungstrip vorgenommen hatten, verabschiedeten wir uns von Ian und Priscilla und nahmen eine Maschine nach Johannesburg, von wo wir nach Salisbury weiterflogen.

***

Mit Colonel Joe trafen wir uns stets heimlich, die CIO-Zentrale im Coghlan House in Salisbury betraten wir nie. Die Treffen fanden fast ausnahmslos im Garten des Park Lane Hotels in Salisbury statt.

Colonel Joe freute sich über unsere sichere Rückkehr, und wir diskutierten einige Stunden über die mitgebrachten Informationen. Er zeigte sich sehr befriedigt, betonte aber noch einmal, daß wir nur mit allergrößter Vorsicht zu Werke gehen sollten.

Einen Punkt hatten wir nicht erledigen können, nämlich zu überprüfen, ob es tatsächlich ZAPU-oder ZANU-Rebellen in Sambia gab. Die CIO wußte zwar von einer Anwesenheit, auch wenn Präsident Kaunda dies wiederholt und entschieden bestritt, aber wir hatten uns nicht mit eigenen Augen davon überzeugen können.

Nach diesem ersten Erkundungstrip setzen wir uns hin und definierten die Ziele und Aufgaben für künftige Missionen. Die Liste sah folgendermaßen aus:

1 Unsere wichtigste Aufgabe war es, Informationen über Aufenthaltsorte und Aktivitäten der rhodesischen Rebellengruppen in Sambia zu sammeln;
2 als zweites sollten wir nach Möglichkeiten suchen, die Aktivitäten der Rebellengruppen an die Öffentlichkeit zu bringen;
3 die dritte Aufgabe war, einen Keil zwischen Präsident Kaunda und die Rebellen zu treiben und Kaunda dazu zu bringen, sich gegen die Terroristen zu stellen oder sie sogar aus dem Land zu weisen;
4 das vierte Ziel war, einen Keil zwischen die beiden Rebellenorganisationen ZAPU und ZANU zu treiben und einen Zusammenschluß zu verhindern. Wir wußten, daß Joshua Nkomo und Präsident Kaunda verschwägert waren, Kaundas Sympathien würden demnach eher bei der ZAPU als bei der ZANU liegen;
5 das fünfte und letzte Ziel war, den rhodesischen Terroristen Verluste zuzufügen, wenn sich eine günstige Gelegenheit ergab, wobei derartige Aktionen jeweils vorher von Salisbury abgesegnet werden mußten.

Später würden wir, um bestimmte Wirkungen zu erzielen, die Genehmigung bekommen, gewisse Ziele ohne Rückfragen angreifen zu können.

Über den Punkt fünf gab es eine längere Debatte. Wir waren schließlich nur zwei Mann und keine Armee.

Dann besprachen wir, wie Material nach Sambia geschafft werden konnte. Colonel Joe gefielen unsere Ideen, und er bestätigte, daß beide Methoden durchführbar waren. Die CIO würde dafür sorgen, daß ihre Agenten in Botswana den doppelten Boden von Ians Scania mit Waffen beluden.

Bevor wir uns trennten, gaben wir Colonel Joe eine Liste von Dingen, die wir in Sambia brauchen würden. Darunter waren RPG-7-Raketenwerfer und Raketen, AK-Maschinenpistolen, Minen, Sprengstoff, Detonatoren und so weiter . . . alle kommunistischen Ursprungs.

8
BEGINN DER OPERATIONEN

Anfang 1974 flogen Chuck und ich wieder nach Lusaka. Ian holte uns vom Flughafen ab. Er war fleißig gewesen während unserer Abwesenheit und berichtete, daß das Geheimfach unter dem Tank seines Scania fertiggestellt war. Nun wartete er mit Spannung darauf, daß die CIO diese Waffenschmuggelmethode einsetzte.

Wir versicherten ihm, daß Colonel Joe in den nächsten Wochen alles Nötige in Botswana veranlassen würde. Wenn die CIO bereit war, würde Sheila von Salisbury aus Priscilla anrufen und ihr zu verstehen geben, wann Ian nach Botswana fahren sollte. Die allererste Sendung sollte allerdings per Faltboot über den Karibasee gebracht werden.

Auf der Farm suchten wir nach einem geeigneten Versteck für die Waffen und entschieden uns schließlich für einen Schuppen am Ende des Rasens. Er war etwa zwei Meter lang und anderthalb Meter breit und enthielt Gartengeräte. Darunter befand sich aus unerfindlichen Gründen ein Keller, mit Holzbohlen abgedeckt, mit etwa den gleichen Abmessungen wie der Schuppen selbst. Ich hielt das Versteck für ideal, vorausgesetzt, die Waffen wurden in Fässern verstaut, um sie vor Feuchtigkeit zu schützen. Als zusätzliche Sicherheit zerschnitt Ian ein altes Förderband und bedeckte die Bodenbretter mit den Streifen. Nachdem die Gartengeräte wieder hineingestellt waren und die Tür verschlossen – was normal war in Sambia, denn ein unverschlossener Schuppen mit unersetzlichen Werkzeugen hätte nachgerade zum Diebstahl verleitet – würde alles völlig unverdächtig wirken.

»Ich gehe am 6. zu einem Gemeindetreffen«, sagte Sheila zu Priscilla am Telefon. »Fängt gegen drei Uhr an. Wird sicher sehr nett werden.«

»Macht dir bestimmt Spaß«, antwortete Priscilla nach einer kurzen Unterbrechung, während der sie nach »einem überkochenden Topf« schauen wollte.

Chuck und ich sahen uns triumphierend an. Der SAS würde am 6. das Material über den Karibasee nach Eagle's Rest schaffen. Wir mußten um 03:00 Uhr auf die Boote warten. Als Priscilla nach dem »überkochenden Topf« sah, hatte sie in Wirklichkeit bei uns nachgefragt, ob Termin und Uhrzeit okay waren. Sie bestätigte dies Sheila gegenüber durch den Satz: »Macht dir bestimmt Spaß«.

Eagle's Rest hatte sich kein bißchen verändert. Der schwarze Angestellte schien sich nicht an uns zu erinnern. Für ihn – wie für viele Afrikaner – sahen alle Weißen gleich aus. Ich deutete auf unsere mitgebrachten Angelruten, und er bestätigte, daß es eine gute Fangsaison sei. Wir waren die einzigen Gäste.

Um drei Uhr morgens, als wir uns mit den SAS-Booten treffen sollten, stellten wir mit Entsetzen fest, daß der volle Mond noch nicht untergegangen war. Er stand hell und riesig über dem See. Wahrscheinlich war es der schönste Monduntergang, aber das wußte ich zu der Zeit nicht zu würdigen. Der CIO-Planer hatte sich einen schlimmen Patzer geleistet.

Wir warteten am Ufer und verfluchten den unbekannten Idioten. Später, bei der Einsatzendbesprechung nach unserer Rückkehr mit Colonel Joe, verlangten wir eine Monduntergangstabelle, um in Zukunft derartige Planungen selbst noch einmal überpüfen zu können.

Eine Stunde später als erwartet ging der Mond schließlich unter. Die Nacht war fast vorbei, dennoch entschlossen wir uns zum Weitermachen. Chuck und ich gingen zum Ende der Landspitze, wo ich mit einer Taschenlampe in die Dunkelheit blinkte.

Kurz darauf kamen zwei Faltbooote angepaddelt, jedes mit zwei SAS-Soldaten bemannt, und warteten im tiefen Wasser vor der Küste. Bootsbesatzungen dürfen in derartigen Situationen nicht aussteigen, und rascher fliehen zu können, wenn es notwendig werden sollte. Wir hofften, daß es hier keine Krokodile gab, und wateten hinaus. Während der eine Ruderer das Boot mit seinem Paddel stabilisierte, reichte uns der andere Bündel herüber. Das Material war in Sackleinen eingewickelt, damit es nicht klapperte. Mit einem Winken verabschiedeten wir die Boote, und wenig später waren sie in der Dunkelheit untergetaucht, die noch immer über dem See lag. Die Übergabe hatte nur wenige Minuten gedauert. Ein drittes Faltboot mit einem aufmontierten Maschinengewehr hatte die ganze Zeit ein Stück weiter draußen gewartet. Es sollte notfalls eingreifen, wenn es Schwierigkeiten gab.

Wir verluden die Waffen in Ians Datsun 1500 Pickup und verbargen sie unter Säcken mit Sonnenblumenkernen. Am nächsten Morgen angelten wir, um unsere Tarnung aufrechtzuerhalten. Wir wurden dabei fast von Moskitos aufgefressen. Am Spätnachmittag packten wir unsere Sachen und fuhren gemächlich zur Farm zurück.

Nach Einbruch der Dunkelheit, als Ians Hausdiener Feierabend gemacht hatte, luden wir die Sendung aus und brachten sie ins Haus. Wir kontrollierten alles, reinigten und ölten die Waffen und verstauten sie dann in dem Kellerversteck. Unter den Sachen hatte sich auch eine Minox befunden, mit der ich über die Jahre Tausende von Fotos in Sambia knipste.

Anschließend setzten Chuck und ich unsere Erkundungen in und um Lusaka fort. Wir machten uns mit selten benutzten und oft überwucherten Gassen und Wegen vertraut, die uns möglicherweise als Fluchtrouten dienen konnten. Wir arbeiteten Fluchtpläne aus und übten regelmäßig Reifenwechsel, weil eines Tages unser Leben von der Schnelligkeit eines gewechselten Rades abhängen konnte.

Am Ende dieses zweiten Trips hatten wir eine Menge erreicht. Wir hatten Waffen und Munition sicher auf der Farm deponiert, es gab zwei funktionierende Schmuggelrouten, über die wir im Bedarfsfall Nachschub bekommen konnten. Während unserer Abwesenheit würde Ian nach Botswana fahren und in dem Geheimfach seines Scania weitere Lieferungen holen.

Des weiteren hatten wir uns vergewissert, daß unsere Tarnlegende wasserdicht war. Und unsere Landeskenntnis hatte sich beträchtlich vergrößert.

Unsere Operationen in Sambia wurden von Ian in einheimischer Währung finanziert, obwohl Chuck und ich große Summen in US-Dollar bei uns trugen, in der Regel fünftausend Dollar in Reiseschecks und tausend Dollar bar, außerdem ein paar Hundert Kwacha. Ian hatte mit der CIO ausgemacht, daß sie ihm die entsprechenden Beträge in rhodesischen Dollars auf sein Konto in Salisbury überwiesen. Es war illegal, Geld aus Sambia zu transferieren, und so sollte dies als Fluchtkasse dienen, wenn irgend etwas schiefging und Ian überstürzt und für immer Sambia verlassen mußte.

Das Geld, das Chuck und ich bei uns trugen, diente zur Sicherheit. Es war Schmiergeld ... unabdingbar, wenn man auf Spionagemissionen im Ausland ist.

Mitte 1974 gingen wir wieder nach Sambia, diesmal mit der CIO-Information, daß sich das Lusaka-Hauptquartier der ZAPU im Zimbabwe House in der Conakry Road im Vorort Emmersdale befand. Die ZANU, sagte uns Colonel Joe, operiere vermutlich vom Liberation Centre aus in Chilenji, ebenfalls einem Vorort von Lusaka. Die Ausspähung dieser beiden Orte bekam höchste Priorität.

Emmersdale hatte, wie wir feststellten, eine gemischtrassische Einwohnerschaft, vorwiegend Inder. Nahe der Conakry Road, in der Sheki Sheki Street, befand sich die Leyland-Niederlassung, wir nahmen deshalb stets ein kaputtes Autoteil mit, wenn wir in der Gegend waren ... wenn man uns anhielt, würden wir einfach sagen, daß wir Ersatzteile kaufen wollten.

Zimbabwe House machte nicht gerade den Eindruck eines militärischen Hauptquartiers. Es war wenig mehr als ein altes Haus im rhodesischen Stil, mit Wellblechdach und in sehr vernachlässigtem Zustand. Ein paar Afrikaner in unauffälliger Zivilkleidung lungerten herum, aber nichts wies daraufhin, daß sie zur ZAPU gehörten.

Ich brauchte ein Versteck, von dem aus ich beobachten konnte. Ich fand eines, indem ich über die Conakry Road schlenderte, die Taschen voller Steine, und sie unauffällig in die Vorgärten der Häuser warf. Wenn es Hunde gab, fingen sie sofort zu bellen an, und ich schlenderte weiter.

In dem Vorgarten direkt gegenüber von Zimbabwe House gab es glücklicherweise keine Hunde, und das war natürlich der beste Beobachtungsposten. Das Haus gehörte einem Inder, und Inder halten selten Hunde.

Als es dunkel war, fuhr Chuck langsam am Zimbabwe House vorbei, und ich sprang aus dem noch fahrenden Wagen, kletterte über das Vorgartenmäuerchen und legte mich auf die Lauer. In dieser Nacht gab es nichts Berichtenswertes ... außer daß es in Strömen regnete und ich bis auf die Haut durchnäßt wurde. In den frühen Morgenstunden sammelte mich Chuck wieder ein. In der folgenden Nacht war es das gleiche.

Das Liberation Centre, in dem laut Colonel Joe die ZANU residierte, erinnerte an eine Kaserne. Es war ein u-förmiges einstöckiges Gebäude mit einer überdachten Veranda über den gesamten Innenhof. Der Komplex fiel auf, denn in Lusaka gab es nach Einbruch der Dunkelheit im allgemeinen nur spärliche Beleuchtung, während das Liberation Centre von gleißenden Scheinwerfern erhellt wurde. Es war von einer niedrigen Mauer umgeben, über die man sehen konnte.

Ich verbrachte zwei Nächte in einem Graben gegenüber vom Eingang. Im Inneren gab es einen Parkplatz, auf dem acht bis zehn Personenwagen und kleine Lastwagen standen. Der Parkplatz wurde von einem unbewaffneten Afrikaner in Zivil bewacht, der sich, wenn alles ruhig war, in eine Ecke verkroch und pennte.

Ich schrieb mir die Kennzeichen, die Modelle, Farbe und Aussehen der geparkten Fahrzeuge auf. Es war der Beginn eines umfangreichen Katalogs von Terroristenfahrzeugen, die meisten von der UN und sonstigen Hilfsorganisationen zur Verfügung gestellt, und diese Liste sollte uns später noch gute Dienste leisten.

Wir hatten mit Colonel Joe darüber gesprochen, Zwischenfälle in Lusaka zu provozieren. Als er Zimbabwe House und das Liberation Centre erwähnte, schlugen wir einen kleinen MP-Überfall vor. Zu unserer Enttäuschung stimmte er nicht zu. Er gab uns jedoch die Genehmigung, zwei kleinere Anschläge in Lusaka zu verüben, um die Sambier nervös zu machen. Unbeteiligte Sambier durften jedoch auf keinen Fall zu Schaden kommen, betonte er.

Nachdem wir uns nach passenden Zielen umgeschaut hatten, erkoren wir als erstes die Hauptpost in der Cairo Road. Sie war groß und geschäftig, und die Sambier waren ungeheuer stolz auf sie. Man konnte sogar Postkarten mit einem Foto der Hauptpost kaufen... allerdings gab es sonst auch nicht viel Sehenswertes in Lusaka. Es gab sechshundert oder siebenhundert Postfächer dort, aus denen die Leute ihre Post abholten. Postzustellung gab es in ganz Sambia nicht.

Wir suchten uns eine passende Stelle für die Zeitbombe aus und kehrten dann auf die Farm zurück. Dort entnahm ich einer chinesischen Mine ein paar Stangen TNT, band sie mit Klebeband zusammen und baute einen Zeitzünder ein.

Wir verwendeten ausschließlich kommunistisches Material, bis auf die Zeitzünder, die unmarkiert, aber rhodesischen Ursprungs waren. Kommunistische Timer ließen sich nur schwer beschaffen und waren meist alt und von zweifelhafter Zuverlässigkeit.

Colonel Joe meinte, es gäbe unzählige Fabrikate von Zeitschaltern auf der Welt. Es war sehr unwahrscheinlich, daß man unsere als rhodesisch identifizierte, dennoch war ich nicht ganz glücklich darüber. Mir kam es idiotisch vor, unser Leben zu riskieren, indem wir Zwietracht säten zwischen den beiden Terroristengruppen... und dann durch die Verwendung von rhodesischen Timern die mühsam erzielten Ergebnisse aufs Spiel setzten.

Später kaufte ich deswegen in einem großen Johannesburger Laden einige Wecker mit der Aufschrift »Made in Red China«. Mehrere davon setzte ich als Zeitzünder ein.

Gegen Mitternacht kehrten wir zur Hauptpost zurück und deponierten die Bombe neben einer Säule an der Treppe, die zur Verwaltung hinauf führte. Ich stellte den Zeitzünder auf die frühen Morgenstunden.

Am nächsten Tag kauften wir uns Zeitungen und stellten mit Befriedigung fest, daß unsere kleine Eskapade Schlagzeilen gemacht hatte. Alle Berichte stimmten darin überein, daß die Bombe ein ziemliches Loch in die Mauer gerissen hatte. Mit einiger Enttäuschung dagegen sahen wir, daß niemand die rhodesischen Rebellen als Urheber verdächtigte... aber man durfte auch nicht zuviel verlangen – schließlich hatten wir gerade erst angefangen!

Man machte einen Sambier verantwortlich, der ins Gefängnis gekommen war, weil er angeblich Stammesauseinandersetzungen geschürt und die Opposition gegen Kaunda angeführt hatte. Vor einiger Zeit war er aus dem Gefängnis ausgebrochen und spurlos verschwunden. Die sambischen Behörden gingen davon aus, daß er zurückgekehrt war und seine alte Kampagne wiederaufgenommen hatte. Fahndungsplakate tauchten in ganz Lusaka auf, eine hohe Belohnung wurde ausgesetzt.

Wir sollten bald feststellen, daß sich, zumindest in jener Anfangszeit, die Lage rasch wieder normalisierte nach unseren Anschlägen. In den ersten vierundwanzig Stunden danach gab es überall Straßensperren und Kontrollen, doch tags darauf ging alles wieder seinen gewohnten Gang.

Wir verkrochen uns stets auf der Farm, wenn wir wußten, daß die Polizei mal wieder fahndete. Dennoch gerieten wir gelegentlich in Kontrollen, woraus sich jedoch nie ernsthafte Probleme ergaben. Sambische Behörden leiden unter einem Geheimhaltungstick – übrigens nicht sehr erfolgreich. Konsequenterweise wurde die Polizei zwar angewiesen, Straßensperren zu errichten, erfuhr aber selten den Grund dafür oder nach wem sie Ausschau halten sollte.

Wenn du angehalten wurdest, kam gewöhnlich ein Polizist angeschlendert und verlangte, daß du auf die Hupe drücktest, auf das Bremspedal tratest und so weiter. Sofern er keine offensichtlichen Mängel feststellte, winkte er dich meist durch. Selten, daß sie einmal ein Fahrzeug wirklich durchsuchten.

Die Rhodesier hatten schon sehr früh den sambischen Code geknackt. Die Sambier verwendeten den weit verbreiteten, aber schwer zu brechenden Shackle-Code. Statt das Codewort jedoch, wie üblich, mindestens alle vierundzwanzig Stunden oder noch öfter zu wechseln, blieb es vier Jahre lang gleich. Somit konnten die Rhodesier den gesamten geheimen sambischen Nachrichtenverkehr abhören.

Als sich die Aufregung über die Bombe in der Hauptpost gelegt hatte, sahen Chuck und ich uns den Zambian High Court an, den Justizpalast, der an einem großen Platz an Lusakas Independence Way liegt. Es war ein

Bauwerk im Kolonialstil mit einem Säulengang an der Vorderfront und einer breiten Freitreppe, die zu einem imposanten Eingang führte. Zu beiden Seiten dieser Treppe stand ein aus Stein gehauener Britischer Löwe, von der Größe eines Sofas. Hinter der Vorderpfote entdeckte ich eine Höhlung, hervorgerufen durch die steinerne Mähne. In einer dunklen Nacht brachte ich in dieser Vertiefung eine Bombe an, ähnlich der, die wir in der Hauptpost verwendet hatten.

Um 3 Uhr morgens ging unsere Bombe hoch und sprengte den Löwen von seinem Sockel. Die Beschädigungen waren irreparabel. Irgendwann wurden die Trümmer beseitigt, und bis zum heutigen Tag bewacht nur noch ein Löwe die Stufen zum High Court.

Ärgerlicherweise fiel wiederum kein Verdacht auf die rhodesischen Terroristen, und die Fahndungsplakate nach dem Sambier vermehrten sich rapide. Als wir nach Salisbury zurückkehrten, sagte uns Colonel Joe, daß man höheren Orts entzückt sei über unsere Arbeit.

Nach außen hin machten die Sambier noch immer den Mann verantwortlich, auf dessen Kopf sie die hohe Belohnung ausgesetzt hatten, aber dem abgehörten Nachrichtenverkehr war eine gewisse Verunsicherung anzumerken. In Wahrheit hatten sie keine Ahnung, wer hinter den Anschlägen steckte, und diese ersten Zweifel konnten angefacht werden durch neue Attentate.

Nach meiner Rückkehr wurde ich von einem alten SAS-Kameraden, der inzwischen im rhodesischen SAS diente, zu seiner Hochzeit eingeladen. Nach dem Empfang trat plötzlich ein rhodesischer SAS-Angehöriger auf mich zu und musterte mich stirnrunzelnd.

»Ich kenne Sie doch«, sagte er.

»Ach ja?« erwiderte ich.

»Ja, habe ich Ihnen nicht mit dem Faltboot Material nach Siavonga gebracht?«

»Sie müssen mich mit jemandem verwechseln«, sagte ich ausdruckslos.

Er sah mich einen Moment verwirrt an und biß sich dann auf die Lippen. Es war klar, daß er ein paar Bier zuviel getrunken hatte.

»Entschuldigen Sie«, murmelte er, nachdem ihm aufgegangen war, daß er die eiserne SAS-Regel, niemals Fragen zu stellen, gebrochen hatte, »natürlich nicht . . .»

Er machte abrupt kehrt und ging davon.

Ich entschied, daß es zu gefährlich war, Kontakt mit meinen alten SAS-Freunden zu halten, wenn ich in Salisbury war, und ging nicht mehr in die Unteroffiziersmesse.

»Wir möchten, daß Sie etwas gegen die ZANU im Liberation Centre unternehmen«, sagte Colonel Joe. Zwei Monate waren vergangen seit unserem letzten Sambia-Trip.

»Wie, ist völlig Ihnen überlassen«, fuhr der Colonel fort, »doch Sie dürfen unter keinen Umständen riskieren, daß Rhodesien mit den Anschlägen in Verbindung gebracht wird. Art und Ausführung sind im Grunde unwichtig; wichtig ist nur, daß Sie Spuren hinterlassen, die auf die ZAPU hinweisen. Wir möchten, daß die sambische Polizei der Regierung von blutigen Auseinandersetzungen zwischen den beiden rivalisierenden Rebellengruppen berichtet.«

Er sprach eine ganze Weile über diesen Punkt und ermahnte uns noch zweimal, alles zu tun, daß niemand Rhodesien mit dem Anschlag in Verbindung bringen konnte. Er war richtiggehend nervös. Es war der erste große, von der CIO geplante Anschlag in Sambia, und weder er noch seine Vorgesetzten wollten, daß etwas schiefging.

Kurz darauf flogen wir wieder nach Sambia. Wir hielten einen Kriegsrat mit Ian ab und entschieden, daß ein schöner Brandanschlag auf das Liberation Centre höchstwahrscheinlich den gewünschten Erfolg hätte. Ich würde eines Nachts eindringen, alle vorgefundenen Papiere mitnehmen, die möglicherweise Wissenswertes über die ZANU enthielten, und dann den Laden in Brand stecken mit Hilfe eines mit Zeitzünder ausgestatteten Brandsatzes. Um die gewünschten Spuren zu legen, würde ich ein ZIPRA-Ausrüstungsstück hinterlassen. Dies müßte sicherstellen, daß die ZANU und die sambische Polizei eins und eins zusammenzählten ... und drei herausbekamen.

Aus Zucker und Chemikalien, die man in jeder Drogerie kaufen kann, mixte ich eine Brandladung. Außerdem kaufte ich eine Flasche einer bestimmten Säure. Die Idee war, einen Kondom mit der Säure zu füllen und ihn auf den hausgemachten Brandsatz zu legen. Die Säure würde vier bis sieben Minuten brauchen, bis sie sich durch den Gummi gefressen hatte, dann auf auf den Brandsatz tropfen und ihn entzünden.

Ian brachte uns an dem Abend mit dem Wagen nach Lusaka und setzte uns in der Nähe des Liberation Centre ab. Wir kletterten über die Mauer und schauten uns um. Kein Mensch war zu sehen, der Wächter in der Wachstube schlief. Wir brauchten nicht einmal mit Gewalt in das Gebäude einzudringen, weil jemand freundlicherweise eine Tür offengelassen hatte.

Licht konnten wir natürlich nicht machen, doch nachdem sich unsere Augen an die Dunkelheit gewöhnt hatten, entdeckten wir rasch einen

Schrank mit einer Menge Akten. Einige davon legten wir beiseite für eine spätere Auswertung, den Rest stapelten wir auf dem Boden auf.

Ich formte eine Art Nest an der Spitze des Haufens und legte den Brandsatz hinein. Dann füllte ich das Präservativ mit Säure, verknotete es und warf es in das Nest.

Bevor ich mich davonmachte, drapierte ich ein sowjetisches Koppelzeug so auf der Veranda, daß es aussah, als hätte es jemand in der Eile verloren. Es war zwar eindeutig ein ZANU-Ausrüstungsstück, doch um es für den Finder noch einfacher zu machen, hatte ich »ZAPU PUZA« auf den Gürtel gekritzelt, was ein wohlbekannter politischer Slogan der ZAPU war.

Wir kletterten über die Mauer und rannten die Straße hinunter, wo Ian mit dem Wagen auf uns wartete.

Am nächsten Morgen brachten weder die Zeitungen noch der Rundfunk oder das Fernsehen eine Meldung über einen Brand im Liberation Centre. Ich war ratlos. Was war passiert?

Einen Tag danach fuhren wir am Liberation Centre vorbei und sahen, daß es sehr wohl einen Brand gegeben hatte, ein herrliches Feuerchen, das unsere wildesten Träume überstieg . . . das halbe Centre war abgebrannt. Die Fenster waren in der Hitze gesprungen und das Dach eingestürzt. Unsere Rechnung war ganz offensichtlich aufgegangen, denn die Nachrichtensperre zeigte deutlich, daß kein Mensch das Feuer für einen Zufall hielt.

Später stellten wir fest, daß die Sambier, wann immer sie konnten, Meldungen über Sabotageanschläge zensierten. Nur wenn ganz Lusaka das Resultat sehen konnte, wie bei der Hauptpost oder dem High Court, ließen sie die Nachrichten zu.

Wir waren ziemlich sicher, daß die Polizei den Gürtel gefunden und die beabsichtigten Schlüsse daraus gezogen hatte. Später erfuhren wir von Colonel Joe, daß aufgefangene Funksprüche tatsächlich von internen Auseinandersetzungen zwischen der ZANU und der ZAPU gesprochen hatten. Völlig unverständlich jedoch war, daß die Polizei den Gürtel nicht gefunden hatte.

»Ist ja nicht zu fassen!« sagte Chuck, als er es hörte. »Das nächstemal nagele ich ihnen den Gürtel an die Eingangstür!«

Wir gingen die mitgenommenen Papiere durch, während wir auf der Farm warteten, daß sich die Gemüter wieder beruhigten, mußten jedoch enttäuscht feststellen, daß sie wenig Brauchbares enthielten. Als wir die nächste Waffenlieferung in Eagle's Rest abholten, gaben wir den SAS-Leuten die Papiere mit. Colonel Joe bestätigte uns später, daß die Akten nur geringen Informationswert besessen hatten.

Unter der Voraussetzung, daß unser Anschlag auf das Liberation Centre von Erfolg gekrönt war, hatte uns Colonel Joe freie Hand für einen weiteren Sabotageakt gegeben, diesmal gegen das ZAPU-Hauptquartier im Zimbabwe House gerichtet. Die Idee war, es als Vergeltung der ZANU für den Brandanschlag auf das Liberation Centre erscheinen zu lassen.

Zwei Nächte lang beobachtete ich das Zimbabwe House von dem Vorgarten aus. Die Besatzung hatte sich vergrößert, fünfundzwanzig bis dreißig Mann mochten es jetzt sein. Es war einfach, die Zimmer, die sie als Schlafräume benutzten, zu identifizieren. Bevor das Licht ausging, was immer sehr früh geschah, sah ich die Silhouetten von Männern, die sich hinter dem Sackleinen – dem üblichen Glasersatz – auszogen und Kleidungsstücke an die Fenster hängten. In einem bestimmten Raum schätzte ich, daß dort nachts zehn bis zwölf Rebellen schliefen.

Hinter dem Komplex, der an der Conakry Road lag, hatten wir eine nicht mehr benutzte Sanitärzufahrt entdeckt, die von der Great North Road zu einer hohen Mauer an der Hinterseite des Grundstücks führte. Ian wartete eines Nachts im Wagen, während Chuck und ich uns durch das hohe Gras und das Gebüsch vorkämpften.

Ich erklomm die Mauer. Als ich oben war, reichte mir Chuck eine russische TM-46-Landmine. Wir hatten die Sprengladung zusätzlich mit Plastiksprengstoff verstärkt. Ich ließ mich von der Mauer fallen, und nachdem ich mich vergewissert hatte, daß niemand herumspazierte, deponierte ich die Mine an der Außenwand unter dem Raum, wo ahnungslos zehn oder zwölf ZAPU-Terroristen schnarchten. Ich setzte zwei Detonatoren ein und stellte die Zeituhr. Ich verwendete immer zwei Zünder, falls einer versagte.

Bevor wir verschwanden, ließen wir auf der Sanitärzufahrt eine Munitionstasche mit zwei in Rotchina hergestellten AK-Magazinen zurück . . . die Chinesen belieferten die ZANU mit Waffen.

Am nächsten Morgen blätterten wir gespannt die Zeitungen durch, doch nirgend war eine Explosion erwähnt. Nachmittags machte ich einen Spaziergang zum Zimbabwe House, um zu sehen, was passiert war.

Ich kam an einem italienischen Ladenbesitzer vorbei, der vor der Tür seines Geschäfts stand. Er brannte nur so darauf, mit jemandem zu reden – es stand ihm auf dem Gesicht geschrieben.

»Guten Tag«, sagte ich höflich.

»Kein guter Tag, kein guter Tag!« sprudelte er los. »Ah, mama mia, große Explosion diese Nacht. Ganz schrecklich. Alle Scheiben bei mir zu Bruch gegangen!«

»Das ist wirklich schlimm«, sagte ich mitfühlend. Die Nachbarschaft würde stinkewütend sein auf die rhodesischen Terroristen, denn Glas war nach wie vor Mangelware, und man müßte die Fenster mit Pappe verkleiden. Nicht einmal Hartfaserplatten könnte man nehmen – denn die gab es in Sambia auch nicht.

»Da drüben ist's passiert«, sagte der Italiener aufgeregt und deutete die Straße hinunter zum Zimbabwe House.

»Wer wohnt dort?« erkundigte ich mich.

»Weiß ich nicht«, erwiderte er achselzuckend. »Da hängen immer so ein paar Halbstarke rum. Hat was mit der Sambischen Jugendbewegung zu tun, glaube ich, weil dauernd Regierungsfahrzeuge rein und rausfahren.«

»Aber wie ist die Explosion passiert?«

»Keine Ahnung«, gestand der Italiener. »Aber in der Hauswand ist ein großes Loch. Die ganze Nacht sind Krankenwagen gekommen, und die Polizei ist immer noch dort.«

Bevor wir zur Farm zurückfuhren, spazierten Chuck und ich am Zimbabwe House vorbei, um unsere Arbeit selbst in Augenschein zu nehmen. Zu unserem Entzücken sahen wir, daß nicht nur ein Loch in der Hauswand war, wie der italienische Gentleman erzählt hatte – es war ein Loch, durch das ein Lastwagen gepaßt hätte! Außerdem war das Dach zum Teil eingestürzt. Dutzende von Polizisten rannten noch aufgeregt herum und schienen nicht recht zu wissen, was sie eigentlich unternehmen sollten. Es war das reinste Chaos.

Chuck und ich wechselten wissende Blicke. Es schien unmöglich, daß sie die hinterlassene Spur in der Sanitärzufahrt übersehen hatten. Und doch erfuhren wir nach unserer Rückkehr von Colonel Joe, daß die sambische Polizei die AK-Magazine nicht gefunden hatte . . . nichtsdestoweniger war man fest davon überzeugt, daß die ZANU hinter dem Anschlag steckte.

Aus aufgefangenen Funksprüchen ging des weiteren hervor, daß die sambische Regierung in heller Aufregung war, die schon an Panik grenzte. Man ging mittlerweile davon aus, daß die Guerillas auch für die Anschläge auf die Hauptpost und den steinernen Löwen vor dem High Court verantwortlich waren.

***

»Die Lage scheint sich beruhigt zu haben«, sagte Colonel Joe. »Wie wär's, wenn ihr sie wieder ein bißchen in Bewegung bringt?« Es war einige Monate später.

Eines Abends saßen Chuck und ich im Auto, zweihundert Meter vom Liberation Centre der ZANU entfernt, und beobachteten das Kommen und Gehen dort.

Ein Wagen kam durch das Tor und fuhr an uns vorbei. Darinnen saßen drei Männer in Anzügen, ein sicheres Zeichen, daß sie der Führungshierarchie der ZANU angehörten. Einen davon hatten wir schon öfter gesehen, ihn jedoch nicht identifizieren können. Er trug eine typisch russische Pelzmütze, vermutlich hatte er ein Guerillatraining in Moskau verpaßt bekommen. Dies war durchaus möglich, denn viele der älteren ZANU-Rebellen hatten ihre Karriere in der sowjetisch unterstützten ZAPU begonnen, bevor sich die ZANU abgesplittert hatte.

»Fahr ihnen nach«, sagte ich zu Chuck.

Er ließ den Motor an, und wir folgten dem Fahrzeug. Ich beugte mich über die Sitzlehne und holte die russische AK-47, die unter einer Decke versteckt lag.

»Das können wir nur machen, wenn sie nicht allzu weit fahren«, meinte Chuck, als ich ihn von meiner Absicht informierte. »Wenn wir ihnen zu lange folgen, bemerken sie uns wahrscheinlich.«

Glücklicherweise fuhren sie nur bis zu einem Haus in einer typisch afrikanischen Gegend, zwei oder drei Kilometer vom Liberation Centre. Chuck stoppte fünfzig Meter hinter ihnen und schaltete die Schweinwerfer aus. Mit der AK im Arm, die geladen war und zum raschen Nachladen ein zweites volles Magazin hatte, mit Klebeband Rücken an Rücken am ersten befestigt, ging ich rasch die Straße hinunter.

Als ich die Gartentür erreichte, standen sie an der offenen Haustür. Der Mann mit der Pelzmütze zog gerade den Schlüssel aus dem Schloß. Sie gingen ins Haus, und die Lichter flammten auf.

Ich war nur wenige Meter hinter ihnen und blieb stehen, als ich die Haustür erreichte.

Einer mußte mich gehört haben, denn er drehte sich um und starrte mich verblüfft an. Bevor er ein Wort sagen konnte, eröffnete ich das Feuer und leerte ein komplettes Magazin. Dann wechselte ich das Magazin und gab jedem aus kürzester Entfernung den Fangschuß – ich wollte keinen Überlebenden, der von einem weißen Attentäter berichten konnte. Die beiden leeren Magazine, eines davon mit dem eingeritztem Spruch »ZAPU PUZA«, warf ich neben die Leichen.

Ich schaltete das Licht aus, schloß die Tür und stieg in den Wagen, der vor dem Haus wartete, denn Chuck war vorgefahren, als er die Schüsse hörte. Er fuhr gemächlich los, als hätten wir nicht das geringste zu verbergen. Auf der Straße waren ein paar Leute, doch niemand interessierte sich für uns.

Weder die sambischen Zeitungen noch Rundfunk oder Fernsehen brachten eine Meldung über das Attentat, auch aus abgehörten Funksprüchen ging nichts hervor, so daß ich nicht in der Lage war, die drei Männer, die ich getötet hatte, zu identifizieren.

Dennoch war es jetzt natürlich an der Zeit für die ZANU, einen Vergeltungsschlag gegen die ZAPU zu führen. Schließlich waren drei ihrer Funktionäre umgebracht worden!

Chuck und ich beschlossen, einen simplen »Vergeltungsschlag« zu inszenieren.

Wir nahmen AKs und Reservemagazine mit und fuhren gegen 22 Uhr 30, nachdem dort die Lichter ausgegangen waren, zum Zimbabwe House. Ian wartete mit laufendem Motor im Wagen, während Chuck und ich über die Mauer kletterten. Nachdem wir uns vergewissert hatten, daß keine Wachtposten herumliefen, rannten wir einmal um das Haus herum und feuerten in jedes Fenster.

Die Maschinenpistole auf automatisches Feuer, das Magazin geleert, Magazinwechsel, erneuter Feuerstoß ...

Bevor wir uns verdrückten, warfen wir ein paar Handgranaten durch die Fensterhöhlen und ließen zwei noch nicht abgezogene vor dem Haus zurück. Es war ein rotchinesisches Fabrikat und damit Kriegsmaterial der ZANU. Da es bei beiden Terroristengruppen nicht selten vorkam, daß sie bei Kämpfen vergaßen, ihre Handgranaten abzuziehen, würden die zurückgelassenen Granaten keinen Verdacht bei den Sambiern erregen.

Vermutlich hatten wir nicht sonderlich viel Schaden an dem Gebäude angerichtet oder viele Guerillas getötet, obwohl aus einigen Zimmern vielversprechendes Geschrei und Stöhnen gedrungen war. Der Sinn und Zweck dieses Anschlag war jedoch, sie gründlich zu verunsichern und sie auf die Idee zu bringen, den Erzrivalen von der ZANU an die Gurgel zu gehen.

***

Während dieses Trips folgten wir einem Wagen vom Zimbabwe House zur Bothasrust Road hinaus. Er führte uns zu einem ZIPRA-Militärlager, dem ersten, das die Rhodesier in Sambia entdeckten. Es bestand aus einem Haus, um das herum Zelte aufgestellt waren. Etwa ein Dutzend unbewaffnete Afrikaner, bekleidet mit undefinierbaren Uniformstücken, lungerten herum, offensichtlich ZIPRA-Guerillas, denn ihre Besucher waren vom Zimbabwe House gekommen. Wir hielten es für ein Durchgangslager.

Die rhodesische Luftwaffe ließ einen Canberra-Bomber Luftaufnahmen machen, doch die Auswerter konnten nicht viel damit anfangen, weil die Zelte unter großen, dichtbelaubten Bäumen standen.

Der Tag, an dem wir das Bothasrust-Lager entdeckten, war auch in anderer Beziehung sehr erfolgreich, denn wir beschatteten noch ein weiteres ZAPU-Fahrzeug, das auf der Great North Road die Stadt verließ. Zwanzig Kilometer nördlich von Lusaka bog es in eine Sandpiste ein. Die Piste verlief schnurgerade, so daß wir einen großen Abstand halten mußten, um nicht bemerkt zu werden. Wir versuchten der Staubfahne zu folgen, verloren jedoch nach einigen Kilometern den Kontakt.

Häufig folgten wir später ZAPU-Fahrzeugen diese Piste entlang, aber jedesmals entwischten sie uns. Erst viel später gelang es uns, ihren Bestimmungsort herauszufinden. Es war Westlands Farm, auch unter dem Namen FC oder Freedom Camp bekannt. Es sollte das wichtigste aller von den Sowjets unterstützten ZIPRA-Lager in Sambia werden.

9

SAMBIA
»Herrschen durch Teilen«
1975: Der Anschlag auf Chitepo

Anfang Februar 1975 saßen Chuck und ich mit Colonel Joe im Garten des Park Lane Hotels.

»Seit eurem letztem Trip im Dezember haben sich ein paar interessante Entwicklungen bei der ZANU in Sambia ergeben«, berichtete er. »Es gab eine Palastrevolution, angeführt von Thomas Nhari, einem Kommandanten der ZANLA. Die Rebellen besetzten den Hauptstützpunkt der ZANLA in Chifombo, an der Grenze von Mosambik nach Sambia. Sie töteten eine unbekannte Zahl von ZANU-Angeörigen, die sich ihnen entgegenstellten, einschließlich Lovemore Chikadaya und Peter Ngwenya, beides hohe ZANLA-Offiziere, die sie lebendig begruben.«

»Entzückend . . . aber uns kann's nur recht sein, wenn sie sich gegenseitig den Schädel einschlagen«, meinte Chuck.

»Ja«, sagte der Colonel, »zumal die internen Streitigkeiten bei der ZANU mittlerweile auch die Sambier berühren. Zwei Lastwagen, voll besetzt mit bewaffneten Nhari-Anhängern, fuhren nach Lusaka hinein, und man versuchte, Josiah Tongogara festzunehmen, den militärischen Chef der ZANLA. Bis dahin war es undenkbar, daß rhodesische Rebellen in Sambia Waffen trugen . . . es war ihnen immer strikt verboten. Wir dürfe also sicher sein, daß Präsident Kaunda sehr erbost ist.«

»Wie sieht die aktuelle Lage aus?« fragte ich.

»Nicht besonders günstig für sie, wie wir von einem Gefangenen erfuhren, der über die Grenze nach Rhodesien gelohen ist und sich der Polizei gestellt hat. Thomas Nhari und seine Mitverschwörer wurden schließlich kurz vor Weihnachten in Chifombo von Tongogara überwältigt und an die

Wand gestellt. So wie es aussieht, traut bei der ZANU inzwischen keiner mehr dem anderen.«

»Was schwebt Ihnen vor, Colonel Joe?« erkundigte sich Chuck.

»Meinen Vorgesetzten in der CIO würden gerne wissen, ob es euch möglich wäre, Herbert Chitepo zu liquidieren. Wir glauben, daß sein gewaltsamer Tod genau das richtige Klima schaffen würde. Außerdem ist er ein gefährliches und wichtiges Mitglied der ZANU.«

Wir kannten ihn gut, und er war in der Tat ein höchst gefährlicher Spitzenfunktionär der ZANU. Er war zweiundfünfzig Jahre alt, geboren in der Nähe von Inyanga im östlichen Hochland von Rhodesien. 1954 wurde er Rhodesiens erster schwarzer Rechtsanwalt. Er engagierte sich sehr bald für nationalistische Bewegungen und war juristischer Berater der ZAPU bei der von den Briten angeregten Südrhodesischen Verfassungskonferenz im Jahre 1961, nach der es in Rhodesien zu schweren Krawallen in den afrikanischen Townships kam. 1962, als er in Rhodesien mit einer Festnahme rechnete, floh er nach Tansania, wo er als erster Schwarzafrikaner das Amt des Generalstaatsanwalts innehatte.

Nach dem Bruch in der ZAPU, der zur Gründung der ZANU unter der Führung von Ndabaningi Sithole führte, schlugen sich Chitepo und Robert Mugabe auf seine Seite.

Der Bruch verlief entlang der Stammesgrenzen; die Mashona-Stämme folgten dem Banner der ZANU, während die Matabele sich um Joshua Nkomo und die ZAPU scharten.

Herbert Chitepo war ein Radikaler, der als erster dafür eintrat, daß die ZANU die Bevölkerung »politisierte und mobilisierte«, bevor sie Angriffe auf den Gegner wagte. Diese neue Politik, die sich an den Methoden der Rotchinesen orientierte, hatte zur Folge, daß man politische Kommissare nach Rhodesien einschleuste, die die Aufgabe hatten, die Stammesbevölkerung auf ihre Seite zu zwingen. Das erreichten sie durch eine beispiellose Einschüchterungskampagne und durch zahllose Morde an unschuldigen schwarzen Rhodesiern.

Tausende von Stammesangehörigen wurden auf seinen Befehl gefoltert, verstümmelt oder ermordet, aber es machte ihm auch nichts aus, sich persönlich daran zu beteiligen. In einem unveröffentlichten Fall wurden er und zwei weitere ZANU-Funktionäre 1969 von der sambischen Polizei verhaftet und der Folterung beschuldigt. Die Anklage wurde später auf Anordnung von Präsident Kaunda fallengelassen, aber nicht bevor das Opfer, das halbtot und in Ketten aufgefunden worden war, Chitepo als seinen Peiniger benannt hatte. Nach seiner Aussage hatte Chitepo eigenhändig einen weißglühenden Schürhaken geschwungen und und ihm unsägliche Verstümmelungen zugefügt. Chitepo hatte sich sogar daran geweidet, wie es hieß.

Als Chef des ZANU-Exekutivkomitees und als Mann, der praktisch den gesamten Guerillakrieg dirigierte, hatte er wahrscheinlich die besten Qualifikationen, als Rhodesiens Staatsfeind Nummer eins zu gelten.

»Wo hält er sich auf?« fragte ich. »Wir haben uns bisher nicht sonderlich für ihn interessiert.«

Colonel Joe schüttelte den Kopf. »Keine Ahnung. Wir wissen nur, daß er im Liberation Centre arbeitet.«

Wir hatten ihn noch nie gesehen, aber das war nicht verwunderlich, denn wir hatten nicht sehr auf Einzelpersonen geachtet. Aus der Ferne und bei Nacht sind die Leute ohnehin schwer zu identifizieren.

Zwei Tage darauf flogen wir nach Sambia.

Die folgenden vier Wochen hielten wir vor dem Liberation Centre Wache, was nicht ganz einfach war für einen Weißen in einer vorwiegend von Schwarzen bewohnten Gegend. Nächtliche Beobachtungen hatten wenig Sinn, und so versuchten wir es, so gut es ging, bei Tage.

Ein Stück hinter dem Liberation Centre fängt die Chilenji African Township an, und dort gab es eine Betonsteinfabrik. Wenn man uns anhielt, würden wir sagen, daß wir nach dem Werk suchten, wo wir Betonsteine kaufen wollten. Es war eine weite Entfernung von Ians Farm, doch die Story wäre einem Sambier keineswegs absurd vorgekommen. In Sambia herrschte ständig Zementknappheit, und die Leute kauften Baumaterial, wann immer und wo immer sie konnten. Es war nicht ungewöhnlich, sich im ganzen Land beispielsweise nach Backsteinen umzuhören, wenn man ein Bauprojekt plante.

Ian besaß drei verschiedene Fahrzeuge, die wir abwechselnd benutzten. Dazu hatten wir einen ganzen Stapel falscher Nummernschilder, so daß wir uns oft genug verwandeln konnten.

Es wäre verrückt gewesen, vor dem Tor des Liberation Centre herumzuhängen. Wir hätten hervorgestochen, und die ZANU wäre uns bald auf die Spur gekommen. Statt dessen fuhren wir häufig an dem Gebäude vorbei, insbesondere zu Zeiten, wo wir darauf hoffen konnten, daß Chitepo zur Arbeit ging oder von der Arbeit kam. Gelegentlich täuschten wir eine Panne vor, wechselten ein Rad oder machten uns am Motor zu schaffen.

Leider waren alle Mühen vergebens, und nach knapp vier Wochen flogen wir nach Hause und berichteten Colonel Joe von unserem Mißerfolg.

Colonel Joe war in ungewöhnlich ernster Stimmung. Er machte uns keinerlei Vorwürfe, doch ganz offenkundig war er nicht sehr glücklich darüber. Er unterstrich noch einmal, wie wichtig es für Rhodesien sei, daß Chitepo liquidiert würde. es war das erste Mal, daß wir einen ganz konkreten Auftrag von der CIO bekommen hatten, einen Auftrag, der unbedingt ausgeführt werden mußte, wie er betonte.

»Ganz so einfach ist das nicht«, protestierten Chuck und ich.

»Das verstehe ich«, erwiderte Colonel Joe. »Aber meine Bosse halten es für einfach ... Sie glauben anscheinend, daß ihr euch nur vor dem Tor des Liberation Centres aufzustellen und auf ihn zu warten braucht. Ich habe ihnen erklärt, daß dies nicht durchführbar ist, nach euren Schilderungen; trotzdem halten sie es für eine einfache Sache.

»Das zweite Problem, das sie anscheinend übersehen haben«, fuhr er nachdenklich fort, »ist die enorme Wichtigkeit, daß niemand hinterher den Mord mit Weißen in Verbindung bringt. Man muß unbedingt glauben, daß Schwarze ihn umgebracht haben ... andernfalls nutzt sein Tod uns wenig. Ich habe auch diesen Punkt betont, aber sie bestehen darauf, daß ihr notfalls mehr riskieren müßt ... sie verlangen Ergebnisse ... und es ist ihnen ziemlich egal, wie ihr es schafft.«

»Dann richten Sie diesen Hurensöhnen aus«, sagte Chuck voll unterdrückter Wut, »daß sie das nächstemal mitkommen können, wenn es ihnen vom sicheren Schreibtisch aus so wichtig erscheint.«

»Genau ... sagen Sie ihnen das«, fauchte ich.

»Ich weiß das alles, und ich kann euch gut verstehen«, seufzte Colonel Joe, »aber das ändert alles nichts daran, daß der Job unheimlich wichtig ist für die Sicherheit des Landes ... und daß ihr, meine Herren, die einzigen seid, die ihn erfolgreich durchziehen können ... nicht diese Schreibstubenhengste im Coghlan House.«

Ich flog mit Chuck nach Sambia zurück. Wir nahmen die Überwachung des Liberation Centre wieder auf, wie schon einmal.

Die ersten Tage verliefen ergebnislos. Wir hatten uns die Köpfe zerbrochen, wie wir ihn lokalisieren könnten, hatten auch an die simple Möglichkeit gedacht, einfach in Telefonbuch nachzuschauen. Aber in Sambia hinkte das Telefonbuch Jahre hinter der Wirklichkeit her ... Chitepo stand nicht darin. Wenn die Post mal eine Neuausgabe zusammengestellt hatte, gab es häufig kein Papier im Land für den Druck. Oder wenn es Papier gab, dann funktionierten die Druckmaschinen nicht, und Ersatzteile gab es nicht.

Wir sahen uns in den Bars und Hotels um, doch Herbert Chitepo war anscheinend kein Trinker. Oder zumindest frequentierte er weder das Ridgeway Hotel noch das Interconti.

Immerhin wußten wir das Kennzeichen seines Autos. Es war ein blauer VW-Käfer mit der Nummer EY 7077.

Eine Woche nach unserer Ankunft fuhren Chuck und ich am Spätnachmittag Richtung Liberation Centre, als ich plötzlich Chitepos VW sah. Ich stieß Chuck an.

»Herbert, Baby!« rief Chuck hocherfreut.

Wir verfolgten unsere Beute ein kurzes Stück Wegs, bogen dann jedoch ab, um keinen Verdacht zu erregen. Ihn wiederzufinden, wäre jetzt verhältnismäßig einfach.

Im Verlauf der nachfolgenden Beobachtung stellten wir fest, daß er in Bezug auf seine Arbeit ein Gewohnheitsmensch war. Schlag acht traf er im Liberation Centre ein und fuhr um Punkt halb fünf nach Hause. Wir hätten fast die Uhr danach stellen können. Abends wechselte er stets die Fahrtroute, um einen Anschlag zu erschweren.

Wir wußten nur die ungefähre Richtung, in der er wohnte, da wir ihm stets nur ein kurzes Stück zu folgen wagten. Doch von Tag zu Tag kamen wir näher heran, indem wir ihn an verschiedenen Punkten seiner möglichen Fahrtrouten abpaßten. Zwei Wochen nach dem ersten Kontakt folgten wir ihm schließlich zu seinem Haus in 150 Muramba Road in Chilenji South. Zwei Wochen waren keine übermäßig lange Zeit, in Anbetracht der Tatsache, daß wir weder Funkgeräte besaßen, noch uns mit zwei Fahrzeugen bei der Beschattung abwechseln konnten.

Wegen unserer Aktivitäten hatten wir uns gefährlich oft in der Nähe des Liberation Centre blicken lassen müssen. Sobald wir uns vergewissert hatten, daß Chitepo regelmäßig jeden Tag vom Morgen bis zum Spätnachmittag in seinem Büro blieb, hielten wir uns von dieser Gegend fern.

Wir wußten jetzt, wo er wohnte, damit war er so gut wie tot. Wir brauchten lediglich ein paar Tage, bis wir uns für eine bestimmte Todesart entschieden hatten. Die Kunst des Attentats kann man aus Lehrbüchern lernen, wie sie beim SAS und anderen Spezialeinheiten gängig sind. Es gibt sogar verschiedene feste Begriffe, die sich alle um die vier Worte ranken: *Positiv, nicht-positiv, direkt* und *indirekt*.

Der sicherste Weg, jemand umzubringen, ist mittels der *direkten positiven* Methode. Ein Beispiel dafür wäre, wenn man auf jemand zugeht, ihm die Knarre an die Brust hält und abdrückt.

Als nächstes kommt die *direkte, nicht-positive* Methode, bei der man sich beispielsweise mit dem Gewehr auf einem Dach postiert und abwartet, bis die Zielperson das Haus gegenüber betritt. Dies ist *direkt* deswegen, weil der Attentäter aktiv beteiligt und am Tatort anwesend ist, und *nicht-positiv,* weil sich das Ziel bewegt und ein Fehlschuß nicht ausgeschlossen werden kann.

Danach kommt die *indirekte positive* Methode. Hier wartet der Killer beispielsweise, bis sein Opfer schläft, klettert dann über die Gartenmauer und deponiert eine Bombe unter seinem Auto. Es ist *indirekt,* weil der Täter verschwindet, sobald er die Bombe gelegt hat, aber *positiv,* weil das Opfer, wenn es mit seinem Auto in die Luft fliegt, normalerweise keine Überlebenschance hat. Es beinhaltet allerdings einen Unsicherheitsfaktor, daß sich zum Beispiel ein Fremder morgens an dem Wagen zu schaffen macht, ihn beispielsweise wäscht, und dabei den Tod findet.

Die am wenigsten sichere Methode ist die *indirekte nicht-positive.* Davon spricht man zum Beispiel, wenn jemand frühmorgens in die vor der Tür stehende Milchflasche Gift schüttet. Es ist *indirekt,* weil der Täter nicht dort ist und das Ergebnis nicht sehen kann, und *nicht-positiv,* weil das Opfer an diesem Tag vielleicht nur schwarzen Tee ohne Milch trinkt.

Dies zeigt auf, daß die erfolgreichste Methode stets die *direkte positive* ist. Andererseits besteht hier die große Gefahr, daß der Attentäter gefaßt wird . . . und von der Aussicht waren wir nicht begeistert.

Wir diskutierten die verschiedensten Möglichkeiten . . . ihn mit einem vergifteten Pfeil zu töten . . . mit vergifteten Luftgewehrkugeln . . . ihn aus dem Auto mit der Maschinenpistole niedermähen, wenn er nach Hause kam . . .

Schließlich sagten wir uns, daß die Vorteile einer *indirekten* Methode die Nachteile bei weitem aufwogen. Wenigstens würde uns auf diese Art das Schlimmste erspart bleiben, was einem Attentäter passieren kann: einen Mißerfolg zu haben und dabei gefaßt zu werden. Außerdem konnten wir so einen zweiten Versuch machen, wenn der erste ein Fehlschlag war.

Wir entschieden uns für die *indirekte positive* Methode, indem wir Chitepo eine Bombe unter den Wagen legten.

Am einfachsten wäre es gewesen, sein geparktes Auto zu präparieren, während er, auf dem Heimweg, im Interconti oder im Ridgeway Hotel einen Drink kippte, aber er tat uns nie den Gefallen. Tagsüber, wenn sein Wagen am Liberation Centre stand, konnten wir es unmöglich machen, und so blieb nur die Alternative, ihm nachts, wenn er schlief, eine Bombe zu legen.

Glücklicherweise hatte Ian einen alten VW-Käfer, an dem wir üben konnten. Im Kino schleicht sich der Attentäter einfach zum Wagen seines Opfers und bringt eine Haftmine an. Sie hält auf Anhieb an der vorgesehenen Stelle. In der Wirklichkeit ist es selten so einfach. Oft genug halten

Magnete nicht, weil der Wagen verdreckt ist. Sambische Fahrzeuge sind an der Unterseite meist mit einer Schlammkruste überzogen, da die meisten Nebenstraße nur bessere Feldwege sind.

Außerdem hatten wir keine Haftmine. Mit einigen kräftigen Magneten, die wir in einem Eisenwarenladen entdeckten, versuchten wir eine zu basteln. Doch wie wir es auch versuchten, das blöde Ding fiel immer wieder herunter. Eine Überprüfung des Materials, das mit Faltboot oder LKW ins Land geschmuggelt worden war, förderte einen Messingkasten zu Tage, dreiundzwanzig Zentimeter lang, zwölf Zentimeter breit und sechs Zentimeter tief. Ich hatte keine Ahnung, warum sie uns das Ding überhaupt geschickt hatten, denn es war ganz gewiß nicht kommunistischen Ursprungs. Jemand hatte es jedoch freundlicherweise mit Pentolite gefüllt, einem hochbrisanten Sprengstoff.

Ich wog die Box. Knapp vier Kilo... eine sehr ordentliche Sprengladung.

Als wir uns Ians Volkswagen näher anschauten, fanden wir sehr bald eine geeignete Stelle, und zwar hinter dem rechten Vorderrad. Um die Bombe dort zu befestigen, benutzten wir einen Keil von einer ganz bestimmten Form und Größe. Als nächstes überlegten wir uns den Auslösemechanismus. Pentolite ist zwar spröde, verhält sich jedoch bis zur Zündung absolut stabil. Ich kratzte daher eine kleine Mulde in der Mitte und füllte sie mit Plastiksprengstoff auf, in den ich meine üblichen Doppeldetonatoren stecken würde. Diesmal kam es auf das direkte Resultat an, und wir wollten sicherstellen, daß nichts schiefging. Aus diesem Grund verwendete ich statt des manchmal unzuverlässigen kommunistischen Plastiksprengstoffs ein weit besseres Material, daß aus Südafrika stammte.

Die Bombe sollte gezündet werden mittels einer Streichholzschachtel, die hinter dem Vorderrad lag. Sobald das Opfer zurücksetzte, um aus dem Hof zu fahren, würde die Streichholzschachtel zerdrückt werden. Über zwei Nägel als Kontakte, zwei Drähte und Taschenlampenbatterien würde ein Stromkreis geschlossen werden, der die Detonatoren zündete und damit die Bombe auslöste.

Mit Sicherheitszündern statt einer Sprengladung testeten wir die Streichholzschachtel und vergewisserten uns, daß sie zuverlässig Kontakt gab. Die Sicherheitszünder explodierten mit kleinen und geräuschlosen Rauchwölkchen.

Für den Fall, daß es naß war in Chitepos Vorgarten – vielleicht regnete es gerade, oder jemand hatte die Blumenbeete gegossen –, tränkten wir die Streichholzschachtel mit Wasser, um zu sehen, ob das einen Kurzschluß verursachte. Dann wäre möglicherweise die Bombe hochgegangen, während ich sie am Wagen anbrachte. Aber das Wasser gab keinen Kurzschluß.

Die Nummer 150 in der Muramba Road war ein typisches Einfamilienhaus, wie man es in vielen Schwarzensiedlungen im südlichen Afrika findet. Es besaß einen winzigen Vorgarten mit einem fast zwei Meter hohen Maschengitterzaun. Durch ein zweiflügeliges Tor erreichte man die kurze Einfahrt. Das Tor stand tagsüber stets offen, wurde jedoch geschlossen, sobald Chitepo abends seinen Wagen in der Einfahrt geparkt hatte. Der Wagen stand immer mit der Schnauze zum Haus.

Nachts konnte man ohne große Probleme durch schwarzafrikanische Gegenden fahren. Die Polizei kontrollierte nie, und es ist fast unmöglich zu erkennen, ob in dem fahrenden Wagen ein Schwarzer oder ein Weißer sitzt.

Bald hatten wir Chitepo abendliche Gewohnheiten herausgefunden. Wenn er das Haus betrat, schaltete er die Lichter ein. An den meisten Abenden saß er an seinem Schreibtisch. Zwischen 20 Uhr 30 und 21 Uhr ging er zu Bett, und das Licht erlosch. Morgens stand er früh auf, machte sich eine Zeitlang im Haus zu schaffen und fuhr dann zum Liberation Centre.

Nachdem wir das alles wußten, fuhren wir gegen Mitternacht zu seinem Haus, um die Sache zu Ende zu bringen. Ian saß am Steuer.

Zu unserer Verblüffung war Chitepo noch wach und saß an seinem Schreibtisch. Erst in den frühen Morgenstunden ging er zu Bett.

Diese geänderte Verhaltensmuster hielt mehrere Nächte an, bis wir fast die Hoffnung aufgegeben hatten, daß er je wieder zu seiner alten Gewohnheit zurückkehren würde. Ich sprach die Sache mit Chuck durch, und wir beschlossen, die Sache trotzdem steigen zu lassen, auch wenn wir bis um vier Uhr morgens warten mußten.

Klugerweise besannen wir uns dann jedoch anders und entschieden, uns in Geduld zu üben, bis er seine alten Gewohnheiten wieder aufnahm. Alles andere wäre unverantwortlicher Leichtsinn gewesen. Ganz offenkundig lagen besondere Umstände vor, über die wir nichts näheres wußten und die unser Unternehmen auf unkalkulierbare Weise gefährden konnten.

Am nächsten Abend ging das Licht um halb neun aus.

»Wenn es morgen das gleiche ist«, sagte ich zu Chuck, »pflanzen wir ihm die Bombe unter den Hintern.«

Tags darauf wurde wiederum pünktlich um 20 Uhr 30 das Licht gelöscht. Wir fuhren zum Essen ins Interconti, um einen Grund für unsere

Anwesenheit in der Stadt zu liefern, falls wir später von der Polizei angehalten werden sollten. Das taten wir immer, wenn wir Operationen in Lusaka durchführten.

In den frühen Morgenstunden des 18. März 1975 kehrten wir zurück. Ian parkte den Wagen etwa zweihundert Meter vor unserem Ziel. Chuck und ich waren mit AKs bewaffnet. Wenn die Polizei uns mit dem Sprengstoff im Auto stoppte, hätten wir keine Wahl gehabt, als uns den Weg freizuschießen.

Wir blieben vierzig Minuten im Wagen sitzen, um uns zu vergewissern, daß die Luft rein war. Wir konnten ja nicht wissen, ob nicht kurz vor unserem Eintreffen ein Anwohner mit seinem Hund Gassi gegangen war oder dergleichen. Bei seiner Rückkehr hätte der Mann unvermutet über uns stolpern und die Polizei alarmieren können.

Es blieb jedoch alles ruhig, so daß wir die Gewißheit gewannen, daß die Anwohner alle brav in ihren Betten lagen und schliefen. Wenn irgendwo in der Nähe ein Licht angegangen wäre, hätten wir den Versuch abgebrochen und es noch einmal in der folgenden Nacht probiert – auch wenn es nur jemand war, der auf die Toilette ging.

Ian als Fahrer blieb ordentlich gekleidet, so wie wir es beim Essen gewesen waren, doch Chuck und ich hatten Schlips und Jackett abgelegt. Als Arbeitsdreß bei Operationen bevorzugte ich einen Overall, den ich über Hemd und Hose streifte. Chuck trug einen Trainingsanzug. Nach Beendigung eines Einsatzes wechselten wir immer sofort wieder die Kleider für die Rückfahrt zur Farm.

Wir schwärzten nie unsere Gesichter. Wer das schon einmal gemacht hat, weiß, wie schwer es ist, das Zeug wieder wegzubekommen. Die meisten Operationen fanden im Stadtzentrum statt. Geschwärzte Gesichter hätten bei Straßensperren eine größere Gefahr bedeutet als unsere weißen Gesichter während des eigentlichen Einsatzes. Wir trugen jedoch meistens wilde Afro-Perücken, die uns, zumindest auf den ersten Blick, als Farbige erscheinen ließen.

Schließlich stiegen Chuck und ich aus. Ich trug die Bombe. Chuck sicherte mit einer AK.

Ich hatte mir Ians beste Drahtschere ausgeborgt, um ein Loch in den Maschengitterzaun zu schneiden. Es war keine gewöhnliche Drahtschere, eher schon ein Bolzenschneider, und in Sambia ein kleines Vermögen wert.

Wir kauerten neben Chitepos Haus, während ich ein Loch in den Zaun schnitt. Ich kroch hindurch, gefolgt von Chuck, der in einem Gebüsch Aufstellung nahm und von dort sicherte.

Ich kroch weiter zum Vorderende des Volkswagens und wälzte mich dort auf die Seite, wie ich es viele Male an Ians Käfer geübt hatte. Ich lupfte die Messingkiste mit dem Pentolite hinter das Vorderrad, schob den Keil nach und klemmte alles fest.

Die Einfahrt war sandig, und so streute ich eine Handvoll Sand über die Streichholzschachtel, nachdem ich sie hinter den Vorderreifen gelegt hatte. Die Zuleitungen verbarg ich hinter dem Rad.

Als ich fertig war, überprüfte ich noch einmal alles. Dann drückte ich mit einem Bleistift ein Loch in den Plastiksprengstoff, setzte die beiden Detonatoren ein . . . und fertig war die Bombe.

Jetzt hing alles von Herbert Wiltshire Chitepo ab. Er würde, wie wir hofften, morgen früh in seinen Wagen steigen, den Motor anlassen und den Rückwärtsgang einlegen. Sekunden später wäre er tot.

Das Ganze hatte nur vier oder fünf Minuten gedauert. Es war genauso glatt gegangen wie während der Proben.

»Alles okay?« erkundigte sich Ian.

Ich nickte, es war in der Tat alles okay.

»Ach verdammt«, rief Chuck, als wir vielleicht zehn Minuten gefahren waren und uns schon auf der Ausfallstraße befanden. »Ich habe die Drahtschere vergessen.«

»Nicht weiter schlimm«, sagte ich, »bis die jemand findet, ist alles gelaufen.«

Ian bremste scharf und hielt am Straßenrand.

»Das war meine beste Drahtschere. Die lasse ich nicht zurück. So was kriege ich nie mehr. Die wird überhaupt nicht mehr hergestellt.«

»Jetzt bleib mal vernünftig«, argumentierte ich, »wir haben sie doch bereits zurückgelassen. Läßt sich jetzt nicht mehr ändern.«

»So eine Drahtschere kriege ich nie mehr«, wiederholte Ian dickköpfig. Er machte Anstalten, den Wagen zu wenden, und ich griff ihm ins Steuer.

»Wir fahren zurück und holen die Schere«, sagte er entschlossen.

»Das ist doch lächerlich«, ereiferte ich mich. »Die Drahtschere ist völlig unwichtig. Ich kauf dir eine neue, wenn ich in Jo'burgh bin . . . sogar eine vergoldete, wenn du willst.«

»Ich will *diese* Drahtschere!« beharrte er.

Ich sah Chuck an, und Chuck sah mich an. Er zuckte die Achseln. Ian war schon manchmal ein komischer Kauz.

»Okay«, meinte ich resigniert, »fahren wir zurück.«

Wir fuhren zur Muramba Road zurück, die glücklicherweise noch so still und friedlich dalag wie zuvor. Ian bremste vor dem Haus, und Chuck sprang aus dem Wagen und raffte die Drahtschere auf, die direkt an Chitepos Zaun lag.

Danach fuhren wir nach Hause und waren unheimlich stolz auf uns.

***

Am nächsten Morgen, kurz vor acht, stieg Chitepo in sein Auto und ließ den Motor an. Er war in Begleitung von zwei ZANU-Terroristen, die offenbar als seine Leibwächter fungierten. Wir hatten sie am Abend zuvor nicht im Haus gesehen, sie mußten demnach erst am Morgen gekommen sein.

Silas Shamiso saß neben Herbert Chitepo auf dem Beifahrersitz, Sadat Kufamazuba stieg hinten ein.

Chitepo setzte zurück, die Bombe detonierte und tötete Chitepo und Shamiso und verletzte Kufamazuba schwer.

Tragischerweise wurde ein Kind, das im Nachbargarten spielte, von einem durch die Luft fliegenden Rad getötet. So ist das eben im Krieg, wo die Unschuldigen mit den Schuldigen leiden müssen.

Der Gerichtsmediziner fertigte seinen Bericht an und stellte als Todesursache »multiple Verletzungen« fest.

Die sambische Polizei, die nicht über genügend eigene Fachleute verfügte, rief zur Tatortuntersuchung ein Bombenräumkommando der Armee zu Hilfe. In dem Bericht des verantwortlichen afrikanischen Offiziers hieß es, die Sprengladung habe aus TNT bestanden (sie bestand aus Pentolite und Plastiksprengstoff), sie sei 1,6 Kilogramm schwer gewesen (sie wog über vier Kilo), sie sei mit Magneten im rechten vorderen Radkasten befestigt gewesen (sie war mit einem Keil hineingeklemmt), und sie sei durch einen Abrißzünder, verbunden mit beweglichen Teilen des Motors, ausgelöst worden (sie wurde durch einen elektrischen Druckkontakt gezündet).

Eines zumindest hatte er richtig erfaßt... es war eine Sprengladung gewesen.

An jenem Tag verhängten die Sambier bis Mittag eine Nachrichtensperre... danach begann, wie man so schön sagt, die Kacke zu dampfen. Wir verkrochen uns auf Ians Farm, bis sich die Lage wieder entspannte.

Die ZANU gab prompt eine Presserklärung ab und beschuldigte die rhodesische Regierung, die, wie sie sagte, eine Belohnung von fünftausend Dollar für den Tod oder die Ergreifung von Guerillaführern ausgesetzt hätte, für das Attentat verantwortlich zu sein.

Ein Sprecher der rhodesischen Regierung wies die Beschuldigung umgehend zurück und sagte, derlei Verdächtigungen seien ja zu erwarten gewesen.

Eine Meldung, die vermutlich auf CIO-Quellen zurückging, fand sich im Londoner *Daily Telegraph*: Vor Chitepos Tod seien zwei Wochen lang Gerüchte in Lusaka und Salisbury umgegangen, daß seine Verhaftung oder Ausweisung aus Sambia unmittelbar bevorstünde. In dem Bericht wurde angedeutet, Chitepo sei die treibende Kraft hinter dem »Bruderkampf« zwischen der ZANU und der ZAPU in Sambia gewesen.

In der Hoffnung, politisches Kapital aus seinem Tode schlagen zu können, wollte die ZANU seinen Leichnam im rhodesischen Inyanga beerdigen lassen, seinem Stammesland. Die Rhodesier vereitelten jedoch diesen Plan, indem sie die Überführung verweigerten, mit der Begründung, Chitepo als Führer einer Terroristenorganisation sei direkt verantwortlich für die Ermordung einer beträchtlichen Zahl von schwarzen und weißen Rhodesiern.

Präsident Kaunda gab ihm darauf ein Staatsbegräbnis mit allen militärischen Ehren.

Dies wurde jedoch erheblich getrübt, als die Sambier eine Presseverlautbarung beschlagnahmten, die die ZANU zum Tod ihres Führers herausgegeben wollte. Vermutlich enthielt die Erklärung Beschuldigungen, daß sambische Kräfte ganz oder teilweise für Chitepos Tod verantwortlich seien.

Dies konnte nicht sehr überraschen, denn einen Monat zuvor hatte es auf der OAU-Konferenz in Äthiopien einen heftigen Disput zwischen Chitepo und der sambischen Delegation wegen einer ZANU-Erklärung gegeben, in der Sambia kritisiert wurde, weil es der ZANU eigene Rundfunksendungen verweigerte, während es der ZAPU solche gestattete. Die Erklärung warf Sambia vor, zusammen mit Südafrika die Vernichtung der afrikanischen Befreiungsbewegungen zu betreiben.

Präsident Kaunda war wütend gewesen, und ein hoher sambischer Regierungsvertreter hatte ZANU-Funktionären mitgeteilt, Sambia würde jetzt alle Anstrengungen unternehmen, die ZANU »auszuräuchern«.

Ein Leitartikel in der staatseigenen sambischen *Daily Mail*, die ebenso wie die *Times of Zambia* nichts weiter als ein Sprachrohr der sambischen Einheitspartei UNIP war, warnte »die politischen Führer aus Simbabwe, die gegen die Einheit sind. Solche Leute«, hieß es weiter, »werden physisch eliminiert oder zu politischer Bedeutungslosigkeit reduziert werden.«

Nach Chitepos Tod warnten Informanten in der sambischen Special Branch ihre ZANU-Freunde, daß die Sambier eine größere Anzahl von Parteifunktionären festnehmen wollten.

Das militärische ZANU-Oberkommando beraumte eilends eine geheime Sitzung in Lusaka an und beschloß, seine Mitglieder außerhalb von Sambia zu stationieren, damit der bewaffnete Kampf fortgesetzt werden konnte. Die meisten bekamen Order, nach Mosambik zu gehen, wo die ZANU seit den frühen siebziger Jahren mit der FRELIMO zusammengearbeitet hatte und wo sie Nachschubbasen aufbauten. Von diesen Stützpunkten aus sollten sie eines Tages ihre Terroristen über die gesamte östliche Grenze von Rhodesien einschleusen. Einige wurden nach Tansania und in andere Länder geschickt, wo die ZANU Büros hatte.

Mrs. Violet Chitepo, die Witwe, traf in Lusaka ein und bekam widerwillig eine Audienz bei Präsident Kaunda.

Während sie dort war, sprach sie auch mit Bischof Abel Muzorewa, der später als Nachfolger von Ian Smith Rhodesiens erster schwarzer Premierminister werden sollte, dessen gemischtrassische Regierung jedoch scheiterte, weil die Briten und Amerikaner dafür sorgten, daß Rhodesien nicht anerkannt wurde, solange es nicht entweder von Joshua Nkomo oder von Robert Mugabe regiert wurde. Laut Mrs. Chitepos späterer Aussage versuchte der Bischof sie zu überzeugen, daß ihr verstorbener Mann auf ausdrückliche Order des ZANU-Oberkommandos ermordet worden sei.

Nach dem Begräbnis am Samstag, dem 22. März 1975, warnten ZANU-Sympathisanten bei der sambischen Special Branch, daß die Regierung verärgert sei, weil am Grab eine revolutionäre Rede gehalten worden war im Namen der ZANU ... und die ZANU werde nicht länger von Sambia anerkannt.

Am 23. März 1975, dem Tag nach dem Begräbnis, begannen Massenverhaftungen, und über fünfzig ZANU-Angehörige wanderten ins Gefängnis. In einer Nachrichtensendung von Radio Sambia hieß es, die Verantwortlichen für den Tod von Chitepo seien festgenommen worden.

Die Rhodesier nahmen die Gelegenheit wahr, den Kessel am Kochen zu halten ... als die sambische Regierung Vorwürfe zurückwies, sie hätte die Rhodesier von den bevorstehenden Verhaftungen unterrichtet ... indem sie im Auslandsdienst des rhodesischen Rundfunks Präsident Kaunda öffentlich »für die Festnahme des Kopfs der ZANU-Terroristen« dankten ... »unsere Aufgabe ist es nun, den verbleibenden Schwanz in Rhodesien zu vernichten.«

Es scheint keinen Zweifel zu geben, daß Samora Machel, einst nur Führer der mosambikischen Terroristenbewegung FRELIMO, der sich 1974 nach dem Zusammenbruch der portugiesischen Herrschaft ganz unerwartet in der Position des zukünftigen Präsidenten sah, enge Bindungen zu

Herbert Chitepo hatte. Sie waren sich erstmals 1968 in Daressalam begegnet, wo Gespräche stattgefunden hatten, die später zu einer engen Zusammenarbeit zwischen der FRELIMO und der ZANU führten, wobei ihnen die FRELIMO die Benutzung von Stützpunkten in Mosambik anbot.

Samora Machel hatte ebenfalls damit gerechnet, daß Chitepo, wenn die Rebellen die Rhodesier besiegt und die Macht im Land übernommen hätten, der erste schwarze Führer des Landes sein würde.

Präsident Kaunda entsandte Regierungsbeauftragte und Polizeibeamte nach Mosambik, die Samora Machel sehr schnell überzeugten, daß Chitepo von der ZANU ermordet worden war und daß die treibenden Kräfte beim ZANU-Oberkommando in Sambia zu suchen waren, angeführt von Josiah Tongogara.

Josiah Tongogara und andere Funktionäre hatten sich über die sambische Grenze zum ZANU-Stützpunkt Chifombo in Mosambik abgesetzt. Während der portugiesischen Herrschaft war Chifombo eine Hochburg der FRELIMO gewesen. Eine Gruppe von fünfundsiebzig sambischen Soldaten überquerte die Grenze und umzingelte den Stützpunkt ... doch Tongogara und die anderen entkamen in den Busch.

Nachdem sie sich nach Fingoe, einem FRELIMO-Stützpunkt in der Nähe des Cabora-Bassa-Staudamms, durchgeschlagen hatten, traf eine Botschaft für sie ein. Sie war auf Anweisung von Samora Machel geschickt worden und beorderte Tongogara sowie zwei weitere Angehörige des Oberkommandos, Urimbo und Chimurenga, zur Vernehmung nach Tete.

Sie wurden von Samora Machels persönlichem Sekretär Sergio Viera befragt, in Anwesenheit von weiteren Offiziellen ... zwei davon Beamte der sambischen Special Branch, was die ZANU-Leute nicht wußten.

Nach Abschluß des Verhörs wurden sie auf Befehl von Samora Machel nach Sambia zurückgebracht, wo sie prompt wegen Mordes festgenommen wurden, auf Anweisung von Präsident Kaunda.

Zwei Wochen später schickte die FRELIMO nach den drei weiteren in Mosambik befindlichen Mitgliedern des ZANU-Oberkommandos, Tungamirai, Chauke und Chinamaropa. Der örtliche FRELIMO-Kommandeur beruhigte sie mit dem Hinweis, eine Untersuchungskommission zum Tode von Chitepo, von der sambischen Regierung ins Leben gerufen und von der OAU – der Organisation für afrikanische Einheit – abgesegnet, sei in Lusaka zusammengetreten, vor der sie als Zeugen erscheinen müßten. Mosambik sei jetzt Mitglied der OAU, erklärte er, deswegen sei es unumgänglich, dem sambischen Ersuchen Folge zu leisten.

Die drei flogen nach Sambia, wo sie ebenfalls prompt verhaftet, mit

Hand- und Fußfesseln aneinandergekettet und ins Zentralgefängnis von Lusaka gebracht wurden, wo bereits Tongogara und die anderen fünfzig ZANU-Verdächtigen einsaßen.

Die sambische Polizei hielt wenig von der normalen polizeilichen Vernehmungstaktik, sie bevorzugte direktere Methoden. Ein schwarzer Beamter der sambischen Special Branch, der einmal mit einem ehemaligen Angehörigen der rhodesischen Special Branch, einst seinem Amtskollegen, über dieses Thema sprach, sagte freimütig: »Verhöre beginnen wir stets mit einer Kopfnuß – alles andere ist Zeitverschwendung«.

Nach dem Krieg bezeichnete Tungamirai diese Zeit als »rauh«, aber das war möglicherweise eine Untertreibung.

Alle Berichte stimmen darin überein, daß die Verdächtigen ständig geprügelt wurden von den Sambiern. Man entzog ihn für jeweils vier Tage Essen, Wasser und Schlaf. Manche Männer wurden so schlimm zugerichtet, daß sie weder sitzen, noch ohne Hilfe gehen konnten. Viele erlitten im Verlauf der Verhöre Rippen-, Finger- und andere Knochenbrüche.

Kufamazuba, der einzige Überlebende des Sprengstoffanschlags auf Chitepo, wurde seines Glücks nicht froh. Er wurde verhaftet, während er noch im Krankenhaus lag, wo man seine schweren Verletzungen behandelte. Im Gefängnis bekam er keinerlei medizische Versorgung, statt dessen wurde er auf übelste Weise zusammengeschlagen, so daß seine frisch genähten Verletzungen wieder aufbrachen.

Tungamirai berichtete, er sei geschlagen und gezwungen worden, achtundvierzig Stunden lang »gymnastische Übungen« zu machen . . . Liegestütze . . . Arme ausstrecken . . . Liegestütze auf zwei Fingern.

Als die Sambier die Geduld verloren an dieser Form der Gymnastik, wandten sie weniger subtile Verhörmethoden an und prügelten ihn mit abgebrochenen Stuhlbeinen und Besenstielen bewußtlos.

Schließlich wurden drei Männer – Josiah Tongogara, der ZANLA-Kommandeur, Chimurenga, ein Mitglied des ZANU-Oberkommandos, sowie Kufamazuba, der einzige Überlebende des Attentats – vor dem sambischen High Court des Mordes angeklagt. Die Anklage stützte sich hauptsächlich auf Geständnisse in Form von Polizei- und Special-Branch-Protokollen. Es kann nicht überraschen, daß viele der verhafteten ZANU-Angehörigen entweder Geständnisse und Teilgeständnisse ablegten oder ihre Freunde und Genossen belasteten.

Am 20. Oktober 1976, achtzehn Monate später, fiel die Anklage schließlich in sich zusammen. Wie sich herausstellte, waren Einlieferungs- und Inhaftierungsdaten gefälscht worden, um Polizeiaussagen zu bekräftigen und um gesetzwidrige Inhaftierungen zu verdecken. Die Folterungen kamen vor Gericht zur Sprache, worauf die polizeilichen Vernehmungsprotokolle für unzulässig erklärt wurden.

Der Richter, Mr. Justice Manival Moodley, stellte fest, daß Kufamazuba »ohne jeden Zweifel das Opfer unfairer und unzulässiger Behandlung seitens der Polizeibehörden« geworden sei.

Er instruierte den Generalstaatsanwalt, Mr. Ernest Sakala, Strafverfahren gegen die Polizei einzuleiten.

Präsident Kaunda befahl, diese Order zu ignorieren. Stets darauf bedacht, die Unabhängigkeit der Justiz zu wahren, die ohne Furcht und ohne Ansehen der Person Recht sprechen sollte in Sambia, soll er erbost geäußert haben, Mr. Justice Manival Moodley sei »anti-sambisch«.

Während der Prozeß sich dahinschleppte, zeigten der Justizminister und der Generalstaatsanwalt, Mr. M. Mainza Chona, bewundernswerte Unparteilichkeit in einem Brief vom 23. Juli 1976, nach einer kritischen Anfrage des Sekretärs der Katholischen Kommission für Rassengerechtigkeit in London wegen der grausamen Behandlung der Inhaftierten.

Er warf der Kommission »schmutzige Politik« vor und schloß mit den Worten: »...die anti-sambische Kampagne, die Sie hier betreiben, zielt darauf ab, die *Mörder* vor dem *Galgen* zu bewahren.«

Dieser Brief ließ wenig Zweifel an der Qualität der sambischen Justiz.

Parallel zu der Gerichtsverhandlung begann Präsident Kaundas »Internationale Sonderkommission zur Untersuchung des Attentats auf Herbert Wiltshire Chitepo« mit der »Beweisaufnahme«. Seine fünfzehn Mitglieder stammten aus den OAU-Staaten Botswana, Kongo, Elfenbeinküste, Libyen, Madagaskar, Malawi, Marokko, Mosambik, Ruanda, Sierra Leone, Somalia, Tansania, Zaire und dem Liberation Committee der OAU.

Dieses eindrucksvolle Gremium fertigte einen weit weniger beeindruckenden zehnbändigen Bericht an, der Sambia von jeglicher Schuld freisprach und »nachwies«, daß das militärische Oberkommando der ZANU wegen Stammesfehden das Attentat auf Chitepo inszeniert hatte.

Dieser Bericht, der am 8. März 1976 Präsident Kaunda überreicht wurde, ein Jahr nach dem Anschlag, sprach achtzehn Mitglieder des Oberkommandos schuldig, nachdem lediglich drei von ihnen gehört worden waren.

Ein Kommissionsmitglied, ein Richter aus Sierra Leone, kritisierte einige sambische Vorgehensweisen, doch seine Anmerkungen wurden auf Druck der Front-Line-Staaten aus dem Bericht gestrichen.

Ein Kommissionmitglied sagte später: »Vieles hätte in diesem Bericht erwähnt gehört, aber Sie müssen bedenken, daß die Hauptaufgabe darin bestand, Sambias guten Ruf wiederherzustellen.«

Viel später wurde dies von Kaunda selbst bestätigt, der darauf hinwies, daß die Kommission deswegen eingesetzt worden sei, »weil alle mit dem Finger auf uns zeigten, daß wir Chitepo umgebracht hätten«.

Das praktische Resultat aus rhodesischer Sicht war, daß die wichtigsten Angehörigen des ZANU-Oberkommandos gut zwanzig Monate in sambischen Gefängnissen saßen und erst freigelassen wurden, als im Oktober 1976 die Genfer Gespräche begannen. Darüber hinaus wurden weit über tausend ZANU-Guerillas in Internierungslagern festgehalten, wo viele, wie es heißt, von den Sambiern oder der ZAPU kurzerhand erschossen wurden. Die kriegerischen Aktivitäten der ZANU gegen Rhodesien waren für über ein Jahr völlig lahmgelegt.

Dazu kam, daß die frisch entfachten Feindseligkeiten zwischen der ZANU und der ZAPU eine Vereinigung und eine gemeinsame Kriegsführung gegen Rhodesien höchst unwahrscheinlich machten. Und die ZANU hatte jede Chance verspielt, in Sambia Nachschubbasen errichten zu können. Die Abneigung des neu ernannten Führers Robert Mugabe gegenüber Präsident Kenneth Kaunda hat bis zum heutigen Tag angehalten.

Nach den Wahlen 1980 in Rhodesien wurde die Jameson Avenue, eine Prachtstraße im Finanzzentrum von Salisbury, nach Samora Machel von Mosambik benannt. Der ebenso prächtige Kingsway bekam den Namen von Präsident Nyerere von Tansania. Als Präsident Kaunda nach Harare kam, wie Salisbury inzwischen hieß, um seinen Anteil am Ruhm einzuheimsen, waren die Feierlichkeiten eine offene Provokation seitens Robert Mugabe.

Die Straße, die Kaundas Namen verliehen bekam, war die Railway Avenue, eine armselige Gasse im finstersten Teil der Stadt.

Dieser stärkste Rückschlag für die ZANU/ZANLA-Terroristen war natürlich gleichzeitig für die Rhodesier der größte militärische Erfolg in dem Buschkrieg ... ein Erfolg, den drei Männer erreicht hatten: Taffy, Chuck Hind und Ian Sutherland.

10

RUHE VOR DEM STURM
1975/1977: Der Anschlag auf Jason »JZ« Moyo

Die Chitepo-Operation war so erfolgreich gewesen, daß die CIO Bedenken hatte, uns weiterhin in Sambia arbeiten zu lassen, aus Angst vor einer Enttarnung, was unter Umständen all das Erreichte zunichte gemacht hätte.

Chuck und ich brannten darauf, dem Feind einen weiteren Schlag zu versetzen, doch für den Rest von 1975 lief nichts mehr. Wir trafen uns regelmäßig mit Colonel Joe im Park Lane Hotel, wo er uns die neuesten Nachrichten von der Front brachte. Wir behielten unser Fitneßprogramm bei und schossen einmal in der Woche auf dem Schießplatz mit kommunistischen Waffen.

Anfang 1976 nahmen wir unsere Besuche in Sambia wieder auf. Es waren vorwiegend reine Erkundungstrips. Beim erstenmal nahmen wir eine Waffenladung von der SAS in Empfang, die wie gehabt das Material mit Faltbooten nach Eagle's Rest brachte. Den Transport in Ians Lastwagen hatten wir vorübergehend einstellen müssen, nachdem die CIO von scharfen Kontrollen an der botswanisch-sambischen Grenze berichtete. Der sambische Zoll suchte nicht speziell nach Waffen, wollte jedoch des Schmuggels Herr werden, der wegen des Devisenmangels in Sambia überhand genommen hatte. Es stand zuviel auf dem Spiel, als daß wir Ians Gefangennahme hätten riskieren können.

Chuck und ich verbrachten einige Zeit in der Gegend von Livingstone, wo wir nach einem ZIPRA-Lager suchten, das wir jedoch nie fanden.

Wenn wir in Sambia eintrafen, machten wir uns als erstes erneut mit Lusaka und der Umgegend vertraut, sahen uns all die Orte von militärischem

Interesse an, wie das Zimbabwe House, das ZIPRA-Durchgangslager in Bothasrust, das Liberation Centre, und so weiter.

1976 wurde die ZIPRA sichtlich aktiver. Wir sahen viel mehr junge Männer in den verschiedenen Stützpunkten herumlungern. Manche trugen Uniformteile, einige sogar Stiefel, doch die meisten waren barfüßig. Es gab zahlreiche Transportfahrzeuge, darunter russische Gaz-Lastwagen und deutsche Magirus-Deutz. Häufig folgten wir Mannschaftstransporten zwischen Zimbabwe House und Bothasrust.

Der Zimbabwe House-Komplex war voller geworden, man hatte auf dem Gelände Zelte errichtet und moderne Wohnbarracken aufgestellt. Die letzteren waren offensichtlich von einer Flüchtlingshilfsorganisation gespendet worden... nur dienten sie jetzt bewaffneten Terroristen als Unterkunft.

Gegen Ende des Jahres entdeckten wir endlich den Hauptstützpunkt der ZIPRA auf Westlands Farm – FC oder Freedom Camp genannt, zwanzig Kilometer nördlich von Lusaka. Es sollte später eine bedeutetende Rolle in unseren Aktivitäten spielen, als der Krieg eskalierte.

***

»Wir haben uns überlegt, ob wir vielleicht Jason 'JZ' Moyo eine Paketbombe schicken können«, meinte Colonel Joe bei einem Treffen Ende 1976. »Was haltet ihr davon?«

Ich spitzte die Ohren, denn mit Jason Moyos Background war ich gut vertraut. Er war seit vielen Jahren ein ZAPU-Führer mit beträchtlichem Einfluß innerhalb und außerhalb der Partei.

Lange Zeit hatte die OAU versucht, die beiden Rebellenorganisationen zu gemeinsamen Kampfanstrengungen gegen Rhodesien zu bewegen. Als Ergebnis dieser Bemühungen war Anfang 1976 eine gemischte Gruppe von ZANLA- und ZIPRA-Terroristen – unter dem Namen ZIPA, Zimbabwe Peoples Army – von Mosambik nach Rhodesien eingeschleust worden. Jason ›JZ‹ Moyos Versöhnungspolitik war die treibende Kraft, die zu dieser gemeinschaftlichen Aktion geführt hatte.

Nach blutigen Zusammenstößen mit rhodesischen Sicherheitskräften, die dem Gegner schwere Verluste zufügten, desertierten die ZIPRA-Kader und schlugen sich in ihre Stammesgebiete in Matabeleland durch. Die meisten verschwanden auf Nimmerwiedersehen, doch einige Entschlossene flüchteten über die Grenze nach Botswana und kehrten von dort nach Sambia zurück.

Im dem ZANLA-Ausbildungslager bei Mgagao in Tansania war der Versuch gemacht worden, ZIPRA- und ZANLA-Terroristen gemeinsam auszubilden, doch dies bedeutete das Ende für das OAU-Experiment. Die unbewaffneten ZIPRA-Kader wurden von bewaffneten ZANLA-Angehörigen angegriffen und fast bis auf den letzten Mann niedergemacht.

Nach CIO-Erkenntnissen schien Jason ›JZ‹ Moyo in letzter Zeit weitere Einigungsgespräche mit der ZANU geführt zu haben, während die Genfer Konferenz lief. Diese Verhandlungen führten später zu einer losen Wiedervereinigung zwischen der ZANU und der ZAPU unter dem Namen »Patriotische Front«. Es war eine Wiedervereinigung, die nur auf dem Papier bestand, aber wenig praktische Bedeutung hatte.

»Eine Paketbombe könnte funktionieren«, überlegte ich laut, »aber wir müßten sie von Francistown in Botswana aufgeben, weil die ZANU dort gelegentlich Zwischenstation macht.«

Botswanas Präsident Seretse Khama hatte entschieden Partei ergriffen für Joshua Nkomos ZAPU. Getarnt als »Flüchtlinge«, gab es ein starkes ZIPRA-Kontingent in seinem Land. Sie durften offiziell keine Waffen tragen, obwohl viele es taten, aber sie betrieben Aufklärung, planten Sabotageoperationen und organisierten das Einschleusen von Terroristen über Rhodesiens südwestliche Grenze nach Matabeleland.

Die ZANU verfügte über keinerlei Unterstützung in Botswana, weder von Stammes- noch von Regierungsseite, doch auf dem Gabarone Airport, bei Transit-Stops, hatte ich gelegentlich ZANU-Funktionäre ausgemacht. Es war wünschenswert, den Mord an Jason ›JZ‹ Moyo der ZANU unterzuschieben . . . und wenn auch nur indirekt.

»Können Sie eine entsprechende Briefbombe bauen?« fragte Colonel Joe.

»Kein Problem«, versicherte ich.

»Okay«, sagte Colonel Joe, »dann tun Sie das! Ich bezweifle allerdings, ob wir ihn damit umbringen. Sie werden vermutlich Verdacht schöpfen und die sambische Polizei holen.«

»Nicht unbedingt«, widersprach ich. »Ich denke an etwas ganz Harmloses, ein Buch zum Beispiel.«

»Ein Buch«, wiederholte Colonel Joe skeptisch. »Das funktioniert bestimmt nicht. Man bekommt keine unbestellten Büchersendungen per Post.«

»Es gibt eine Büchersendung, die mich schier verrückt macht – diese verdammten Reader's Digest-Auswahlbände. Ganz egal, wie oft ich mir die Zusendungen verbitte, sie schicken mir immer wieder die Bücher. Sie kommen in Versandkartons, auf die Außenseite ist ein Briefumschlag mit dem Namen des Empfängers geklebt. Daß die Sendung von Reader's Digest stammt, ist unübersehbar, denn der Name steht groß und deutlich darauf. Ich könnte mit solch einem Karton und einem Reader's Digest-Buch eine hübsche kleine Bombe basteln.«

An diesem Abend fertigte ich unter Verwendung eines Versandkartons und eines Reader's Digest-Auswahlbands, auf den ich damals geflucht hatte, als ich ihn erhielt, mit Plastiksprengstoff und Kugellagerkugeln eine Bombe. Das Päckchen würde explodieren, wenn beim Herausnehmen des Buchs aus dem Karton ein Kontakt geschlossen wurde. Stromquelle war eine Taschenlampenbatterie.

Bei unserem nächsten Treffen zeigte ich Colonel Joe mein Bombenmodell und demonstrierte ihm die Arbeitsweise.

»Und Sie sind sicher, daß es funktioniert?« erkundigte er sich.

»Keine Frage . . . gewissermaßen ein Lesestoff voll tödlicher Dramatik. Es ist indirekt nicht-positiv, daher kann ich natürlich nicht garantieren, daß es den richtigen Mann trifft.«

»Wir versuchen's trotzdem«, entschied Colonel Joe.

Nachdem ich somit grünes Licht bekommen hatte, baute ich eine zweite Bombe zusammen, diesmal unter Verwendung eines brandneuen Reader's Digest-Versandkartons, den mir die CIO besorgte.

Die Adresse der ZAPU in Lusaka war kein Geheimnis. Sie verkauften auf der Straße Magazine, in denen sie für ihre Sache warben, und gaben darin die Adresse an für spendenwillige Sympathisanten.

Als alles fertig war, packte ich das »Buch« zusammen mit Kleidern in meinen Koffer und flog Mitte Januar von Salisbury nach Francistown, wobei ich unterwegs weder mit dem rhodesischen, noch dem südafrikanischen oder dem botswanischen Zoll irgend welche Probleme hatte. In Francistown klebte ich Briefmarken darauf und gab das Päckchen zur Post. Dann flog ich weiter nach Lusaka, wo Chuck bereits auf mich wartete.

Ich entsinne mich noch an meine Überlegungen auf dem Flug, daß die Bombe sicherlich jemand schwer verletzen oder töten würde, aber wie Colonel Joe hatte ich wenig Hoffnung, Jason ›JZ‹ Moyo damit umzubringen. Es wäre nachgerade absurd, wenn ein Mann von derart hohem Rang in der ZAPU seine Post selbst öffnete. Ich dachte an Premierminister Ian Smith von Rhodesien – er hatte dem Vernehmen nach alle nur denkbaren Durchleuchtungsgeräte und sonstige Apparate in seinem Sekretariat, um eingehende Post zu kontrollieren, ganz abgesehen von ein paar heldenhaften – oder nur dummen? – Freiwilligen, die die Sendungen auspackten.

Ich hätte nicht mehr danebenliegen können. Jason ›JZ‹ Moyo muß ganz offensichtlich ein Reader's Digest-Fan gewesen sein. Er erhielt das Päckchen am 22. Januar 1977 und öffnete es eigenhändig. Zur Strafe für seine Sorglosigkeit wurde er in Stücke gerissen.

Der Mann, der ihm die Post gebracht hatte, bis dahin ein vertrauenswürdiger und treuer ZAPU-Adjutant, wurde hinterher von der sambischen Polizei während der Verhöre fast zum Krüppel geschlagen, da sie ihn für den Hauptverdächtigen hielt. Dies war nicht weiter überraschend, denn die sambische Polizei schaute selten weiter als ihre Nasenspitze, wenn sie nach Verdächtigen suchte.

Die CIO hatte gehofft, Jason ›JZ‹ Moyos Tod würde ähnlich chaotische Folgen innerhalb der ZAPU-Organisation haben wie das Attentat auf Herbert Chitepo bei der ZANU. Das war jedoch leider nicht der Fall. Soweit es die Kriegsanstrengungen der ZAPU betraf, hatte es fast keinen Einfluß.

Geheimdienstkriege haben nie klare Fronten, und die Grenzen sind oft verwischt. Manche Männer, insbesondere bei bürgerkriegsähnlichen Auseinandersetzungen, überschreiten diese Grenzen und versuchen sich mit beiden Lagern zu arrangieren. Dies war bei Jason ›JZ‹ Moyo der Fall, denn ich erfuhr später, daß der CIO wegen der strikten Geheimhaltungspraxis gewisse Informationen der Special Branch fehlten. Jason Moyo war seit 1959 der wichtigste Informationslieferant der Special Branch über Aktivitäten afrikanischer Nationalisten gewesen. Es wurde als so wichtig eingestuft, daß er seit Jahren den Codenamen »Nummer eins« trug. Seine sterblichen Überreste liegen jetzt auf dem sogenannten »Heldenacker« in Harare, zusammen mit Chitepo, Tongogara und jenen anderen Terroristen, die nicht lange genug lebten, um die Früchte ihrer blutigen Arbeit einzuheimsen.

***

Am Freitag, dem 28. Januar 1977 fuhren Chuck und ich nachmittags routinemäßig am Zimbabwe House vorbei.

»Schau mal«, rief Chuck, »die machen eine Party!«

Überall im Hof standen *Sbraaivleis* – Grillplätze aus halbierten Benzinfässern. Daneben lagen Stapel von Holzspänen und Brennholz. Ein Arbeitstrupp lud Bierkästen von zwei Lastwagen.

Kurz nach Einbruch der Dunkelheit fuhren wir erneut vorbei. Die ersten Gäste waren bereits eingetroffen. Den vielen Feuern nach zu schließen, wurde eine große Anzahl von Gästen erwartet. Die Gelegenheit war viel zu günstig, als daß wir sie uns entgehen lassen durften, entschied ich.

»Setz mich ein Stück weiter die Straße runter ab«, sagte ich zu Ian. »Ich werde mich in dem Vorgarten gegenüber auf die Lauer legen und beobachten, was dort läuft.«

»Chuck, du fährst mit Ian zurück und holst die AKs und genügend Munition von der Farm. Du müßtest gegen zehn zurück sein. Da wird die Party auf vollen Touren laufen, und alle werden besoffen sein. Wir ballern von der Straße aus mit den AKs los und schmeißen ein paar Handgranaten hinterher. Mit ein bißchen Glück müßten wir sechzig von ihnen erwischen.«

Bei einem Anschlag auf einen höheren Parteifunktionär zum Beispiel hätten wir vorher die Genehmigung von Salisbury einholen müssen. Aber man hatte uns freie Hand gelassen, Zwischenfälle zu inszenieren, von denen wir uns Unfrieden zwischen den beiden Rebellengruppen oder einer der Gruppen und den Sambiern versprachen, wenn sich eine günstige Gelegenheit ergab.

Ich sprang aus dem fahrenden Wagen und schlich mich im Schutz der Dunkelheit zu meinem Beobachtungsposten in dem gegenüberliegenden Vorgarten.

Immer mehr Gäste trafen jetzt ein. Der Duft von gebratenem Fleisch wehte zu mir herüber und ließ mir das Wasser im Mund zusammenlaufen. Die Party wurde immer lauter und fröhlicher, und ich konnte mitansehen, wie sich die Bierkästen leerten.

Als es 23 Uhr wurde, machte ich mir allmählich Sorgen.

Wo blieben die anderen?

***

Auf der Farm hatte das restliche Team bis 20 Uhr warten müssen, bis der Hausboy Feierabend machte. Erst anschließend konnten sie aus dem unterirdischen Versteck die benötigten Waffen holen. Ian, der Schweißfachmann, hatte hinter dem Rücksitz des Datsun ein Geheimfach eingebaut. Dort hinein verstauten sie vier AKs mit zwanzig vollen Magazinen, einen Sandsack mit dreißig rotchinesischen RGD-5-Splitterhandgranaten und drei Makarow-Pistolen. Das Laden der Magazine kostete Zeit, denn wir ließen nie die Patronen drin, weil das die Federn ausgeleiert hätte.

Auf der Rückfahrt in die Stadt fuhr Chuck, Ian saß auf dem Beifahrersitz. Ian wollte in Lusaka das Steuer übernehmen. Er würde mit laufendem Motor im Wagen warten, während Chuck und ich die ZAPU-Partygäste unter Feuer nahmen.

Gerade als sie die Farm verließen, begann es zu regnen. Der Regen fiel immer heftiger und entwickelte sich zu einem tropischen Wolkenbruch, mit dem die Scheibenwischer kaum fertigwurden. Ian erinnerte sich noch, daß der Wagen ins Schleudern geriet ... dann stand die Welt auf dem Kopf, und er verlor das Bewußtsein.

Als er zu sich kam, fand er sich in einer fast hoffnungslosen Position wieder. Er war bis auf die Haut durchnäßt, Wasser tropfte auf ihn. Sein ganzer Körper schmerzte; wenn er sich bewegte, wurde es noch unerträglicher. Behutsam tastete er sich mit einer Hand ab und stellte fest, daß er an mehreren Stellen blutete.

Ein kaltes, metallisches Objekt stach ihm ins Gesicht, wenn er den Kopf bewegte. Als er es wegzuschieben versuchte, ertasteten seine Finger vertraute Konturen. Mit einem Gefühl des Schocks und der Verzweiflung wurde ihm bewußt, daß es die Mündung eines AK-Gewehrs war.

Heftig blinzelnd spähte er in die graue Finsternis. Mit Entsetzen stellte er fest, daß der Datsun schwer beschädigt war. Er lag im Winkel von fünfundvierzig Grad in einem Straßengraben. Das Wageninnere war übersät mit Handgranaten, AK-Gewehren, Magazinen und Pistolen. Bei dem Unfall mußte sich die Halterung des Rücksitzes gelöst und das Geheimfach seinen Inhalt über die Sitze verstreut haben.

Erneut begann sich alles um ihn zu drehen, und er versuchte verzweifelt, aber erfolglos, nicht wieder das Bewußtsein zu verlieren. Sein letzter Gedanke war, was wohl mit Chuck passiert sein mochte.

Später bekam er undeutlich mit, wie ihn ein paar Afrikaner aus dem Autowrack zogen ... die Schmerzen waren entsetzlich. Sie legten ihn auf den Boden. Die Schmerzen deuteten auf einige gebrochene Rippen, ein gebrochenes Schlüsselbein und zahllose Prellungen und Schürfwunden hin. Eine Ewigkeit, wie ihm schien, lag er am Straßenrand, bis ihn irgend jemand hochhob und in einem Auto nach Lusaka fuhr.

Dort wurde er in die Unfallabteilung der Klinik gebracht. Der Nachtdienstarzt warf nur einen Blick auf ihn und und ließ ihn dann in den Operationssaal schaffen, wo er zwei Stunden brauchte, bis er Ian wieder einigermaßen zusammengeflickt hatte.

Als Ian das nächstemal zu sich kam, lag er zwischen den kühlen Laken eines Krankenhausbettes.

In Lusaka hatte es genauso heftig geregnet. Ich wurde naß und nässer, machte mir immer größere Sorgen, während ich auf meinem Beobachtungsposten kauerte und auf die Rückkehr der anderen wartete.

23 Uhr ... 23 Uhr 30 ... 24 Uhr ... 1 Uhr ...

Die Party löste sich nach und nach auf, und um 3 Uhr waren die letzten Gäste gegangen. Die anderen, die dort wohnten, torkelten in ihre Quartiere und schliefen ihre Räusche aus.

Es war zu spät, um noch irgend etwas zu unternehmen ... die Gelegenheit war verpaßt. Was, zum Teufel, war mit Chuck und Ian passiert? Eine Panne vielleicht? In diesem Fall hätten sie sich ein anderes Auto besorgt und mich abgeholt. Warum brauchten sie so lange? Sie waren doch nicht etwa festgenommen worden!

Als die Zeit verstrich, begann ich mir ernsthaft Sorgen zu machen.

Ich verließ mein Versteck, warf einen letzten Blick die Straße hinunter und machte mich dann zu Fuß, im strömenden Regen, zur Innenstadt auf. Ich brauchte ein Telefon, um auf der Farm anzurufen. Aber wo? In Sambia gab es keine funktionierenden öffentlichen Fernsprechzellen.

Ich konnte mir jedoch im Ridgeway Hotel ein Zimmer nehmen.

Im Foyer weckte ich den schlafenden Nachtportier und erzählte ihm, mein Wagen hätte eine Panne, und ich brauchte ein Bett für die Nacht. Um das Auto würde ich mich dann morgen früh kümmern. Ich zog ein Bündel Scheine hervor – für Notfälle hatte ich immer einen größeren Betrag bei mir –, zahlte das Zimmer und gab ihm ein großzügiges Trinkgeld.

Ländliche Gegenden in Sambia kann man nicht direkt anwählen, man muß über die Vermittlung gehen. Ich erzählte dem Nachtportier, ich müßte unbedingt meine Mutter anrufen, die sich schreckliche Sorgen machte, weil ich die Nacht nicht nach Hause gekommen war. Er stöpselte daraufhin eine Amtsleitung zu meinem Zimmer durch, so daß ich direkt mit dem Fernamt in Lusaka sprechen konnte.

Ich versuchte alles ... und die Vermittlung auch ... aber erst um 7 Uhr ließ sich eine Verbindung zur Farm herstellen.

»Priscilla«, sagte ich, »ich bin's.«

»Wann kommt ihr zurück?« fragte sie vorsichtig.

»Wie meinst du das ... wo sind die anderen?«

»Sie wollten zu dir fahren«, erwiderte sie besorgt. »Sind sie nicht bei dir?«

»Sie sind nicht gekommen. Ich habe die halbe Nacht gewartet.«

»Wo stecken sie?«

»Keine Ahnung«, erklärte ich. »Ich bin halbtot vor Sorge und hab mir im Ridgeway Hotel ein Zimmer genommen. Wir müssen uns unbedingt treffen. Kannst du mich abholen?«

»Ich fahre sofort los«, versprach Priscilla.

***

Ian lag in seinem Krankenhausbett, von Panik übermannt. Die Waffen... was war mit den Waffen? Was sollte er der Polizei erzählen, wenn sie kam und ihn verhörte?

Mein Gott, fiel ihm plötzlich ein, was ist mit Chuck passiert?

»Schwester! Schwester!« rief er.

Als die Krankenschwester hereinkam, fragte er, wo sein Freund sei.

»Freund?« sagte sie überrascht. »Was für ein Freund?«

»Der Mann, der mit mir im Wagen gesessen hat.«

»Nein«, sagte sie begütigend, »Sie sind einfach noch durcheinander nach dem Unfall. So was ist ganz normal. Sie stehen noch unter Schock. Sie haben allein in dem Auto gesessen. Sie hatten einen schweren Unfall, und nun sind Sie hier. Sie hatten verdammtes Glück, daß Sie noch am Leben sind.«

Es war unmöglich... was war mit Chuck passiert? Vielleicht war er unverletzt geblieben und hatte die Waffen aus dem Wagen geräumt... das würde alles erklären. Aber warum kam er nicht? Wo steckte er, als man mich wegbrachte? Warum hat er sich nicht bei mir gemeldet? Was ist mit Taffy?

Eine Story, ich brauche eine Story für die Polizei. Er zwang sich zum Nachdenken. Nach einer Weile heiterte sich seine düstere Stimmung ein wenig auf. Ich sage ihnen einfach, wir hätten angehalten, um nach den Scheinwerfern zu sehen, die wegen des Regens nicht richtig funktionierten. Zwei Afrikaner tauchten aus der Dunkelheit auf und wollten nach Lusaka mitgenommen werden. Da ich stets freundlich zu Afrikanern bin, war ich sofort einverstanden. Sie hatten ein paar schwere Säcke bei sich, aber was sich darin befand, weiß ich natürlich nicht. Waffen, sagen Sie? Wenn Sie Waffen in dem Auto gefunden haben, müssen sie von denen stammen. Vielleicht waren es simbabwische Freiheitskämpfer? Ich habe bei dem Unfall das Bewußtsein verloren und weiß nicht, was aus den beiden geworden ist. Sind sie nicht im Krankenhaus?

Es war eine hauchdünne Story, und Ian wußte das, aber was Besseres fiel ihm nicht ein. Wie sonst sollte er das Vorhandensein von kommunistischen Waffen in seinem Wagen erklären?

Ian verbrachte den Morgen, der ihm wie eine Ewigkeit erschien, mit Sorgen und Grübeln. Er verstand nicht, daß die Polizei nicht kam.

Dafür kam gegen Mittag die Schwester.

»Es tut mir aufrichtig leid«, sagte sie, »aber Sie hatten recht. Es hat noch ein Mann in dem Auto gesessen. Schlimme Nachrichten, leider ... er wurde direkt bei dem Unfall getötet. Die Polizei hat seine Leiche heute morgen entdeckt, aber ich habe eben erst erfahren, daß er im Leichenschauhaus ist.«

»Sind Sie ganz sicher?« fragte Ian, den sofort wieder Panik überfiel.

Eine Zeitlang hatte er sich an die Hoffnung geklammert, daß Chuck die Waffen weggeschafft haben könnte. Es war die einzige Erklärung dafür, warum die Polizei nicht längst gekommen war. Diese Hoffnung war jetzt auch verflogen. Er wußte zwar nicht wann, aber bald würden sie bei ihm vorsprechen.

»Ich bin mir hundertprozentig sicher. Es tut mir sehr leid. Wissen Sie, wie wir seine Angehörigen verständigen können?«

***

Priscilla wollte nach meinem Anruf gerade losfahren und mich abholen, da klingelte erneut das Telefon. Sie hob ab ... es war die Polizei.

»Ja«, antwortete sie, »Ich bin Mrs. Sutherland. Was ist passiert?«

»Ihr Gatte, Ian Sutherland«, sagte der Polizeibeamte, »wurde heute nacht bei einem Verkehrsunfall schwer verletzt. Er liegt in Lusaka im Krankenhaus.«

Er schilderte, daß der Datsun offenbar ins Schleudern geraten und von der Straße abgekommen war. Er lag noch immer in dem Graben an der Kreuzung Mazabuka Road und der Landstraße von Chrirundu nach Lusaka, in der Nähe der Brücke über den Kafue River.

»Wie geht's Ian?«

»Er hat schwere Verletzungen, Madam«, sagte der Polizist, »aber sie sind nicht lebensgefährlich.«

»Gott sei Dank«, rief Priscilla erleichtert.

»Da ist noch etwas«, sagte der Polizeibeamte.

»Ja?« murmelte Priscilla.

Die Waffen ... sie haben Chuck festgenommen und die Waffen gefunden ... er hat ausgepackt ... was soll ich jetzt machen ... was soll ich sagen?

»Es war noch jemand in dem Wagen, ein Mr. Hugh Hind, laut seinem

Reisepaß. Er ist tot. Wir haben erst heute morgen seine Leiche gefunden. Er muß aus dem Wagen geschleudert worden sein. Wissen Sie etwas über ihn?«

Einen Moment fehlten Priscilla die Worte. Wenn sie abstritt, Chuck zu kennen, würden sie ihr es bald als Lüge nachweisen. Dann würden sie wissen wollen, warum sie das gesagt hatte. Es wäre klüger, so nahe wie möglich an der Wahrheit zu bleiben.

»Ja«, sagte sie zurückhaltend, »ich kenne ihn . . .»

»Sie müssen ihn eventuell bei der Leichenschau identifizieren«, erklärte der Polizeibeamte.

»Was ist mit dem Wagen?«

»Den können wir nicht bewachen«, erwiderte der Polizist schroff. »Sie müssen selbst dafür sorgen, daß er weggeschleppt wird. Wenn Sie ihn dort stehenlassen, hat er bald keine Räder und keinen Motor mehr.«

Sie legte den Hörer auf und stellte fest, daß sie am ganzen Leib zitterte. Sie konnte einfach nicht verstehen, was passiert war, aber wie auch immer, sie hatten die Waffen nicht gefunden. Offenbar lagen sie noch in dem Geheimfach, war Priscillas naheliegender Schluß.

Sie zögerte, als sie die Prioritäten abwog. Ian lag im Krankenhaus, für ihn wurde gesorgt. Ich war im Ridgeway Hotel und damit relativ sicher. Der arme Chuck war tot . . . ihm konnte sie nicht mehr helfen. Priscilla dachte daran, mich anzurufen und mich von der neuesten Wendung zu informieren . . . aber es konnte unter Umständen eine Stunde dauern, bis sie nach Lusaka durchkam. Nein, das ist alles nicht so wichtig, entschied sie, ich muß schnellstens zu dem Auto, bevor ein anderer die Waffen entdeckt.

Sie fand den Datsun genau an der beschriebenen Stelle, in einem Graben liegend. Erwartungsvoll spähte sie ins Innere, doch mit Schrecken sah sie, daß die Rücksitzlehne herausgerissen war . . . das Waffenversteck lag offen und war leer. Sie durchsuchte das Unterholz in der Umgegend und kroch sogar unter das Fahrzeugwrack, aber nirgend war eine Spur von den Waffen zu finden.

Bestimmt sind sie von der Polizei mitgenommen wurden, dachte sie. Aber warum hat man dann nichts zu mir gesagt?

Ungefähr dreißig Meter entfernt im Busch befand sich ein großer Termitenhügel mit einer tiefen Höhlung in der Mitte - das Werk eines Ameisenbärs. Die meisten Termitenhügel wiesen derartige Löcher auf . . . nicht jedoch eine Zeitung, die, mit Steinen beschwert, den Blick ins Innere verbarg. Neugierig lief sie hinüber und lupfte behutsam die Zeitung an.

»Gott sei Dank!« rief sie. Ihre verzweifelten Gebete waren erhört worden.

Direkt unter der Zeitung war der Kolben einer AK zu sehen. Sie packte den Kolben, zog das Gewehr heraus und spähte dann in das Loch. Alles war da . . . die AKs, die Magazine, die Handgranaten, die Pistolen.

Zum Glück waren keine Afrikaner in der Nähe, und auf der Straße herrschte kaum Verkehr. Eilig holte sie die Waffen aus dem Ameisenhügel und verstaute sie in ihrem Wagen. Dann fuhr sie schnurstracks zur Farm zurück und versenkte alles an der tiefsten Stelle eines kleinen Stausees. Anschließend räumte sie den Waffenkeller aus und ließ das Material ebenfalls im Wasser verschwinden.

Priscilla kam erst gegen Mittag ins Ridgeway Hotel. Ich war mittlerweile fast wahnsinnig geworden.

Ich hatte keine Ahnung, was mit Chuck und Ian passiert war. Was war mit Priscilla? Sie hatte bei dem Telefonat um 7 Uhr versprochen, mich abzuholen . . . vor fünf Stunden. Es konnte nur eine Erklärung geben . . . sie waren alle von den Sambiern verhaftet worden.

Hatte es Sinn, noch länger zu warten? Oder sollte ich schnellstens das Land verlassen? Die CIO hatte mir ein paar Namen von rhodesischen Sympathisanten gegeben, an die ich mich in einem Notfall wenden konnte. Einerseits durfte ich nicht zu voreilig handeln. Andererseits wäre es purer Leichtsinn, untätig herumszusitzen, bis es zu spät war.

Ein Klopfen schreckte mich auf. Mißtrauisch öffnete ich die Tür. Es war Priscilla. Sie stürzte ins Zimmer und sprudelte mit tränenüberströmtem Gesicht die Geschichte hervor. Ich hörte zu, teils bedrückt über Chucks Tod, teils auch erleichtert. Es sah schlimm aus, aber nicht ganz so schlimm, wie ich befürchtet hatte.

Priscilla war eine bemerkenswerte Frau. Sie hatte sich unheimlich tapfer verhalten.

»Jetzt beruhige dich erst mal«, sagte ich, nachdem sie geendet hatte. »Was ist mit den Waffen? Bist du sicher, daß du wirklich alles beseitigt hast?«

»Ich habe alles aus dem Ameisenhügel herausgeholt«, versicherte sie. »Gezählt habe ich das Zeug nicht, weil ich keine Zeit hatte und auch gar nicht genau wußte, was die Jungs ursprünglich eingeladen hatten.«

»Wer hat die Waffen in dem Termitenhügel versteckt?« sinnierte ich. »Es muß Ian gewesen sein.«

»Das kann nur Ian gewesen sein«, pflichtete Priscilla bei.

Aber Ian hatte es nicht getan. Das erzählte mir Priscilla, nachdem sie

Ian im Krankenhaus besucht hatte. Ian wußte genauso wenig wie wir. Auch er hatte sich den ganzen Morgen schreckliche Sorgen gemacht.

»Dann muß es Chuck gewesen sein ... vor seinem Tod«, meinte ich. »Eine andere Erklärung gibt es nicht.«

»So muß es wohl gewesen sein«, bestätigte Priscilla. »Nach Auskunft des Arztes hatte er lediglich eine kleine Verletzung an der Nase. Anscheinend hat er das Genick gebrochen. Irgendwie war er noch fähig, die Waffen in den Ameisenhügel zu schaffen und das Versteck zu markieren. Dann hat er wohl eine falsche Kopfbewegung gemacht, und das hat ihn umgebracht, weil sein Genick gebrochen war. Das erklärt auch, warum man seine Leiche so weit weg von Auto gefunden hat.«

Priscilla nahm sich ein Zimmer im Hotel, damit sie Ian regelmäßig besuchen konnte. Es hatte wenig Sinn für sie, zur Farm zurückzukehren.

Was für ein Schlamassel, dachte ich. Was soll ich jetzt tun? Kann ich überhaupt noch weitermachen? Versuchen werde ich's auf jeden Fall, dachte ich entschlossen ... das bin ich Chuck schuldig. Wenn ein Soldat getötet wird, kannst du nicht den ganzen Krieg aufgeben!

Aber im Grunde war mir die Entscheidung aus der Hand genommen. Nach Chucks Tod hatte ich keinen Partner mehr. In meinem Beruf empfiehlt es sich nicht, allein zu arbeiten.

Vielleicht könnte ich mich mit Ian behelfen, überlegte ich. Zumindest hätte ich einen Fahrer, aber das hängt von ihm ab. Vermutlich hat er jetzt die Nase voll. Wenn er jedoch weiter mitmachen will, kann ich ihm vielleicht beibringen, mir mit der Waffe Rückendeckung zu geben.

Es hatte keinen Sinn, noch länger in Lusaka zu bleiben, deshalb flog ich am nächsten Tag nach Johannesburg und von dort weiter nach Salisbury.

Ein paar Wochen später flog Ian mit Priscilla nach Salisbury, um sich gründlich untersuchen und gegebenenfalls von einem Orthopäden behandeln zu lassen. Das Ergebnis war, daß er sich in Salisbury ins Krankenhaus legte, wo er mehrfach operiert wurde.

Zwischenzeitlich arrangierte die CIO über das Außenministerium, daß Chucks Leichnam von Lusaka über Johannesburg nach Salisbury überführt wurde. Mit den sambischen Behörden gab es keinerlei Schwierigkeiten, denn die behandelten die Sache als den Tod eines ausländischen Geschäftsreisenden, der bei einem normalen Verkehrsunfall ums Leben gekommen war ... und dies fiel in die Zuständigkeit des Außenministeriums. Er wurde am 8. Februar 1977 im Warren Hills Crematorium in Salisbury eingeäschert.

Es tat mir leid, daß ich aus Sicherheitsgründen damals seinen Eltern in

Schottland nicht sagen durfte, welch ein Held Chuck gewesen war. Sie hatten allen Grund, sehr stolz auf ihn zu sein.

»Was wollen Sie jetzt tun?« fragte mich Colonel Joe.

»Ich werde weitermachen ... wenn ich kann«, erwiderte ich. »Das bin ich Chuck schuldig. Es wäre ein Verrat an ihm, wenn ich jetzt aufhörte. Allein schaffe ich es nicht, aber wenn Ian weiter mitmacht, geht das schon.«

»Falls er nicht die Schnauze voll hat«, meinte Colonel Joe und sprach damit meine eigenen Befürchtungen aus.

Aber als ich Ian im Andrew Fleming Hospital besuchte, war er der gleichen Meinung wie ich. Jetzt aufzugeben, empfand er als Verrat an unserem toten Freund.

»Bei Einsätzen könntest du mir immerhin Feuerschutz mit der AK geben«, sagte ich.

»Darüber wollte ich mit dir reden«, erwiderte Ian. »Ich kann eine Waffe tragen, wenn du das möchtest, aber ich könnte nie jemand töten.«

»Ach, Quatsch, Ian«, lachte ich.

Er lächelte, als er mein ungläubiges Gesicht sah. »Doch, das ist wahr, Taffy, ich könnte nie einen Menschen töten. Ich könnte nie auf den Abzug einer AK drücken.«

»Das ist doch verrückt«, protestierte ich. »Du warst mit Chuck und mir bei vielen Einsätzen dabei, wenn wir Guerillas abgemurkst haben. Du hast nie ein Wort gesagt.«

»Das stimmt alles«, erwiderte er. »Du hast recht. Ich habe mitangesehen, wie ihr eine Menge Terroristen getötet habt ... habe euch sogar dabei geholfen ... und, ja, ich müßte lügen, wenn ich sagen würde, daß ich mich nicht über ihren Tod gefreut hätte ... Trotzdem, ich selbst könnte nie auf den Abzug drücken ... Wenn du immer noch möchtest, mache ich weiter mit, aber nur mit diesem Vorbehalt.«

»Abgemacht«, sagte ich ohne Zögern, »du machst nicht mehr und nicht weniger, als du bisher auch gemacht hast ... Ich verstehe zwar deine Gedankengänge und Motive nicht ganz, aber ich halte dich für einen der tapfersten Männer, die ich je kennengelernt habe ... und das genügt mir.«

Colonel Joe erzählte ich nie von diesem Gespräch ... ich sagte ihm lediglich, Ian sei nach wie vor bereit, den Feind zu bekämpfen.

11

1977: DER KRIEG WIRD EINSAMER

Der Untergrundkrieg gegen Rhodesien, der von ZANLA-Terroristen geführt wurde, über Rhodesiens gesamte östliche Grenze mit Mosambik eingeschleust, und von der ZIPRA, die von Botswana und über die südwestliche Grenze oder über den Sambesi aus Sambia kam, eskalierte merklich.

Die Sowjets engagierten sich immer stärker bei der ZIPRA. Manchmal waren es russische Berater, meist jedoch die Stellvertreter aus der DDR oder aus Kuba. Unter sowjetischer Leitung wurde die Anwerbung und Ausbildung von ZIPRA-Guerillas forciert. Im Laufe des Jahres 1977 wurde bald klar, daß ihr Stützpunkt, FC oder Freedom Camp auf der Westlands Farm, immer größere Bedeutung bekam.

Aus Geheimdienstberichten ging hervor, daß die sambische Armee an der rhodesischen Grenze immer aktiver wurde, insbesondere in der Gegend von Siavonga, wo mir die SAS mit Faltbooten den größten Teil des Materials lieferte. Die verstärkten sambischen Kontrollen am Grenzposten Kazungula – der Grenze zu Botswana – hielten an, und dies hatte schließlich dazu geführt, daß Ian mit seinem Scania keine Waffen mehr ins Land schmuggeln konnte.

Zahlreiche Alternativrouten wurden mit Colonel Joe bei unseren Besprechungen im Park Lane Hotel diskutiert. Sie reichten von Treffs mit rhodesischen Fußpatrouillen in abgelegenen Gegenden des Sambesitals auf der sambischen Seite bis zu Fallschirmabwürfen.

Im April 1977 kehrte ich nach Sambia zurück.

Es war seltsam, plötzlich allein zu sein, ohne Chuck Hind, und ich wußte, daß die Operationen in Zukunft viel schwieriger sein würden.

Ich machte mich an die üblichen Erkundungen. Ian konnte mir wenig helfen, denn er mußte sich um sein Geschäft und um seine Farm kümmern, und es hätte erheblichen Verdacht erregt, wenn er sich jedesmal bei meinem Auftauchen freigenommen hätte. Ich mußte es irgendwie allein schaffen. Wenn wir zu zweit waren, konnte einer abgesetzt werden, um zu kundschaften, wenn sich unerwartet die Notwendigkeit ergab. Aber jetzt kam das nicht mehr in Frage.

Ich fuhr, ohne anzuhalten, am Zimbabwe House und dem Liberation Centre vorbei. Wer derzeit im Liberation Centre residierte – die ZANU oder eine andere Gruppe-, konnte ich nicht genau erkennen, aber zahlreiche Schwarze im wehrfähigen Alter und mit diversen Uniformteilen bekleidet waren zu sehen. Des weiteren sah ich mir Bothasrust Camp an und Westlands Farm – der letzteren widmete ich eine vierundzwanzigstündige Erkundung zu Fuß, nachdem Ian mich eines Nachmittags in der Gegend abgesetzt hatte.

Mein Hauptproblem war Nachschub, denn ich hatte überhaupt kein Material mehr. Ich fuhr nach Eagle's Rest, wo ich mich zwei Tage lang umschaute. Dort hatte sich nichts verändert.

Auf der Fahrt von Lusaka hatte es zwei oder drei Polizeikontrollen gegeben, aber die Sperren waren lediglich mit einem oder zwei gelangweilten Polizisten besetzt, die nur den Führerschein kontrollierten und nach der Beleuchtung schauten.

Sie störten mich nicht. Wenn ich mit einer Ladung Waffen in echte Schwierigkeiten kam, würde ich die Polizisten erschießen und sie samt ihrem Fahrzeug im Busch verschwinden lassen. Die Sambier würden Wochen brauchen, um sie zu finden. Aus dem abgehörten sambischen Funkverkehr ging hervor, daß Polizisten nicht selten desertierten, daher war es unwahrscheinlich, daß die Behörden das Verschwinden von Anfang an als Mord betrachteten.

Es stimmte, was die CIO mir berichtet hatte, in dem Gebiet um Siavonga gab es tatsächlich mehr Soldaten als sonst, aber da sie keine besonderen Aktivitäten entwickelten, sah ich sie nicht als Gefahr an.

Meine Schlußfolgerungen waren, daß wir zukünftig wohl noch vorsichtiger sein müßten. Doch abgesehen davon sah ich keinen Grund, mir nicht wieder Nachschub per Faltboot bringen zu lassen.

***

Im Juli 1977 fuhr ich nach Sambia, hauptsächlich um am Karibasee eine Waffenladung abzuholen. Ich nahm eine Maschine von Salisbury nach Johannesburg und übernachtete in einem Hotel, weil ich am nächsten

Morgen nach Lusaka weiterfliegen wollte. Doch ich verschlief und verpaßte die Maschine. Das ärgerte mich, denn es war nicht das erstemal. Es war mir schon einmal passiert, während der Vorbereitungen des Anschlag auf Gaddafi. Damals verschlief ich und verpaßte die Maschine von Rom nach Tunis. Normalerweise ist das kein Beinbruch, wenn man ein Flugzeug verpaßt . . . doch es sieht anders aus, wenn man beruflich Leute umzubringen hat.

Ich rief Colonel Joe an und sagte ihm Bescheid. Ich bat ihn, Sheila bei Priscilla anrufen zu lassen und meine neue Ankunftszeit durchzugeben.

Es war ein Sonntag, andere Flüge gab es nicht, und so kam ich einen Tag verspätet in Lusaka an. Dies ließ mir wenig Zeit für Vorbereitungen. Ich mußte sofort nach Eagle's Rest weiterfahren für das Rendezvous mit den SAS-Faltbooten, die am nächsten Morgen um 3 Uhr ankommen sollten. Unter Zeitdruck zu arbeiten, ist sehr gefährlich, aber mir blieb nichts anderes übrig, als mich an den Plan zu halten. Die Übernahme und die Rückfahrt zur Farm verliefen ohne Zwischenfälle, doch ich hatte meine Lektion gelernt.

Die nächsten Tage verbrachte ich damit, das Material zu sichten, die Waffen zu reinigen und zu ölen und so weiter.

Vor meiner Abreise hatte ich Colonel Joe gegenüber erwähnt, daß sich die Besatzung von Zimbabwe House dramatisch vergrößert hatte. Ich hielt es für eine gute Idee, eines Abends vorbeizufahren, mit Ian am Steuer, und ihnen ein paar RPG-7-Raketen auf den Pelz zu brennen. Eine RPG-7-Rakete kann 320mm starke Panzerplatten durchschlagen. Für diese Operation hatte ich speziell trainiert und auf dem Schießplatz der Polizei im Norden von Salisbury mehrere Raketen abgefeuert.

Ian hatte keine große Auswahl mehr an Fahrzeugen auf der Farm, ich suchte mir das unauffälligste aus, eine alte zweitürige Fiat-Limousine. Wenn man eine Rakete abschießt, muß man unbedingt den heftigen Rückstoß beachten und ihm Raum zum Entweichen lassen. Logischerweise ist der Abschuß in einem geschlossenen Raum sehr gefährlich – und ein Fiat ist zweifellos ein geschlossener Raum. Wir bauten deshalb die beiden hinteren Seitenscheiben aus, da sie nicht heruntergekurbelt werden konnten.

Ich wollte mich längs auf den Rücksitz setzen, mit dem Rücken gegen die eine Seite, die Füße gegen die andere Seite gestemmt. Ich würde durch das eine offene Fenster feuern und die heißen Gase des Rückstoßes durch das hinter mir befindliche entweichen lassen.

Unser Ziel wollten wir von Westen anfahren, über die Conakry Road. Zwei Raketenwerfer wären geladen und abschußbereit, weitere Raketen hätte ich bei mir. Sobald Ian anhielt, würde ich die erste Rakete auf den Parkplatz abfeuern, was zweifellos eine heillose Verwirrung stiftete. Dann würde Ian um den Block herumfahren. Wenn die Guerillas aus den Zelten und Gebäuden gerannt kämen, würde ich die zweite Rakete direkt in ihre Mitte abfeuern, was sehr wirkungsvoll sein mußte. Die dritte Rakete sollte ein absichtlicher Fehlschuß sein. Ich wollte auf die Regierungsgebäude oder auf die Great North Road zielen, um die Sambier gegen die Guerillas aufzubringen, weil sie sich untereinander bekämpften und dabei Unbeteiligte in Gefahr brachten.

In den frühen Morgenstunden des 1. August 1977 fuhr Ian zum Zimbabwe House. Ich änderte meinen ursprünglichen Plan, als ich zwei unbewaffnete ZIPRA-Leute sah, die den Bauplatz auf dem Gelände bewachten. In Lusaka mußte man tatsächlich sein Baumaterial bewachen – andernfalls wäre es am nächsten Morgen geklaut.

Die beiden Wächter hätten mich nicht stoppen können, nachdem ich den ersten Schuß von der geplanten Stelle aus abgegeben hätte, aber es bestand die Gefahr, daß sie uns sahen und als Europäer identifizierten. Das durfte auf keinen Fall passieren.

Ich wies Ian an, um den Block herumzufahren und das Ziel erneut über die Lukoma Road anzusteuern und setzte mich auf dem Rücksitz in Positur.

»Stop!« rief ich, als wir in Höhe des Schlaftrakts waren.

Ian bremste und hielt an. Ich zielte auf ein Fenster in dem Gebäude und drückte ab.

Ein heiseres Fauchen.

Das Geschoß fuhr durch das Fenster und detonierte an einer Wand im Hausinneren. Die heftige Explosion lupfte das Dach ein Stück an.

Ich griff nach dem zweiten geladenen Raketenwerfer, zielte auf ein anderes Fenster und drückte ab.

Nichts geschah.

Ich versuchte es mehrmals, aber die Ladehemmung blieb.

Im Zimbabwe House war mittlerweile die Hölle los. Ein Brand war ausgebrochen, und orangerote Flammen schlugen in den Himmel. Durch das Prasseln des Feuers waren Schreie und Gebrüll zu hören.

»Fahr los!« rief ich Ian zu.

Er legte den Gang ein und raste mit quietschenden Reifen los.

»Stop!« befahl ich nach zweihundertfünfzig Metern.

Gehorsam stieg er auf die Bremsen, und der Fiat kam schleudernd zum Halten.

Mit dem Raketenwerfer in der Hand sprang ich aus dem Wagen. Hier draußen hatte ich mehr Bewegungsfreiheit, und es gelang mir, die Ladehemmung zu beseitigen. Ich stellte mich in Positur und zielte auf das Gebiet, wo die Flammen am höchsten loderten.

Der sowjetische RPG-7 ist ohne Zweifel der beste tragbare Raketenwerfer der Welt. Er liefert außerdem spektakuläre Ergebnisse, was ihn zu einer äußerst geschätzten Waffe macht.

Es gab eine weitere dumpfe Explosion und einen grellen Blitz. Wieder hörte ich Schreie und entschied, mir den Schuß auf die Regierungsgebäude zu schenken. Wir hatten genug getan ... es wurde Zeit, uns zu verdrücken.

Ich sprang in den Wagen. Als wir losfuhren, kam uns ein Polizeifahrzeug entgegen, offenbar auf dem Weg zum Tatort, aber niemand interessierte sich für uns.

Sekunden später hatten wir einen Platten. In Rekordzeit wechselten wir das Rad. Dann schien sich das Schicksal gegen uns verschworen zu haben. Fünf Kilometer weiter hatten wir eine zweite Reifenpanne. Wir hatten weder die Zeit noch das Werkzeug, um einen Reifen zu flicken, doch zum Glück entdeckten wir fünfzig Meter weiter einen in einem Hof geparkten Fiat. Wir kletterten über den Zaun, bockten mit unserem eigenen Wagenheber den Fiat auf und klauten ein Rad. Dann legten wir ein paar Backsteine unter und holten uns den Wagenheber zurück ... solche Dinge gab es in Sambia nicht zu kaufen. Minuten später waren wir wieder unterwegs.

Am nächsten Tag brachte die *Times of Zabia* den Überfall in großer Aufmachung. Zwei Bombenexplosionen hätten Joshua Nkomos Hauptquartier Zimbabwe House erschüttert, hieß es. Die Zeitung machte »Agenten des Smith-Regimes für diese barbarischen und feigen Überfalle« verantwortlich und erinnerte daran, wie Jason ›JZ‹ Moyo einige Monate zuvor durch eine Bombe getötet wurden war.

Wir hatten im Verlauf von 1977 bisher nur zwei Operationen durchgeführt, doch trotz dieser kargen Bilanz schienen wir auf dem besten Wege, die sambischen Nachrichtenlieferanten des Jahres zu werden.

Am späten Nachmittag wollte ich mir persönlich die Schäden ansehen. Diesmal hielt ich es für zu gefährlich, mit dem eigenen Wagen zu fahren, daher nahm ich mir ein Taxi und nannte dem Fahrer eine Adresse, die ihn am Zimbabwe House vorbeiführen mußte.

Der Schlaftrakt war rauchgeschwärzt. Alle Scheiben waren zerbrochen. Genau konnte ich es nicht erkennen, aber wie es schien, war die zweite Rakete an der Vorderfront des Gebäudes explodiert.

Dort parkte ein grüner Range-Rover, den ich als Joshua Nkomos Privatfahrzeug identifizierte. Wir hatten es oft in der Gegend gesehen. Eine Gruppe von gutgekleideten Afrikanern beäugte mit düsteren Mienen die Schäden, aber Nkomo konnte ich nirgends entdecken.

Hinter dem Grundstück beseitigte ein Arbeitstrupp das Gestrüpp und das hohe Gras an der Sanitärzufahrt. Ganz offensichtlich glaubten sie, der Angriff sei von dort aus erfolgt – was nur zeigte, wie wenig sie von der Flugbahn einer RPG-7-Rakete wußten, der besten Waffe in ihrem eigenen Arsenal.

Die CIO war sich nicht sicher, ob die ZANU noch im Liberation Centre vertreten war. Auch ich konnte es nicht mit letzter Sicherheit feststellen. Meine Beobachtungen zeigten mir, daß es sich definitiv um irgendwelche Terroristen handelte, aber ihre Uniformen waren nichtssagend, es konnte genausogut die ZAPU sein, der südafrikanische ANC oder die SWAPO.

Dennoch war es wichtig, in irgendeiner Form einen Anschlag zu unternehmen. Wenn es sich nicht um die ZANU handelte, sondern um irgendeine andere südafrikanische Terroristenorganisation, wäre die Mühe trotzdem nicht umsonst, denn diese Gruppen arbeiteten alle zusammen, und unsere Aktion würde zweifellos Unfrieden stiften.

Bei diesem Trip waren wir zum erstenmal mit Miniatur-CB-Funkgeräten ausgerüstet. Ich hatte nicht die Absicht, sie für Sprechfunkverkehr zu benutzen, sondern nur, um Ian ein Zeichen geben zu können – und er mir –, indem wir kurz auf die Sendetaste drückten, was der Funküberwachung nie auffallen würde. Der britische SAS verwendete die Geräte auf die gleiche Art.

Vier Tage nach dem Raketenangriff auf Zimbabwe House suchten wir abends das Liberation Centre auf. Ian setzte mich ab und fuhr ein Stück weiter, wo er auf mein Signal wartete, um mich später wieder abzuholen.

Ich wollte wiederum mit Hilfe eines selbstgebastelten Brandsatzes ein Feuer legen, als Zünder sollte, wie schon einmal, Säure dienen, die sich durch ein Präservativ fraß. Des weiteren hatte ich aus TNT, das von russischen Minen stammte, drei Höllenmaschinen konstruiert, die mit jeweils einer russischen RGD-5-Handgranate als Zünder versehen waren. Ich wollte sie in Schreibtischschubladen verstecken, wo sie durch das Aufziehen der Schubladen ausgelöst werden sollten. Logischerweise würde die sambische Polizei den Tatort untersuchen. Wenn die Höllenmaschinen dann explodierten und ein paar von ihnen töteten, würde das noch größere Spannungen zwischen der ZAPU und den Sambiern schaffen. Wenn dabei nur ZAPU-Angehörige draufgingen, war mir das auch recht.

Kaum war ich über die Mauer geklettert, ging auch schon alles schief. Ich lief um ein Haar einem Posten in die Arme, der den Parkplatz bewachte. Vorsichtig schlich ich dann um das Gebäude herum und suchte nach einem offenen Fenster, doch alle waren geschlossen und einbruchgesichert. Ohne große Hoffnung drückte ich auf eine Türklinke – die Tür öffnete sich. Ich trat in das stockfinstere Innere und schloß die Tür hinter mir. Gerade wollte ich meine Stablampe anknipsen, da hörte ich ein verschlafenes Grunzen.

Ich erstarrte. Nachdem sich meine Augen an die Dunkelheit gewöhnt hatten, konnte ich sechs Feldbetten erkennen, auf denen Männer schliefen. Überall standen oder lagen Waffen herum.

Ich war in der Wachstube gelandet.

Behutsam öffnete ich die Tür und verzog mich wieder in den Garten.

Das Risiko wurde mir langsam zu groß. Wenn ich versuchte, irgendwo mit Gewalt einzudringen, würde mich entweder der Posten hören, oder die schlafenden Männer in der Wachstube würden aufwachen. Daher beschloß ich, das beste aus der Situation zu machen. Ich schlich zu der hinteren Wand der Wachstube und und brachte meine Sprengladung mit Hilfe einiger herumliegender Bretter etwa einen Meter über dem Boden an der Mauer an.

Den Brandsatz legte ich darunter, goß Säure in den Kondom, verknotete ihn, wischte ihn ab und plazierte ihn auf die Chemikalien. Der Brandsatz würde wenige Augenblicke nach meinem Verschwinden hochgehen. Die Hitze würde den Zünder auslösen, der wiederum die Sprengladung zündete. Das Ganze würde sich so rasch hintereinander abspielen, daß die Wachen es nicht mehr verhindern könnten.

Wie üblich ließ ich zwei sowjetische RPG-7-Raketen und ein paar ZIPRA-Ausrüstungsstücke zurück, um der Polizei bei ihren Ermittlungen auf die Sprünge zu helfen. Dann verschwand ich schleunigst, drückte auf die Sendetaste, und fast augenblicklich nahm mich Ian mit dem Wagen auf.

Am nächsten Morgen überflog ich die Zeitungen, fand jedoch, wie üblich, keine Meldung über unseren Anschlag. Am späten Nachmittag fuhr ich am Liberation Centre vorbei.

Die Mauer um das Grundstück war schon vor langer Zeit, bald nach unserem allerersten Anschlag, aufgestockt worden, so daß man nur schwer etwas erkennen konnte. Aber der obere Teil das Gebäudes war sichtbar, und der war rauchgeschwärzt und wies große Risse auf. Später, als ich zwecks eingehender Besichtigung auf die Mauer kletterte, zeigten mir die umfangreichen Reperaturarbeiten, daß meine Sprengladung sehr wirkungsvoll gewesen war.

Für mich zumindest war es nun klar, daß die ZANU ausgezogen war oder rausgeschmissen worden war und die ZAPU das Haus übernommen hatte. Ein paar ZAPU-Fahrzeuge, die ich früher am Zimbabwe House gesehen hatte, parkten jetzt im Liberation Centre.

Nach meiner Rückkehr nach Salisbury machte ich Colonel Joe den Vorschlag, mir für meinen nächsten Trip grünes Licht für Attentate auf die Spitzenleute der ZAPU zu geben, angefangen mit ihrem Chef Joshua Nkomo.

Joshua Nkomo, erklärte ich Colonel Joe, gab ein leichtes Ziel ab. Ich kannte sein Fahrzeug, einen grünen Range-Rover, und ich würde mir einen unkomplizierten Plan ausdenken, um ihn zu beseitigen. Beispielsweise konnte ich ihm bei einer seiner häufigen Fahrten nach Bothasrust oder zum Freedom Camp folgen. An einer geeigneten Stelle würde Ian zum Überholen ansetzen, und ich würde Nkomo mit einem langen Feuerstoß aus meiner AK erledigen. Oder ich jagte seinen Wagen mit einer RPG-7-Rakete in die Luft. Wenn er dann immer noch nicht tot wäre, würde ich mit der AK nachhelfen.

Die CIO lehnte meine Vorschläge ab, ohne jede Begründung.

Wenn sie mir damals grünes Licht gegeben hätten, hätte uns das später eine Menge komplizierter und erfolgloser Operationen erspart ... und ich kann garantieren, daß er tot gewesen wäre.

12
GARFIELD TODD

Flüge von Johannesburg über Botswana nach Sambia führten über Gaborone. In Gaborone mußten die Passagiere eine Stunde in der Transithalle warten, bevor sie über Francistown oder Selebi Pikwe nach Lusaka weiterfliegen konnten.

1977 wartete ich einmal zusammen mit weiteren fünfzig Transitpassagieren in Gaborone, als ich einen gepflegten eleganten Europäer sah, der mir bekannt vorkam.

Ich stand auf, doch er schien mich nicht zu bemerken. Unauffällig schlenderte ich zu ihm hinüber und stellte mich so, daß ich den Anhänger an seinem Aktenkoffer lesen konnte. Ein Mr. Garfield Todd, mit einer Londoner Adresse. Garfield Todd, der seine Laufbahn als afrikanischer Missionar begonnen hatte, war Mitte der fünfziger Jahre Premierminister von Rhodesien gewesen. Doch seine liberale Politik gegenüber den Schwarzafrikanern war den weißen Wählern zuviel, und so wählten sie ihn sehr bald wieder ab. Seitdem unterstützte er den afrikanischen Nationalismus, insbesondere Nkomos ZAPU-Gruppe, und war zweifellos zu einem Stachel im Fleisch der rhodesischen Regierung geworden.

Einmal gab es anscheinend Hinweise, daß er terroristische Guerillas unterstützt hatte, und er war auf seiner Farm in Shabani unter Hausarrest gestellt worden. Obwohl er in den Augen der meisten weißen Rhodesier eine »persona non grata« war, verfügte er über einen beträchtlichen Einfluß, sowohl bei den Aufständischen als auch in den Augen der Welt, hauptsächlich weil er einst das Amt des rhodesischen Premierministers innegehabt hatte.

Ich war mir nicht sicher, ob wir zusammen in der Maschine von Johannesburg gesessen hatten, denn er war mir erst jetzt aufgefallen. Möglicherweise hatte er ZAPU-Funktionäre in Gaborone besucht, was eine Erklärung sein konnte, warum er erst hier zugestiegen war.

Er reiste allein.

Als wir in Lusaka landeten, erwarteten ihn zwei gutgekleidete Afrikaner, die ihn sehr herzlich begrüßten und ihn an Zoll- und Paßschranken vorbeischleusten. Wie üblich in Lusaka, dauerte die Abfertigung elend lang. Als ich es schließlich geschafft hatte, war ich überzeugt, ihn verloren zu haben.

Ian wartete hinter der Schranke, und ich setzte ihn rasch ins Bild. Obwohl wir uns wenig Hoffnung machten, beschlossen wir, in der Abfertigungshalle nach ihm zu suchen. Unsere Ausdauer wurde belohnt, als wir ihn in der VIP-Lounge entdeckten. Er saß dort ganz allein, und wir trieben uns eine Stunde in der Gegend herum, bis zwei schwarze Journalisten im Landrover einer sambischen Nachrichtenagentur eintrafen. Auch sie begrüßten ihn mit offener Herzlichkeit.

Sie interviewten ihn ungefähr fünfzehn Minuten lang, Notizblöcke in den Händen, bis ein chromglänzender, chauffeurgesteuerter Mercedes, offenbar ein Dienstwagen, vorfuhr. Ein elegant gekleideter Schwarzer stieg aus und schüttelte Todd die Hand. Nach einer kurzen Unterhaltung kletterten sie beide in den Wagen, der mit hoher Geschwindigkeit in Richtung Lusaka davonfuhr.

Ian und ich waren auf die Abfahrt vorbereitet und warteten in Ians altem Fiat auf dem Flughafenparkplatz. Sofort machten wir uns an die Verfolgung ... doch der alte Fiat konnte es beim besten Willen nicht mit dem Mercedes aufnehmen. Nach wenigen Kilometern verloren wir ihn aus den Augen.

Ich dachte mir, daß Todd möglicherweise im Interconti gebucht hatte – es gab nur zwei gute Hotels in Lusaka, das Interconti und das Ridgeway –, und so fuhren wir schnurstracks dorthin.

Während Ian im Wagen blieb, lief ich hastig ins Foyer, gerade noch rechtzeitig, um zu sehen, wie Todd sich ins Gästebuch eintrug. Ich blickte ihm nach, wie er mit einem Gepäckträger auf sein Zimmer ging. Da nahm ich mir ebenfalls ein Zimmer und notierte mir Todds Zimmernummer aus dem Gästebuch.

Mit Ian vereinbarte ich, daß er am nächsten Morgen zurückkommen und am Ende der Straße mit dem Fiat warten würde, damit wir ein Fahrzeug hatten, um Todd gegebenenfalls beschatten zu können.

Einen Großteil der folgenden dreißig Stunden verbrachte ich im Hotelfoyer und wartete darauf, daß Garfield Todd das Hotel verließe, was er jedoch nicht tat. Für Ian, draußen im Auto, mußte es noch schlimmer gewesen sein, obwohl er nur tagsüber draußen parkte.

Mir wurde die Warterei so leid, daß ich ernsthaft mit dem Gedanken spielte, Garfield Todd auf eigene Faust einfach zu liquidieren. Es wäre ein Verstoß gegen meine Instruktionen gewesen, denn für solch eine Aktion hätte Salisbury mir ausdrücklich die Genehmigung geben müssen. Dennoch war ich mehr als versucht, es zu tun.

Ich dachte an einen alten Trick, der bei vielen Sicherheits- und Geheimdiensten auf der ganzen Welt beliebt ist. Ich wollte an seine Tür klopfen, ihm eins über den Schädel ziehen, wenn er aufmachte, und ihn sodann kopfüber aus dem Fenster werfen.

Als offizielle Todesursache wird in solchen Fällen unweigerlich »Unfall« oder »Selbstmord im Zustand geistiger Umnachtung« festgestellt.

Wenige Rhodesier hätten ihm nachgetrauert.

Schließlich wurde meine Geduld – oder besser Ungeduld – belohnt, und er wurde mit einem Wagen abgeholt. Ian und ich folgten ihm zu Joshua Nkomos Haus, einer großen Villa direkt neben Präsident Kaundas offizieller Residenz.

Ein Haus, das ich später noch sehr gut kennenlernen sollte.

13

SIEGE UND NIEDERLAGEN

Im Oktober 1977 war ich erneut in Sambia, diesmal mit dem Auftrag, einen neuerlichen Zwischenfall am Zimbabwe House der ZAPU zu inszenieren. Ich hatte Befehl, das Liberation Centre in Ruhe zu lassen, da die CIO immer noch nicht entschieden hatte, ob es von der ZAPU oder der ZANU besetzt war.

Die CIO wollte Verluste bei der ZAPU, doch da ich allein operierte, wäre es Irrsinn gewesen, mich auf eine Schießerei einzulassen. Ohne Rückendeckung war das viel zu riskant.

Die nächsten zwei Tage verbrachte ich in Ians Werkstatt. Ian besorgte mir Kugellagerkugeln, und in mühsamer Kleinarbeit verwandelte ich zwei leere 5-Liter-Öldosen in Splitterminen. Ich versah sie mit Handgriffen und Haken, packte sie voll Sprengstoff und bereitete sie für Detonatoren und Zeitzünder vor.

In dieser Nacht, als im Zimbabwe House alles ruhig geworden war – es verblüffte mich immer wieder, daß sie trotz unserer Anschläge nie eine effektive Bewachung organisierten –, setzte mich Ian mit meinen zwei hausgemachten Claymore-Minen, einem AK-47-Karabiner und einigen Reservemagazinen ab.

Ich robbte zu dem Graben, der an dem Grundstück entlanglief. Dort hängte ich eine Mine an den Drahtzaun, setzte zwei Detonatoren ein und stellte die Zeituhr auf 30 Minuten Verzögerung ein. Dann kroch ich zur anderen Seite des Grundstücks, wo ein Neubau hochgezogen wurde. Ich fand eine halbfertige Mauer, etwa anderthalb Meter hoch, und legte die zweite Splittermine darauf. Wieder stellte ich den Zeitzünder auf 30 Minuten, so daß die Mine etwa zehn Minuten nach der ersten hochgehen würde. Die Claymore-Minen befanden sich in einem Winkel von 90 Grad zueinander.

Nachdem das erledigt war, ging es nun darum, die ZAPU-Kader aus ihrem Schlaf aufzuscheuchen. Um größtmögliche Wirkung zu erzielen, wollte ich sie im Freien haben, wenn die Splitterminen hochgingen. Ich rechnete mit hohen Verlusten.

Die AK-Magazine hatte ich zum schnelleren Nachladen paarweise Rückseite an Rückseite geklebt. Mein erster Feuerstoß galt der Wachstube und dem dort schlafenden Wachtposten. Dann lief ich von Fenster zu Fenster und feuerte lange Garben in jedes. Ich wollte ihnen den Eindruck vermitteln, daß es sich um einen Großangriff handelte – nicht nur um eine Ein-Mann-Vorstellung.

Als ich meinte, genug geschossen zu haben, ließ ich zwei leere Magazine mit eingeritzter Inschrift »ZANU« fallen und setzte mich zu dem Treffpunkt ab, den ich mit Ian vereinbart hatte.

Ich rechnete damit, daß die ZAPU-Terroristen zuerst einmal eine Zeitlang den Kopf unten hielten. Wenn dann alles ruhig bliebe, würden sie nach einer Weile aus ihren Löchern kriechen, um nachzusehen, was sich da eigentlich abgespielt hatte. Wenn alles nach Plan lief, würden sie in Rudeln herumstehen und hitzig die nächtlichen Ereignisse diskutieren, wenn die erste Splittermine hochging und ihren tödlichen Inhalt über sie verstreute.

Die Überlebenden würden sich zweifellos ein paar Minuten lang in Deckung begeben, dann aber wieder hervorkommen, um nach den Verwundeten zu schauen. Und dann würde die letzte Claymore-Mine detonieren und weiteren Blutzoll fordern.

Am nächsten Tag erschien nichts in der sambischen Presse, aber aus abgehörten Funksprüchen ging hervor, daß es eine Menge Opfer gegeben hatte. In einem der Funksprüche hieß es, es habe sich um den Angriff einer starken und schwerbewaffneten Bande gehandelt ... was sehr schmeichelhaft für mich war.

***

Im Dezember 1977 wollte ich, zum Jahresabschluß, einen weiteren Raketenangriff auf Zimbabwe House machen.

Wir nahmen den Fiat, und ich setzte mich wieder längs auf den Rücksitz, den Rücken zu Fahrerseite und die Füße gegen die andere Seite gestemmt. Damit die Rückstoßgase des Raketenwerfers besser entweichen konnten, hatten wir wieder die Heckfenster ausgebaut. Ich schärfte Ian nochmals ein, auch die vorderen Fenster offenzulassen.

In den frühen Morgenstunden des 20. Dezember fuhren wir am Zimbabwe House vorbei. Ein unbewaffneter Posten stand am Tor, daher ließ ich Ian weiterfahren. Nach einigen hundert Metern ließ ich ihn anhalten und lamgsam zurücksetzen, bis wir wieder in Höhe des Gebäudes waren.

Der Wagen war zu schlecht positioniert, als daß ich einen direkten Schuß gehabt hätte, deshalb schwenkte ich die Waffe und zielte auf einen im Hof geparkten Wagen. Dadurch deutete die Auslaßöffnung, durch die die heißen Raketengase ausströmen, schräg hinter mich über meine Schulter auf das, wie ich dachte, geöffnete Vorderfenster.

»Leg dich flach und paß auf den Rückstoß auf«, sagte ich zu Ian.

Aus den Augenwinkeln sah ich, wie er sich auf dem Vordersitz ausstreckte, den Kopf auf der Beifahrerseite.

Ich drückte auf den Abzug und fragte mich, ob das Ende der Welt gekommen war.

Die Rakete traf das Fahrzeug, auf das ich gezielt hatte. Es gab einen grellen Blitz und eine ernorme Explosion. Gleichzeitig hatte ich das Gefühl, daß der Fiat von einer gegnerischen Rakete getroffen worden war. Sengende Hitze schlug mir entgegen, und ich zuckte zusammen.

Die Türen des Fiats klappten auf wie Fledermausflügel. Die Türverkleidungen fielen heraus. Kofferraumdeckel und Motorhaube sprangen auf, das Dach knickte ein, und die Windschutzscheibe flog heraus und zerschellte zwanzig Meter weiter auf der Straße.

Ian hatte, völlig unbewußt, das Fenster an der Fahrerseite hochgekurbelt – bis heute kann er sich nicht erinnern, es getan zu haben –, und der Rückstoß war zwischen diesem Fenster und der Windschutzscheibe gefangen worden.

Die Wirkung war katastrophal.

Wir waren halb betäubt und rußgeschwärzt von der Explosion. Ian waren die Haare, die Augenbrauen und Wimpern weggesengt. Außerdem hatte er eine böse Brandwunde an der Schulter.

Dies war zwar ernst, aber viel mehr Sorge machte uns, daß wir in einem offenbar schrottreifen Auto vor dem Zimbabwe House saßen – das in Aufruhr war, weil wir eine Rakete darauf abgeschossen hatten.

Es bedurfte keiner langen Worte. Ich sprang aus dem Wagen und versuchte, die verbeulte Motorhaube herunterzudrücken und irgendwie festzuklemmen, während Ian erfolglos den Anlasser jaulen ließ.

Es gelang mir, die Motorhaube zu schließen, aber dann sah ich zu meinem Entsetzen, daß wir kein Licht mehr hatten. Die Scheinwerfer hingen an ihren Kabeln im Freien.

Ich versuchte, die Türverkleidungen wieder einzuhängen, doch als ich noch herumfummelte, sprang wider Erwarten der Motor an. Ian legte den Gang ein, und wir machten uns davon.

Wir klapperten und schepperten die Straße hinunter, mit todkranker, heftig keuchender Maschine, während wir, so gut wir konnten, die Türen zuhielten.

Ich blickte über die Schulter und sah, daß der Kofferraumdeckel immer noch hoch- und niederklappte, aber daran ließ sich nichts ändern. Wenn wir angehalten hätten, bezweifle ich, ob sich die Mühle je wieder in Bewegung gesetzt hätte.

Ein uniformierter Nachtwachmann trat auf die Straße und hielt gebieterisch die Hand hoch. Ian trat das Gas durch und fuhr direkt auf ihn zu. Ich griff nach der AK, um ihn notfalls niederzuschießen. Aber der Nachtwachmann hatte seinen glücklichen Tag heute, denn statt den Helden zu spielen, sprang er beiseite.

So unglaublich es klingt, wir schafften es, gegen ein Uhr die Farm zu erreichen – schrottreif, wie der Fiat war, mit stotterndem und ersterbendem Motor, und ohne Licht.

Priscilla war entsetzt, als wir über die Einfahrt gescheppert kamen, und einer Ohnmacht nahe, als sie Ian mit seinem versengten Haar sah.

Wir gingen ins Haus und diskutierten darüber, wie die Sambier wohl reagieren würden.

Erst da ging uns auf, was die zersplitterte Windschutzscheibe auf der Straße vor dem Zimbabwe House bedeutete. Eine Steuermarke war daran befestigt – und die führte zu Ian.

Wie immer hatten wir den Wagen für die Operation mit falschen Nummernschildern versehen, aber das war auch die einzige Vorsichtsmaßnahme gewesen. Es sollte lediglich eine sofortige Identifizierung verhindern, denn wenn ein Auto von ihm während einer Operation der Polizei in die Hände gefallen wäre, hätten sie Ian auf jeden Fall als Besitzer feststellen können.

Was konnten wir tun?

Wie üblich hatten Ian und ich im Interconti zu Abend gegessen, um eine plausible Erklärung für unsere Anwesenheit in Lusaka zu haben. Mit dieser schwachen Story im Rücken beschlossen wir, den Fiat nach Lusaka zurückzufahren und ihn in der Nähe des ZIPRA-Lagers bei Bothasrust abzustellen.

In dem Zustand, in dem der Fiat war, würde die Rückfahrt ein erhebliches Risiko darstellen, besonders wenn wir in eine Polizeikontrolle gerieten. Eine andere Möglichkeit gab es jedoch nicht. Und nachdem der Fiat es bis zur Farm geschafft hatte, standen die Chancen nicht schlecht, daß er es auch noch einmal nach Lusaka schaffte. Nachdem wir den Wagen abgestellt hätten, würden wir ihn der Polizei als gestohlen melden. Wir würden sagen, daß wir nach dem Abendessen im Interconti und einigen Drinks das Auto nicht mehr gefunden hätten. Als Erklärung für die zeitliche Lücke würden wir sagen, daß wir zuerst nicht an einen Diebstahl glauben wollten und deswegen die Straßen abgesucht hätten, falls wir es vielleicht woanders geparkt und den Standort vergessen hatten.

Es war nicht gerade die beste Story, aber besser als überhaupt keine.

Wir säuberten uns, so gut es ging, und zogen frische Sachen an.

Zur Sicherheit, falls wir in eine Polizeikontrolle gerieten, nahm ich eine AK mit ausreichend Reservemagazinen mit.

Ian fuhr mit dem Lieferwagen voraus, und ich folgte ihm mit dem Fiat nach Lusaka. Erstaunlicherweise schaffte es das schwerstkriegsversehrte Auto, auch wenn es die unangenehmste Fahrt meines Lebens war. Es regnete in Strömen, und es war eiskalt . . . und ich fühlte mich verdammt elend. Alle Scheiben fehlten, und die Türen drohten andauernd aufzuspringen.

Glücklicherweise herrscht nachts wenig Verkehr auf Sambias Straßen, und so fielen wir nicht weiter auf, bis wir uns Lusaka näherten.

Eine Polizei-Peugeot kam uns entgegen. Im Rückspiegel sah ich, wie er stoppte und wendete, als ob er uns verfolgen wollte. Doch dann überlegte sich's der Fahrer aus irgendeinem Grund anders, wendete erneut und setzte seine Fahrt fort.

Der Fahrer hatte Glück, denn wenn er mich verfolgt hätte, hätte ich ihn und die restliche Besatzung getötet.

Wir fuhren durch die stillen Straßen von Lusaka, ohne weiteren Polizeifahrzeugen zu begegnen. Auf der anderen Seite fuhren wir wieder aus der Stadt heraus, bis wir ungefähr fünf Kilometer vor dem Bothasrust-Lager waren, wo ich erleichtert den Fiat in die Büsche neben der Straße fuhr und ihn dort stehenließ.

Wir entfernten die falschen Nummernschilder und schraubten die richtigen wieder an. Ian leerte einen Benzinkanister über den Wagen, ich warf ein Streichholz. Sekunden später stand alles in Flammen.

Wenn die Polizei den Wagen fand – und davon ging ich aus, denn das Feuer war meilenweit zu sehen –, hoffte ich, sie würden annehmen, ein paar aufsässige ZAPU-Terroristen hätten ihn geklaut und für den Anschlag auf Zimbabwe House benutzt. Nach der Rückkehr nach Bothasrust hätten sie ihn dann in Brand gesteckt, um ihre Untat zu verschleiern.

Es gab absolut keinen Grund, zu zweit zur Polizei zu gehen, deshalb vereinbarte ich einen Treffpunkt mit Ian, setzte ihn vor der Hauptpost in der Church Road ab und sah ihm nach, wie er über die Eisenbahnbrücke zur Polizeiwache lief.

Sorgenvoll dachte ich daran, daß es schon ziemlich unbedarfte Polizisten sein mußten, die nicht Verdacht schöpften, wenn ein Weißer mit versengten Brauen, Lidern und Haaren frühmorgens auf die Wache kam, um eine Diebstahlsanzeige aufzugeben. Vor allem, nachdem Zimbabwe House gerade angegriffen worden war und man die Steuermarke des als gestohlen gemeldeten Wagens am Tatort gefunden hatte.

Um 5 Uhr 30 kam Ian zu dem geparkten Lieferwagen. Die Polizei, berichtete er, hätte nicht das geringste Interesse gezeigt. Der Diebstahl sei seine eigene Schuld, weil er den Wagen an einer dummen Stelle geparkt hätte. Das Fahrzeug würden sie nie finden, fügten sie hinzu, ob er nun den Diebstahl meldete oder nicht, und sie hielten tatsächlich Wort. Der Fiat blieb unentdeckt im Busch bei Bothasrust stehen und steht höchstwahrscheinlich heute noch da.

»Sie wollten zuerst nicht mal ein schriftliches Protokoll aufnehmen«, sagte Ian, »aber ich bezweifle trotzdem, ob sie mir die Story abnehmen, wenn sie erst einmal die Steuermarke gefunden haben.«

Sorgenvoll mußte ich ihm recht geben, denn das wären ein paar Zufälle zuviel.

Wir fuhren die Sheki Sheki Street hinunter, um einen Blick auf die Conakry Road und auf Zimbabwe House zu werfen. Wir erwarteten ein großes Polizeiaufgebot, doch seltsamerweise war die Gegend wie ausgestorben. Deshalb riskierten wir, am Zimbabwe House vorbeizufahren, um uns die Wirkung unseres Anschlag anzusehen.

Als wir die Stelle erreichten, wo ich das Feuer eröffnet hatte, rief Ian: »Schau mal!«

Ich bremste und wollte meinen Augen nicht trauen. Die zersplitterte Windschutzscheibe des Fiats lag noch an der gleichen Stelle, wo sie nach der Explosion gelandet war.

Ich hielt an, öffnete die Tür, beugte mich hinaus und hob die durchweichte Steuermarke auf, die uns eindeutig mit dem Anschlag in Verbindung gebracht hätte, wenn sie von der Polizei gefunden worden wäre.

Am nächsten Tag erschien ein kurzer Bericht in der *Zambia Daily Mail*. Es hieß darin, ZAPU-Angehörige hätten erfolgreich Angreifer angewehrt, die sodann mit einem vor dem Zimbabwe House geparkten Fahrzeug die Flucht ergriffen hätten.

Es war bemerkenswert, daß weder die ZAPU, die offenbar unseren Wagen gesehen hatte, noch die Polizei unsere Windschutzscheibe gefunden und die inkriminierende Steuermarke als Beweisstück gesichert hatte.

***

»Unser Plan scheint aufzugehen«, meinte Colonel Joe nach meiner Rückkehr. »Aus abgehörten Funksprüchen wissen wir, daß die sambische Regierung die Guerillas in aller Schärfe ermahnt hat, mit den Streitereien untereinander aufzuhören.«

Kurz darauf las ich mit diebischem Vergnügen eine Story im *Rhodesian Herald*, die sich auf einen vor einer Woche erschienen Artikel in der *Times of Zambia* bezog.

Nach unserem letzten Raketenangriff auf Zimbabwe House war ein afrikanischer Reporter der *Times of Zambia* dort aufgetaucht und wollte ein Interview. Die ZAPU hatte ihn prompt als Spion angesehen und ihn festgehalten. Sie verprügelten ihn und folterten ihn brutal. Zwei Tage später ließen sie ihn frei, wenn auch nur widerwillig.

Dieses arrogante Verhalten war sogar der im Staatsbesitz befindlichen *Times of Zambia* zuviel. Ein Leitartikel war erschienen, in dem die ZAPU scharf kritisiert und sie daran erinnert wurde, daß sie nur Gäste in Sambia waren und sich wie jeder andere an die Gesetze zu halten hatten.

Ich rief Colonel Joe in seinem Büro an und bat dringend um ein Treffen im Park Lane Hotel.

»Colonel«, sagte ich, »die *Times of Zambia* hat uns einen großen Gefallen getan. Sie hat eine Situation geschaffen, die einen weiteren Zwischenfall geradezu herausfordert. Ich kann garantieren, daß man diesmal voll und ganz die ZAPU dafür verantwortlich machen wird.«

»An was denken Sie?«

»Ich habe vor, die *Times of Zambia* in die Luft zu jagen.«

»Du meine Güte!« sagte der Colonel beeindruckt.

»Um es noch schlimmer für die ZAPU zu machen«, fuhr ich fort, »nachdem Präsident Nyerere von Tansania kürzlich herbe Kritik an Joshua Nkomo geübt hat, habe ich die Absicht, die Tansanische Botschaft ebenfalls mit einer kleinen Bombe zu bedenken.«

Mit dem Segen der CIO versehen, kehrte ich am nächsten Morgen über Johannesburg nach Sambia zurück. Zwei Tage lang vergrub ich mich in Ians Werkstatt und fertigte zwei Bomben an, jede drei Kilogramm schwer.

Ich benutzte die üblichen rhodesischen Zeitzünder, die sich als sehr zuverlässig erwiesen hatten.

Die Bomben schloß ich in einem Schrank ein, um sie vor den neugierigen Blicken des afrikanischen Hausboys zu schützen. Sehr zufrieden mit mir, wollte ich die Werkstatt verlassen und ins Haus zurückkehren. Aus purer Unachtsamkeit machte ich in der Garage einen Fehltritt und stürzte in die Inspektionsgrube.

Ich landete unglücklich ... mein Bein knickte in einem Winkel von fünfundvierzig Grad ab und blieb so. Ich litt Höllenqualen, gegen die kein Mittel half. Ian und Priscilla versuchten, das Bein wieder einzurenken, aber es war hoffnungslos.

Schließlich brachten sie mich zu einem indischen Doktor, der einen Kapselriß diagnostizierte. Er riet mir, ins Krankenhaus zu gehen und mich dort operieren zu lassen.

»Dann mußt du die Bomben legen«, sagte ich zu Ian.

Er blickte mich mit zusammengepreßten Lippen an.

»Hör zu«, sagte ich eindringlich, denn mir war klar, daß die Operation sonst platzen würde, weil ich praktisch nicht laufen konnte, »es war nie die Rede davon, daß die Bomben Menschenleben fordern sollen. Unser Ziel ist, Gebäude in die Luft zu jagen.«

»Möglich«, erwiderte Ian skeptisch, »aber was ist, wenn doch jemand dabei umkommt?«

»Niemand kommt dabei um«, versicherte ich.

Es bedurfte einer Menge Überredung, doch schließlich erklärte sich Ian, wenn auch widerstrebend, bereit dazu.

Die Büros der *Times of Zambia* befanden sich in der Cairo Road, direkt neben der Papiermühle. Es war ein typisches Gebäude im Kolonialstil aus den dreißiger Jahren, mit einem Erdgeschoß und zwei Stockwerken darüber. Ein Baldachin aus Beton ragte aus der Fassade und überspannte den Gehweg.

Es war Mittag, und in der Stadt herrschte viel Betrieb, als Ian vor dem Haus hielt. Wir blieben im Wagen sitzen und schauten uns das Gebäude an, um herauszufinden, wie Ian am besten eindringen und die Bombe deponieren konnte.

Wie sich herausstellte, brauchte er gar nicht mit Gewalt einzudringen. In die Wand, direkt unterhalb des Betonvordachs, war ein Airconditioner eingebaut.

»Leg die Bombe auf den Airconditioner, direkt an die Mauer«, sagte ich zu Ian.

Der Wanddurchbruch für das Klimagerät hatte eine Schwachstelle geschaffen. Das Betondach darüber würde die Explosionswirkung noch verstärken. Ich erwartete dramatische Resultate.

Mein Bein schmerzte schrecklich, doch ich setzte mich in dieser Nacht ans Steuer. Gegen Mitternacht hielt ich vor der Zeitung. Da Ian sich mit Sprengstoffen nicht traute, schärfte ich die Bombe und stellte den Zeitzünder auf eine Stunde ein.

»Es kann nichts passieren«, versicherte ich Ian, als er die Bombe wie ein rohes Ei in die Hand nahm.

Er öffnete die Tür und schritt mit steifen Knien zu dem Haus. Ich sah ihm zu, wie er nach oben langte und die Bombe auf dem Airconditioner deponierte.

Als wir wegfuhren, grinste er triumphierend und wischte sich nicht vorhandenen Schweiß von der Stirn. Ich grinste zurück, denn er hatte sich ausgezeichnet gehalten.

Von der *Times of Zambia* fuhren wir zur Tansanischen Botschaft, einer imposanten Villa inmitten eines großen Grundstücks an der Leopards Hill Road. Sie war von einer hohen Mauer umgeben.

Ich hielt davor und schärfte die zweite Bombe.

»Aller guten Dinge sind zwei«, meinte Ian seufzend und ergriff die zweite Bombe, wobei er kaum weniger nervös war als bei der ersten. Dann stieg er aus und deponierte sie an der Mauer.

Viel Schaden würde sie vermutlich nicht anrichten, aber uns ging es um die symbolische Wirkung, nicht um den tatsächlichen Explosionsschaden.

Wir parkten den Wagen vor dem Autokino neben dem Andrews Motel an der Kafue Road und warteten gespannt auf die erste Explosion. Sie erfolgte auf die Minute genau.

Hochzufrieden damit, entschied ich, daß es unklug wäre, auch noch die zweite abzuwarten, und so fuhren wir zur Farm zurück.

Ich konnte in dieser Nacht nicht schlafen wegen der Schmerzen in meinem Bein. Daher fuhr mich Priscilla am nächsten Morgen ins University Teaching Hospital. Unterwegs versuchten wir an der *Times of Zambia* vorbeizufahren, was sich jedoch als unmöglich erwies, da die Polizei ein ganzes Stück der Cairo Road für den Verkehr gesperrt hatte. Aber von der Ecke Cairo und Church Road, wo Priscilla anhielt, hatten wir einen guten Blick auf das Verlagshaus. Ich war sehr zufrieden, als ich sah, daß die Explosion wie erhofft nach innen gegangen war und außerdem noch einen Brand ausgelöst hatte. Die Cairo Road war mit Aktenordnern, Papieren, Glassplittern, Trümmern und zerbrochenen Möbeln übersät.

Die Medien brachten den Anschlag in großer Aufmachung, doch die Tansanische Botschaft wurde mit keiner Silbe erwähnt.

Das University Teaching Hospital war ein imposanter Komplex, kurz vor der Unabhängigkeit noch vom Federal Government erbaut. Das Innere wirkte grauenerregend auf jemanden, der sich unter einem Krankenhaus eine saubere, sterile Umgebung vorstellte. Die Stationen und Flure waren ein einziges Chaos, Patienten lagen auf Betten oder auf dem Boden, Besucher schliefen, in zerlumpte Decken gehüllt, in den Stationen auf dem Fußboden oder kochten sich auf mitgebrachten Spirituskochern Essen.

Der Geräuschpegel war schier unerträglich – Leute unterhielten sich in höchsten Tönen, Schreie und Rufe gellten, Radios plärrten afrikanische Musik aus den verschiedensten Sendestationen.

Das Schlimmste war jedoch der alles durchdringende Geruch, den sogar ein gutwilliger und verständnisvoller Besucher nur als Uringestank bezeichnen konnte.

Vor der Röntgenabteilung drängte sich eine Menschentraube. Ich wartete drei Stunden, bevor sich eine junge Inderin meiner annahm. Nach einer weiteren Ewigkeit bekam ich die Röntgenbilder ausgehändigt, mit denen ich mich bei einem Arzt am anderen Ende des Krankenhauses melden sollte. Da ich kaum laufen konnte, schien das eine fast unüberwindbare Entfernung.

Priscilla fragte nach einem Paar Krücken, doch es gab keine, und so hüpfte ich den ganzen Weg auf einem Bein, gestützt auf Priscillas Schulter.

Schweratmend sank ich in einem Wartezimmer auf die Bank, nachdem ich einem schwarzen Pfleger den Grund meines Hierseins erklärt hatte. Später kam ein salopp gekleideter Afrikaner zu mir, stellte sich als der Arzt vor und schaute sich stirnrunzelnd die Röntgenaufnahmen an.

»Ein Kapselriß«, verkündete er seine Diagnose.

Er verschwand und kehrte mit einem zweiten Afrikaner zurück, der sich als der Chirurg vorstellte. Er betrachtete sich ebenfalls die Aufnahmen und riet mir dann, schnellstmöglich die Knorpel entfernen zu lassen.

»Sagen Sie mir Bescheid, wie Sie sich entschieden haben«, sagte er und verließ den Raum.

Sekunden später tauchte ein weiterer Arzt auf, hellhäutiger als der typische Afrikaner.

»Wenn Sie den ranlassen«, warnte er, »haben Sie den Rest Ihres Lebens ein steifes Bein. Können Sie sich nicht in Südafrika behandeln lassen?«

Dieser Vorschlag gefiel mir schon viel besser, und wir kamen miteinander ins Gespräch. Er war ein Farbiger vom Kap und zeigte sich höchst unzufrieden mit Sambia und der Art, wie dort die Krankenhäuser geführt wurden. Wie er sagte, hatte er in Ägypten studiert, doch nur Drittweltländer wie Sambia erkannten seine Ausbildung an. Sein größer Wunsch war, nach Südafrika zurückzukehren und dort als Arzt tätig zu werden, doch er wußte, daß dies unmöglich war wegen der hohen fachlichen Ansprüche, die dort gestellt wurden.

Als der Chirurg zurückkam, erklärte ich ihm, ich würde seine Dienste zu einem späteren Zeitpunkt in Anspruch nehmen . . . zu einem viel späteren. Eine Krankenschwester bandagierte mir das Bein, und Priscilla fuhr mich zur Farm zurück.

So dringend es war, nach Rhodesien zurückzukehren und mich dort behandeln zu lassen, blieb ich doch aus Vorsichtsgründen noch ein paar Tage auf der Farm, bis sich die Aufregung über den Bombenanschlag auf die *Times of Zambia* einigermaßen gelegt hatte.

Nicht nur war es im University Teaching Hospital unmöglich gewesen, mir Krücken auszuleihen – in ganz Sambia konnten wir keine auftreiben. Schließlich lieh ich mir von einem Nachbarn ein Paar selbstgemachte aus. Und mit denen humpelte ich dann zum Rückflug auf den Airport von Lusaka.

In Salisbury bekam ich ein Privatzimmer im Andrew Fleming Hospital, wo mein Bein operiert und völlig wiederhergestellt wurde.

Colonel Joe besuchte mich und berichtete mir, aus aufgefangenen Funksprüchen sei hervorgegangen, daß die Bombe vor der Tansanischen Botschaft nicht explodiert war. Die Sambier waren jedoch überzeugt, daß die ZAPU dahintersteckte.

Präsident Kaunda war höchst empört über den Anschlag auf die *Times of Zambia*. Er hatte einen hohen ZAPU-Vertreter zu sich zitiert – möglicherweise Joshua Nkomo selbst –, ihn zusammengeschissen und ihn gezwungen, sich bei dem Herausgeber der *Times of Zambia* zu entschuldigen.

Das war natürlich genau das, was ich mir erhofft hatte.

14

1978 ZANU SCHLAGEN – SAMBIA TREFFEN

Es dauerte bis April 1978, bevor ich körperlich wieder voll auf der Höhe war, und es bedurfte vieler schweißtreibender Übungen.

Routinemäßig traf ich mich einmal die Woche mit Colonel Joe im Park Lane Hotel, um mir die neuesten sambischen Entwicklungen anzuhören. Die Sowjets unterstützten verstärkt die ZAPU. Auch die Sambier taten viel mehr, als nur Stützpunkte und eine schützende Hand zur Verfügung zu stellen. Es sah danach aus, als wollte Präsident Kaunda die sambische Armee Seite an Seite mit der ZIPRA kämpfen lassen.

»Die Regierung hat entschieden«, sagte Colonel Joe, »daß die Zeit reif ist für einen begrenzten Wirtschaftskrieg gegen Sambia. Wir wollen ihnen die Lust nehmen, die ZIPRA so offen zu unterstützen. Sie dort treffen, wo es wehtut . . . Sabotageanschläge auf Einrichtungen, die für die sambische Wirtschaft wichtig sind.«

Wir saßen im Garten des Hotels, tranken Bier und überlegten uns mögliche Zielobjekte. Ich schlug als erstes die gigantische Mufulira-Mine vor, deren Kupferproduktion einen Großteil der sambischen Deviseneinnahmen brachte. Ian hatte mir erzählt, die Mine hätte erhebliche Entwässerungsprobleme. Wenn die Pumpen ein paar Tage lahmgelegt werden könnten, würde das Wasser einen nicht mehr rückgängig zu machenden Pegel erreichen, und eine erneute Aufnahme der Produktion wäre nicht mehr möglich.

»Wie wollen Sie die ganzen Pumpen lahmlegen?« ließ die CIO anfragen.

»Ich werde die Hauptstromversorgung und auch die Notstromversorgung lahmlegen.«

Zwei Tage später saß ich in einer Maschine nach Sambia. Ich hatte völlig freie Hand.

Bei Ian herrschte ein Mangel an Fahrzeugen. Der Datsun war bei dem Unfall draufgegangen, bei dem Chuck ums Leben gekommen war, und das ausgebrannte Wrack des Fiats rostete im Busch in der Nähe von Bothasrust. Einen neuen Wagen zu kaufen – oder auch nur einen gebrauchten – war in Sambia schlicht unmöglich, deshalb zerlegte Ian den alten VW, an dem wir für das Chitepo-Attentat geprobt hatten, um ihn wieder fahrtüchtig zu machen. Für die beiden zerstörten Fahrzeuge hatte Ian von der CIO eine Entschädigungszahlung auf sein Bankkonto in Salisbury bekommen.

Während Ian sich mit dem Volkswagen beschäftigte, machte ich meine üblichen Erkundungstrips in Lusaka und Umgebung. Das Zimbabwe House war um zwei weitere Gebäude vergrößert worden. Die Zelte standen nicht mehr dort - vermutlich waren die einstmaligen Bewohner in die Lager umgezogen. An den Grundstücksgrenzen waren starke Scheinwerfer installiert, eine schon lange überfällige Sicherheitsmaßnahme.

Offenbar hatten sie Probleme mit der Lebensmittelversorgung, was übrigens für ganz Sambia galt. Überall lagen Säcke mit Maismehl herum, und Versorgungsfahrzeuge fuhren regelmäßig nach Westlands Farm und Bothasrust.

Die ZAPU hatte kaum Schwierigkeiten, an neue Kraftfahrzeuge zu kommen, im Gegensatz zu allen anderen in Sambia. Ich sah viele brandneue Fahrzeuge, darunter Minibusse mit botswanischen Zollkennzeichen. In einem nagelneuen Renault-4 wurden hohe Militärs herumkutschiert. Auf beiden Seiten befand sich die Aufschrift: »Geschenk der Bevölkerung von Zangred – Jahr des Kindes der Vereinten Nationen«.

Das waren mir Kinder!

Am 7. Mai 1978 war der VW wieder fahrtüchtig, und so machten wir uns auf den Weg nach Mufulira. Ian war zu gut bekannt in Mufulira, daher stieg ich allein in einem Gästehaus im nahen Kitwe ab, während er bei Bekannten wohnte. Tagsüber trafen wir uns und erkundeten die Mine, einen ernormen Komplex und viel größer, als ich mir vorgestellt hatte.

»Wir fahren einfach ans Tor«, meinte Ian. »Ich sag den Wachen, ich hätte meinen Ausweis vergessen. Paß auf – die lassen uns glatt durch.«

Aber die Torwache ließ uns nicht passieren. Wir hätten entweder beide einen Ausweis vorzeigen oder einen Aufkleber an der Windschutzscheibe haben müssen. An diesem Abend besuchten wir einen weiteren Bekannten von Ian, und ich klaute ihm den Aufkleber aus dem Auto.

Danach fuhren wir nach Lust und Laune durch das Tor. Wir hatten keinerlei Schwierigkeiten, wenn wir stundenlang in dem Komplex herumliefen. Niemand wollte etwas von uns.

Die Stromversorgung der Mine wurde von sieben riesigen Transformatoren und einem Notstromaggregat sichergestellt, bestehend aus vier Dampfmaschinen und drei Dieselgeneratoren, die sich in separaten Gebäuden befanden. Die Notstromaggregate sprangen außerdem bei Spitzenlastzeiten automatisch an.

Das umzäunte Gelände mit den Transformatoren war nachts von Scheinwerfern hell erleuchtet und bot ein schwieriges Ziel. Ich wollte mich an das erprobte Motto des SAS halten, *Wer wagt, der gewinnt* - wollte einfach frech hineinspazieren, die Sprengladungen anbringen und wieder verschwinden. Wenn ich es mit genügend Kaltschnäuzigkeit brachte, würde mir vermutlich kaum jemand Beachtung schenken. Wenn man uns jedoch sah, wie wir auf den Bäuchen herumkrochen, würde das sehr wohl auffallen.

Das Gebäude mit den sieben Hauptgeneratoren wies mehrere Etagen auf und war nachts ebenfalls hell erleuchtet. Die Generatoren standen auf einem Betonboden, etwa drei Meter über dem Boden. Der Raum war blitzsauber wie ein Operationssaal, mit zahllosen blinkenden Anzeigen und Meßinstrumenten.

Der größte Teil des restlichen Maschinenparks befand sich eine Etage darunter, die nachts nicht beleuchtet war. Der Zugang nach Einbruch der Dunkelheit war einfach, wir brauchten uns also nicht in den hell erleuchteten Generatorraum zu wagen.

Unsere Erkundungen ließen hoffen, daß wir wenig Schwierigkeiten haben würden, ins Zentrum des Kraftwerks, zu den Notstromgeneratoren und zu den Transformatoren vorzudringen. Wenn wir sie alle in die Luft jagen konnten, wäre die Mine lahmgelegt und würde lahmgelegt bleiben.

Wir brauchten dreizehn Sprengladungen für die Operation. In dem Gästehaus präparierte ich die Bomben mit Hilfe von Taschenlampenschaltern und den rotchinesischen Weckern, die ich in Johannesburg gekauft hatte. Abends war ich fertig. Wir beschlossen, noch in dieser Nach zuzuschlagen.

Um 22 Uhr parkten wir den Volkswagen vor dem Mufulira-Kino, einem unauffälligen Platz, wie wir dachten, und machten uns zu Fuß zu dem von Scheinwerfern bestrahlten Sicherheitszaun auf, der den Minenkomplex umgab.

Die AKs ließ ich im Auto. Es gab keine bewaffneten Wächter, mit denen wir uns anlegen mußten, und das Tragen von Waffen wäre verständlicherweise aufgefallen.

Wir waren wagemutig und hatten die feste Absicht, zu gewinnen.

Wir fanden einen Zaunabschnitt, der im Schatten lag, und kletterten mitsamt unseren explosiven Mitbringseln hinüber.

Von diesem Moment an lief alles schief. Ein Afrikaner auf einer Diesellok, der Güterwagen rangierte, schien sich sehr für uns zu interessieren.

Wir kümmerten uns nicht darum und liefen weiter, zwischen den Schlammgruben hindurch, in Richtung auf den Transformatorenkomplex, der unser erstes Ziel war.

Ein Afrikaner in blauem Overall sah uns und lief zu einer Werkstatt, wo er mit einem zweiten Afrikaner sprach. Sie unterhielten sich aufgeregt und deuteten mehrmals in unsere Richtung.

Als wir hundert Meter weiter waren, hielt ein Wagen des Werkschutzes an der Stelle, die wir gerade verlassen hatten. Wachmänner stiegen aus und starteten eine Suchaktion. Es gab keinen Zweifel, daß sie nach uns suchten.

Wir waren entdeckt, und so wurde es Zeit, die Sache abzublasen. Wir liefen rasch zu dem Zaun auf der entgegengesetzten Seite. Plötzlich tauchten auch dort Afrikaner auf.

Jetzt bestand die Gefahr, daß Großalarm ausgelöst wurde. Wir machten deshalb kehrt und eilten den Weg zurück, den wir gekommen waren. Wir kletterten über den Zaun und liefen zu unserem Auto.

Zweifellos hatte man uns als Europäer identifiziert. Mufulira war eine kleine Stadt, und Fremde fielen auf. Je schneller wir verschwanden, um so besser war es. Unser Gepäck und unsere sonstigen Habseligkeiten befanden sich bereits im Wagen, und so brauchten wir nur einzusteigen und loszufahren.

Es schmeckte mir überhaupt nicht, die Bomben umsonst präpariert zu haben. Außerhalb der Stadt sah ich direkt an der Straße eine große Trafostation und hielt an. Die Zerstörung dieser Transformatoren würde zwar die Mine nicht lahmlegen, wie ich es ursprünglich geplant hatte, aber der Ersatz würde die Sambier ein Vermögen an Devisen kosten.

Ian blieb im Auto, während ich die Trafostation erkundete. Sie war von einem doppelten Drahtzaun umgeben. Zwei afrikanische Wachmänner saßen in einer Hütte am Tor. Ich schnitt ein Loch in den Zaun und kroch hindurch. Da ich es eilig hatte, verband ich die dreizehn relativ kleinen Sprengladungen zu vier großen. Drei davon brachte ich an den Transformatoren an und stellte die Zeitzünder ein.

Die Tür zum Schaltraum war verschlossen, aber die benachbarte Tür zum Batterieraum war offen. Ich ging hinein und befestigte die letzte Bombe an der Wand, hinter der die Schalttafel lag. Dann stieg ich wieder in den Wagen, und Ian fuhr uns zur Farm zurück.

Bevor ich auf diese Reise gegangen war, hatte ich in Salisbury erneut um Genehmigung nachgesucht, Joshua Nkomo zu liquidieren, wenn sich die Gelegenheit ergab. Wieder wurde mir das abgelehnt.

Ich hatte Joshua Nkomo in Lusaka zwei- oder dreimal in seinem grünen Range-Rover gesehen, und ein Anschlag wäre mir leicht möglich gewesen . . . aber ich hatte Order, die Finger von ihm zu lassen.

Mir kam allmählich der Verdacht, als hielte jemand in den höheren Etagen der CIO oder der Regierung seine schützende Hand über ihn.

***

»Waren das vielleicht Ihre Dinger?« fragte Colonel Joe. Er reichte mir einen aufgefangenen Funkspruch der sambischen Polizei.

Ich las die Polizeimeldung, in der berichtet wurde, wie ein afrikanischer Elektriker in einer Trafostation der Mufulira-Mine einige Sprengladungen entdeckt hatte. Es war mehrere Tage, nachdem ich sie dort gelegt hatte.

Die Polizei hatte eine Untersuchung begonnen und von Pionieren der Armee die Bomben entschärfen lassen. Sie stammten eindeutig von mir. Keine davon war exlodiert.

»Müssen die Wecker gewesen sein, die Sie in Johannesburg gekauft haben«, meinte Colonel Joe.

Ich schüttelte den Kopf. Ich hatte sie alle sorgfältig getestet, und sie hatten einwandfrei funktioniert. Ich war immer sehr gewissenhaft und installierte stets zwei Detonatoren statt dem üblichen einen, falls sich einer als Blindgänger erwies. Ich konnte es einfach nicht glauben, daß alle acht versagt haben sollten, obwohl es keinen Zweifel daran gab.

Als ich das nächstemal in Sambia war, überprüfte ich die verbliebenen Detonatoren aus dem Karton, den ich angebrochen hatte, als ich die Mufulira-Bomben zusammenbaute.

Es waren ausnahmslos Blindgänger!

Ich war fuchsteufelswild. Ian und ich hatten unser Leben riskiert, um diese Bomben zu legen. Nicht nur, daß die Detonatoren in der Trafostation versagt hatten – wir waren so nahe daran gewesen, die gesamte Mufulira-Mine lahmzulegen. Alle unsere Anstrengungen und Risiken waren umsonst gewesen.

Das gesamte Material, das wir benutzten, stammte aus dem Ostblock und war rhodesischen Terroristen abgenommen worden. Eine Menge hatte längere Zeit im Busch gelagert und war nicht in bestem Zustand. Bei Waffen spielte das keine große Rolle, denn Beschädigungen konnte man leicht erkennen, doch bei Detonatoren und Sprengstoff war es etwas anderes.

Ich hatte mit Colonel Joe ausgemacht, daß jegliches Material zuerst gründlich überprüft und getestet würde, bevor es zu uns nach Sambia geschickt wurde. Aus jedem Karton hätten Detonatoren entnommen und getestet werden sollen. Hier war das offensichtlich nicht geschehen. Jemand hatte uns ganz übel auflaufen lassen.

Bei der nächsten Gelegenheit, als ich Colonel Joe traf, machte ich kein Hehl aus meiner Verärgerung und hoffte nur, daß er seinerseits den Verantwortlichen zur Rechenschaft zog.

15

SAMBIA PRÄVENTIVSCHLÄGE

Colonel Joe erzählte mir nach meiner Rückkehr, die rhodesische Regierung spiele wegen der bedrohlichen Massierung von Terroristen erstmals mit dem Gedanken an eine direkte militärische Operation gegen ZIPRA-Ausbildungslager in Sambia, insbesondere gegen das Freedom Camp auf Westlands Farm.

Es war eine politische Entscheidung auf höchster Ebene, und sie war erst nach langen und eingehenden Überlegungen gefallen. Obwohl die Rhodesier schon seit einiger Zeit grenzüberschreitende Angriffe auf ZANLA-Stützpunkte in Mosambik durchführten, war es doch ein erheblicher Unterschied, offen Sambia anzugreifen.

Mosambik war ein ehemaliger portugiesischer Besitz, aus dem sich die Portugiesen 1974 nach dem Machtwechsel in Portugal überhastet zurückgezogen hatten. Die Begleitumstände gemahnten sogar eher an einen Rausschmiß. Verständlich, daß die ehemaligen Kolonialherren es insgeheim gar nicht so ungern sahen, daß die neuen Machthaber von den Rhodesiern aufs Haupt geschlagen bekamen.

Da Mosambik ein marxistischer Staat war, hatte der Ostblock eine Menge zu sagen über die rhodesischen Kommandounternehmen.

Der Westen gab nur Lippenbekenntnisse ab, und was die Sowjets betraf, so wußte der Westen genau, daß sie nicht aus uneigennützigen, sondern aus strategischen Erwägungen so reagierten.

Kurz gesagt, keine der maßgeblichen Mächte kümmerte es sonderlich, was die Rhodesier in Mosambik trieben.

Mit Sambia dagegen sah es anders aus.

Der Union Jack, die britische Fahne, in deren Weltreich die Sonne nie unterging, hatte einst über Sambia geweht.

1963, nach dem Bruch mit der Zentralafrikanischen Föderation, war es in die Unabhängigkeit entlassen worden. Kenneth Kaunda, Chef der UNIP, der Vereinigten Nationalen Unabhängigkeitspartei, hatte sich rasch das Amt des Präsidenten auf Lebenszeit zu sichern gewußt.

Das Land hatte mit dem üblichen Pomp derartiger Ereignisse mitangesehen, wie die eine Flagge eingeholt und eine andere gehißt worden war. *God save the Queen* war gespielt worden, gefolgt von einer neuen Melodie.

Kurz vor, während und nach der Unabhängigkeit hatte die britische Regierung ihre übliche Augenwischerei betrieben. Sie hatte das Märchen verbreitet, die Welt sei reifer und mündiger geworden, weil eine weitere schwarze demokratische freie Nation unter dem Schirm des Commonwealth aus der Taufe gehoben worden war – hurra!

Die Tatsache, daß Sambia, wie all die anderen Staaten, demagogisch und nicht demokratisch war und die Bevölkerung weit weniger Freiheiten hatte als vorher, wurde geflissentlich übersehen.

Plötzlich war Sambia ein Commonwealth-Staat.

Es mochte ganz offen und unverkennbar ein Katastrophengebiet sein, wo die Führer Bettler waren, die alles nahmen und nichts gaben, doch in den heiligen Hallen von Whitehall war es schlicht ungehörig, solche Dinge laut auszusprechen.

Dies bedeutete, wenn Rhodesien Sambia angriff, daß die Briten sich fast so selbstgerecht darüber empören würden wie bei einem Kommandounternehmen gegen Cheltenham.

Sambia konnte gegen Rhodesien unternehmen, was es wollte, aber gnade Gott Rhodesien, wenn es zurückschlug.

Vergeltungsaktionen waren für Rhodesien jedoch zu einer Überlebensfrage geworden, und hier hatten die politischen Führer schon allzu lange gewartet.

»Wir möchten, daß Sie die nächsten paar Monate mit dem SAS verbringen. Die brauchen Ihre Ortskenntnisse und Ihre Hilfe bei der Planung.«

Zuerst war ich nicht sehr begeistert davon. Bis jetzt wußten bestenfalls zehn Menschen, daß ich existierte; vielleicht drei davon kannten meine Identität. Und das war gut so. Doch nun wollten sie, daß ich praktisch meine schützende Tarnung aufgab.

Colonel Joe versicherte mir, ich würde nur mit fünf Angehörigen des SAS direkten Kontakt haben, Männer in der Operationsplanung.

»Sie sind der einzige Mensch in Rhodesien mit dem nötigen taktischen Wissen für den SAS«, drängte er.

Widerstrebend erklärte ich mich einverstanden, unter der Bedingung, daß nichts über den Hintergrund meiner Aktivitäten preisgegeben würde und daß sie mich nur unter meinem Vornamen kennen würden. Sollten sie ihre eigenen Schlüsse ziehen... zum Beispiel, daß ich regelmäßig geschäftlich nach Sambia zu reisen hatte – oder was auch immer.

Ich begann, jeden Tag ein paar Stunden in der SAS-Kaserne in Cranborne zu verbringen, wo ich hauptsächlich mit dem stellvertretenden Kommandeur, Major Dave Dodson, und einigen weiteren Offizieren und Unteroffizieren zusammenarbeitete.

Dem SAS war gesagt worden, daß sie die Bodenstreitkräfte zu stellen hatten, wenn es mit den Angriffen losging. Kein Wunder, daß sie gierig auf jedes Häppchen an Information waren, das sie mir entlocken konnten.

Ich betrachtete mir Karten, schaute Luftaufnahmen an und schilderte ihnen das Terrain, die Verteidigungseinrichtungen und so weiter um Westlands Farm und Bothasrust.

Niemand stellte dumme Fragen, und ich war erleichtert über diese professionelle Einstellung. Sie hatten schon seit langem von der CIO Informationen über Sambia bekommen, logischerweise nahmen sie an, daß ich die Quelle gewesen war, und mehr brauchten sie nicht zu wissen.

Ich kann mich erinnern, wie jemand fragte, ob das Gras an einer bestimmten Stelle trocken sei. Ein Laie hätte sich bestimmt gewundert, warum jemand sich für so etwas interessierte, aber wenn du mit Leuchtspurgeschossen und Raketen das Feuer eröffnest, kann dir ein Brand höchst gefährlich werden. Wenn das Gras hoch und dicht und trocken ist und der Wind in deine Richtung weht, mußt du aufpassen, daß du nicht ein Feuer startest und dich selbst einäscherst.

Gute Soldaten stellen derartige Fragen, beachten jede Kleinigkeit. Schlechte Soldaten vergessen solche Dinge und fallen im Kampf... oder sogar schon, bevor der Kampf richtig beginnt.

Wir diskutierten Flucht- und Rückzugswege, Trinkwasserversorgung und in Frage kommende Landeplätze. Was wäre die beste Flugroute? Gibt es dort Hochspannungsmasten? Sind die Bäume so hoch, daß sie eine Gefährdung darstellen?

Ich wurde mit Tausenden von Fragen bombardiert und versuchte, sie nach bestem Wissen zu beantworten.

Ich glaube, ich war in dieser oder jener Form an den Vorbereitungen zu praktisch allen rhodesischen Angriffen auf Sambia beteiligt. Hinterher konnte ich nie mit jemandem darüber sprechen, daher wußte ich selten mehr als das, was in den Zeitungen stand. Andererseits konnten sich die Einsatzgruppen hinterher zusammensetzen und Erfahrungen austauschen.

In meinem einsamen Krieg war mir Gruppenmanöverkritik jedoch versagt.

Die vier ins Auge gefaßten Ziele für Präventivangriffe waren Westlands Farm und Bothasrust, die ich gut kannte, sowie die Lager bei Mkushi und Mulungushi, von denen ich zwar wußte, wo sie sich befanden, sonst aber kaum Informationen hatte.

***

Im September 1978 flog ich erneut nach Sambia, diesmal mit dem spezifischen Auftrag, weitere Erkundungen der ZIPRA-Lager und Stützpunkte durchzuführen. Ich hatte Order, keinerlei Anschläge auf ZIPRA-Einrichtungen zu machen, sondern mich ganz der Ausspähung zu widmen.

Eine meiner Aufgaben war es, nach geeigneten Landeplätzen und nach Absprungzonen für Fallschirmjäger Ausschau zu halten. Ich hatte den Eindruck, daß man beide Methoden einsetzen wollte, um Truppen ins Land zu schaffen, wenn die Zeit kam.

Die Mulungushi-Kasernen stehen am Ufer des Mulungushi-Stausees. Mir wurde nahegelegt, sehr vorsichtig zu sein bei meinen Erkundungen. Weiße gingen normalerweise nicht in diese Gegend, und ich hätte Schwierigkeiten, meine Anwesenheit dort zu erklären.

Es hatte nicht das übliche Aussehen von Guerilla-Lagern, denn Mulungushi war als Armeekaserne gebaut worden, noch zu Zeiten der Föderation. Die Rhodesier machten sich Sorgen, daß es vielleicht in Wahrheit ein Stützpunkt der sambischen Armee oder des National Service sein könnte und gar nichts mit der ZIPRA zu tun hatte.

Der sambische National Service war kein Militärdienst, eher eine Art Arbeitsdienst. Alle schwarzen sambischen Jugendlichen wurden im Alter von siebzehn oder achtzehn Jahren einberufen. Sie trugen grüne Käppis und Overalls, und ihre Hauptaufgabe bestand darin, Straßen zu reparieren, Brunnen zu graben, Dorfbewohnern Erste Hilfe zu leisten und sonstige gemeinnützige Tätigkeiten zu verrichten. Die Wirklichkeit sah anders aus.

Es standen ihnen keine Transportmittel zur Verfügung. Wenn es Fahrzeuge gab, gab es kein Benzin. Verbandszeug gab es kaum, die Knappheit an Werkzeugen war schon chronisch. Als Folge davon verbrachten sie ihre Dienstzeit damit, untätig in Lagern herumzulungern, während die Regierung fehlerstrotzende Bettelbriefe an weiße Farmer verschickte und kostenlose Lieferungen von Schlachtvieh und Maismehl anforderte, damit sie nicht verhungerten.

Mkushi präsentierte ein weiteres Problem. Colonel Joe warnte mich, daß vor ein paar Monaten ein weißer kanadischer Eisenbahnexperte, der von seiner Regierung geschickt worden war im Rahmen eines Hilfsprogramms, um den sträflich vernachlässigten sambischen Wagenpark davor zu bewahren, ganz auseinanderzufallen, festgenommen worden war, als er in diesem Gebiet auf die Jagd ging. Daß er praktisch für die sambische Regierung arbeitete, hinderte die Polizei nicht, ihn monatelang festzuhalten, ihn zu foltern und auf die übelste Weise zu behandeln.

Die Rhodesier wußten bereits aus Luftaufnahmen und von gefangengenommenen Guerillas eine Menge über Mkushi.

FC oder Freedom Camp auf Westlands Farm war ein Gelände, das ich bei jedem meiner Trips gründlich ausgekundschaftet hatte.

Es gab zwei große Vorbehalte bei diesem Zielobjekt. Die Air Force glaubte, es sei gut verteidigt durch Luftabwehrstellungen. Das war ein einleuchtender praktischer Vorbehalt. Die CIO machte sich Sorgen, daß es nicht ein Terroristenstützpunkt war, sondern ein Flüchtlingslager mit Frauen und Kindern.

Darüber hätten sie sich keine Sorgen zu machen brauchen. Wie die Geschichte zeigt, gab es keinen einzigen Fall eines rhodesischen Angriffs auf einen Guerilla-Stützpunkt, seien es ZANLA- oder ZIPRA-Lager, in denen nicht behauptet worden wäre, es hätte sich um Flüchtlingslager voller Frauen und Kinder gehandelt.

Meine Tarnstory für meinen Aufenthalt in der Gegend um Mulungushi war höchst dünn. Es gibt dort einen bestimmten Felsen, der eine gewisse historische Bedeutung hat, weil Kenneth Kaunda, vor der Unabhängigkeit, von ihm herab eine politische Rede oder dergleichen gehalten hatte. Die regierende Partei UNIP versuchte, den Felsen zu einem nationalen Denkmal hochzustilisieren. Wenn man mich dort in der Gegend aufgriff, würde ich sagen, ich hätte hätte mir den Felsen ansehen wollen – selbstverständlich wegen meiner grenzenlosen Bewunderung für Präsident Kaunda. Ich bezweifle, ob man mir die Story abgenommen hätte, aber was besseres fiel mir nicht ein.

Zu Fuß versuchte ich den Mulungushi-Komplex auszuspionieren, jedoch ohne großen Erfolg. Ich kam nicht nahe genug heran, um Einzelheiten erkennen zu können. Meine Instruktionen waren unmißverständlich. Ich durfte unter keinen Umständen auffallen. Daher brach ich diese Erkundung ergebnislos ab. Ich wußte nicht, wer dort stationiert war.

Erkundungstrips zu Fuß um Mkushi herum waren als zu gefährlich erachtet worden. Colonel Joe gab mir Order, mir nur die Geographie, die Topographie und den Geländebewuchs anzusehen. Daher fuhr ich lediglich alle vorhandenen Straßen in der Gegend ab.

Die Erkundung der Westlands Farm war einfacher. Ian setzte mich ungefähr fünf Kilometer vor dem Lager ab. In den nächsten vierundzwanzig Stunden spionierte ich das Lager aus.

Von einen Termitenhügel aus hatte ich einen guten Blick auf das Lager. Solange es hell war, beobachtete ich mit dem Feldstecher, was dort vor sich ging. Außer einigen Männern, die ziellos herumschlenderten, sah ich jedoch wenig. Nach CIO-Informationen sollten dort ungefähr fünfzehnhundert ZIPRA-Terroristen stationiert sein, doch nach meiner Schätzung waren es höchstens fünfhundert.

Nach Einbruch der Dunkelheit sah ich mir das Lager von nahem an. Es war von einem vernachlässigten Stacheldrahtzaun umgeben. Zuerst folgte ich der Bahnlinie, die die hintere Grundstücksgrenze bildete. Der Rangierbahnhof Chikumbi lag ganz in der Nähe. Danach sah ich mir den Rest an.

Um das Lager waren Schützengräben gezogen worden, die wohl als Verteidigungsstellungen gedacht waren. Da der Boden jedoch sehr hart war und der Ausschachttrupp offenbar sehr bald die Lust verloren hatte, waren sie viel zu flach, um einen praktischen Nutzen zu haben. Vor Verteidigungsstellungen muß freies Schußfeld sein, doch von den Gräben konnte man wegen des hohen Grases nirgendwo weiter als zwei Meter sehen.

Alle drei- oder vierhundert Meter gab es eine Konstruktion, unter der man sich mit sehr viel gutem Willen einen MG-Posten vorstellen konnte. An diesen Stellen stand über den Gräben eine rohe, überdachte Hütte, Maschinengewehre gab es jedoch keine, und bemannt waren die Posten auch nicht.

Die Air Force konnte ebenfalls beruhigt sein, denn Flakstellungen gab es auch nicht.

Ich schlich mich in das Lager und stellte fest, daß es in drei militärische Abteilungen gegliedert war. Die erste kampierte in Zelten um das Farmhaus herum, das zwischen Gummibäumen stand. Dies mußte das Hauptquartier sein, sagte ich mir.

Ein Schotterweg führte vom Farmhaus zur Landstraße. Direkt an der Einmündung stand das Führerhaus eines alten Lastwagens, das als Wachstube diente.

Die anderen Abteilungen kampierten an zwei verschiedenen Stellen im Busch in Zelten. Ich zählte die primitiven Latrinen, was mir half, die Stärke der Besatzung abzuschätzen. Ich achtete auf Lichter, Geräusche und Bewegungen und vergewisserte mich, daß es keine weiteren Camps gab.

Frauen und Kinder waren nicht in dem Komplex, lediglich junge Männer im wehrfähigen Alter . . . alle in militärischen Uniformen. Die meisten trugen graue Hosen, grüne Uniformhemden und Koppel mit rechteckigen Schlössern. Die Stiefel waren entweder schwarz mit seitlichen Riemen, ähnlich wie bei der rhodesischen Armee, oder knöchelhoch, im Stil der britischen Armee, jedoch mit einer glänzenden Niete auf beiden Seiten. Einige trugen Khakijacken und Khakihosen, einige hatten dunkle Tarnanzüge, und ein paar trugen breitkrempige Khakihüte im Stil der kanadischen Mounties.

Zwei Wachtposten, manchmal sogar nur einer, saßen in dem Lastwagenführerhaus und kontrollierten die Besucher. Während des Tages kamen zahlreiche Fahrzeuge nach Westlands Farm. Alle hielten an der Wachhütte an.

Jeden Nachmittag gegen 15 Uhr verließ ein Arbeitstrupp von ungefähr sechzig Mann das Lager und sammelte Feuerholz. Sie bewegten sich nie weiter als in einem Radius von drei oder vier Kilometern.

Alle Zelte waren mit tarnenden Jutenetzen überspannt. Die ZIPRA hatte einen regelrechten Jutenetztick, und es war ihr offenbar noch gar nicht aufgegangen, daß dies eine eindeutige Identifizierung ihrer Lager erlaubte. Jute war knapp in Sambia, so wie Speiseöl, Streichhölzer, Rasierpinsel und andere Lebensnotwendigkeiten, und niemand konnte sich Verschwendung leisten . . . bis auf die ZIPRA.

Ian und ich suchten die umliegenden Farmen auf unter dem Vorwand, Kohlgemüse kaufen zu wollen, das ebenfalls knapp war, in Wirklichkeit jedoch, um die weißen Farmer ein bißchen auszuhorchen.

Einer erzählte uns, die Westlands Farm hätte einst einem Mr. O'Donovan gehört, doch die Regierung hätte sie ihm enteignet und sie den Terroristen zur Verfügung gestellt. Ein anderer erzählte, die ZIPRA-Mannschaft sei bereits die zweite Besatzung, die dort stationiert war. Die erste Gruppe sei ganz überraschend an einen unbekannten Ort verlegt worden. Das Lager hatte ungefähr zwei Monate leergestanden, dann war die gegenwärtige Mannschaft gekommen.

Die Schätzungen der Farmer über die Mannschaftsstärke von Westlands Farm differierten so hoffnungslos – von knapp Tausend bis zu mehreren Tausend –, daß ich nichts damit anfangen konnte. Keiner von ihnen war natürlich so nahe an das Lager herangekommen wie ich.

Zum Abschluß meiner Erkundungen schlug ich Ian vor, ganz einfach frech in den Schotterweg einzubiegen und zu dem Farmhaus zu fahren. Wiederum wollten wir angeblich Kohlgemüse kaufen. Wir hatten falsche Nummernschilder am Auto, so daß ich mir wenig Sorgen machte, daß man uns identifizieren könnte.

Dem schwarzen Wachtposten in dem alten Lastwagenführerhaus blieb vor Verblüffung der Mund offenstehen, als Ian in den Schotterweg einbog und einfach weiterfuhr.

Dann brach die Hölle los. Drei weitere Terroristen sprangen aus der Wachhütte, einer davon mit einer AK im Arm. Schreiend und gestikulierend rannten sie hinter uns her. Mit solch einem Empfang würden wir nicht weit kommen, und so ließ ich Ian anhalten.

Wir verriegelten die Türen von innen und warteten, bis die Wachen das Auto erreicht hatten. Der eine, mit der AK, die glücklicherweise kein Magazin hatte, brüllte uns an, sofort aus dem Wagen zu steigen.

Ich hatte mein Fenster einen Spalt offen und sagte: »Wir wollen nur ein paar Kisten Kohlgemüse kaufen.«

»Sie dürfen hier nicht rein ... das ist ein Privatgrundstück!« rief er aufgeregt.

»Wir wollen keinen Ärger machen«, sagte ich begütigend. »Wir möchten lediglich Kohl kaufen. Wie ich sehe, wächst hier eine Menge.«

»Steigen Sie aus!« befahl er.

»Nein«, antwortete ich dickköpfig, »wir wollen nur Kohl kaufen.«

»Es gibt hier keinen Kohl ... steigen Sie sofort aus!«

Der Spaß war weit genug gegangen, und ich hatte ganz gewiß nicht die Absicht, aus dem Wagen zu steigen. Außerdem hätte er, ohne ein Magazin, gewisse Schwierigkeiten, wenn er auf uns schießen wollte.

»Hau ab«, murmelte ich.

Ian legte den Rückwärtsgang ein und trat aufs Gas. Wütend galoppierten die vier Wachsoldaten hinter uns her. Als wir die Landstraße erreichten, legte Ian den Vorwärtsgang ein, und wir machten uns aus dem Staub.

Einen Tag und zwei Nächte lang beobachtete ich das Lager bei Bothasrust. Dort hatte sich einiges verändert – es brodelte vor Aktivität, ich zählte über hundert Zelte, ständig kamen Fahrzeuge an oder fuhren ab.

Zimbabwe House, wo es bisher stets ziemlich ruhig und planlos zugegangen war, hatte sich zum reinsten Ameisenhaufen entwickelt. Im Hof stapelte sich Material, und eine Menge brandneuer Fahrzeuge standen herum, einige davon aus Jugoslawien.

Ians umfangreiche Landeskenntnisse halfen uns, eine Fallschirmabsprungzone bei dem Rangierbahnhof Chisemba zu finden, etwa zehn Kilometer von Westlands Farm, eine weitere auf der nahegelegenen Shelley Farm, eine in Chikumbi und eine weitere bei Ngwera.

Bis hinauf nach Mazabuka sahen wir uns Landepisten an. Die eine lag fünfzig Kilometer nördlich von Westlands Farm, konnte jedoch von strategischem Wert sein, wenn den rhodesischen Kampfverbänden die Rückzugsroute nach Süden abgeschnitten würde. Einige Buschpisten waren von der sambischen Armee mit Gräben blockiert worden, um den Rhodesiern eine Benutzung unmöglich zu machen. Sie hätten jedoch im Notfall rasch wieder instandgesetzt werden können.

Es war offenkundig, daß sich die CIO mittlerweile mehr Gedanken um Joshua Nkomo machte. Zwar hatte ich noch immer nicht die Genehmigung erhalten, ihn zu liquidieren, ich sollte mir jedoch sein Haus in Lusaka genau ansehen, das neben Präsident Kaundas offizieller Residenz lag. Es patrouillierten dort ständig drei oder vier bewaffnete ZIPRA-Angehörige, und sie sahen erheblich wacher aus als die üblichen Figuren. Ich war beeindruckt.

Auf dem Rückflug nach Johannesburg am 21. September 1978 saß ich zufällig neben einem Journalisten vom Londoner *Daily Telegraph*, der mir erzählte, daß er gerade ein Interview mit Joshua Nkomo gemacht hatte.

»Ach, wirklich?« sagte ich aufhorchend. »Ist das nicht dieser Dicke? Ich hab von ihm gehört.«

»Ja, genau der«, bestätigte er.

»Ich dachte, der lebt in Rhodesien?«

»Nein«, erklärte der Journalist, »er hält sich in Sambia auf.«

»Er hat bestimmt eine tolle Villa«, meinte ich. »Schwerbewacht und so. Muß schwierig sein, zu solch einem berühmten Mann vorzudringen. Hat man Sie auf Waffen gefilzt?«

»Mich nicht«, erwiderte er, »sie wissen, daß ich Journalist bin.« Weiter berichtete er, daß Nkomo zwei Leibwächter hatte, die ihn nie aus den Augen ließen.

Vor ein paar Wochen hatte nachts vor dem Haus ein Wagen geparkt, in dem ein schwarzes Pärchen weltvergessen bumste. Die Wachen hatten die beiden entdeckt, für Spione gehalten und auf der Stelle erschossen.

Ich wußte nicht, ob es wahr war, aber da ich in Lusaka ein ähnliches Gerücht gehört hatte, mochte es durchaus stimmen.

Nach Salisbury zurückgekehrt, gab es eine hektische Runde von Operationsbesprechungen, nicht nur mit Colonel Joe im Park Lane Hotel, sondern auch mit dem SAS in Kabrit Barracks. Ich erfuhr, daß grünes Licht gegeben worden war für einen Angriff auf die Lager. Verständlicherweise sagte man mir jedoch nicht, wie und wann die Angriffe erfolgen würden.

Gegen Ende September rief Colonel Joe an und erklärte mir, sein Boss Ricky May wolle sich mit mir treffen. Ich war nicht begeistert davon. Ricky May wußte natürlich von meiner Existenz, aber eine persönliche Begegnung hielt ich für ein unnötiges Risiko. Ich machte mir allmählich Sorgen, daß zuviele Leute von mir wußten.

Wir trafen uns in einer getarnten CIO-Wohnung am Greenwood Park in Salisbury. Ricky May, ein erfahrener und hochangesehener hoher Polizeibeamter in der British South Africa Police, war 1975 von der Special Branch zur CIO übergewechselt. Er war ein Mann, der Vertrauen erweckte und sein Handwerk verstand.

»Ich wollte mich mit Ihnen treffen«, erklärte er, »weil ich Ihnen persönlich sagen wollte, daß Sie gelbes Licht haben, Nkomo zu liquidieren.«

Wenn ich nach Sambia zurückkehrte, sollte ich einen handfesten Attentatsplan ausarbeiten. Danach mußte ich über Priscilla in Salisbury anrufen und mir das endgültige Okay holen.

»Das grüne Licht ist dann eine reine Formsache«, sagte er.

Ian und ich hatten Nkomo schon immer für das lohnendste Ziel unter den Aufständischen gehalten. Sein Tod würde zweifellos zu schweren Auseinandersetzungen innerhalb der ZAPU führen, aber nicht alle teilten diese Einschätzung. Egal, wir hatten jetzt grünes Licht... das Vergangene war nicht mehr wichtig. Eine Erklärung für diesen Sinneswandel brauchte ich nicht – jeder Rhodesier hätte die Antwort geben können.

Am Sonntag, dem 3. September 1978, war eine Passagiermaschine der Air Rhodesia, auf dem Flug von Kariba nach Salisbury, mit einer von den Russen gelieferten und von der ZIPRA abgefeuerten SAM-7-Strela-Rakete abgeschossen worden.

Von den achtundfünfzig Passagieren und Besatzungsmitgliedern überlebten achtzehn den Absturz. Zehn davon wurden von von ZIPRA-Terroristen erschossen oder mit Bayonetten abgestochen. Unter ihnen befanden sich ein kleiner Junge und eine Stewardeß.

Als Nkomo von einem Rundfunkreporter dazu interviewt wurde, lachte er höhnisch und bezeichnete das Flugzeug und seine Passagiere als legitime militärische Ziele.

Dr. Callistus Ndhlovu, der kaltschnäuzige und skrupellose Vertreter der ZAPU und ZIPRA bei den Vereinten Nationen, gab zu, daß die ZIPRA die Überlebenden des Absturzes getötet hatte, verwahrte sich jedoch dagegen, dies als Mord zu bezeichnen.

Die Rhodesier waren es gewohnt, daß kirchliche Organisationen alles, was Weiße angeblich Schwarzen antaten, als *Greueltaten* bezeichneten. Es hatte sogar zu einer neuen Terminologie geführt, die nur innerhalb des von Weißen regierten Afrikas galt. Ein Aufrührer mit einem Molotow-Cocktail zum Beispiel wurde zu einem Demonstranten; ein Terrorist wurde zu einem Freiheitskämpfer, und eine Greueltat war es, wenn solch ein Mann verletzt wurde, egal ob es ein Schlag ins Gesicht war, oder ob er erschossen wurde.

Wenn ein Unbeteiligter von solchen *Demonstranten* oder *Freiheitskämpfern* verletzt oder getötet wurde, war das keine Nachricht wert.

Daß dies so war, wurde durch die erschreckend indifferente Haltung der internationalen kirchlichen Organisationen gegenüber dem Massaker der ZIPRA-Terroristen an den unschuldigen überlebenden Passagieren schlagend bewiesen.

Ein Sprecher des Genfer Weltkirchenrats wollte keinen Kommentar abgeben und sagte lediglich: »Der Weltkirchenrat ist noch nicht ausreichend informiert über den Vorfall.«

Nachdem der Weltkirchenrat ausreichend informiert worden war, verweigerte er trotzdem jeden Kommentar. Dies überraschte die Rhodesier kein bißchen, denn sie wußten, auch wenn andere es noch nicht durchschaut hatten, daß der Weltkirchenrat nichts anderes als die kommunistische Partei auf Knien war.

Das Katholische Institut für Internationale Beziehungen mit dem Sitz in London war eine weitere »göttliche« Institution, die keine Stellungnahme abgeben mochte.

Auch die Methodistische Kirche hatte nichts zu sagen. John Wesley hätte sich im Grabe umgedreht.

Die Organisation »Christian Concern for Southern Africa« sagte (wahrheitsgemäß): »Zu derartigen Ereignissen geben wir in der Regel keinen Kommentar ab.«

Der Britische Kirchenrat bemerkte in klassischer Zweideutigkeit: »Es ist wichtiger als je zuvor, daß wir keine Parteilichkeit zeigen in tragischen Situationen.«

Parteilichkeit hieß vermutlich, daß sie den Abschuß einer zivilen Passagiermaschine und die Ermordung der Überlebenden weder verurteilen noch billigen wollten. Es ließ sich jedoch kaum bestreiten, daß diese schweigende Indifferenz geradezu ein Aufruf zum Morden war.

Soviel zum institutionalisierten Christentum, das, mit seiner offenen Unterstützung des Terrorismus, sehr deutlich zeigte, wie wenig es von seiner Heuchelei abgelegt hatte seit den Ketzerverbrennungen während der Spanischen Inquisition.

Die Rhodesier teilten verständlicherweise diese Einstellung nicht, und das Land war voller Empörung über diese Greueltat. Alle wollten Nkomos Tod. Ich machte keine Ausnahme.

Ricky May übergab mir ein Dossier über das Freedom Camp auf Westlands Farm. Es war aufgrund von Luftaufnahmen, Erkundungen und Aussagen von gefangengenommenen Terroristen zusammengestellt worden. Er bat mich, es zu studieren, damit ich noch einmal nach Sambia gehen und die Angaben aufs laufende bringen konnte für den rhodesischen Angriff.

Vor allem sollte ich mich überzeugen, daß sich keine echten Flüchtlinge, weder Frauen noch Kinder, dort aufhielten. Die Luftwaffe wollte eine Bestätigung, daß seit meinem letzten Trip keine Luftabwehrwaffen aufgestellt worden waren.

Ich bekam einen Code für Priscilla, den sie benutzen sollte, wenn sie mit Sheila telefonierte. Sie würden sich über die Ernte unterhalten.

Wenn Priscilla sagte: »Die Maisaussaat war gut in diesem Jahr«, bestätigte sie damit, daß sich nur ZIPRA-Terroristen in dem Lager befanden. Wenn sie hinzufügte: *»Sie scheint mir sogar besser als letztes Jahr«*, hieß das, daß sich die Besatzung vergrößert hatte. *»Wir hatten eine Menge Unkraut auf den Feldern«* hieß: Es befinden sich Frauen und Kinder dort. *»Dieses Jahr säen wir nicht aus«* bedeutete, daß die ZIPRA-Besatzung das Lager verlassen hatte. Wenn es FLAK-Stellungen gab, dann hatte *»die Ernte starken Schädlingsbefall«*.

Alle Attentatspläne auf Joshua Nkomo hatten den Codenamen *Operation November* bekommen. Wenn sich eine günstige Gelegenheit ergab, ihn während meines bevorstehenden Trips zu liquidieren, würde ich um Genehmigung nachsuchen, indem Priscilla Sheila fragte: *»Sehen wir uns noch in diesem Jahr?«* Wenn die Antwort positiv war, würde Sheila sagen: *»Ja, wir besuchen euch im November«*. Wenn sie antwortete: *»Vielleicht besuchen wir euch im November, aber wir wissen es noch nicht genau«*, dann sollte ich noch abwarten. Wenn Sheila sagte: *»Nein, wir werden euch auf keinen Fall im November besuchen«* – dann durften wir Nkomo unter keinen Umständen anrühren.

Des weiteren hatte ich den Auftrag, mir erneut die ZIPRA-Lager bei Bothasrust, Mulungushi und Mboroma anzusehen. Sie standen als nächste auf der Liste, sobald Westlands Farm abgehakt war.

»Nach unseren Angriffen können wir Ihnen völlig freie Hand für Anschläge auf wirtschaftliche Ziele in Sambia geben«, sagte Ricky May.

Er wollte meine Ansicht dazu hören, und wir diskutierten über eine ganze Reihe von Möglichkeiten. Die ZIPRA bekam volle Unterstützung von den Sambiern, es gab also wenig Grund zur Rücksichtnahme. Die Terroristengruppe, die die rhodesische Passagiermaschine abgeschossen hatte, war offenbar in Lusaka von Spitzenvertretern der ZAPU, darunter Joshua Nkomo, und von sowjetischen Beratern instruiert worden. Die Sambier konnten schwerlich behaupten, sie hätten nichts davon gewußt.

Ich hielt es für eine ausgezeichnete Idee, eine Maschine der Zambia Airways zu zerstören. Dies wäre eine unmißverständliche Botschaft an Präsident Kaunda, daß er nicht Terroristen unterstützen und gleichzeitig erwarten konnte, ungeschoren davonzukommen.

Die CIO stimmte zu. Unter der strikten Bedingung allerdings, daß sich die Maschine am Boden befand und keine Passagiere oder Besatzungsmitglieder an Bord waren.

Für die tatsächliche Durchführung dieser Operation brauchte ich keine spezielle Genehmigung mehr einzuholen. Das gleiche galt für Anschläge auf Eisenbahnziele – Lokomotiven, Waggons oder Bahnkörper. Wenn sich eine günstige Gelegenheit ergab, konnte ich auch die Ölraffinerie in Ndola sowie Kraftwerke und ähnliche Ziele angreifen.

Ich war knapp an Material, und wir unterhielten uns über Nachschubmöglichkeiten. Ian konnte keine Lieferungen mehr aus Botswana mitbringen, und auch die Route über den Karibasee funktionierte nicht mehr, weil die sambische Armeepräsenz in Siavonga sehr verstärkt worden war. Wir einigten uns daher auf Fallschirmabwürfe an einer abgelegenen Stelle, nicht allzu weit von Ians Farm. Wir würden die Abwurfzone mit einem »T« markieren, das aus mit Paraffin gefüllten Blechbüchsen bestand, die wir anzünden würden, wenn das Flugzeug auftauchte. Als Signal für den Piloten, daß alles in Ordnung war, würden wir kurz eine Stablampe aufblinken lassen. Wenn dieses Zeichen nicht erfolgte, hieß das, daß wir gefangengenommen worden waren und unter Zwang handelten.

Ich flog am 12. Oktober 1978 nach Lusaka, diesmal über Johannesburg und Blantyre in Malawi. Wegen einer neunstündigen Verzögerung in Blantyre landete ich erst um 23 Uhr in Lusaka und fuhr deshalb direkt ins Interconti, wo ich mir für die Nacht ein Zimmer nahm.

Priscilla holte mich am nächsten Morgen ab, und wir fuhren zur Westlands Farm hinaus und dann nach Bothasrust. Ich fuhr lediglich an den Lagern vorbei, um zu sehen, ob sich etwas Augenfälliges verändert hatte, was jedoch nicht der Fall war.

Nach Einbruch der Dunkelheit kehrte ich allein zurück. Ich verbarg mein Auto im Busch und erkundete die beiden Lager zu Fuß, wobei ich mich vergewissern konnte, daß alles noch so aussah wie bei meinem letzten Trip.

»Ich weiß nicht, wie's bei euch aussieht«, sagte Priscilla zu Sheila am Telefon, »hier jedenfalls scheint die Maisaussaat so gut zu sein wie vergangenes Jahr. Kein Unkraut und kein Schädlingsbefall . . .»

Der rhodesische Angriff auf die Lager konnte jetzt jeden Tag erfolgen. Ich hatte keine Ahnung, wie dieser Angriff aussehen würde, stellte mir jedoch vor, daß die SAS mit Bodentruppen das Freedom Camp angreifen würde.

Die Angriffe hatten absolute Priorität. Ich konnte keinerlei Sabotageakte gegen Wirtschaftziele durchführen, meine zweite Aufgabe während dieses Trips, solange sie nicht abgeschlossen waren. Wenn ich etwas tat, was zu einer Ausrufung des Notstands oder dergleichen in Sambia führte, würde das die rhodesischen Angriffspläne möglicherweise zu Fall bringen. Dies hinderte uns jedoch nicht an Erkundungen und vorläufigen Planungen.

Als erstes Zielobjekt sahen wir uns die Eisenbahn an. Nachdem US-Außenminister Kissinger den südafrikanischen Premierminister John Vorster unter Druck gesetzt hatte, um die Rhodesier an den Verhandlungstisch zu zwingen, kam es zu den ergebnislosen Genfer Gesprächen. Der Druck Südafrikas auf Rhodesien, der im Anschluß daran ausgeübt wurde, bestand in einem Drosseln der rhodesischen Munitions- und Treibstoffversorgung. Des weiteren wurde Rhodesien gezwungen, Spitzenleute der Aufständischen freizulassen, insbesondere Joshua Nkomo und Robert Mugabe, die wegen aufrührerischer Aktivitäten seit mehreren Jahren in Vorbeugehaft gehalten wurden.

Diese Situation, die sich für Rhodesien katastrophal auswirkte, war dafür verantwortlich, daß der Krieg massiv eskalierte. Als Folge davon starben Tausende von Menschen, Weiße, Schwarze und Farbige.

Die Belohnung für Sambias willige Kooperation bestand darin, daß Südafrika Wirtschafthilfe leistete, unter anderem Lokomotiven und Waggons zur Verfügung stellte und mithalf, Sambias vernachlässigten Wagenpark wieder in Schuß zu bringen.

Die Überlegung der CIO ging nun dahin, wenn ich die Eisenbahn sabotierte, insbesondere zwischen Kafue und Livingstone, der Hauptlinie für Kupferexporte nach Süden, dann würden die Sambier und vermutlich auch die Südafrikaner den Schluß daraus ziehen, daß die ZANU dahintersteckte, die Sambias Zusammenarbeit mit dem *rassistischen Süden* nicht länger hinnehmen wollte.

Diese Überlegungen erwiesen sich später als korrekt.

Als nächstes untersuchte ich die Möglichkeit, eine Maschine der Zambia Airways in die Luft zu sprengen, wobei ich strikt beachtete, daß niemand dabei zu Schaden kommen durfte.

Es gab zwei Methoden.

Die erste war, daß ich mit einer Bombe im Handgepäck auf einen Inlandsflug ging. Wenn die Maschine landete, würde ich die Bombe schärfen, den Zeitzünder auf zwanzig Minuten einstellen und das Ganze im Gepäcknetz deponierten. In zwanzig Minuten hätten die alten Passagiere die Maschine verlassen, und die neuen wären noch nicht zugestiegen.

Die zweite Methode, wahrscheinlich die weniger riskante, bestand darin, eines Nachts eine sowjetische RPG-7-Rakete auf eine Boing 707 abzufeuern, während sie auf dem Rollfeld stand oder im Hangar parkte.

Die CIO hatte einen Anschlag auf die Erdölraffinerie in Ndola befürwortet, ich hielt dem jedoch entgegen, daß es sich um eine riesige Anlage handelte, gegen die ein Einzelner kaum etwas ausrichten konnte. Es hätte schon eines Luftangriffs der gesamten rhodesischen Air Force bedurft, die Anlage außer Betrieb zu setzen.

Schließlich einigten wir uns darauf, daß ich beträchtlichen Schaden anrichten konnte, wenn ich mit Raketen oder einer Sprengladung die LPG-Tanks – Flüssiggastanks – attackierte. Die Kupferminen waren von Dieseltreibstoff auf LPG übergegangen. Diesel wurde immer wieder knapp, während LPG mehr als ausreichend vorhanden war – es fiel als Nebenprodukt bei der Raffinierung an.

Solch ein Anschlag würde nicht nur zu einer schönen Explosion führen, sondern auch der sambischen Kupferproduktion Schaden zufügen.

Die Treibstofflager in den Industriegebieten im Westen von Lusaka waren ein weiteres mögliches Ziel für einen Raketenangriff.

***

Am Donnerstag, dem 19. Oktober 1978, begann um 8 Uhr 30 die rhodesische Air Force einen klassischen Luftangriff auf das Freedom Camp in der Westlands Farm.

Das rhodesische Geschwader bestand aus Hawker Hunters, General Electric Canberras und gepanzerten Alouette-3-Helikopter-Gunships, die mit 20 mm Hispano-Bordkanonen bewaffnet waren.

Die Hunters eröffneten den Angriff und warfen im Sturzflug tausend Pfund schwere, in Rhodesien hergestellte »Golfbomben« auf das Lager ab ... jede Maschine trug zwei dieser Schrapnellbomben, unter jeder Tragfläche. Anschließend bestrichen sie das Gelände mit Raketen und Bordkanonen.

Dahinter folgten die bewährten alten Canberra-Bomber. Sie flogen in niedriger Höhe an und warfen tödliche Ladungen von Splitterbomben ab. Diese sehr wirkungsvollen Bomben, ebenfalls von Rhodesien entwickelt, sahen aus wie übergroße stählerne Fußbälle. Beim Auftreffen auf den Boden schärften sie sich automatisch ... prallten fünf Meter in die Luft ... und explodierten mit verheerender Wirkung.

Als die Canberras ihre Bombardierung beendet hatten, kam ein weiteres Geschwader von Hunters mit ihren Golfbomben, Bordkanonen und Raketen.

Nach den Hunters kamen die Alouette-Helikopter, dicht über dem Boden, und ihre Bordkanoniere bewiesen wieder einmal, daß ihr Ruf tödlicher Zielgenauigkeit keineswegs nur ein Gerücht war.

Die Alouettes besaßen nicht die nötige Reichweite für einen Direktflug von Rhodesien nach Lusaka, doch die Rhodesier hatten dieses Problem auf einfache Weise gelöst. Die Alouettes flogen soweit, wie sie kamen, landeten dann und tankten aus zuvor abgeworfenen Treibstoffässern nach.

Als der zeitlich bestens vorgeplante Angriff begann, flogen zwei rhodesische Hunter Hawkers zum Luftwaffenstützpunkt Mumbwa, wo die sambischen Kampfflugzeuge stationiert waren, und kreisten darüber. Sobald sie ihre Positionen eingenommen hatten, rief der »Green Leader«, Geschwaderkommandeur Chris Dixon, über Funk Lusaka International Airport, der das gesamte sambische Radarnetz kontrollierte und in ständigem Kontakt mit Mumbwa Airbase war.

»Lusaka Tower, hier spricht Green Leader,«

»Green Leader ... hier ist der Tower«, kam die Antwort.

»Lusaka Tower, hier spricht Green Leader. Dies ist eine Botschaft der rhodesischen Air Force für den Kommandanten von Mumbwa. Wir greifen zur Zeit den Terroristenstützpunkt auf Westlands Farm an. Dieser Angriff ist gegen rhodesische Aufständische und nicht gegen Sambia gerichtet. Rhodesien sucht keine Konfrontation, wiederhole: keine Konfrontation mit Sambia oder seinen Streitkräften. Wir ersuchen Sie daher, nicht zu intervenieren oder sich unserem Angriff entgegenzustellen. Über Ihrem Luftwaffenstützpunkt Mumbwa kreisen zur Zeit rhodesische Kampfflugzeuge, die Befehl haben, jede sambische Maschine abzuschießen, die sich nicht an unser Ersuchen hält und aufzusteigen versucht. Haben Sie alles korrekt empfangen?«

»Ja, bestätigen einwandfreien Empfang«, erwiderte der Tower in Lusaka

»Roger. Over and Out.«

Die sambische Luftwaffe, die über modernste sowjetische MIG-21-Maschinen verfügte, machte nicht einmal den Versuch, Maschinen in die Luft zu bringen und es mit den so überaus aggressiven rhodesischen Piloten in ihren alten, aber bewährten Hawker Hunters aufzunehmen.

Offenbar war ihnen klar, daß es sich, sobald sie aufgestiegen waren, nicht mehr nur um Übungskämpfe handelte, wie von ihren russischen Ausbildern gelehrt ... die Rhodesier würden tatsächlich ernst machen und scharf schießen.

Während des Angriffs gab es mehrere Funkgespräche zwischen dem Green Leader und dem afrikanischen Cheffluglotsen im Lusaka Tower, alle in ruhigem und gelassenem Ton. Gegen Ende übernahm eine Dakota mit dem Rufzeichen Dolphin-3 das Kommando von Green Leader.

Ein Jet der Kenya Airlines, dem auf Geheiß der Rhodesier vom Lusaka Tower die Landeerlaubnis verweigert wurde, wollte den Grund wissen.

»Wer hat denn hier überhaupt zuständig?« fragte der Kapitän erbost.

»Ja nun«, erwiderte der Cheflotse, »die Rhodesier, glaube ich.«

Ein Reporter der sambischen *Daily Mail* lobte unbeabsichtigt die Treffsicherheit der rhodesischen Luftwaffe, als er schrieb: »Was mir besonders auffiel, war die Tatsache, daß trotz des schweren Bombardements die nahegelegene Landstraße in keiner Weise in Mitleidenschaft gezogen wurde – allerdings hatten viele Autofahrer in Panik ihre Fahrzeuge abgestellt und sich davongemacht.

Die *Times of Zambia* sprach ein ähnliches Lob aus: »Während der Bombardierung sind sogar Züge auf der Südlinie verkehrt«, sagte ein Sprecher der Eisenbahnverwaltung.

Die Trasse führte direkt an der hinteren Grundstücksgrenze der Westlands Farm vorbei.

In der gleichen Zeitung sagte Joshua Nkomo: »Westlands Farm war nicht das militärische Hauptquartier der ZAPU, sondern ein Zentrum für die Kranken und für jene jungen Männer, die nicht tauglich waren für meine Armee ... Sie haben alles zerstört ... Wir hatten sogar einige Blinde dort. Wahrscheinlich sind sie jetzt alle tot ... Dies war ein Lager, das wir zusammen mit der UNO und dem Roten Kreuz für unsere Schulkinder ausbauten ... Wenn es nicht gewisse Probleme mit der Lieferung von Einrichtungsgegenständen gegeben hätte, wären die Kinder alle schon dort gewesen, als es passierte ... Es ist blanker Unsinn, daß unser Hauptquartier dort gewesen sein soll. Die jungen Männer waren solche, die wir nicht in unsere Truppe aufnehmen können und wollen.«

Dieses rührselige Lamento stand in krassem Widerspruch zu einem anderen Bericht in der *Times of Zambia*, in dem ein ZIPRA-Terrorist zu Worte kam: »...die Freiheitskämpfer waren machtlos, als sich Flugzeuge aus nördlicher Richtung dem Lager näherten, denn alle Waffen waren in einem Magazin weggeschlossen, und die Offiziere, die die Schlüssel hatten, waren in Zimbabwe House in der Stadt. Hätte es Waffen gegeben, hätten wir vermutlich versucht, uns zu verteidigen und die angreifenden Bomber, Helikopter und Bodentruppen unter Beschuß zu nehmen, aber so sind wir nur weggelaufen wie alte Weiber.«

Nkomo wollte keine Zahlen über Verluste nennen, was er sicherlich gern getan hätte, wenn seine Presseerklärung auch nur entfernt der Wahrheit entsprochen hätte. Statt dessen beschränkte er sich auf die ausweichende Feststellung: »Wir haben sehr viele Opfer zu beklagen.«

Als ein Reporter von Reuter's ihn fragte, wer all die Bewaffneten gewesen seien, die er nach dem Angriff dort gesehen hatte, antwortete Nkomo: »... die bewaffneten Männer waren Guerillas, die dorthin geschickt wurden, um die Flüchtlinge zu beschützen.«

Die *Times of Zambia* nannte den Stützpunkt »das Flüchtlingslager des ZAPU-Flügels der Patriotischen Front bei Chikumbi, 20 km nördlich von Lusaka«.

Nkomo bezeichnete ihn als »... das Lager, das von den Rebellen (gemeint waren die Rhodesier) Freedom Camp genannt wird«, doch in seinen Memoiren sprach er später von »unserem Freedom Camp«.

Die *Times of Zambia* verbreitete eine weitere abenteuerliche Version, als sie einen sambischen Regierungssprecher zu Worte kommen ließ: »Die Rhodesier setzten vier Kampfbomber ein, vermutlich britische Javelins, sowie vier mit Fallschirmjägern beladene Hubschrauber ... Die sambischen Streitkräfte starteten einen Gegenangriff, und die Lage hat sich wieder normalisiert ... Zwei Hubschrauber wurden von den sambischen Streitkräften abgeschossen.«

Ich erfuhr erst durch eine Meldung im sambischen Rundfunk von dem Angriff. Sofort setzte ich mich ins Auto und fuhr nach Lusaka.

Dichte Menschenmengen von Schwarzen säumten die Straßen, von den nördlichen Vororten bis zum University Teaching Hospital, wohin die Verwundeten gebracht wurden. Die Schaulustigen blieben den ganzen Tag dort und betrachteten mit großen Augen die endlosen Konvois von Fahrzeugen der ZAPU, des südafrikanischen ANC, der Polizei und der Armee, die Verwundete und auch Tote brachten, die vermutlich auf dem Weg ins Hospital gestorben waren. Bei einem Lastwagen, an den ich mich besonders gut erinnere, tropfte Blut von der Heckklappe.

Nicht viele Weiße waren auf der Straße. Es hatte ziemlich heftige Haßausbrüche gegen Weiße gegeben, und einige Fahrzeuge waren mit Steinen beworfen worden.

Ich sah eine Weile zu und verließ dann die Stadt. Weiße lebten im Moment gefährlich, wie die folgenden Ereignisse zeigten.

Am 24. Oktober, fünf Tage nach dem Angriff, verkündete Präsident Kaunda, achtzehn Ausländer, die der Kollaboration mit den Rhodesiern verdächtigt wurden, seien festgenommen worden. Konsularische Hilfe werde ihnen versagt, bis sich ihre Schuld oder Unschuld herausgestellt habe. Kaunda lehnte es ab, ihre Namen oder ihre Nationalität bekanntzugeben. »Die Männer sind in einem Gebiet in der Nähe von Lusaka festgenommen worden, das von rhodesischen Truppen angegriffen wurde«, sagte er.

Die genau Zahl der Opfer festzustellen, war mir nicht möglich, aber es müssen sehr viele gewesen sein.

Die sambische *Daily Mail* sprach von »Flüchtlingen«, die aus dem Lager gerannt seien, »einige mit abgetrennten Armen.« Die *Times of Zambia* zitierte einen Pathologen am University Teaching Hospital mit den Worten: »Ein totales Chaos. Im Moment können wir Ihnen nicht mal sagen, wieviele Leute wir seit heute morgen behandelt haben. Die Krankenstationen schwimmen in Blut.« Weiter bemerkte die Zeitung bedeutungsvoll : »Nach dem gestrigen Angriff wurden nur Verwundete ins Krankenhaus gebracht, bei denen noch Hoffnung bestand; die Toten – deren sterbliche Reste über das ganze Camp und den Busch versteut waren – ließ man dort zurück.« Später hörte ich, daß Hunderte von toten ZIPRA-Rebellen in Massengräbern auf der Westlands Farm beigesetzt worden waren.

Präsident Kaunda, der sich nie eine Chance entgehen ließ, wenn er die Hand aufhalten konnte, bat die UNO um eine Wirtschaftshilfe von 850 Millionen US-Dollar, zusätzlich zu dem, was ihm bereits zugesagt worden war, um die wirtschaftlichen Folgen zu mildern, die Sambia als Front-Line-Staat im Kampf gegen Rhodesien zu tragen hatte. Es versteht sich von selbst, daß seine Bitte höchst wohlwollend geprüft wurde.

Eine Menge denkender Menschen in Großbritannien waren damit nicht ganz einverstanden, besonders als Kaunda am 22. November 1978 die Briten als »große Affen mit einer langen ausbeuterischen Geschichte in Afrika« beschimpfte.

Gordon Leak von der *News of the World* erwiderte: »Kaunda hat mehr Freunde in Moskau, als der Verräter Anthony Blunt je Bilder gesehen hat... er beherbergt eine Bande von marxistischen Terroristen, die das Blut von Tausenden unschuldiger Rhodesier an den Händen kleben haben.

Dennoch gibt es nicht einen Minister in der britischen Regierung und nicht einen maßgeblichen Labour-Politiker, der diesen Operettendiktator, Chef einer Einheitspartei, nicht für eine Art Heiligen hielte. Unsere politischen Führer behandeln ihn wie einen »engen Freund« Großbritanniens. Trotz der nahezu bankrotten Wirtschaft wird er geschätzt als einflußreiches Mitglied der sogenannten Front-Line-Staaten.

Der ehemalige Premier Jim Callaghan (der von ihm einst als Lügner und Betrüger bezeichnet worden war) versuchte Kaunda mit einem Geschenk von 20 Millionen Pfund zu besänftigen. Letzte Woche ließ ihm Premierministerin Margaret Thatcher die Ehre eines persönlichen Telefongesprächs zuteil werden, bei dem sie ihn dringend bat, mäßigend auf die Terroristen einzuwirken. Kaunda lehnte das ab. Und nun wird von dem britischen Steuerzahler erneut verlangt, Kaunda vor dem Bankrott zu retten. Sir Ian Gilmore möchte weitere Millionen in dieses Faß ohne Boden stecken, um Sambias Wirtschaft, nach einem Waffenstillstand, wieder auf die Beine zu helfen.

Aber wessen Schuld ist es denn, daß Sambia unter den Angriffen der rhodesischen Sicherheitskräfte zu leiden hat? Hätte Kaunda nicht Terroristen Unterschlupf geboten, wäre sein Land unbehelligt geblieben. Die Bahnverbindungen mit Südafrika und Rhodesien wären immer noch intakt. Nahrungsmittellieferungen wären nicht blockiert worden, und Kaundas Bevölkerung würde jetzt nicht Hunger leiden.

Soll der großzügige Sir Ian doch seine Samthandschuhe ausziehen und das diesem impertinenten Präsidenten unmißverständlich sagen. Dann brauchen die Briten, von denen man verlangt, den Gürtel enger zu schnallen, auch nicht das Gefühl zu haben, daß Kaunda sie tatsächlich für Äffchen hält.«

16

1978 WIRTSCHAFTLICHE ZIELE IN SAMBIA

In den frühen Morgenstunden des 20. Oktober 1978 fuhren Ian und ich zu der Abwurfzone, die ich mit Colonel Joe vereinbart hatte. Die rhodesische Air Force sollte um 3 Uhr morgens Nachschubmaterial abwerfen.

Wir legten unsere primitiven Fackeln aus Blechbüchsen, Paraffin und Stoffetzen als Dochten aus und lauschten auf das Geräusch von Flugzeugmotoren. Die Air Force ließ sich nicht blicken. Vier Nächte hineinander warteten wir auf sie, doch sie kam nicht.

Die rhodesische Luftwaffe war eine winzige, aber höchst schlagkräftige Einheit. Oft reichten ihre Ressourcen einfach nicht für all die unzähligen Aufgaben, die ihr gestellt wurden. Und genau das war in unserem Falle passiert. Andere kriegswichtige Einsätze hatten Vorrang gehabt.

Mein erster Sabotageakt nach dem Angriff auf Westlands Farm war gegen die sambische Eisenbahn geplant. Während ich auf der Farm wartete, daß sich die Lage in Lusaka entspannte, fertigte ich drei Sprengladungen an. Jede enthielt mehrere Kilogramm Plastiksprengstoff. Zwei waren so geformt, daß sie an den Schienen angebracht werden konnten, die dritte wollte ich unter einer Schwelle deponieren. Alle drei würde ich so miteinander verbinden, daß sie gleichzeitig detonierten.

Die Explosion wurde durch einen Druckkontakt ausgelöst, den ich aus Schaumgummi und Blechstreifen gebastelt hatte. Er würde mit Klebeband am Schienenstrang befestigt und durch die darüberrollenden Räder der Lok aktiviert werden. Durch die Explosion würde ein abgerissenes Stück Schiene sowie die Schwelle von unten gegen die Lok geschleudert werden.

Als Folge der südafrikanischen Unterstützung fuhren sambische Güterzüge auch nachts. Bis dahin war das in Sambia undenkbar gewesen. Aus

Geheimdienstberichten ging hervor, daß Präsident Kaunda es bei der Hilfe, die er aus Südafrika bekam, offenbar nicht recht wohl war. Dadurch, daß die Güterzüge hauptsächliloch nachts verkehrten, hoffte er, die Einheimischen würden es nicht mitbekommen. Wir wollten eines Abends nach Kalomo fahren und der Straße folgen, die parallel zur Bahnlinie verlief. Sambische Züge fahren wegen der schmalen Spur nicht besonders schnell. Wenn wir einen passenden Zug sahen, würden wir vorausfahren, die Sprengladungen legen und auf das Eintreffen des Zugs warten.

Am 22. Oktober, nach Einbruch der Dämmerung, machten wir uns auf den Weg. Zwischen Magoye und Monze begegneten wir einem Passagierzug, der in Richtung Livingstone fuhr, aber den ließ ich ungeschoren. Im Rangierbahnhof Chisekesi hielt ein schwerbeladener Güterzug. Wir warteten, bis er wieder losfuhr, offenbar in Richtung Livingstone, und gaben Gas. An der Stelle, wo die Bahnlinie die Straße nach Choma überquert, lief ich hundert Meter die Geleise hinunter und legte die Bomben.

Dann setzten wir uns ins Auto und warteten. Als der Zug um 2 Uhr immer noch nicht eingetroffen war, fuhren wir nach Chisekesi zurück, um nachzusehen, was passiert war. Dort wurden immer noch Waggons verschoben, und es sah so aus, als würde der Zug die Nacht über dortbleiben. So fuhren wir wieder nach Choma und warteten bis 4 Uhr 30, aber kein Zug kam, auch nicht aus der Gegenrichtung. Ich montierte die Sprengladungen wieder ab, und wir fuhren nach Hause.

Während der folgenden Tage blieb ich auf der Farm, weil der rhodesische SAS inzwischen das ZIPRA-Lager in Mkushi angegriffen hatte. Die sambische Öffentlichkeit erfuhr davon erst, nachdem die Rhodesier sich längst wieder zurückgezogen hatten.

Die Sambier versuchten, wie üblich, die rhodesischen Attacken herunterzuspielen. Beim Freedom Camp hatte dies wenig Erfolg, denn Westlands Farm lag nur zwanzig Kilometer von Lusaka weg. Tausende von Menschen in Lusaka hörten die Bombenexplosionen und sahen die riesigen Rauchpilze aufsteigen.

Mkushi jedoch war viel abgelegener.

Der SAS, unterstützt von der rhodesischen Luftwaffe, insbesondere gepanzerten Helikoptern, machte das Lager dem Erdboden gleich, tötete oder ergriff eine große Zahl von ZIPRA-Rebellen, die meisten davon Frauen, denn es war ein Frauenlager, verjagte ein paar sowjetische Berater und beschlagnahmte oder vernichtete Tonnen von Kriegsmaterial.

Die Sambier spielten die Angelegenheit herunter und verbreiteten die Meldung, ihre Streitkräfte hätten eine DC-3 mit 40 Fallschirmjägern sowie weitere 6 Maschinen abgeschossen und einen nachhaltigen Sieg über die Rhodesier errungen. Joshua Nkomo behauptete mit todernstem Gesicht im sambischen Fernsehen, die Rhodesier hätten bei dem Angriff auf Mkushi Mirage-Jets, die von israelischen Piloten geflogen worden seien, eingesetzt.

Der rhodesischen Luftwaffe, deren Kampfgeschwader aus veralteten englischen GE-Canberras und Hawker Hunters bestand, wurde bei dem Angriff auf Westlands Farm unterstellt, britische Javelins eingesetzt zu haben, und bei dem Angriff auf Mkushi französische Mirages. Die rhodesischen Piloten wünschten sich vermutlich nichts sehnlicher, als daß dieses Märchen zur Abwechslung einmal der Wahrheit entsprach.

Während unserer erzwungenen Untätigkeit auf der Farm entschieden Ian und ich, daß die Zeit reif war für ein bißchen Desinformation. Das einzige Gesprächsthema in jenen Tagen waren natürlich die rhodesischen Angriffe, also dachten wir uns ein passendes Gerücht aus.

Es lautete folgendermaßen: Kenneth Kaunda steckte in Wirklichkeit mit Ian Smith unter einer Decke. Er informierte Smith über den forcierten Ausbau der Terroristenlager. Dies hatte er deswegen getan, weil Großbritannien ihm Militärhilfe verweigerte. Die Terroristen waren jetzt stärker als seine Armee und kontrollierten praktisch schon das Land. Um ihre Macht zu beschneiden, hatte er die Rhodesier zu den Angriffen ermuntert. Geschickterweise lieferte Präsident Kaunda ein dazu passendes Indiz, denn auf einer Pressekonferenz am 23. Oktober sagte er, er sei am Tag vor den Angriffen vorgewarnt worden.

Es war ein wunderbares Gerücht, an dem wir tagelang herumfeilten. Später testeten wir es bei ein paar weißen Farmern, die es mit Begeisterung schluckten. Die Story verbreitete sich rasch in ganz Sambia und wurde von Tag zu Tag mehr ausgeschmückt: Der Fluglotse im Tower von Lusaka hatte vom Kommen der Rhodesier gewußt, deswegen war er so ruhig geblieben ... Smith war in Lusaka gewesen und hatte mit Kaunda konferiert ... Kaunda hatte Smith in Salisbury besucht ... ein hoher sambischer Regierungsbeamter war als Verbindungsmann zu den Rhodesiern eingesetzt worden ...

Es war herrlich, wie die Story aus allen Ecken und Enden zurückkam. Binnen zwei Wochen erschien sie im *Rhodesia Herald*. Dann tauchte sie überall auf der Welt in Zeitungen auf.

Am 26. Oktober, nachdem die Lage sich wieder einigermaßen normalisiert hatte, beschloß ich, einen weiteren Sabotageversuch an der sambischen Eisenbahn zu starten. Wie beim erstenmal verließen wir nach Einbruch der Dunkelheit die Farm und folgten der Bahnlinie bis Monze. Dort stand, in Richtung Lusaka, ein schwerbeladener Güterzug.

Um 21 Uhr fuhr er los. Wir rasten über die Landstraße bis zu einer Stelle zwischen dem Bahnhof Kamazya Magoye, wo es eine längere Gefällstrecke gab, und brachten die Sprengladungen an. Dann fuhren wir noch fünhundert Meter weiter und warteten am Straßenrand.

Der Güterzug hatte ein schönes Tempo drauf, als er sich um 21 Uhr 30 näherte. Die Sprengladungen gingen hoch, aber der riesige Scheinwerfer an der Lok erlosch nicht. Vierhundertfünfzig Meter hielt sich der Stahlkoloß noch aufrecht, während er, entgleist, über die Schwellen ratterte. Dann kam er mit fürchterlichen Getöse zum Halten. Wir verdrückten uns schleunigst.

Am 28. Oktober brachten die *Times of Zambia* und die *Daily Mail* die Story in großer Aufmachung. Der Generaldirektor der sambischen Eisenbahnverwaltung, Mr. Anderson Mazoka, sagte in einer Presseerklärung: »Sechs von zwölf Waggons, die mit Kohle aus der Maamba-Mine in der Südprovinz beladen waren, sind schwer beschädigt worden, als ein Güterzug auf eine Landmine fuhr. Hundert Meter Geleise wurden weggerissen, und an der Stelle, wo die Lokomotive auf die Mine fuhr, befindet sich ein metertiefer Krater.« Er fügte hinzu: »Der Wachmann erlitt Prellungen, während der Beobachter nicht mehr richtig hört, aber der Lokführer blieb unverletzt.«

Erst später erfuhr ich, daß die Lok, nach der Explosion und der langen Fahrt über die Schwellen, leider nicht umgestürzt war. Andernfalls wäre der Schaden noch größer gewesen.

Ein örtlicher Farmer berichtete, die Lok sei so schwer beschädigt gewesen, daß es sechsunddreißig Stunden gedauert hätte, die Wrackteile wegzuräumen und die Lok wieder auf die Schienen zu setzen. Einige der Waggons seien mit Schneidbrennern zerstückelt und auf Lastwagen als Schrott abtransportiert worden.

Man soll das Eisen schmieden, solange es warm ist. Bei einem Erkundungstrip zum Flughafen von Lusaka entdeckten wir eine Boeing 707 der Zambia Airways, die vor der Wartungshalle stand, nur hundertfünfzig Meter vom Zaun entfernt. Die Position war ideal. Vom Zaun konnte ich leicht drei oder vier RPG-7-Raketen abfeuern und die Maschine total zerstören.

Wir kehrten am Abend des 30. Oktober zurück, aber die Boeing war abgeflogen, und keine andere stand in günstiger Schußposition. Ich hatte einen RPG-7 mit drei Raketen, eine AK und zwei Pistolen mitgebracht, in einem Maissack im Heck des Lieferwagens versteckt, und so fuhren wir statt dessen zu den Tanklagern im Industriegebiet. Wir wählten das Shell/BP-Depot aus, das größte in dem Komplex.

Ian parkte den Lieferwagen etwa fünfhundert Meter vor dem Ziel. Ich holte den RPG-7-Raketenwerfer und eine Rakete aus dem Maissack. Da ich einen Brand auslösen wollte, würde eine Rakete ausreichen. Nachdem ich den Werfer geladen hatte, ließ ich Ian im Wagen zurück und schlich zu einem Abflußgraben.

Wegen der Treibstoffknappheit in Sambia lag es nahe, daß einige Tanks leer sein würden. Wenn ich einen leeren Benzintank beschoß, würde das wahrscheinlich trotzdem zu einer Explosion führen. Wenn ich dagegen einen leeren Dieseltank traf, würde der kaum in Brand geraten.

Es gab zahlreiche große und auch kleinere Tanks. Ian und ich hatten heiß diskutiert, welche davon Diesel und welche Benzin enthielten. Schließlich entschied ich für mich einen, der, wie ich meinte, ein Benzintank war. Später erfuhr ich, daß ich, trotz des dürftigen Ergebnisses, recht gehabt hatte.

Ich wollte eigentlich aus der Deckung des Grabens heraus schießen, aber von dort konnte ich die Flugbahn nicht richtig hinbekommen, deshalb stand ich auf und visierte mein Ziel an. Es war zweihundertfünfzig Meter entfernt, und ich hatte nicht die Absicht, näher heranzugehen. Der RPG-7-Werfer ist eine sehr akkurate Waffe, und ich rechnete nicht mit einem Fehlschuß. Als die Rakete einschlug, erwartete ich ein flammendes Inferno. Ich ließ mich sofort fallen, um der Hitzewelle zu entgehen.

Es gab in der Tat eine laute Explosion, als die Rakete exlodierte, aber mehr auch nicht. Vorsichtig spähte ich über den Grabenrand und sah, wie Afrikaner in panischer Angst aus dem Tankgelände flohen. Was ich verstehen konnte. Eine schwarze Rauchwolke erhob sich über dem Tank, aber in Brand war er nicht geraten.

Ich konnte nichts weiter tun, da ich nur eine einzige Rakete mitgebracht hatte. So lief ich zum Wagen zurück, und wir machten uns davon.

Ian meinte, die Rakete sei wohl schon am Zaun explodiert. Ich konnte das nicht glauben, weil eine RPG-7-Rakete normalerweise einen Maschendrahtzaun durchdringt, insbesondere, wenn die Raketenspitze mit einer Schutzkappe für den Aufschlagzünder versehen ist. Üblicherweise entfernt man diese Schutzkappe, läßt sie nur dann an ihrem Platz, wenn man durch Fenster oder durch Zäune schießt. Das stellt sicher, daß die Rakete nur dann detoniert, wenn sie auf ein massives Hindernis trifft.

Am nächsten Tag stand kein Wort davon in den Zeitungen. Die Sambier hatten es wieder einmal vorgezogen, die Sache totzuschweigen. Da Ian jedoch im Transportwesen tätig war, besuchte er oft die benachbarte Caltex-Niederlassung, und so fuhren wir einfach am nächsten Tag hin. Vom Caltex-Lager hatten wir freie Sicht auf unser gestriges Zielobjekt.

Die Rakete war in der Tat in den Tank eingeschlagen, doch offenbar war er leer gewesen und hatte, obwohl es ein Benzintank war, nicht Feuer gefangen.

Unser nächstes Sabotageziel sollte wieder ein Zug sein. Am 30. Oktober baute ich den ganzen Tag Sprengladungen zusammen. Diesmal wollte ich näher an Lusaka zuschlagen. Aus psychologischen Gründen ist es immer besser, Sabotageakte innerhalb oder in der Nähe einer Hauptstadt durchzuführen. Die negative Wirkung auf die öffentliche Moral ist viel stärker, und das Vertrauen in den Staat wird viel mehr erschüttert. Um Hauptstädte liegt eine Aura, und man hält sie für immun gegen terroristische Attacken. Dies ist auch der Grund, warum eine Bombe in Manchester längst nicht die Wirkung auf die Öffentlichkeit hat wie eine Bombe in London.

Etwa zwei Kilometer östlich von Kafue führt die Bahnlinie durch einen schmalen Einschnitt. Neben der Trasse verläuft ein tiefe, ausgewaschene Wasserrinne. Ian setzte mich dort ab, fuhr dann fünfhundert Meter weiter, klappte die Motorhaube auf und markierte eine Panne.

Wegen der Nähe des Polizeipostens in Kafue und eines Armeelagers hatte ich geplant, nach dem Anbringen der Sprengladungen quer durch den Busch zu laufen und erst an der Stelle wieder auf die Straße zu treffen, wo Ian mit dem Wagen wartete. Ich wollte nicht die Straße entlanglaufen, um nicht vielleicht Afrikanern zu begegnen, die sich später an einen Weißen erinnert hätten. Eine eingehende Erkundung hatte ich nicht vorgenommen, da ich mit keinerlei Schwierigkeiten rechnete. Es kam jedoch anders.

Die Böschung war unerwartet steil. Der Weg durch die Wasserrinne war länger und schwieriger, als ich gedacht hatte. Es gab zwei Schienenstränge, statt des erwarteten einen. Ich wußte nicht, welcher der richtige war, sagte mir dann aber, daß es wohl egal wäre, da die Strecke zwischen Kafue und Lusaka sehr stark befahren war.

Ich brachte die Sprengladungen an und befestigte den Druckkontakt mit Klebeband an einer Schine. In der Ferne sah ich die Scheinwerfer eines näherkommenden Zugs. Er war noch ein gutes Stück weg, aber die Geleise vibrierten bereits.

Ich zögerte, machte mir Sorgen, ob ich vielleicht den falschen Schienenstrang ausgesucht hatte. Außerdem fragte ich mich langsam, ob mir noch genügend Zeit blieb, mich in Sicherheit zu bringen. Würde ich es durch die

Wasserrinne und die Böschung hinauf schaffen, bevor die Bomben hochgingen?

Riskier's, entschied ich. Ich ließ ein AK-Magazin mit der eingeritzten Inschrift »ZAPU« fallen und rannte los.

Nachdem ich die Wasserrinne durchquert hatte, machte ich mich an den steilen Aufstieg. Es war stockfinster, und das Gelände hier war noch schwieriger als auf dem Hinweg. Der Zug kam immer näher. Stolpend, kletternd und kriechend legte ich etwa hundertfünzig Meter zurück, was jedoch nur fünfzig Meter Luftlinie entsprach. Ich hörte das Dröhnen des Zug fast direkt hinter mir.

Mit letzter Anstrengung erreichte ich den Gipfelpunkt Punkt der Böschung, genau in dem Moment, als der Zug die Mine auslöste.

Es gab eine gigantische Explosion, die Erde bebte unter mir. Mit einem Hechtsprung warf ich mich hinter einen Baum in Deckung. Ein mächtiger Orkan ließ mir Erde, Steine und Metall um den Kopf fliegen. Es schien richtiggehend Eisenbahnteile zu regnen.

Abrupt hörte der Sturm auf. Mit weichen Knien stand ich auf und lief zur Straße, wo Ian den Wagen abgestellt hatte.

Ich sah Scheinwerfer näherkommen und warf mich am Straßenrand in Deckung. Als der Wagen passiert hatte, sah ich, daß es Ian gewesen war. Ich sprang auf und rannte rufend und winkend hinterher. Doch er hörte mich nicht, und mit ziemlicher Verzweiflung sah ich den Rücklichtern nach, wie sie in Richtung Kafue verschwanden.

Kurz darauf tauchten die Scheinwerfer eines weiteren Fahrzeugs aus Richtung Kafue auf. Wieder duckte ich mich in die Büsche. Und wieder stellte ich zu spät fest, daß es Ian gewesen war. Aich diesmal reagierte er nicht auf mein Rufen und Winken.

Glücklicherweise machte Ian, der befürchtete, ich sei bei der Explosion ums Leben gekommen, noch einen letzten Versuch, wobei er diesmal langsamer fuhr. Ich sah die Scheinwerfer, riskierte alles und sprang winkend auf die Straße.

Zu meiner großen Erleichterung hielt der Wagen an.

»Alles in Ordnung?« fragte Ian mit unbewegter Stimme.

»Ja«, murmelte ich.

»Dann steig ein«, sagte er.

Was ich auch tat ... mit einem Seufzer der Erleichterung.

Die ganze Episode, die aus einem Slapstickfilm hätte stammen können, hatte höchstens vier oder fünf Minuten gedauert, doch mir war sie wie eine Ewigkeit vorgekommen. Ich hatte mir schon ausgemalt, wie ich versuchte, per Anhalter zur Farm zu gelangen – nachdem ich einen schweren Sabotageakt gegen die Republik Sambia begangen hatte.

Anderntags stand die Story in allen Zeitungen. In den Meldungen hieß es, eine »weitere Landmine« hätte eine Lokomotive getroffen und sie und den Schienenstrang schwer beschädigt.

Am folgenden Tag machten Ian und ich einen Erkundungstrip. Wir stellten fest, daß eine einzelne Lok die Sprengladung ausgelöst hatte. Die Lok war entgleist und lag halb auf der Seite. Ein Rad fehlte – Teile davon waren mir vermutlich um die Ohren geflogen –, und an der Seite klaffte ein großes Loch.

Sambia war in beträchtlicher Aufregung. Überall wurden Straßensperren errichtet, die Polizei kontrollierte scharf.

Was auch verständlich war. Ich wußte von zwei Großangriffen der Rhodesier – tatsächlich hatte es noch weitere gegeben, einschließlich eines Luftangriffs auf Bothasrust, wie ich nach meiner Rückkehr erfuhr –, dazu kamen ein Raketenangriff auf ein Treibstofflager und zwei Sabotageanschläge auf Eisenbahnen.

Unter diesen Umständen die Operationen fortzusetzen, wäre unnötig gefährlich gewesen. Außerdem hatten wir viel von dem erreicht, was wir uns vorgenommen hatten. Was mich allerdings weniger begeisterte, war eine telefonische Nachricht, daß man »uns auf keinen Fall im November besuchen würde«. Joshua Nkomo stand erneut unter rhodesischem Schutz.

Am Samstag, dem 4. November 1978, als sich die Lage wieder ein bißchen beruhigt hatte, fuhr mich Ian zum Flughafen. Wir gaben uns die Hand, und ich bestieg die Maschine nach Johannesburg. Wir wußten es noch nicht, aber dieser kurze Händedruck sollte das Ende unserer gemeinsamen Einsätze bedeuten.

Nach meiner Rückkehr erzählte mir Colonel Joe, das AK-Magazin mit dem eingeritzten Namenszug »ZAPU«, das ich bei dem Anschlag bei Kafue zurückgelassen hatte, sei zur Abwechslung einmal von der sambischen Polizei gefunden worden und hätte durchschlagenden Erfolg gezeigt.

Trotz der Primitivität des Tricks, die mir beinahe peinlich war, hatten die Sambier den Köder glatt geschluckt – mitsamt Haken, Schnur und Angelrute.

Aus einem aufgefangenen Funkspruch ging hervor, daß einige Spitzenfunktionäre der ZAPU – Namen wurden nicht genannt – vorgeladen worden waren. Die Sambier hatten erbost verlangt, die ZAPU solle damit aufhören, sambische Züge in die Luft zu jagen.

Die ZAPU-Leute seien sehr verlegen und schuldbewußt gewesen, als die Sambier triumphierend »eindeutige Beweise« vorlegten, in Form des markierten AK-Magazins.

17

1978
FESTNAHMEN UND BEFREIUNGSPLÄNE

Colonel Joe und seine Vorgesetzten waren hochzufrieden mit der Art und Weise, wie sich die Dinge in Sambia entwickelt hatten, nach den Angriffen und meinen Sabotageanschlägen. Auch ich war sehr zufrieden.

Am frühen Morgen des 14. November klingelte mein Telefon und änderte das alles.

»Ich muß Sie dringend sprechen«, sagte Colonel Joe.

Ich sah auf die Uhr. Mein Geschäftspartner und ich hatten um 11 Uhr einen Termin mit einem Kunden.

»Okay«, meinte ich, »treffen wir uns zum Lunch im Park Lane Hotel.

»Es ist brandeilig . . . wir müssen uns sofort treffen.«

»Wo?«

»Ich bin im Moment im Büro. Wir treffen uns draußen auf der Straße und gehen dann irgendwo hin.«

Ich hörte seiner Stimme an, daß etwas sehr Ernstes passiert sein mußte, aber das war trotzdem kein Grund, die üblichen Vorsichtsmaßnahmen über Bord zu werfen.

»Nein«, widersprach ich, »wir treffen uns wie üblich im Park Lane Hotel. Es ist zu früh, sich in den Garten zu setzen und Bier zu trinken, aber wir können ja frühstücken oder uns einen Kaffee bestellen.«

Colonel Joe trat an meinen Tisch, setzte sich und kam sofort zur Sache. Er zog ein Originalformular der Special Branch aus der Aktentasche. Ich erkannte es als das Transskript eines abgehörten Funkspruchs des sambischen Polizeifunks.

»Lesen Sie«, sagte er gepreßt.

Die Nachricht stammte von der Polizeizentrale in Lusaka und war an eine andere Dienststelle adressiert. Ein weißer Farmer war festgenommen worden wegen illegalen Besitzes von Kriegswaffen – Raketenwerfer, AK-Gewehre, Pistolen, Sprengstoff, Detonatoren, und so weiter. Die Seriennummern waren ebenfalls aufgeführt. Weder der Name des Verdächtigen noch der Ort der Festnahme waren angegeben.

»Ian?« fragte Colonel Joe.

»Scheint so«, erwiderte ich. »Beschwören könnte ich's allerdings nicht. Um die Seriennummern habe ich mich nie gekümmert, sie sagen mir nichts. Aber die Mengen stimmen ungefähr.«

»Ich glaube, es ist Ian«, sagte Colonel Joe. »Sheila hat seit heute morgen vergeblich versucht, auf der Farm anzurufen. Aber das muß nichts heißen – Sie kennen ja das sambische Telefonnetz.«

»Wenn sie Ian geschnappt haben, hängen sie ihn auf . . . darauf können Sie wetten«, sagte ich. »Ich fliege nach Sambia und hole ihn raus – mit oder ohne CIO-Hilfe.«

»Hatte ich mir schon gedacht, daß Sie so reagieren würden«, antwortete Colonel Joe. »Ich habe mit meinen Vorgesetzten gesprochen, und sie stimmen zu. Auch für sie kommt es nicht in Frage, ihn seinem Schicksal zu überlassen. Im Anfangsstadium, bevor er verurteilt und ins Hochsicherheitsgefängnis Kabwe eingewiesen ist, dürfte eine Befreiungsoperation nicht allzu schwierig sein.«

»Ich habe Ian immer versprochen, ihn herauszuholen, wenn er geschnappt wird«, erklärte ich. »Okay, für mich war's dort auch nicht ungefährlich, aber ich konnte wenigstens ab und zu nach Hause fahren. Ian dagegen blieb immer dort und lief ständig Gefahr, verhaftet zu werden.«

»Es gibt noch einen anderen, zynischen und eigennützigen Grund, warum wir Ian herausholen müssen«, meinte Colonel Joe. »Meinen Vorgesetzten ist das ebenfalls bewußt.«

»Was für einen Grund?«

»Wenn er zusammenbricht und auspackt, bevor Sie ihn herausholen können, macht er damit die Arbeit von fünf Jahren zunichte. Ich habe für heute nachmittag ein weiteres Gespräch arrangiert, mit zwei SAS-Offizieren. Sprechen Sie mit denen die Sache durch. Planen Sie eine Befreiungsaktion mit Hilfe eines SAS-Teams.«

An diesem Nachmittag traf ich mich erneut mit Colonel Joe im Park Lane Hotel. Er war in Begleitung von zwei Männern in Zivil. Den einen kannte ich, wir waren uns schon bei geselligen Anlässen begegnet. Er lächelte überrascht, denn Colonel Joe hatte ihm offenbar einiges über mich erzählt. Bis dahin hatte er wohl angenommen, ich sei einer jener ehemaligen britischen SAS-Typen, denen man hin und wieder über den Weg läuft.

Captain Bob MacKenna, vom SAS, war ein bekannter, beliebter und durch und durch professioneller Soldat. Er war Amerikaner und hatte bei den Special Forces in Vietnam gedient. Im SAS hatte er sich vom Trooper bis zum Captain hochgearbeitet, was eine stolze Leistung war.

Der andere Offizier war Captain Frank Hales. Ich kannte ihn zwar nicht persönlich, hatte jedoch schon von ihm gehört. Er hatte vor meiner Zeit im britischen SAS gedient und war ebenfalls ein sehr erfahrener Soldat, älter als der typische Captain im rhodesischen SAS, aber durchaus fähig, den meisten jüngeren Männern noch etwas vorzumachen.

Nachdem wir uns ein wenig beschnuppert hatten, machten wir uns Gedanken, wie wir Ian Sutherland herausholen konnten. Wir wußten mittlerweile, daß es sich tatsächlich um ihn handelte - in einem anderen aufgefangenen Funkspruch war sein Name erwähnt worden –, aber wir hatten keine Ahnung, wo man ihn festhielt.

***

Der Alptraum hatte am Freitag, dem 10. November 1978 begonnen, eine Woche nach meiner Rückkehr nach Salisbury. Ian und Priscilla Sutherland hatten Besuch gehabt, der gerade gegangen war. Sie hörten Motorengeräusch und schauten aus dem Fenster. Zwei dunkelblaue Polizei-Landrover, gefolgt von sieben schweren Armeelastwagen, bogen von der Landstraße auf die Farmzufahrt ab.

»Was wollen die von uns?« fragte Priscilla.

»Die sind hinter uns her«, antwortete Ian. »Hör zu, wir haben oft genug darüber gesprochen... wir waren uns im klaren, daß so etwas jederzeit passieren kann. Von dir wollen sie wahrscheinlich nichts. Niemand weiß von dem Keller unter dem Geräteschuppen außer Taffy, dir und mir, also werden sie bestimmt nichts finden.«

»Und wenn sie nun einen Tip bekommen haben?«

»Auch dann finden sie nichts«, meinte Ian achselzuckend.

»Ach, du lieber Gott«, rief Priscilla erbleichend und schlug die Hand vor den Mund. »Die Tokarew!«

Ian blickte sie an und war einen Moment ratlos. Wegen unserer vielen nächtlichen Operationen und wegen der wachsenden Kriminalität trug Priscilla zur Selbstverteidigung oft eine russische Tokarew-Pistole aus dem Waffenlager bei sich. Wenn sie damit in eine Polizeikontrolle geraten wäre, hätte sie gesagt, sie hätte die Waffe für fünf Kwacha einem ZAPU-»Freiheitskämpfer« abgekauft – der derzeitige Marktpreis, zu dem ZAPU-Angehörige in Sambia ihre Waffen veräußerten. Unter normalen Umständen hätte diese Erklärung ausgereicht ... nicht jedoch, wenn ein riesiges Polizeiaufgebot deine Farm nach Waffen durchsuchte.

Priscilla stürzte ins Schlafzimmer und holte die Pistole aus einer Schublade. Sie lief damit ins Bad und versenkte die Waffe in einem offenen Installationsschacht.

»Meinst du, Phineas, der Gärtner, hat vielleicht das Waffenlager entdeckt und die Polizei alarmiert?« fragte Priscilla.

»Nein, das glaube ich nicht«, erwiderte Ian. »Ich kontrolliere regelmäßig den Fußboden, und der war bisher immer unberührt. Außerdem ist Phineas schon so lange bei uns – der würde nie etwas finden, wenn er nicht gerade darüberstolpert. Ist schon ein bißchen verkalkt, der Alte.«

»Was passiert, wenn sie das Zeug finden?« fragte Priscilla.

»Sie hängen mich«, erklärte Ian lakonisch. »Sie werden mich wegen Hochverrats verurteilen und dann aufhängen.«

»Gehen wir nach draußen«, schlug Priscilla vor. »Wenn wir uns unverdächtig benehmen, hilft das vielleicht.«

Sie nahmen ihren fünfjährigen Sohn an der Hand und gingen vors Haus.

Die Fahrzeugkolonne hatte ein paar hundert Meter vor dem Haus angehalten. Die Sutherlands sahen zu, wie die schwerbewaffneten Polizisten und Soldaten in Tarnuniformen absaßen und ausschwärmten. Die Soldaten warfen sich in Deckung und richteten ihre Waffen auf das Haus. Die Farm war im Nu umzingelt. Ein Landrover mit bewaffneten Polizisten fuhr vor.

»Mr. Sutherland?« sagte ein schwarzer Polizeibeamter, offenbar ein höherer Dienstgrad.

»Ja«, bestätigte Ian.

»Wir besitzen Informationen, daß Sie auf Ihrer Farm Waffen gelagert haben. Dies ist ein schwerer Gesetzesverstoß, und ich muß Sie ersuchen, uns zu sagen, wo Sie sie versteckt haben.«

»Ich weiß nichts von Waffen«, protestierte Ian Sutherland. »Nach was für Waffen suchen Sie?«

»Kriegswaffen ... von Rhodesien, Mr. Sutherland«, erklärte der Polizeibeamte geduldig. »Wenn Sie uns das Versteck nicht zeigen, müssen wir Ihre Farm durchsuchen. Damit verschlimmern Sie Ihre Lage nur.«

»Ich habe wirklich keine Ahnung, wovon Sie reden«, sagte Ian. »Durchsuchen Sie meinetwegen die Farm, aber ich kann Ihnen versichern, Sie werden nichts finden.«

Die Sutherlands wurden gefilzt und mußten sich dann mit ihrem Sohn auf den Rasen setzen, der sich zwischen dem Haus und dem Geräteschuppen befand. Zwei Soldaten bewachten sie.

Bald begann der Junge zu quengeln. Priscilla fragte den Einsatzleiter, ob sie ihren Sohn zu Nachbarn bringen könnte. Der Polizeibeamte war einverstanden und ließ sie in einem Landrover zum Nachbarhaus fahren. Priscilla ließ ihren Sohn dort und sollte ihn erst vierzehn Tage später wiedersehen.

Ian Sutherland wurde sehr bald klar, daß dies keine halbherzige Suchaktion war, aufgrund eines vagen Verdachts. Sie wußten etwas, und sie wollten auf keinen Fall mit leeren Händen abziehen. Verstärkung wurde angefordert, so daß gegen Abend über dreihundert Polizisten und Soldaten im Einsatz waren. Sie wurden in Suchtrupps eingeteilt und schwärmten in alle Richtungen aus.

Als erstes durchsuchten sie den Geräteschuppen, räumten alle Geräte hinaus und kontrollierten die Wände und das Wellblechdach. Nachdem sie nichts gefunden hatten, zogen sie weiter.

Der Einsatzleiter kümmerte sich persönlich um die sehr gründliche Durchsuchung des Farmhauses. Als sie nichts fanden, fingen sie noch einmal von vorne an . . . wobei sie in ihrer Verärgerung alle Polstermöbel und Matratzen aufschlitzten. Trotzdem fanden sie nicht einmal die so hastig verborgene Tokarew-Pistole. Die liegt wahrscheinlich heute noch in dem Installationsschacht.

Wie auf den meisten Farmen gab es auch hier zahlreiche Nebengebäude, Scheunen und Ställe. Außerdem standen gut zwanzig abgewrackte Fahrzeuge und Traktoren herum, es gab einen Schrotthaufen, Stapel von Maissäcken, aufgestapelte leere Säcke und sonstiges Farmzubehör. Ein echter Alptraum für eine Suchmannschaft.

Bei Einbruch der Nacht war das Ergebnis ihrer Bemühungen gleich Null. Ihr aggressives Verhalten dem Ehepaar gegenüber, das zwar nicht offiziell, aber de facto festgenommen war, sprach Bände.

An diesem Abend erlaubten sie Priscilla Sutherland widerwillig, sich im Schlafzimmer ihres Hauses zur Ruhe zu legen. Ein Polizist saß als Bewacher auf der Couch im Wohnzimmer.

Ian Sutherland hatte weniger Glück. Man brachte ihn nach Kafue auf die Polizeiwache und verhörte ihn unter ständigen Mißhandlungen die ganze Nacht.

»Mach den Mund auf!« forderten sie.

Ian Sutherland biß die Zähne zusammen. Es wäre Wahnsinn, ein Geständnis abzulegen und ihnen das Versteck unter dem Geräteschuppen zu zeigen. Er hatte den festen Willen, durchzuhalten – weil ihm gar nichts anderes übrigblieb.

Innerlich war er dankbar für die Zeit in Japan, wo er 1965 die höheren Weihen in Karate erworben hatte. Körperliche Schmerzen und Qualen aus dem Bewußtsein zu verbannen, war eine Kunst, die die Samurai seit tausend Jahren perfektioniert hatten.

Um 5 Uhr morgens warfen sie ihn auf einen Lastwagen und brachten ihn zur Farm zurück. Das Ehepaar verbrachte einen weiteren Tag auf dem Rasen unter der heißen Novembersonne.

Priscilla war entsetzt über sein Aussehen. Ian wollte nicht darüber reden, aber Priscilla konnte sich unschwer vorstellen, daß es hart gewesen sein mußte. Sein Gesicht war geschwollen, er hatte ein blaues Auge und zahlreiche Prellungen und blutunterlaufene Stellen an den Beinen.

»Bitte sag mir, was sie mit dir gemacht haben«, drängte sie.

»Alles in Ordnung«, erwiderte er knurrig. »Ich lebe noch ... und mit diesen Clowns werde ich allemal noch fertig.«

Ian Sutherland hatte einen außergewöhnlich starken Willen.

Die Soldaten durchkämmten nun auf breiter Front die Farm, stachen systematisch ihre Bayonnette in den Boden und suchten nach verdächtigen Stellen. Mehrmals begannen sie triumphierend mit Pickeln und Schaufeln zu graben, fanden jedoch nichts.

Am Ende des zweiten Tages hatte der Eifer stark nachgelassen. Die sambischen Sicherheitskräfte stehen nicht gerade im Ruf besonderer Ausdauer und Zielstrebigkeit – es sei denn, ein starker Mann im Hintergrund drängt sie. Ian kam zu der Überzeugung, daß dies der Fall sein mußte.

Die Sutherlands konnten den Funkverkehr nicht mithören, aber aus den knurrigen Reaktionen der Polizisten schlossen sie, daß wiederholt um die Genehmigung nachgesucht worden war, die Suche abzubrechen. Und jedesmal kam der Einsatzleiter wütend und mit hochrotem Kopf vom Funkwagen zurück und brüllte seine Mannen an, ihre Ärsche wieder in Bewegung zu setzen und weiterzusuchen.

Das Haus, die Lagerräume und die Ställe wurden wieder und wieder durchgekämmt. Der Schrotthaufen und die abgewrackten Fahrzeuge wurden wiederholt um mehrere Meter versetzt.

Der einzige Ort, der nicht zum zweitenmal kontrolliert wurde, war der Geräteschuppen, obwohl die Suchmannschaften ständig daran vorbeiliefen. Die Gartengeräte lagen noch auf dem Rasen, und man konnte auf den ersten Blick sehen, daß der Schuppen ansonsten leer war.

»Die wissen, daß das Zeug hier irgendwo versteckt ist«, flüsterte Ian Sutherland. »Der Tip muß so verdammt gut gewesen sein, daß sie ihn einfach nicht ignorieren können.«

»Ich bin nur heilfroh, daß Taffy rechtzeitig das Land verlassen hat«, sagte Priscilla. »Was meinst du, wie lange dauert es, bis sie in Rhodesien davon erfahren?«

»Nicht lange, würde ich sagen«, erwiderte Ian. »Mich interessiert viel mehr, wer ihnen den Tip gegeben hat.«

Ian Sutherlands zweite Nacht in Polizeigewahrsam brachte erneut Prügel und Mißhandlungen. Die ganze Nacht über wurde er abwechselnd von einem ganzen Team von Polizisten verhört.

Bei Morgengrauen des dritten Tages ging die Suche weiter. Dreihundert sichtlich unlustige Männer stellten zum xten Mal die Farm auf den Kopf. Zur Mittagszeit war es ganz klar, daß sie von irgendeiner höheren Stelle angetrieben wurden, denn hier glaubte mittlerweile kein Mensch mehr, daß es etwas zu finden gab.

Um die Sutherlands, die nach wie vor auf dem Rasen saßen, kümmerte sich kein Mensch. Die Wachen wurden abgezogen und mußten bei der Suche mithelfen. Am späten Nachmittag schienen die Sambier aufgeben zu wollen. Die meisten Suchtrupps waren zurückgekommen und standen rauchend bei ihren Fahrzeugen. Sie hatten die ganze Zeit auf dem Farmgelände kampiert und packten jetzt ihre Zelte zusammen.

Ian Sutherland triumphierte bereits.

Doch nur Augenblicke später war er nicht mehr so sicher. Er wagte nicht, sich umzuschauen, hoffte nur flehentlich, daß die drei jungen Soldaten, die bei dem Geräteschuppen herumalberten, sich davonmachten und den anderen beim Packen halfen.

Plop ... plop ... plop ...

Wie hypnotisiert wandte er den Kopf.

Ein Soldat hatte an seinem Gewehrkolben einen Schulterschutz aus Gummi. Mit dem Kolben zuerst ließ er sein Gewehr auf den Boden des Geräteschuppens fallen und fing es beim Zurückprallen wieder auf.

Plop ... plop ... plop ...

Es war ein hohler Klang, anders, als wenn der Boden solide gewesen wäre. Ein Offizier hörte es und lief zu dem Geräteschuppen.

»Seht nach, ob sich was unter dem Fußboden befindet«, befahl er mißtrauisch. »Reißt notfalls die Bohlen raus.«

Ian Sutherland schloß die Augen und fragte sich, wie seine Situation in einer halben Stunde aussehen würde. Wäre er noch am Leben? Würden sie ihn auf der Stelle erschießen? Was würde passieren?

Alles geriet in helle Aufregung, als sie die Bodenbretter anhoben und die Fässer mit den Waffen entdeckten.

Der Soldat, der durch sein blödes Spielchen das Versteck gefunden hatte, nahm sich einen RPG-7-Raketenwerfer, lud ihn mit einer Rakete und feuerte sie triumphierend in die Luft. Die Offiziere ließen ihn gewähren.

Dreihundert uniformierte Männer tanzten herum wie die Kinder und beglückwünschten sich gegenseitig zu dem Fund.

Beinahe wäre es gutgegangen, sinnierte Ian Sutherland, als zwei grimmige Polizisten auf ihn zukamen und ihn mit Fußtritten traktierten.

***

Wir sprachen über die Situation, in der sich Ians Familie vermutlich befand. Er hatte zwei Kinder, die in Rhodesien zur Schule gingen, aber ein fünfjähriger Sohn lebte bei ihm in Sambia. Wenn sie Priscilla nicht verhaftet hatten, würde sie sich um dieses Kind kümmern. In diesem Fall konnten wir uns auf Ian konzentrieren... den einzigen, dem nach menschlichem Ermessen die Todesstrafe wegen Hochverrats drohte. Wenn wir später herausfanden, daß Priscilla ebenfalls festgenommen worden und mit ihm angeklagt war, müßten wir allerdings unsere Pläne ändern.

Meiner Schätzung nach konnte sich Ian an fünf Orten befinden.

Die erste Möglichkeit war, daß sie ihn noch auf der Farm festhielten. Möglicherweise suchten sie weiter und wollten ihn in ihrer Nähe haben.

Zweitens konnten sie ihn im Polizeigefängnis von Kafue eingesperrt haben – das am nächsten gelegene von der Farm.

Die dritte – und wahrscheinlichste – Möglichkeit war, daß sie ihn ins Zentralgefängnis von Lusaka gebracht hatten. Wenn er dort nicht war, konnte er, viertens, noch im Untersuchungsgefängnis von Lusaka sein.

Als letztes bestand die Möglichkeit, daß sie ihn wegen der Schwere des Delikts in das Hochsicherheitsgefängnis von Kabwe verlegt hatten, was ich allerdings für unwahrscheinlich hielt.

Ich erbot mich, nach Lusaka zu fliegen und Ians Aufenthaltsort herauszufinden.

Nach allem, was geschehen war, hielt ich es für zu gefährlich, als Taffy, dem Scania-Vertreter aus Johannesburg, zu reisen. Ian mochte zusammengeklappt sein und ausgepackt haben. In diesem Falle würden sie von mir wissen und auf mich warten. Ich hatte keine Lust, zu ihrem Fang des Jahres zu werden.

Von Colonel Joe erbat ich einen britischen Paß, um mir eine neue Identität zu geben. Außerdem wollte ich vier sambische Personalausweise mit jeweils verschiedenen Namen. Ich bestellte vier Meßtischblätter und einen Stadtplan von Lusaka, denn ich hatte alle meine Karten auf Ians Farm zurückgelassen. Colonel Joe war mit allem einverstanden.

Des weiteren drängte ich darauf, schnellstmöglich Luftbildaufnahmen der einzelnen Orte zu besorgen, wo man Ian möglicherweise festhielt. Colonel Joe versprach, sich mit der rhodesischen Luftwaffe in Verbindung setzen.

Ich verlangte Fotos von Ian und Priscilla für die Männer der Einsatzgruppe, die natürlich wissen mußten, wie die beiden aussahen, falls ich ums Leben kam.

Ich erkundigte mich nach der Reichweite und Zuladung der Alouette-Helikopter sowie der amerikanischen Hueys, die kürzlich trotz der Sanktionen insgeheim dem rhodesischen Waffenarsenal hinzugefügt worden waren. Hubschrauber waren am besten geeignet, die Männer nach dem Einsatz wieder außer Landes zu bringen.

Das Befreiungsteam sollte aus zwanzig SAS-Soldaten bestehen, unter dem Kommando von Frank Hales und Bob MacKenna. Ich sollte sie nach Sambia führen.

Ich bat Frank und Bob, ein paar schallgedämpfte AKs und Pistolen herauszusuchen. Damit würden wir bei dem geplanten Eindringen in ein Gefängnis viel weiter kommen, bevor der Alarm ausgelöst wurde.

Eine Pistole schallzudämpfen, ist einfach, weil die verwendete Munition nur Unterschallgeschwindigkeit erreicht. Daher muß man lediglich den Abschußknall in der Waffe dämpfen. Das erreicht man mit einem Schalldämpfer.

Bei einem Gewehr ist es schwieriger, denn hier wird Überschallmunition verwendet. Der Abschußknall läßt sich, wie bei der Pistole, mit einem Schalldämpfer abfangen, aber der zweite Knall erfolgt, wenn das Geschoß die Schallmauer durchbricht, und dieser Knall muß ebenfalls unterdrückt werden.

Unter Soldaten sagt man, wenn du den zweiten Knall nicht hörst, bist du tot!

Um das zu erreichen, muß man subsonische Munition verwenden. Man öffnet die Patrone und entfernt einen Teil der Treibladung. Das hat zur Folge, daß das Geschoß nur mehr mit Unterschallgeschwindigkeit fliegt.

Ein Schalldämpfer verringert die Mündungsgeschwindigkeit eines Gewehrs um dreißig Prozent. Die Verkleinerung der Treibladung bewirkt eine Reduzierung um weitere fünfundzwanzig Prozent. Das verringert die effektive Reichweite der Waffe auf etwa hundert Meter. Man kann sie jedoch auch auf größere Entfernung einsetzen, wenn man auf Dauerfeuer stellt und die Zielperson in die Geschoßgarbe hineinlaufen läßt. Für den Nahkampf ist eine Zielgenauigkeit von hundert Metern natürlich mehr als ausreichend.

Bob MacKenna versprach, sich darum zu kümmern, Nachtsichtgeräte aufzutreiben und einen Schießplatz zu finden, wo das Team üben konnte.

Wir trafen uns erneut am nächsten Tag und schmiedeten weiter Pläne. Wir vereinbarten, daß ich nicht allein nach Lusaka fliegen sollte, sondern zusammen mit Bob MacKenna. Zu zweit wäre die Erkundung leichter. Wir würden auf getrennten Plätzen sitzen, für den Fall, daß man mich in Lusaka verhaftete. Der Zeitfaktor war kritisch. Wenn man Ian erst einmal in das Hochsicherheitsgefängnis Kabwe verlegt hatte, wären unsere Chance, ihn zu befreien, gleich Null. Daß sie ihn vor Prozeßbeginn nach Kabwe verlegten, war zwar möglich, aber eher unwahrscheinlich, doch nach seiner Verurteilung würden sie es auf jeden Fall tun. Wir gingen jedoch davon aus, daß er im Zentralgefängnis von Lusaka festgehalten wurde, und planten dementsprechend.

Jeden Tag hofften wir auf einen Hinweis aus abgehörten Funksprüchen auf Ians Aufenthaltsort, denn andernfalls mußten ihn Bob und ich bei unserem Erkundungstrip lokalisieren, was nicht einfach sein würde. Anschließend würden wir entweder in einem chiffrierten Telefongespräch oder einem chiffrierten Telegramm Salisbury informieren. Frank würde dann die Einsatzgruppe ins Land bringen.

Zwischenzeitlich wollten Bob und ich zwei Lastwagen klauen, sie zum Leopards Hill Cemetary fahren und uns dort mit dem Team treffen, wenn es mit Fallschirmen absprang. Wir würden die Gruppe einweisen, zum Gefängnis bringen, dort eindringen, Ian befreien und dann zu einem Treffpunkt fahren, von wo man uns per Helikopter abholen und nach Rhodesien zurückbringen würde.

Für die eigentliche Befreiungsaktion hatten wir noch keine detaillierten Pläne ausgearbeitet. Das käme später, wenn wir wußten, wo er festgehalten wurde.

Ich fand es zu riskant, mit Bob in Lusaka in einem Hotel abzusteigen. Die sambische Polizei überwachte routinemäßig die Hotels und würde nach den rhodesischen Angriffen diese Überwachung sicherlich verstärkt haben. Ich war natürlich in Lusaka schon oft in Hotels abgestiegen, aber jedesmal unter meinem richtigen Namen und mit einer hieb- und stichfesten Tarnlegende. Doch die Zeiten hatten sich geändert. Es gab keinen sicheren Unterschlupf mehr, wohin wir uns zurückziehen konnten, und wir würden als Ausländer ins Land kommen – was schon allein Gefahren in sich barg.

Die CIO fabrizierte Personaldokumente für uns, denen zufolge wir Einkäufer für kunsthandwerkliche Produkte und Heimtextilien waren, die einzigen in Zambia hergestellten Güter, die man noch problemlos kaufen konnte. Eine Überprüfung dieser Tarnung durch die sambische Special Branch wollte ich allerdings nicht riskieren.

Wir beschlossen daher, nach der Ankunft von der Bildfläche zu verschwinden und im Busch zu kampieren. Wir bräuchten keine Hotelformulare auszufüllen, und den Sambiern wäre es praktisch unmöglich, uns zu finden, wenn sie plötzlich eine Suche nach uns starteten. Der Busch ist groß.

Den Canberras der rhodesischen Air Force mußte ich ein dickes Lob aussprechen. Binnen achtundvierzig Stunden hatten sie eine Fotomission durchgeführt und lieferten kurz darauf Vergrößerungen von Luftbildaufnahmen aller von uns aufgelisteten Orte.

Dies war kein ganz ungefährlicher Einsatz, denn die Sambier waren wachsam und nervös, da sie mit weiteren rhodesischen Angriffen rechneten. Sie waren mit britischen Rapier-Flugabwehrraketen ausgerüstet und verfügten außerdem über sowjetische MIG-21-Jäger. Die meisten Zielobjekte lagen in der Nähe der Landeshauptstadt Lusaka. Solche Befliegungen bedingen lange und ungestörte Anflüge über das Zielgebiet, was einiges an Nerven erfordert, wenn man über feindlichem Territorium in technisch hoffnungslos veralteten Canberras sitzt.

Bei einer unserer Planungssitzungen fiel mir ein, daß das heutige rhodesische Bauamt aus dem Amt für öffentliche Arbeiten der Föderation hervorgegangen war. Wir baten Colonel Joe, in den Archiven nach Bauplänen der uns interessierenden Gefängnisse zu stöbern.

Leider ließen sich die Pläne nicht finden. Colonel Joe brachte uns jedoch etwas viel besseres – Mr. Hennie van der Holst und Mr. Ross Jackson, zwei Zivilisten, die in Salisbury lebten. In den Tagen der Föderation waren sie Strafvollzugsbeamte gewesen und hatten sowohl im Zentralgefängnis von Lusaka als auch im Hochsicherheitsgefängnis Kabwe gearbeitet.

Bob widmete sich ganz der wichtigen Aufgabe, die Einsatzgruppe zu trainieren, während Frank und ich weiter recherchierten und uns um die Logistik kümmerten.

In einem Privathaus trafen wir uns mit Hennie van der Holst und Ross Jackson. Beide trugen wir Zivil. Sie wußten, daß wir etwas mit der Regierung zu tun hatten, aber näheres erzählten wir ihnen nicht, und sie fragten auch nicht.

Wir stellten uns nur mit dem Vornamen vor. Colonel Joe vereidigte sie unter den Bestimmungen des Geheimschutzgesetzes und wies außerdem darauf hin, daß es für viele Soldaten den Tod bedeuten könnte, wenn sie über diese Angelegenheit nicht Stillschweigen bewahrten.

Dann breiteten wir die von der Luftwaffe gemachten Fotos auf dem Boden aus. Beide bestätigten uns, daß ein Mann, der wegen eines Staatsschutzdeliktes festgenommen worden war, auf jeden Fall ins Zentralgefängnis von Lusaka käme und nicht in die Untersuchungshaftanstalt, die nur eine geringe Sicherheitsstufe hatte.

Des weiteren hielten sie es für unwahrscheinlich, daß die Polizei ihn in einem örtlichen Polizeigefängnis einsperrte. Das Zentralgefängnis war sicher und lag verkehrsgünstig, man konnte ihn jederzeit zu Verhören holen. Kabwe schlossen sie aus, solange der Prozeß noch nicht beendet war, weil es zuweit von der Stadt weg lag.

Somit blieb das Zentralgefängnis von Lusaka als Zielobjekt übrig.

Sie zeichneten uns Pläne und Skizzen des Gefängnisses und versuchten, sich an längst vergessene Details zu erinnern, die plötzlich wieder wichtig geworden waren.

Das sambische Gefängniswesen war aus der Föderativen Gefängnisverwaltung hervorgegangen. Organisatorisch hatte sich vermutlich nichts Entscheidendes geändert.

Das Zentralgefängnis in Lusaka wurde zwischen 17.00 und 18.00 abgesperrt, und der Nachtschichtbetrieb begann. Die Schlüssel für das Haupttor hatte der Nachtdienstoffizier in Verwahrung, der innerhalb des Gefängnisses schlief. Sein Schlafquartier war auf dem Plan eingezeichnet.

Nachdem die Zellen versperrt waren, wurden die Schlüssel in einen Tresor gelegt, der sich entweder in der Verwaltung oder im Dienstzimmer des Gefängnisdirektors befand. Der Nachtdienstoffizier hatte, aus Sicherheitsgründen, keinen Schlüssel zu dem Tresor. Dies berührte uns jedoch nicht weiter, denn wir konnten jede gewünschte Zelle aufsprengen.

An Wachpersonal gab es einen Mann am Haupttor, der jedoch keinen Schlüssel hatte. Zwei weitere waren im Hochsicherheitstrakt stationiert, und ein Unteroffizier mit zwei Soldaten ging Streife innerhalb der Mauern. Außen patrouillierten vermutlich zwei Doppelstreifen, mit Schrotflinten bewaffnet. Auch da sahen wir keine Probleme, denn nach einer Stunde Beobachtung wären wir mit ihren Bewegungen vertraut und würden sie entweder mit schallgedämpften Waffen oder mit Messern töten.

Ein Wachtposten jedoch stellte ein größeres Problem dar. Es war der bewaffnete Wächter, der die Nacht in dem verschlossenen Wachturm verbrachte. Nachts wurde der Schlüssel zum Wachturm zusammen mit den Zellenschlüsseln in dem Tresor aufbewahrt. Dieser Mann konnte im Gefahrenfall die Sirenen auslösen. Wenn der Alarm losging, sah es finster aus, denn die Arakan Barracks – Sambias größte Militärkaserne – lagen nur zwei Kilometer östlich, direkt neben dem State House, Präsident Kaundas offizieller Residenz. Es gab zwei Sirenen, eine aus dem Stromnetz gespeist, die andere von Hand betrieben.

Jackson und van der Holst gaben uns die Adresse der Dienstwohnung des Gefängniskommandanten. Unser Plan sah vor, dort einzudringen und den Mann, seine Frau und seine Kinder als Geiseln zu nehmen. Anschließend würden wir sie zum Gefängnis fahren und den Kommandanten zwingen, den Nachtdienstoffizier zu rufen und ihn das Tor öffnen zu lassen.

Zwei von uns würden ganz offen bei ihm bleiben, damit er keine Dummheiten machte. Offiziell waren wir von Scotland Yard und führten auf ausdrückliche Order von Präsident Kaunda eine Sicherheitsüberprüfung durch.

Wenn der Kommandant oder der Nachtdiensthabende sich weigerten, würden wir der Frau und den Kindern Pistolen an den Kopf setzen und drohen, sie zu erschießen. Sobald wir drinnen wären – und ich hatte keine Zweifel, daß uns das gelang –, würden wir rasch Ians Zelle suchen und ihn befreien.

Das Zentralgefängnis war ein alter Bau. Die Außenmauern waren etwa fünfzehn Meter hoch, noch höher am Hochsicherheitstrakt. Die Mauerkrone war mit Stacheldraht gesichert und mit Flutlicht angestrahlt. Das Dach des Hochsicherheitstrakts war flach und bestand aus Stahlbeton. Damit schied die Möglichkeit aus, hinaufzuklettern und uns übers Dach Zugang zu verschaffen.

***

»Priscilla ist ebenfalls verhaftet«, eröffnete uns Colonel Joe eines Morgens. »Kam in einem Funkspruch.«

»Ist sie ebenfalls angeklagt?«

»Keine Ahnung ... wir wissen lediglich, daß sie festgenommen wurde.«

Wir blickten uns bestürzt an. Was nun? Wenn wir Ian befreiten und Priscilla wurde zum Tode verurteilt, würde Ian uns das nicht danken.

Ich bat um die Genehmigung, nach Sambia zu fliegen, um herauszufinden, was dort vorging. Die CIO hielt diese jüngste Entwicklung für zu gefährlich und lehnte ab. Ich bekam Befehl, abzuwarten und Geduld zu haben, bis weitere Informationen aus Sambia vorlägen.

Am Nachmittag des 24. November 1978 besuchte mich Colonel Joe. Er war ziemlich durcheinander.

»Sie haben ihn verurteilt. Zu fünf Jahren.«

»Ian?«

»Ja.«

»Sie machen Witze«, sagte ich.

»Tatsache«, versicherte Colonel Joe. »Hab gerade erfahren, daß in der Johannesburger ›Rand Daily Mail‹ ein Artikel steht. Ich bekomme ein Exemplar eingeflogen, aber der Inhalt wurde mir bereits durchgegeben.«

»Was ist passiert?«

»Lusaka«, las er vor. »Ein weißer sambischer Farmer wurde gestern zu fünf Jahren Gefängnis verurteilt, nachdem er vor einem Magistratsgericht eingestanden hatte, Waffen für Rhodesien versteckt zu haben. Eine Anzahl von Waffen war auf seiner Farm gefunden worden, darunter zwei Raketenwerfer sowjetischer Bauart ... Nachdem Ian Sutherland verurteilt worden war, wurde er in Handschellen abgeführt. Er konnte kaum laufen. Obwohl Sutherland nach wie vor einen britischen Paß besitzt, war kein britischer Konsulatsvertreter im Gerichtssaal anwesend. Er erschien barfuß, in einem gelben Hemd und in Kkakishorts. Aus Anwaltskreisen verlautete, daß er schwer mißhandelt worden sei seit seiner Festnahme am 12. November.«

»Armer Kerl«, sagte ich. »Offenbar haben sie ihn böse zugerichtet. Was ist mit Komplizen? Wird von mir gesprochen?«

»Nein«, erwiderte Colonel Joe. »Er sagt, er hätte das Zeug lediglich für das rhodesische Miltär verwaltet ... für einen Mr. Peter Dunn und einen Mr. John Hawes.«

»Wo hat er denn diese Namen her?«

»Erfunden, nehme ich an«, meinte Colonel Joe.

»Nachdem sie die Waffen entdeckt hatten, mußte er wohl etwas sagen«, überlegte ich. »Ian ist ein sehr willensstarker Mann. Offensichtlich hat er sich für eine Story entschieden und blieb dann dabei. Wenn sie ihn seit dem 12. November in den Fingern haben, muß es die Hölle für ihn gewesen sein.«

»Kann ich mir vorstellen«, sagte Colonel Joe düster.
»Was ist mit Priscilla?«
»Wird mit keinem Wort erwähnt.«
»Meinen Sie, die Sache ist damit ausgestanden?« fragte ich.
Colonel Joe schüttelte den Kopf. »Meine Kollegen, die mehr Erfahrung im Polizeiwesen haben, sind der Meinung, daß man ihn wegen eines minder schweren Delikts verurteilt hat, damit man die Hochverratsanklage in aller Ruhe ausarbeiten kann.«
»Dann ist es um so dringender, daß wir ihn rausholen«, erklärte ich. »Aber wo haben sie ihn hingesteckt?«
»Ins Hochsicherheitsgefängnis Kabwe, vermute ich. Wenn sie ihn allerdings noch verhören, sitzt er vielleicht immer noch im Zentralgefängnis in Lusaka.«
»Ich fliege rüber und finde das heraus.«
»Nein«, sagte Colonel Joe, »meine Bosse erlauben das nicht. Sie halten es für zu gefährlich. Schließlich weiß Ian, daß Sie in Sicherheit sind, möglicherweise packt er deshalb aus.«
»Nie«, versicherte ich. »Er hat sich bereits diese zwei anderen Figuren ausgedacht. Und er weiß, daß ich ihm mein Wort gegeben habe, ihn herauszuholen, wenn sie ihn je schnappen sollten.«
»Sie müssen Geduld haben«, sagte Colonel Joe. »Die Funküberwachung hört bestimmt bald etwas. In der Zwischenzeit machen wir weiter Pläne und schließen jetzt auch Kabwe ein.«
»Okay«, erwiderte ich bedrückt, »aber ich könnte leichter schlafen, wenn ich wüßte, wie's dort wirklich aussieht und was mit Priscilla passiert ist.«

***

Die Verhaftung hatte zwei schlimme Wochen für Ian Sutherland zur Folge.
»Sie sind der Mann, der die Eisenbahnzüge in die Luft gesprengt hat.«
Ian schüttelte den Kopf. Vor Erschöpfung konnte er kaum noch sprechen. Seit Tagen hatte er nicht mehr schlafen dürfen. Das war noch schlimmer als die Schläge und sonstigen Mißhandlungen.
»Sie waren das!«
»Nein, ich war's nicht. Ich verlasse nur selten die Farm. Wenn Sie mir nicht glauben, fragen Sie doch die Farmarbeiter. Sie werden's Ihnen bestätigen.«

»Erzählen Sie uns noch einmal von den Rhodesiern, die Ihnen angeblich die Waffen auf die Farm gebracht haben.«

»Sie haben sich als Peter Dunn und John Hawes vorgestellt.«

»Das sind aber nicht die Namen, die Sie uns beim erstenmal genannt haben.«

»Doch«, sagte Ian.

Er triumphierte, denn er wußte, daß er trotz der durch Schlafmangel hervorgerufenen Desorientierung in solch eine Falle nicht hineintappen würde. Er hatte die Namen keineswegs erfunden ... es waren die Namen zweier Jugendfreunde. Erfundene Namen kann man vergessen, aber nicht die von alten Freunden.

»Beschreiben Sie die Männer.«

»Ich habe sie schon beschrieben.«

»Beschreiben Sie sie noch einmal.«

»John Hawes war ungefähr vierzig. Er hatte ...«

Während Ian sprach, beobachtete er den Polizisten, wie der die Angaben mit seinen Notizen aus früheren Verhören verglich.

Mach dir keine Hoffnungen, dachte Ian, innerlich lächelnd. Hier kann ich auch keine Fehler machen, du Trottel. Er hatte John Hawes oft genug gesehen, denn was er beschrieb, war das, was er jeden Morgen in seinem Rasierspiegel sah – sich selbst. Peter Dunns Personenbeschreibung deckte sich genau mit Taffys Aussehen.

***

Priscilla war ebenfalls verhaftet worden und litt Höllenqualen, doch in ihrem Fall waren es keine körperlichen, sondern seelische Qualen, denn sie hatte nicht die geringste Ahnung, was mit Ian passiert war.

Zuerst wollte man sie in der Frauenabteilung des Zentralgefängnisses in Lusaka unterbringen, doch sie bat, ihr das zu ersparen.

»Ja, wo soll ich Sie denn sonst hinstecken?« fragte der Vernehmungsoffizier.

Priscilla warf der afrikanischen Polizistin, die ihr nicht von der Seite wich, einen Blick zu. »Kann ich nicht in ihrem Quartier in der Polizeikaserne schlafen?«

»Ich habe nichts dagegen, Sir«, versicherte die Polizistin ihrem Vorgesetzten.

»Also gut, Mrs. Sutherland«, sagte der Polizeibeamte. »Das geht in Ordnung.«

Und so schlief Priscilla in einem Haus auf dem Gelände der Polizeikaserne, während ein Polizist vor der Tür Wache hielt. Priscilla wurde zehn Tage lang festgehalten und täglich verhört, jedoch nie körperlich mißhandelt.

Ian stand in dem Ruf, ein verschlossener, introvertierter Mensch zu sein, und Priscilla baute bei ihren Aussagen auf diesen Ruf. Sie stellte sich einfach unwissend.

»Ich weiß nicht, was er mit dem Zeug wollte. Fragen Sie mich nicht – mir sagt er nie etwas.«

Glücklicherweise hatte Ian bei den Verhören bereits ausgesagt, er habe Peter Dunn und John Hawes gebeten, seiner Frau nichts zu erzählen.

Die Polizei produzierte ein Einreiseformular mit meinem Namen. Priscilla wußte, daß ich bei Reisen nach Sambia stets meinen richtigen Namen verwendete und als Abstiegsadresse stets die Better 'Ole Farm in Mazabuka angab.

»Wer ist dieser Mann? Ist das Peter Dunn oder John Hawes?«

»Nein«, versicherte Priscilla, »ich sagte Ihnen doch, ich kenne die beiden nicht. Dieser Mann hier ist ein Geschäftsfreund von Ian, ein britischer Geschäftsmann, der in Johannesburg wohnt. Er hat meinen Mann mit Ersatzteilen für Scania-Lastwagen beliefert. Es gab auch Verhandlungen, weitere Lastwagen zu importieren, aber wegen des Devisenmangels ist das praktisch unmöglich. Sie haben doch sicher auf der Farm das umfangreiche Ersatzteillager und die gut eingerichtete Werkstatt gesehen?«

Der Polizeibeamte nickte und wandte sich der nächsten Frage zu. Auf den Besucher kam er nicht mehr zu sprechen, nachdem er die Überzeugung gewonnen hatte, daß der harmlos war. Näher kamen die Sambier nie an Taffy heran.

»Wann waren Sie das letztemal in Rhodesien?«

»Das ist schon Jahre her.«

»Wen kennen Sie dort?

Sie zögerte unmerklich. »Ich habe dort einen Bruder ... George Tarr.«

»Wer ist dieser George Tarr? Was macht er in Rhodesien?«

»Soweit ich weiß, ist er beim Militär. Aber in Rhodesien ist ja praktisch jeder beim Militär. Ich hab schon lange nichts mehr von ihm gehört, weil Ian sich nicht mit ihm versteht.«

Zwischenzeitlich hatte Ian – eine Kombination aus Glück und Zufall – seinen Befragern erzählt, George Tarr habe den Rhodesiern seinen Namen genannt als möglichen Sympathisanten, und sie könnten einander nicht ausstehen. Peter Dunn und John Hawes hätten mit der Deportation seiner beiden ältesten Kinder gedroht, die in Rhodesien in die Schule gingen, wenn er nicht kooperierte.

»Besitzen Sie ein Bank- oder Postscheckkonto in Rhodesien?«

»Nein«, log Priscilla, denn sie wußte, daß dies nach sambischen Devisenbestimmungen streng verboten war.

***

»Sie sind frei, Mrs. Sutherland«, sagte ihr der Polizeioffizier am 22. November.

»Ich kann gehen?«

»Ja.«

»Was ist mit meinem Mann?«

»Nein, Mrs. Sutherland. Ihm wird morgen der Prozeß gemacht wegen illegalen Waffenbesitzes.«

»Morgen?«

»Ja.«

»Wie sieht's mit einem Rechtsanwalt aus?«

»Er braucht keinen... er wird für viele Jahre ins Gefängnis gehen. Es wäre hinausgeworfenes Geld.«

»Kann die Verhandlung nicht ein paar Tage verschoben werden, damit ich ihm einen Anwalt besorgen kann?«

»Nein«, beharrte der Polizist. »Sein Prozeß findet morgen statt.«

Sobald Priscilla entlassen war, ging sie in die Stadt und besorgte Ian Rechtsanwälte. Mr. Fernando und Mr. J. Randall, die beiden beauftragten Anwälte, durften Ian besuchen, um die Verteidigung für diese sehr kurzfristig anberaumte Verhandlung vorzubereiten.

Ian berichtete ihnen, was er vor der Polizei ausgesagt hatte.

»Na ja«, meinten sie, »den illegalen Besitz von Angriffswaffen haben Sie praktisch schon eingeräumt. Das einzig Vernünftige wäre jetzt, wenn Sie sich schuldig bekennen. Wenn es dann um die Strafzumessung geht, machen Sie geltend, daß Sie die Waffen nur gelagert haben, weil man Sie unter Druck gesetzt hat.«

»Mit was muß ich rechnen?«

»Die Höchststrafe ist sieben Jahre. Sie sind jedoch ein Ersttäter und wurden außerdem dazu erpreßt. Möglich, daß Sie mit drei Jahren davonkommen.«

»Verstehe«, sagte Ian, erleichtert darüber, daß man ihn nur wegen eines relativ minderen Delikts anklagte, obwohl sie ihn wegen Hochverrats hätten hängen können.

Am 23. November 1978 setzte sich die sambische Justizmaschinerie mit allem Pomp in Bewegung.

Ian wurde vor dem obersten Magistratsrichter von Lusaka, Mr. J. Simuziya, des Besitzes von Kriegswaffen angeklagt, ein Verstoß gegen Paragraph 85 (1) des Strafgesetzbuchs, Kapitel 146.

Im einzelnen wurde ihm vorgeworfen, am 12. November 1978 auf der Farm 493 A im Mazabuka-Distrikt der Südprovinz der Republik Sambia ohne amtliche Genehmigung das folgende Kriegsmaterial in seinem Besitz gehabt zu haben:

1. 2 Bazooka-Raketenwerfer
2. 3 AK-47-Gewehre
3. 1 17,62mm-Pistole
4. 1 Pistole Kaliber 12
5. 1 6mm-Pistole
6. 25 Platten TNT
7. 50 Detonatoren
8. 11 Sprengstoffladungen
9. 10 Zünder für Granaten
10. leere Sprengstoffbehälter
11. 10 Magazine für Maschinenpistolen
12. 1 elektrischer Detonator
13. 268 Patronen 9mm
14. 6 Rollen Zündschnüre
15. 330 Patronen 7,62mm
16. 25 Patronen 6mm
17. 12 Zündschnüre
18. 24 Batterien für improvisierte Landminen
19. 90 Detonatoren für Granaten
20. 21 Handgranaten

Bemerkenswerterweise ignorierte der Magistratsrichter völlig den miserablen Zustand von Ian Sutherland, der kaum laufen konnte wegen der Mißhandlungen durch die Polizei. Noch schien er zu bemerken, daß der Angeklagte wegen des Schlafentzugs ständig einnickte.

Er fand auch nichts dabei, daß der Staatsanwalt auf der Anklage als Verhaftungsdatum den 23. November angegeben hatte ... das Datum der Verhandlung. Er ignorierte schlicht die Schlußfolgerungen aus der Tatsache, daß man schon am 12. November die Waffen bei Ian gefunden hatte. Was an den zwölf Tagen dazwischen passiert war, interessierte ihn nicht, vermutlich deswegen, weil er nur zu gut wußte, daß die Polizei einen Festgenommenen binnen achtundvierzig Stunden einem Richter vorzuführen hatte. Wenn dieses Versäumnis protokolliert worden wäre, hätte er Ians Geständnis für unzulässig erklären müssen.

Als Ian die Anklage verlesen worden war, erklärte er sich für schuldig.

Der Generalstaatsanwalt, Mr. R. C. Kabamba, verlas dann eine Zusammenfassung der Ermittlungsergebnisse: »Der angeklagte Ian Robert Bruce Sutherland wurde als Sohn schottischer Eltern am 22. Juni 1936 in Mufulira geboren. Seine Nationalität ist britisch. Nach der Mittleren Reife in Mufulira begann er eine Lehre als Kesselschmied bei der Mufulira-Mine. 1953 wurde er von der Territorialverteidigung nach Bulawayo in Nordrhodesien geschickt, wo er viereinhalb Monate Grundausbildung absolvierte. Nach seiner Rückkehr diente er weiterhin in der Territorialverteidigung und erreichte den Dienstgrad eines Sergeant-Major.

Nach der sambischen Unabhängigkeit 1964 schied der Angeklagte aus der Armee aus und gab seine Arbeit an der Mine auf. 1965 machte er eine Urlaubsreise nach Japan, wo er Unterricht in Boxen und Karate nahm. Nach seiner Rückkehr ließ sich der Angeklagte auf der Farm No. 493A – bekannt unter dem Namen »Better Ole Farm« – in Mazabuka nieder.

Die Umstände, unter denen der Angeklagte in den Besitz der Kriegswaffen kamen, waren wie folgt: Die in der Anklageschrift genannten Gegenstände wurden 1977 von zwei weißen rhodesischen Militärangehörigen auf die Farm des Angeklagten gebracht. Der Angeklagte hatte um keinerlei Waffen gebeten. Der erste rhodesische Militärangehörige war Peter Dunn. Dunn kam mit einem roten Leyland-Lastkraftwagen, beladen mit Holz, nach Sambia. Eine Anzahl von Kriegswaffen war auf dem Lastkraftwagen versteckt. Auf der Farm des Angeklagten wurden die Waffen in ein Stahlfaß getan. Das Faß befand sich in einer Werkstatt zirka 200 Meter vom Wohnhaus entfernt und wurde sodann im Boden vergraben. Darüber wurden Gummiplatten gelegt, darauf wiederum Streifen von einem Förderband. All dies erfolgte unter strengster Geheimhaltung, nicht einmal die Frau des Angeklagten wußte davon. John Hawes war der andere weiße rhodesische Militärangehörige, der den Rest der in der Anklageschrift aufgeführten Waffen brachte. Wiederum wurde ein Leyland-Lastkraftwagen benutzt, der eine Ladung Holz von Johannesburg nach Lusaka brachte.

Der Angeklagte kam deshalb in Kontakt mit rhodesischen Militärangehörigen, weil ein Schwager von ihm namens George Tarr, ein ehemaliger Armee-Sergeant, mit Peter Dunn und John Hawes über den Angeklagten gesprochen hatte.

Am 12. November 1978 durchsuchte die Polizei aufgrund eines Hinweises die Farm des Angeklagten und fand die aufgeführten Waffen in einem Faß versteckt. Der Angeklagte gab den Besitz zu. Bei seiner späteren Vernehmung sagte der Angeklagte unter anderem aus: »Ja, ich habe einige Feuerwaffen, Munition und Sprengstoffe für Peter Dunn und John Hawes aufgehoben, die sich als rhodesische Militärangehörige vorstellten. Sie kamen zweimal auf meine Farm, um einige Waffen und Munition zu holen. Sie sagten mir bei dieser Gelegenheit nicht, wozu sie die Waffen verwenden wollten, doch als sie das Material brachten, erzählten sie mir, sie bekämpften die Freiheitskämpfer, und sie wollten das Zeug gerne an einem Ort deponieren, wo sie es im Bedarfsfall leicht wieder holen konnten. Die erste Ladung wurde von Peter Dunn auf meine Farm gebracht. Ich tat das Material in ein Faß, das ich in einem Loch unter dem Schuppen hinter dem Haus versteckte. Die zweite Lieferung wurde von John Hawes gebracht, die dritte von Peter Dunn. Auf diese Weise kam das Material in meinen Besitz.«

Der Angeklagte fährt dann fort: »Ich war in dem Glauben, die Waffen würden nur gegen Freiheitskämpfer eingesetzt, nicht jedoch gegen Sambia. Ich selbst hatte nie die Absicht, an irgendwelchen kriegerischen Handlungen teilzunehmen. Ich möchte hier betonen, daß ich nie an irgendwelchen gegen Sambia gerichteten Angriffsplänen teilhatte.«

Der Angeklagte wurde heute unter der Beschuldigung verhaftet, Angriffswaffen besessen zu haben, und er hat diese Beschuldigung eingeräumt.«

Ian bestätigte dann, daß das Vorgelesene korrekt war. Der Magistratsrichter befand ihn für schuldig im Sinne der Anklage.

Anschließlich gab Captain Mathews Sibamba von der Zambian National Defence Force ein Sachverständigengutachten ab:

»Ich habe die Gegenstände, die jetzt hier dem Gericht als Beweisstücke vorliegen, untersucht und möchte sie im einzelnen beschreiben.

1. Die Bazooka kann schwere Schäden an Gebäuden oder Anlagen anrichten.

2. Die Gewehre können auf eine Entfernung von 1.700 Metern einen Menschen töten.

3. Die Pistolen 17,62mm können auf eine Entfernung von 75 Metern einen Menschen töten.

4. Die Pistole Kaliber 1.12 kann ebenfalls auf eine Entfernung von 75 Metern einen Menschen töten.

5. Die 1.6mm kann auf eine Entfernung von 25 Metern einen Menschen verletzen oder töten.

6. Die TNT-Platten können schwere Schäden an Gebäuden und Anlagen verursachen sowie Menschen verletzen.

7. Die Detonatoren werden verwendet, um das TNT zu detonieren.

8. Die 11 Pakete Sprengstoff können die gleichen Schäden verursachen wie TNT.

9. Die Zünder werden verwendet, um Handgranaten zu zünden.

10. Die leeren Behälter haben Sprengstoff enthalten.

11. Die 10 MP-Magazine können bis zu 30 Gewehrpatronen aufnehmen.

12. Der elektrische Detonator wird verwendet, um Sprengstoff im Bruchteil einer Sekunde zu zünden.

13. Die 268 9mm-Patronen werden für 9mm-Pistolen verwendet.

14. Die 6 Rollen Zündschnüre werden verwendet, um Sprengstoff mit einer Verzögerung zu zünden, abhängig von der Länge der Zündschnur.

15. Die 350 Patronen 7,62mm sind Gewehrmunition.

16. Die 25 Patronen 6mm sind Munition für die 6mm-Pistole.

17. Die 12 Zündschnüre dienen dazu, Sprengstoff mit einer Verzögerung zu zünden, abhängig von der Länge der Zündschnur.

18. Die 24 Batterien für improvisierte Landminen dienen dazu, Landminen nach Belieben des Detonierenden zu detonieren.

19. Die 90 Detonatoren dienen dazu, Granaten zu detonieren.

20. Die 21 Granaten können eine große Zahl von Menschen etc. töten oder verletzen.«

Auf eine Frage von Mr. Fernando, dem Verteidiger, antwortete Captain Sibamba: »Von den hier vorliegenden Gegenständen sind die Sprengstoffe nicht benutzt worden. Wenn Waffen seit längerer Zeit nicht benutzt wurden, kann ich das feststellen. Diese Waffen hier sind nicht benutzt worden.«

Ian stieß einen Seufzer der Erleichterung aus. Er erinnerte sich an den Raketenangriff auf das Shell/BP-Tanklager in Lusaka Ende Oktober.

Wir waren, wie üblich, sehr spät zur Farm zurückgekehrt. Beide waren wir müde.

»Gehen wir ins Bett«, hatte Ian gesagt.

»Nein«, hatte ich geantwortet. »Zuerst muß ich die Waffen reinigen.«

»Ist doch egal, können wir auch morgen früh machen.«

»Ein guter Soldat reinigt und ölt seine Waffen, bevor er zu Bett geht«, erklärte ich. »Leg du dich schlafen, ich mach das schon.«

Ian war zu Bett gegangen, doch ich war aufgeblieben, bis ich alle Waffen gereinigt, eingefettet und in das Versteck zurückgelegt hatte. Das rettete Ian wahrscheinlich das Leben.

Mr. Fernando, der Verteidiger, hielt sein Plädoyer:

»Ich möchte dem Gericht gewisse Fakten vortragen, die möglicherweise als mildernde Umstände gelten können. Auf der Anklagebank sitzt ein Mann, der vor 43 Jahren in Sambia geboren wurde und 43 Jahre seines Lebens in Sambia verbracht hat, ein Mann, der glaubte, darüber entscheiden zu können, was gut und was schlecht für Sambia ist. Ein Mann, der vergaß, daß wir Führer haben, die dazu da sind, zu entscheiden, was gut oder schlecht für uns ist. Er leugnet nicht, diese Gegenstände in seinem Besitz gehabt zu haben, und hat dennoch freiwillig eine Aussage gemacht. Die wichtigsten Punkte seiner Aussage sind, daß ihm versichert wurde, die Waffen sollten nur gegen Freiheitskämpfer, nicht jedoch gegen sambische Bürger eingesetzt werden, und daß nicht er, sondern rhodesische Rebellen diese Waffen verwenden wollten. Die naheliegende Frage war, weshalb erklärte er sich damit einverstanden, diese Waffen bei sich zu verstecken. Ich fragte ihn, warum er sich darauf eingelassen habe, nachdem er seit seiner Geburt in diesem Land gelebt hat, und er gab mir gestern abend die Antwort darauf, im Beisein des diensthabenden Gefängnisaufsehers, eine Antwort, die ich auf seinen Wunsch dem Gericht übermitteln sollte, auch wenn ich persönlich mich seinen Argumenten nicht anschließen könnte. Seine Antwort, weshalb er sich mit den rhodesischen Rebellen einließ, war – und ich möchte hier seine eigenen Worte zitieren –: »Ich habe mich darauf eingelassen, weil ich Sambia liebe, Sambia ist mein Heimatland, ich habe die vierzehn Jahre seit der Unabhängigkeit miterlebt und gesehen, wie Sambia sich entwickelt hat und zu dem geworden ist, was es heute darstellt. Ich konnte den Gedanken nicht ertragen, daß Fremde Sambia als ihr Schlachtfeld ansehen. Warum können sie nicht nach Hause gehen und dort für ihre Sache kämpfen?« Das war seine Antwort. Er erkennt an, daß in Sambia Meinungsfreiheit herrscht und sonstige bürgerliche Freiheiten respektiert werden, und das ist auch der Grund, warum er Sambia nicht verlassen hat. Der Angeklagte sieht ein, daß er Schuld auf sich geladen und gegen die sambischen Gesetze verstoßen hat. Er wurde nicht bezahlt für das, was er getan hat, sondern unterlag der irrigen und fanatischen Auffassung, sein Tun wäre zum Nutzen von Sambia. Er ist bereit, die Strafe zu akzeptieren, die das Gericht für angemessen hält, bittet jedoch um eines, nicht um Gnade für sich, sondern nur um die Zusicherung, daß seine hilflose Frau und sein unschuldiges fünfjähriges Kind nicht für seine Verfehlungen bestraft oder verfolgt werden. Das ist alles, was ich zu sagen habe.«

Der oberste Magistratsrichter, Mr. Simuziya sagte sodann, vor der Urteilsverkündung:

»Ich habe berücksichtigt, daß der Angklagte ein Ersttäter ist. Des weiteren habe ich zur Kenntnis genommen, was sein Verteidiger vorgetragen hat. Mir scheint allerdings, daß die Handlungsweise des Angeklagten nicht gerade Liebe für Sambia und seine Menschen erkennen läßt. Ich würde sogar noch einen Schritt weiter gehen und sagen, daß der Angeklagte nicht 43 Jahre in Sambia gelebt hat, weil er das Land liebt, sondern wegen der Vorteile, die er daraus gezogen hat. Es steht außer Zweifel, daß der Angeklagte, der seit 43 Jahren im Lande lebt, sehr genau wußte, wieviele Sambier ihr Leben lassen mußten im Verlauf des Freiheitskriegs. Es ist daher naiv, dem Gericht einreden zu wollen, er hätte tatsächlich geglaubt, die Waffen, die er für die rhodesischen Rebellen aufhob, würden lediglich Freiheitskämpfern das Leben kosten. Der Angeklagte sagt, er wollte an dem Einsatz der Waffen nicht teilhaben. Ich bin der Ansicht, daß er durch Unterstützung und Förderung des Feindes sehr wohl an der Invasion des Landes, das er angeblich so liebt, teilhatte. Die Waffen, die er auf seiner Farm versteckte, sind tödliche Waffen, denen tagtäglich Menschenleben zu Opfer fallen, und dennoch hat der Angeklagte nichts dagegen unternommen, hat nicht einmal die Behörden verständigt... Dies ist nicht die Handlungsweise eines Mannes, der sein Land liebt, für mich ist er genauso ein Feind wie die Feinde, die er unterstützt hat. Ich sehe dies als ein sehr schwerwiegendes Delikt an, das mit einer Höchststrafe von sieben Jahren bedroht ist, und angesichts der ernsten Lage in Sambia halte ich eine strenge Bestrafung für angebracht. Ich verurteile daher den Angeklagten zu fünf Jahren Freiheitsentzug mit harter Arbeit. Die gefundenen Waffen sind beschlagnahmt. Für die Sicherheit der Familie des Angeklagten kann ich nicht garantieren.«

Priscilla durfte zwei Minuten mit ihm verbringen, bevor er abgeführt wurde. Sie hatten gerade Zeit für eine hastige Umarmung.

»Mach dir keine Sorgen«, versicherte er. »Ich bin okay, und alles wird gut werden. Wir hatten Glück. Jetzt müssen wir lediglich Gras darüber wachsen lassen.«

»Ich sag Taffy Bescheid«, flüsterte sie.

Er nickte und sah sie bedeutungsvoll an, als der Gerichtsdiener ihn am Arm nahm und ihn abführte.

»Meinen Sie, daß die Sache damit ausgestanden ist?« fragte Priscilla die Anwälte.

»Ich glaube schon, obwohl sie natürlich zusätzliche Anklagepunkte nachschieben können, wenn sie weiteres Beweismaterial finden.«

»Verstehe«, murmelte Priscilla bedrückt.

Priscilla schwankte zwischen zwei Entscheidungen, die sich nicht miteinander vereinbaren ließen. Einerseits hatte man ihr gesagt, sie könne Ian kurz nach der Verurteilung im Zentralgefängnis besuchen, und sie wollte in Lusaka bleiben und bei dem Besuch herausfinden, ob er noch immer verhört wurde. Auf der anderen Seite wollte sie schnellstmöglich Verbindung mit Salisbury aufnehmen und Colonel Joe und mir berichten, was sich ereignet hatte.

Aus naheliegenden Gründen wagte sie nicht, nach Salisbury zu telefonieren. Außerdem war sie knapp bei Kasse, weil man alle ihre Bankkonten eingefroren hatte. Sie wohnte bei Freunden und fuhr nur kurz zur Farm, um ihre Sachen zu packen.

Schließlich kam der Tag, an dem sie Ian im Gefängnis besuchen durfte. Sie konnten wenig reden, weil ein Aufseher zuhörte, doch durch heimliche Andeutungen erfuhr sie, daß man ihn nicht mehr verhörte. Des weiteren erfuhr sie, daß man dabei war, ihn ins Hochsicherheitsgefängnis Kabwe zu verlegen, um seine Strafe anzutreten.

***

Die Pläne für Ians Befreiung waren weitergeführt worden, obwohl wir wenig tun konnten, bevor wir nicht definitv wußten, wo man ihn festhielt.

»Priscilla ist mit ihrem Sohn in Johannesburg«, verkündete mir Colonel Joe übers Telefon. »Sie hat gerade angerufen. Lassen Sie alles stehen und liegen. Wir fliegen hin.«

Wir nahmen die nächste Maschine, buchten Zimmer im Victoria Hotel in Johannesburg und fuhren dann zu Priscilla, die bei Verwandten abgestiegen war.

»Wir wollen ihn befreien. Glauben Sie, daß er noch im Zentralgefängnis ist?«

»Möglich«, erwiderte Priscilla, »ich glaube jedoch eher, daß er schon in Kabwe ist.«

Wir ließen uns ausführlich über die Ereignisse berichten.

»Wird er immer noch verhört?«

»Glaube ich nicht«, sagte Priscilla, »aber ich weiß es nicht genau. Die Anwälte meinen, man könnte ihn nach wie vor wegen Hochverrats anklagen, wenn man zusätzliche Beweise findet.«

»Genau darüber haben wir uns auch Sorgen gemacht«, meinte Colonel Joe.

»Priscilla«, sagte ich, »würdest du nach Sambia zurückfliegen und Ian in Kabwe besuchen? Finde soviel wie möglich über das Gefängnis heraus und ob sie ihn immer noch verhören.«

Ein paar Tage darauf kehrte Priscilla nach Sambia zurück, wo sie zwei Wochen warten mußte, bis sie die Genehmigung bekam, Ian zu besuchen. Als wir sie das nächstemal sahen, wußte sie eine Menge Details über Kabwe zu berichten. Die Sambier verhörten Ian nicht mehr. Wenig später eröffnete mir Colonel Joe, daß die Befreiungsaktion auf allerhöchsten Befehl abgeblasen worden sei.

Ich war empört und warf Colonel Joe ganz offen einen Vertrauensbruch vor.

»Sie wissen von Van der Holst und Jackson, daß es fast unmöglich ist, nach Kabwe hineinzukommen.«

»Ich komme schon hinein«, versicherte ich.

»Wenn es schiefgeht, bedeutet das Ians Tod«, gab Colonel Joe zu bedenken. »Ich garantiere Ihnen, daß sie nach einem fehlgeschlagenen Befreiungsversuch Ian erneut verhören.«

»Auch so besteht schon die Gefahr, daß sie Ian wegen der Sabotageanschläge das Hochverrats anklagen. Wenn ihn höhere Polizeibeamte, vielleicht weiße Berater, in die Finger bekommen, nehmen sie ihm nie und nimmer seine bisherige Story ab. Sie setzen ihm solange zu, bis sie genügend Material für einen neuen Prozeß haben.«

»Nein, das tun sie nicht«, widersprach Colonel Joe. »Priscilla hat bestätigt, daß sie ihn nicht mehr verhören. Mit automatischer Bewährung ist er in drei Jahren acht Monaten wieder draußen. Ist das nicht besser, als wenn sie ihn umbringen?«

»Und wenn sie weiter bohren?«

»Dann greifen wir die Befreiungspläne wieder auf, das verspreche ich Ihnen. Ich glaube jedoch, daß die Sambier ihn schon vergessen haben. Wenn sie noch Hintergedanken hätten, würden wir Funksprüche aufgefangen haben, in denen sie die Polizeiposten mahnen, nach rhodesischen Spionen und dergleichen Ausschau zu halten. Die ganze Sache tut mir sehr leid, Taffy. Ich weiß, daß Sie sich jetzt Vorwürfe machen.«

Ich forderte ihn auf, uns wenigstens einen Versuch machen zu lassen, doch er sagte mir, die Sache sei kein Diskussionsthema mehr. Die Operation sei unwiderruflich vom Tisch.

So blieb Ian Sutherland im Gefängnis. Er wurde schließlich entlassen, nachdem er seine volle Strafe minus der Bewährung verbüßt hatte. Inzwischen gab es Rhodesien nicht mehr, das Land nannte sich jetzt Simbabwe.

Eine von den Briten angeregte Generalamnestie bei Kriegsende brachte vielen Hunderten von schwarzen Terroristen, die wegen übelster Greueltaten und Morden verurteilt worden waren, die Freiheit. Ian Sutherland, ein heldenhafter Mann, der so tapfer für Rhodesien gekämpft hatte und ein besseres Schicksal verdient hätte, mußte im Gefängnis bleiben. Weder die britische Regierung noch die Regierung des neuen Staates Simbabwe verwendete sich für ihn, trotz einer Reihe von Appellen.

18

1979 MORDUNTERNEHMEN JOSHUA NKOMO

Es war kurz vor Weihnachten im Jahre 1978, und soweit es mich betraf, hatte ich meine letzte Operation in Sambia durchgeführt. Eine Rückkehr war ziemlich sinnlos. Ohne eine sichere Basis, von der aus ich Operationen planen konnte, hätten mich die Sambier sehr schnell geschnappt.

Ich war jedoch nicht überrascht, als Colonel Joe mich anrief.

»Man spielt wieder mit dem Gedanken, Joshua Nkomo zu liquidieren«, sagte er.

»Ich verstehe nicht, warum diese Idioten so lange gezögert haben«, knurrte ich. »Im vergangenen Jahr hätte ich fünf- oder sechsmal Gelegenheit gehabt, ihn abzuknallen. Ich verstehe noch immer nicht, warum man mich damals ›nicht im November besuchen‹ wollte. Weiß denn bei denen keiner, was er tut? Oder liegt's daran, daß keiner wagt, eine Entscheidung zu treffen?«

»Ich nehme an, sie haben ihre Gründe«, erwiderte Colonel Joe seufzend. »Wie auch immer, man hat mich nicht ins Vertrauen gezogen. Und es steht mir nicht an, dies zu kritisieren. Auf jeden Fall wollen sie jetzt seinen Tod.«

»Wie haben Sie sich das vorgestellt?« fragte ich zurückhaltend.

»Wir möchten, daß Sie erneut nach Sambia gehen, diesmal ausschließlich, um Nkomo auszuspionieren. Nachdem nun etwas Gras über die Sache gewachsen ist, sind wir überzeugt, daß Sie nicht kompromittiert wurden bei der Sutherland-Affäre. Die Entscheidung liegt allerdings allein bei Ihnen.«

Ich war seiner Meinung. Auch ich bezweifelte, daß man mir auf die

Spur gekommen war. Ja, ich würde nach Lusaka fliegen... ich wollte noch einmal auf Nkomo losgehen.

Die CIO wollte die Operation vom SAS durchführen lassen. Es sollte ähnlich ablaufen wie bei dem geplanten Befreiungsversuch. Ich sollte den SAS-Trupp ins Land bringen.

Colonel Joe brachte mich mit Captain Martin Pearse und Lieutenant Peter Cole vom SAS zusammen.

Captain Martin Pearse war ich bisher noch nicht begegnet. Er stand im Ruf, ein schwieriger Mensch zu sein, war jedoch ein erstklassiger Soldat. Tragischerweise ist er im Verlauf der Kämpfe gefallen. Lieutenant Peter Cole kannte ich. Er wußte, daß ich im britischen SAS gedient hatte, wußte jedoch nichts von meinen Spezialeinsätzen in Sambia. Peter war ein erfahrener Soldat, der beim 1. Bataillon des britischen Fallschirmjägerregiments gedient hatte, bevor er nach Rhodesien gekommen war. Auch er hatte sich aus dem Mannschaftsdienstgrad hochgearbeitet.

Wir diskutierten über verschiedene Möglichkeiten, Joshua Nkomo zu töten. Ich machte zwei Vorschläge. Der erste war, daß ich mit Peter Cole zu einem Erkundungstrip nach Sambia flog. Wir würden im Busch kampieren, so wie ich es mit Bob MacKenna geplant hatte. Dann wollten wir Nkomos Haus ausspionieren und feststellen, wann er sich dort aufhielt.

Das letztere war unabdingbar, da Nkomo sehr häufig auf Reisen ging. Wenn wir uns vergewissert hatten, würden wir in Salisbury anrufen, wo ein Helikopter bereitstand, der sofort nach Lusaka in Marsch gesetzt würde. Er sollte eine Bombe an Bord haben, selbstgefertigt aus einem 44-Gallonen-Ölfaß, vollgepackt mit hundertfünfzig Kilo Sprengstoff. Peter und ich würden eine Position in der Nähe von Nkomos Haus beziehen und den Piloten einweisen, bis er in zwanzig Metern Höhe direkt über dem Haus schwebte.

Dann würde der Helikopter die Bombe abwerfen, die das Hausdach glatt durchschlagen müßte. Die Bombe wäre mit einem Verzögerungszünder versehen, und die fünfzehn oder zwanzig Sekunden würden dem Piloten genügend Zeit lassen, sich vor der Detonation in Sicherheit zu bringen.

Diese Methode war »direkt« und »positiv« und hätte zweifellos alle Hausbewohner getötet. Eine Bombardierung durch einen Hawker Hunter, als Alternative zu einem Hubschrauber, wäre unpraktisch gewesen. Die Gegend war dicht besiedelt, so daß es zu hohen Verlusten unter der Zivilbevölkerung gekommen wäre.

Dieser Vorschlag, den man zwar als praktisch durchführbar ansah, wurde jedoch von höchster Stelle abgelehnt, weil er den Verlust eines Helikopters zur Folge haben konnte. Wegen der UN-Sanktionen war ein Hubschrauber fast unersetzlich. Das Ziel lag zu nahe am Lusaka Airport. Wenn die Sambier ihre MIG-21 aufsteigen ließen, wurde der Helikopter möglicherweise abgeschossen, bevor er sich nach Rhodesien in Sicherheit bringen konnte.

Mein zweiter Vorschlag beinhaltete ebenfalls einen Kundschaftertrip mit Peter nach Lusaka. Nachdem wir uns von Nkomos Anwesenheit überzeugt hätten, würden wir in Salisbury anrufen, worauf Martin Pearse mit einem SAS-Team über dem Leopards Hill Cemetary mit dem Fallschirm abspringen würde, so wie wir es für die Sutherland-Befreiungsaktion geplant hatten. Das Team würde zwei rückstoßfreie 75-mm-Granatwerfer mitbringen, mit denen sie das Haus systematisch in Trümmer legen konnten. Peter und ich würden sie mit gestohlenen Lastwagen abholen.

Sobald die Wachtposten durch MG-Feuer und Granaten ausgeschaltet waren, würde ein anderer Trupp die Ruinen stürmen und alle Überlebenden, vor allem Joshua Nkomo, töten. Dann würden wir in den gestohlenen Lastwagen fliehen und uns an einem bestimmten Treffpunkt von rhodesischen Helikoptern abholen lassen.

Dieser Plan wurde mehr oder weniger gebilligt, nicht jedoch der Einsatz von rückstoßfreien Granatwerfern. Einige Wochen später, als die Planungen schon weit fortgeschritten waren, rief mich Colonel Joe zu einer dringenden Unterredung.

»Es tut mir leid«, sagte er, »aber wir müssen den Plan vorläufig auf Eis legen.«

»Wie bitte?« erboste ich mich. »Haben sich Ihre Bosse schon wieder mal anders besonnen?«

»Diesmal hat es nichts mit der CIO zu tun«, erklärte Colonel Joe. »Colonel Reid Daly hat offenbar General Walls gedrängt, die Operation von seinen Selous Scouts durchführen zu lassen.«

»Hören Sie«, sagte ich ärgerlich, »es geht hier um einen Anschlag auf einen Terroristenführer, nicht um Ruhm und Ehre. Wichtig ist, daß das Opfer stirbt . . . Wenn die Operation noch lange hinausgezögert wird, ist Joshua Nkomo bei Kriegsende immer noch quicklebendig. Es ist idiotisch, zu diesem Zeitpunkt noch die Mannschaft wechseln zu wollen. Die Pläne sind sehr weit gediehen, wir verfügen praktisch über alle notwendigen Informationen. Ich muß lediglich noch einen Trip nach Sambia machen, weil keiner sich in Lusaka so gut auskennt wie ich.«

»Das weiß ich alles, Taffy«, erwiderte Colonel Joe. »Wir sind ganz Ihrer

Meinung. Die CIO hat sich dagegen gewehrt, aber General Walls ist stur und will den Selous Scouts eine Chance geben. General Walls ist der Operationschef, und er möchte, daß wir – also Sie – den Scouts in jeder erdenklichen Weise behilflich sind.«

»Ich werde ihnen behilflich sein«, erklärte ich. »Trotzdem finde ich es in höchstem Maße unprofessionell. Was soll ich tun?«

»Machen wir's uns doch bequem und unterhalten wir uns. Erzählen Sie mir alles über das Haus und die Gewohnheiten derZielperson.«

»Das wissen Sie doch bereits alles«, sagte ich scharf, ging dann aber trotz meiner Verärgerung noch einmal alles mit ihm durch.

Die Zeit verging. Colonel Joe wandte sich gelegentlich an mich und wollte gewisse Details wissen. Konnte ich diese Vorgehensweise empfehlen? Wie sah's mit jener aus? War dies eine geeignete Absprungzone? Welche Route nahm Nkomo gewöhnlich, wenn er von seiner Villa zum Zimbabwe House fuhr?

»Warum wollen die denn ausgerechnet das wissen?« lachte ich. »Nach meiner Erfahrung wechseln die höheren Chargen der Rebellen ständig die Route.«

»Die Scouts wollen es mit einer Autobombe versuchen«, erklärte Colonel Joe. »Sie schicken einen Ford Escort nach Lusaka. Der ist eine einzige Splittermine, die Türverkleidungen sind mit Sprengstoff gefüllt. Sie wollen den Wagen irgendwo abstellen und ihn hochgehen lassen, wenn Nkomo vorbeifährt oder an einer Ampel halten muß.«

»Ford Escorts sind selten in Sambia«, wandte ich ein. »Das Auto würde sehr auffallen. Dazu kommt, wenn Nkomo auf der linken Seite im Fond sitzt, stehen die Chancen, daß er dabei ums Leben kommt, höchstens fünfzig zu fünfzig, selbst wenn der Escort nur einen halben Meter entfernt detoniert.

Bomben mögen es nicht, wenn sich Luft zwischen ihnen und dem Ziel befindet. Um einigermaßen für den Erfolg garantieren zu können, müßte die Autobombe direkten Kontakt mit dem Zielobjekt haben, was kaum praktikabel ist. Und vor der Splitterwirkung der Bombe wird Nkomo zum größten Teil durch das Blech seines Wagen geschützt.

Außerdem, wieso glauben die, daß sie nahe genug an Nkomo herankommen? Das würde eine längere Überwachung seiner Fahrgewohnheiten voraussetzen – was kaum praktikabel ist. Und selbst wenn, könnten sie nie genau voraussehen, wie er sich am nächsten Tag verhält. Es wäre viel einfacher, ihn mit der Maschinenpistole abzuknallen, wenn sich die entsprechende Gelegenheit ergibt.«

»Würden Sie sagen, daß der Plan undurchführbar ist?« fragte Colonel Joe.

»Undurchführbar nicht«, erwiderte ich, »aber nicht praktikabel. Die Erfolgsaussichten sind sehr gering. Die Autobombe wird sicherlich jemanden töten, aber daß es gerade Nkomo ist, dafür gibt es keine Garantie. Trotzdem, wenn sie's unbedingt versuchen wollen, dann fliege ich nach Lusaka und helfe mit. Mir fällt noch am ehesten ein vernünftiger Plan ein.«

Colonel Joe leitete meine Offerte weiter. Später ließ er mich dann wissen, daß die Selous Scouts darauf bestanden hatten, die Operation ganz alleine durchzuziehen.

Gegen Ende Januar traf ich mich erneut mit Colonel Joe.

»Hören Sie, Taffy, die Sache ist total verkorkst. Die Selous Scouts haben ihren Plan aufgegeben.«

»Na prima, und wann schlagen wir jetzt los?«

»Überhaupt nicht«, antwortete Colonel Joe verdrießlich. »Sie haben sich einen anderen Plan ausgedacht und General Walls's Segen dazu bekommen. Einzelheiten weiß ich nicht, aber es ist ein Bodenangriff.«

»Für einen Bodenangriff haben wir bereits Pläne«, bemerkte ich.

»Ich weiß«, sagte Colonel Joe, »aber sie wollen anders an die Sache herangehen. Sie wollen zu Fuß einmarschieren, mit einem Kommando, das überwiegend aus Afrikanern besteht. Schwarze fallen nicht so auf wie Europäer, argumentieren sie.«

»Der Einmarsch ist unnötig ... ebenso wie der Einsatz von afrikanischen Soldaten«, sagte ich.

Colonel Joe zuckte die Achseln. Der Plan war bereits genehmigt.

»Sie möchten Ihre Meinung hören. Sie beabsichtigen, von der südlichen Grenze einzumarschieren und sich von Südosten her dem Leopards Hill Cemetary zu nähern. Wie sieht die Gegend dort aus? Halten Sie das für die beste Einmarschroute?«

»Wenn sie unbedingt zu Fuß gehen wollen«, sagte ich, »dann ist es die beste Route ... ich hätte die gleiche genommen. Es gibt keine sambischen Truppen in dieser Gegend. Trotzdem, der Fußmarsch ist Unsinn. Colonel Reid Daly kompliziert die Operation nur unnötig.«

Ende März 1979 änderte sich plötzlich die Situation wieder.

»Die Operation ist in die Hose gegangen«, berichtete mir Colonel Joe. »Ein Offizier der Selous Scouts, Captain Martin Broadman, ist bei einer Erkundungsmission in Sambia geschnappt worden. Die Scouts sind endgültig raus aus der Sache. Sie hatten ihre Chance.«

Prompt wurde der Plan, ein SAS-Kommando mit mir als Führer einzusetzen, wieder aufgegriffen. Am folgenden Tag setzte ich mich mit Captain Martin Pearse zusammen. Lieutenant Peter Cole war nicht anwesend, er hatte mit der geplanten Operation nichts mehr zu tun.

Wir verfügten über einen Film von unbezahlbarem Informationswert. Die britische ITN hatte eine achtminütige Reportage über Lord Goodmans Besuch bei Joshua Nkomo in Lusaka gedreht. Der Film zeigte nicht nur das Haus und das Grundstück, sondern auch viele Bereiche des Inneren.

Wie üblich bei ZAPU-Anlagen war der Zaun um das Haus mit Sackleinen verhängt, damit man nicht so leicht hineinsehen konnte. Ich hatte oft durch das Sackleinen gespäht und war sogar nachts um das Gelände geschlichen, aber das ließ sich nicht mit einem Kameramann vergleichen, der bei strahlendem Sonnenschein den gesamten Komplex aufnahm. Wir konnten alles genau erkennen, sogar die Wachtposten. Martin und ich markierten einige Stellen, von denen sodann für Instruktionszwecke Vergrößerungen hergestellt wurden.

Eine Sekretärin bei der CIO, die zufällig den Film gesehen hatte, eröffnete uns, daß sie in dem Haus gewohnt hatte, als Sambia noch Nordrhodesien war. Wir befragten sie eingehend. Dummerweise war das Haus in der Zwischenzeit erheblich umgebaut worden, dennoch half es uns bei den Planungen.

»Wir halten es für zu riskant, wenn Sie vor dem Einsatzteam nach Sambia fliegen«, sagte Colonel Joe. »Wenn Sie verhaftet werden, platzt die ganze Operation.«

»Also gut«, meinte ich, »dann springe ich eben zusammen mit den anderen ab. Vielleicht sollte ich, mit einem zweiten Mann, ein paar Tage vorher abspringen? Wir könnten dann in aller Ruhe die notwendigen Transportmittel klauen.«

»Der SAS hat sich zu dem Transportproblem ein paar Gedanken gemacht«, erklärte Colonel Joe. »Können Sie morgen mit mir nach Kabrit fahren und die Sache mit Martin Pearse, Lieutenant-Colonel Garth Barrett und Major Dave Dodson besprechen?«

Am folgenden Tag fuhr ich mit Colonel Joe zur SAS. Es war mein erster Besuch in ihren neuen Kasernen.

Kabrit, wo Colonel David Stirling 1941 den SAS gegründet hatte, war ein arabisches Dorf in der damaligen Suezkanalzone, etwa 160 Kilometer von Kairo. Die Landschaft dort war kahl und bretteben; die Hitze war fast unerträglich und die Fliegen eine Plage. Das Lager bestand nur aus drei armseligen Zelten.

Kabrit, die Kaserne, in die der SAS kürzlich eingezogen war, hatte keine Ähnlichkeit mehr mit dem ehemaligen Namensvetter. Außerdem war es ein erheblicher Fortschritt gegenüber den alten Quartieren in Cranborne. In den Vorkriegstagen hatte es das Kutsaga Tobacco Research Institute beherbergt – Rhodesien war einer der größten Tabakproduzenten der Welt.

Der SAS hatte es übernommen, weil es taktisch so ideal lag, am nördlichen Ende der Runway, in die sich der Zivilflughafen von Salisbury und die rhodesische Air Force teilten.

In dem Operationsraum fand ich einige der Männer vor, die ich in Cranborne kennengelernt hatte, als ich damals bei den Planungen für die großen Angriffe auf Sambia mithalf. Martin Pearse war da, außerdem Major Dave Dodson, der hochdekorierte stellvertretende Kommandeur der SAS. Sie erklärten mir Martins neuen Plan. Er wollte mit Landrovern nach Sambia fahren... genau gesagt, mit den alten Sabre-Landrovern, einer Spezialanfertigung für den SAS, die benutzt worden waren, bevor die von Terroristen verminten Straßen den Einsatz zu gefährlich gemacht hatten.

Der Landrover war ein ideales Fahrzeug. Außerdem fiel es nicht auf, denn die Sambier waren ebenfalls damit ausgerüstet.

Sie hatten sich bereits eine Route ausgedacht. Der SAS kannte sich auf der sambischen Seite des Karibasees aus, da er oft hinübergefahren war, um Straßen zu verminen, die von der ZIPRA für Infiltrationen oder Nachschub benutzt wurden. Westlich von Siavonga führte eine primitive Piste ins Landesinnere, die Major Dave Dodson in einem Kleinflugzeug der Polizei beflogen hatte. Der Pilot hatte sich in Baumhöhe gehalten, was ungefährlich gewesen war, weil in dieser Gegend keine sambischen Truppen stationiert waren. Dave hatte sich mit dem Fernglas die Piste angesehen und außerdem Aufnahmen gemacht.

Alles in allem gesehen, sagten sie mir, sei die Route geeignet.

Meiner Ansicht nach war es riskant. Es war eine primitive Buschpiste, und wenn wir eine Panne hatten, würde unser Zeitplan hoffnungslos durcheinanderkommen. Außerdem bestand die Gefahr, daß wir gesehen wurden und so möglicherweise in einen Hinterhalt gerieten. Ich gab zu bedenken, daß es eine ganz schöne Strecke ist von Siavonga nach Lusaka, über zweihundert Kilometer, von denen der größte Teil über Stock und Stein führte. So wie ich die Gegend kannte, schätzte ich den Zustand der Piste als außerordentlich schlecht ein. Mehrere kleine Flüsse waren zu überqueren.

Meine Kritik stieß auf taube Ohren. Martin stellte klar, daß meine Aufgabe lediglich darin bestand, den Trupp von Siavonga zu Nkomos Haus zu führen. Und wieder zurück. Der Plan stand fest. Er war vom Operationschef bereits genehmigt und abgesegnet.

Die Operation hatte den Codenamen *Bastille.*

Ich fuhr jeden Tag nach Kabrit. Die Sicherheitsvorkehrungen waren außerordentlich streng, wie man es vom Hauptquartier eines SAS-Regiments auch erwarten konnte. Daß ich jeden Tag dort auftauchte, in saloppen Zivilkleidern und in meinem uralten Lieferwagen, erregte ziemlich viel Aufmerksamkeit. Einige Leute machten sich offenbar ihre Gedanken über Taffy und warum er so freizügig dort herumspazieren durfte.

Ich wurde über jeden erdenklichen Aspekt in Bezug auf Sambia ausgequetscht. Wir sprachen über die Fahrzeuge, die von der sambischen Armee verwendet wurden, und ich beschrieb ihnen die Farbe, die benötigt wurde, um die sambische Tarnbemalung zu imitieren. Sambische Uniformen hatte der SAS bereits organisiert, einschließlich der Stahlhelme.

Eines machte mir die ganze Zeit Sorgen: Wie sollten wir wissen, ob Nkomo sich in dem Haus aufhielt? Wer würde uns darüber informieren? Ich hielt es für unerläßlich, einen Mann vor Ort zu haben. Wir brauchten eindeutige und aktuelle Informationen.

»Ein sambischer Regierungsbeamter wird uns einen Tip zukommen lassen, sobald Nkomo im Haus ist«, erklärte man mir.

Ich hatte meine Zweifel, ob das wirklich funktionierte, denn ich wußte, wie unberechenbar Nkomo sein konnte.

Im Moment nahm Nkomo an einer OAU-Konferenz im Ausland teil. In letzter Zeit war es noch schwieriger geworden, ihm auf der Spur zu bleiben. Einmal hörten wir, daß er in Sambia sei, am nächsten Tag tauchte er in Botswana auf, und dann wurde er angeblich in London gesichtet.

Der Tip durch einen sambischen Regierungsbeamten schien mir eine zu unsichere Sache. Man versicherte mir jedoch, daß meine Sorgen unnötig seien. Alles sei unter Kontrolle.

Am Samstag, dem 7. April 1979, waren wir abmarschbereit, doch nachdem wir den ganzen Tag in Kabrit gewartet hatten, wurde Entwarnung gegeben. Am Sonntag waren wir erneut in Alarmbereitschaft.

Bis zu diesem Zeitpunkt hatte ich den SAS-Kommandeur, Lieutenant-Colonel Garth Barrett, noch nicht gesehen. Am Sonntag kam eine Ordonnanz in den Oprationsraum.

»Wer ist Taffy?« erkundigte er sich.

»Das bin ich«, sagte ich.

»Der Colonel möchte Sie sprechen, Sir.«

Ich betrat Garth Barretts Dienstzimmer und lächelte ihm zu. Wir waren einst gut bekannt gewesen und hatten regelmäßig miteinander Golf gespielt. Dann war er befördert und von Salisbury nach Umtali versetzt worden, und wir hatten uns aus den Augen verloren.

»Ach, Sie sind also Taffy?«, sagte er verblüfft. »Auf Sie wäre ich nie im Leben gekommen.«

Ricky May, Colonel Joes CIO-Chef, war anwesend, außerdem Major Dave Dodson. Dave hatte sich entschlossen, als einfacher Trooper bei dem Unternehmen mitzumachen, unter Captain Martin Pearses Kommando. Dave wollte sich den Spaß nicht entgehen lassen.

»Wir haben grünes Licht bekommen«, verkündete Ricky May. »Wie lange braucht ihr, um euch bereitzumachen und nach Kariba abzurücken?«

»Wir können in zwanzig Minuten aus Kabrit ausrücken«, versicherte Dave Dodson.

»So schnell?« wunderte sich Ricky May. »Sie machen wohl Witze.«

»Meine Männer haben keine Ahnung, daß es nach Sambia geht«, erklärte Major Dodson. »Sie wissen jedoch, daß es sich bei der Operation um einen Angriff mit Landrovern auf ein Terroristenlager oder ein Gebäude handelt. Wir haben Übungen abgehalten, haben Feuerstellungen simuliert, Buschnavigation, Evakuierung, Pannendrill, Angriffe auf Gebäude, Säuberungen und so weiter. Wir sind so fit, wie wir nur sein können.«

Ich hatte ein paar Tage zuvor eine brandneue Tarnuniform und einen Tornister bekommen. Außerdem ein AK, das sich, einschließlich Gürtel und Munition, wie die Waffen der anderen Männer im Waffendepot der SAS befand.

Als die Sabre-Landrover 1973 oder 74 aus dem Felddienst ausgemustert wurden, wegen der zunehmend verminten Straßen, waren sie an verschiedene andere Verwaltungs- und Versorgungseinheiten ausgeliehen worden. Die Fahrzeuge waren standardmäßig mit Haltebügeln für Maschinengewehre ausgerüstet, von der gleichen Art wie die Landrover, die im Zweiten Weltkrieg vom SAS für den Wüstenkrieg in Nordafrika eingesetzt wurden.

Unglücklicherweise waren sie nicht mehr so jung und flott wie einst. Die meisten waren klapprig und schrottreif. Es war schwierig genug gewesen, sie wieder einzusammeln – viele der ausgeliehenen Fahrzeuge waren verschrottet worden.

Der SAS-Fuhrpark bekam 48 Stunden Zeit, um acht davon wieder in hundertprozentigen Zustand zu bringen. Es war viel verlangt, und die Mechaniker versuchten wirklich ihr Bestes. Aber Wunder konnten sie keine bewirken.

In Anbetracht der guten Teerstraße war die Fahrt nach Kariba ein Vorgeschmack dessen, was uns in Sambia erwartete. Zwei der acht hatten unterwegs eine Panne. Glücklicherweise begleiteten uns drei Mechaniker vom Fuhrpark in einem Werkstattwagen, und es gelang ihnen, die Landrover wieder flottzumachen.

Außer dem Werkstattwagen begleiteten uns schwere Lastwagen, beladen mit Zelten, Proviant und Ausrüstung.

In Kariba fuhren wir ans hinterste Ende der Rollbahn, ein gutes Stück entfernt von den Abfertigungsgebäuden. Zwei große Zelte wurden aufgestellt, eines als Operationsraum, das andere als Kochzelt. Die Männer schliefen in Schlafsäcken in, um oder unter den Fahrzeugen.

Nachdem das Operationszelt stand und die Karten aufgezogen waren, machte ich mich daran, die Unterführer, die bislang noch nicht eingeweiht waren, einzuweisen.

Der Angriffsverband war aufgeteilt in eine Gruppe von vier und in zwei Gruppen von je zwei Landrovern. Jeder Landrover war mit vier Mann besetzt.

Die größte Gruppe war dazu bestimmt, Nkomos Haus anzugreifen.

Zwei Sabres und ihre Besatzung sollten das Liberation Centre angreifen, wo viele Militärfahrzeuge standen und große Mengen an Waffen, Munition und Sprengstoff gelagert waren. Wir wußten nicht genau, ob der Komplex von der sambischen Armee oder von der ZIPRA genutzt wurde, aber das spielte keine Rolle, denn die Sambier lagerten Waffen und Ausrüstung für die ZIPRA, so daß die Depots als austauschbar angesehen werden konnten.

Das letzte Ziel waren die Government Central Stores im Westen von Lusaka, wo nach CIO-Informationen große Mengen an Muntion und Sprengstoff für die ZIPRA lagerten.

Während der Instruktionssitzungen wurde ich nur als Taffy vorgestellt ... jemand, der mit den Zielobjekten vertraut war, auch wenn ich das Innere der Government Central Stores nicht kannte. Es wurde ihnen gesagt, daß ich ihnen auf einer Frage-und Antwort-Basis zur Verfügung stand, sie in ihre Angriffsziele einweisen und ihnen allgemein bei der Planung helfen konnte.

Captain Martin Pearse, der Oberbefehlshaber, würde den Angriff auf Nkomos Haus befehligen. Lieutenant Rich Stannard war verantwortlich für den Angriff auf das Liberation Centre, während Lieutenant Mac McIntosh sich um die Government Central Stores kümmern würde.

Zwischen den Einweisungen instruierte ich die Mechaniker vom Fuhrpark, wie sie die Sabre-Landrover auf sambische Tarnfarben umzuspritzen hatten. Wir besaßen einige Farbfotos von sambischen Militärfahrzeugen, die ich über die Jahre aufgenommen hatte, und so rechnete ich nicht mit Problemen.

Die traten jedoch sehr bald auf. Ich hatte die Mechaniker angewiesen, die rhodesische Camouflage mit mattem dunklen Standardgrün zu überspritzen. Später wollten wir mit breiten Malerpinseln dunkelbraune und ockergelbe Flecken aufbringen. Die sambische Camouflage war einfach zu imitieren.

Als ich eine Inspektion machte, hatten sie bereits drei Fahrzeuge neu gespritzt. Das Problem war, daß sie nicht die richtige Grüntönung genommen hatten. Statt in stumpfem Dunkelgrün prangten sie in grellem Apfelgrün.

»Oh«, sagte einer der Mechaniker, als ich stöhnend die Hände vors Gesicht schlug, »da hat jemand die falsche Farbe mitgebracht.«

Die Fahrzeuge sahen unmöglich aus. Ich prophezeite, daß man uns das nie abkaufen würde. Was noch schlimmer war, es blieb uns keine Zeit mehr, sie mit einer anderen Farbe zu überspritzen. Später jedoch, als sie mit gelben und braunen Flecken versehen worden waren, wirkten sie nicht mehr ganz so schlimm.

Die Genehmigung, die Mannschaften einzuweihen, war noch nicht eingetroffen, daher wurden sie mit Pannendrills, Fitneßübungen, Bergungsübungen und so weiter beschäftigt.

Die verschiedenen Gruppenführer hatten, mit meiner Unterstützung, ihre Angriffspläne ausgearbeitet. Diese Pläne wurden von Martin Pearse begutachtet, verbessert und in das Gesamtkonzept eingebunden.

Die Attacke auf das Liberation Centre sollte wie folgt ablaufen: Anhand von Karten hatte ich Lieutenant Rich Stannard gezeigt, wie er dorthin gelangte. Ich machte ihn mit dem Layout vertraut, sagte ihm, wo das Tor zu finden war, welche Gebäude sich innerhalb der Mauern befanden, wo die Wachtposten standen, wo die Fahrzeuge geparkt waren.

Je länger du bei einer Operation unentdeckt bleibst, um so mehr Zeit hast du, um Schaden anzurichten und einen geordneten Rückzug anzutreten. Dies galt ganz besonders für die Operation *Bastille*, denn wir wollten tief in ein fremdes und feindliches Land eindringen.

Ich schlug vor, daß sie zuerst zur Rückseite des Liberation Centre fuhren und dort den Gruppenführer Rich Stannard sowie einen weiteren Mann absetzten. Ich zeigte Rich, wo ich einst über die Mauer geklettert war und vor der Wachstube eine Bombe gelegt hatte. Dieses Gebiet war vermutlich immer noch nicht von Scheinwerfern erhellt. Rich und sein zweiter Mann, einer von ihnen mit einer schallgedämpften AK bewaffnet, würden die Wachen töten und das Haupttor öffnen, damit die Landrover hineinfahren konnten.

Wenn alles gut ging, wäre bis dahin noch kein Alarm ausgelöst. Während einige Männer mit den Fahrzeug-MGs Wache hielten, würden die anderen die restlichen Wachtposten töten und dann Sprengladungen an den geparkten Fahrzeugen und an den Waffendepots anbringen.

Der rhodesische SAS verfügte, ebenso wie der britische SAS, über ein eigenes Forschungs- und Entwicklungslabor. Dort hatte man eine spezielle Sprengladung für Kraftfahrzeuge entwickelt. Sie war magnetisch, bestand aus zirka 500 Gramm hochbrisantem Sprengstoff sowie einem Verzögerungszünder und wurde am Motorblock angebracht.

Nach Abschluß ihrer Mission würde sich Richs Team mit dem Rest von uns am Kafue-Kreisel treffen, in den Außenbezirken von Lusaka.

Der Plan wurde, wie ich später erfuhr, mehr oder weniger gemäß meinen Empfehlungen durchgeführt, wenn auch die ZIPRA-Wachen früher als erwartet alarmiert wurden durch den Kampflärm bei Nkomos Haus.

Der Angriffsplan auf die Government Central Stores sah ähnlich aus. Ich erklärte Lieutenant Mac McIntosh, daß der Lagerkomplex über einen Gleisanschluß verfügte. Die Schienen führten von hinten durch ein schweres Tor im Zaun auf das Gelände. Da die Trasse etwas erhöht war, konnte man neben dem Bahnkörper unter dem Tor durchkriechen. Ich war nie drinnen gewesen, hatte aber irgendwann das Tor fotografiert.

Drinnen würde das Team keine Fahrzeuge als Unterstützung brauchen, daher sollte nur ein Mann draußenbleiben und auf die Autos aufpassen. Die anderen würden eindringen, die Wachen töten, das Munitionslager suchen und Sprengladungen mit Zeitzündern anbringen. Anschließend würden sie sich ebenfalls zum Treffpunkt begeben; mit etwas Glück, ohne einen Alarm ausgelöst zu haben.

Auch der Überfall auf Nkomos Haus wurde in allen Einzelheiten vorgeplant. Ich sollte den Trupp begleiten, der von Captain Martin Pearse befehligt wurde.

Mehrere Tage warteten wir ungeduldig an der Kariba-Rollbahn auf die Nachricht, daß Nkomo in sein Haus zurückgekehrt war.

Ich hegte nach wie vor Zweifel an den Erfolgsaussichten, teilweise wegen der ungewissen Anmarschroute, hauptsächlich jedoch deswegen, weil ich der Überzeugung war, ein absolut zuverlässiger Mann hätte in Lusaka sitzen sollen, der sich nicht nur vergewisserte, daß Nkomo in der Stadt war, sondern daß er tatsächlich in seinem Haus schlief.

Nach meiner Erfahrung kehrte Nkomo zwar abends meist in sein Haus zurück, schlief jedoch nicht immer dort. Er war ein Schürzenjäger, und es passierte nicht selten, daß er mit weiblicher Gesellschaft versorgt wurde.

Wenn jedoch jemand vor dem Haus Wache halten konnte, bis das Schlafzimmerlicht erlosch, dann konnte man mit einiger Sicherheit annehmen, daß er dort auch die Nacht verbringen würde.

Meine Zweifel an der Zuverlässigkeit des Informanten in Lusaka wurden durch die späteren Ereignisse bestätigt.

Zweifel hatte ich allerdings keine an der Qualität der SAS-Soldaten. Sie waren bestens ausgebildet, motiviert, intelligent, sehr diszipliniert und körperlich fit. Sie waren im Durchschnitt jünger als die Soldaten des britischen SAS, weil Rhodesien als kleines Land stets Schwierigkeiten hatte, seinen Personalbestand aufzufüllen. Manche waren erst neunzehn, doch sie konnten es mit den besten Elitesoldaten der Welt aufnehmen.

Zwischenzeitlich waren Arrangements getroffen worden, den Trupp über den Karibasee ans sambische Ufer zu bringen. Es gab ein Fährschiff, die *Sealion*, die Touristen vom Westende des Sees nach Kariba brachte. Es war ein ziemlich alter Dampfer, der jedoch eine große Zahl von Passagieren und Fahrzeugen transportierten konnte. Das Touristikgeschäft in Rhodesien war seit Kriegsbeginn stark zurückgegangen. Der Eigentümer hatte sich mit Angeltrips für rhodesische Geschäftsleute einigermaßen über Wasser halten können. Gelegentlich wurde sein Schiff für militärische Transporte requiriert. Daß es eines Tages als Truppentransporter und Landungsboot requiriert werden würde, damit hatte er jedoch nicht gerechnet.

Er bastelte gerade liebevoll an den altersschwachen Maschinen der *Sealion*, die im Hafen von Kariba vor Anker lag. Seine vierköpfige afrikanische Crew half ihm entweder dabei oder reinigte die Decks. Ein Armeeoffizier tauchte plötzlich auf und eröffnete dem Skipper, daß er eingezogen und die *Sealion* requiriert sei.

»Prima«, sagte der Eigentümer, denn eine Requirierung brachte immer ein wenig Geld ins Haus. »Ich sage der Besatzung Bescheid, daß sie sich fertigmachen sollen.«

»Nein, Sie müssen Ihre Besatzung nach Hause schicken.«

Der Offizier winkte drei junge Männer in Tarnuniformen an Bord.

»Diese Burschen sind von einer rhodesischen Pioniereinheit. Sie haben ein bißchen Erfahrung mit Wasserfahrzeugen. Sagen Sie ihnen, was sie zu tun haben. Sie geben Ihre Crew ab.«

Der Eigentümer des Fährschiffs war entsetzt. »Das kann ich nicht machen«, sagte er entschieden. »Ich muß meine eigenen Leute haben. Diese Burschen kennen nicht mal den See. Die *Sealion* ist kein großes Schiff ... es ist verdammt schwierig, damit umzugehen.«

»Sie lernen schnell«, beharrte der Offizier. »Außerdem ist es beschlossene Sache – Sie sind eingezogen, Ihr Schiff ist beschlagnahmt, und hier ist Ihre Crew. Fahren Sie nach Wafa Wafa, dem Ausbildungslager der Selous Scouts, und weisen Sie unterwegs meine Leute ein. Zeigen Sie ihnen, wie man anlegt und so weiter ... alles, was sie wissen müssen.«

»Also gut«, meinte der Skipper resignierend. »Ich fahre nur schnell nach Hause, sage meiner Frau Bescheid und packe ein paar Sachen. Bin gleich wieder zurück.«

»Nein.« Der Offizier schüttelte bedauernd den Kopf. »Wir müssen das leider anders handhaben. Es ist eine hochgeheime Operation. Schicken Sie Ihre afrikanische Besatzung nach Hause, nehmen Sie die drei jungen Männer an Bord und werfen Sie die Leinen los. Ich sorge dafür, daß jemand Ihrer Frau Bescheid sagt.«

Als wir vom Flugplatz Kariba nach Wafa Wafa am Ufer des Karibasees fuhren, einer sehr malerischen, aber gottverlassenen Gegend, ankerte das Fährboot bereits vor dem Ufer.

Wafa Wafa war ein stark gesichertes Gelände, und das Tempo der Vorbereitungsarbeiten beschleunigte sich sofort. Wir waren vorgewarnt worden, daß die Operation wahrscheinlich innerhalb der nächsten vierundzwanzig Stunden anlaufen würde, daher instruierten wir den Rest der Mannschaft.

Die Landrover bekamen die letzten farblichen Feinheiten verpaßt, um sie den sambischen Militärfahrzeugen anzugleichen. Das Apfelgrün, das mir soviel Kummer gemacht hatte, verschwand unter braunen und gelben Farbtupfern.

Die sambische Tarnfarbe war wirklich leicht zu imitieren - und sie war auch die nutzloseste. Bestenfalls drei Wochen im Jahr sprießen die Msasas in dieser Farbkombination ... und selbst dann müßte man das Fahrzeug direkt darunter parken. In der restlichen Zeit erhöhte die Tarnfarbe eher noch die Sichtbarkeit des Fahrzeugs.

Sambische Uniformen wurden ausgegeben und getragen. Wir übten, Landrover an Bord und von Bord zu bringen, was nicht einfach war ohne eine ordentliche Rampe.

Der Kommandeur, Colonel Garth Barrett, kam von Kabrit hergeflogen. Wir waren voller Erwartung und startbereit. Mit Salisbury standen wir in ständiger Funkverbindung. Ein Funkspruch traf ein, den Garth Barrett mit ungläubiger Miene las.

»General Walls«, sagte er voll unterdrückter Wut, »hat befohlen, daß ein Selous Scout den SAS bei der Operation begleiten muß. Er hat Captain Ant White benannt, weil der schon mal in Sambia gewesen ist. Ich werde General Walls was erzählen! Wenn die Selous Scouts die Operation durchführen wollen, sollen sie das von mir aus tun ... aber der SAS nimmt keinen Scout mit!«

Er stürmte zum Funkgerät und sprach persönlich mit General Walls. Wenig später kam er ziemlich geknickt zurück.

»El Supremo hat gesprochen ... White kommt mit ... er ist schon unterwegs hierher.«

»Na herrlich«, meinte Dave Dodson, »dann muß ich einen von meinen Leuten zurücklassen, weil wir keinen Platz mehr in den Sabres haben.«

Garth Barrett zuckte die Achseln.

Kurz darauf enttäuschte Dave Dodson einen SAS-Trooper zutiefst. »Tut mir leid«, sagte er zu ihm, »du fährst nicht mit.«

Captain Ant White traf um die Mittagszeit ein. Ich wurde ihm als Taffy vorgestellt. Wir steckten sofort die Köpfe zusammen wegen seiner sambischen Landeskenntnisse. Während der Unterhaltung erwähnte er, daß er an dem Plan, Nkomo mittels einer Autobombe zu töten, beteiligt gewesen war. Er hatte die Operation abbrechen müssen, berichtete er, weil Einheimische ihn schlimm verprügelt hatten.

Dann fiel uns auf einmal auf, daß zwei afrikanische Selous Scouts mit ihm gekommen waren. General Walls hatte angeordnet, daß sie ebenfalls an der Operation teilnehmen sollten.

Garth Barrett stürmte erneut zum Funkgerät. Wiederum ließ General Walls nicht mit sich reden. Die schwarzen Selous Scouts würden mitkommen. Basta.

Wie es schien, schätzte General Walls aus unerklärlichen Gründen die Lage des SAS-Teams falsch ein. Ein kleines, eingespieltes Team, bestehend aus acht Sabre-Landrovern mit je vier Mann Besatzung, war für diese Operation trainiert worden. Wegen der Vielzahl der Aufgaben war dieses Team noch einmal in drei Trupps unterteilt worden. Drei zusätzliche Passagiere waren in die Autos gezwängt worden, die an der Brücke über den Kafue River abgesetzt werden sollten, um diesen kritischen Punkt für den Rückzug offenzuhalten.

Wir hatten alles bis ins kleinste Detail geprobt. Es war eine riskante Operation. Die Entscheidung, drei eingespielte Mitglieder, fast zehn Prozent des Teams, durch untrainierte Männer aus einer anderen Einheit zu ersetzen, grenzte schon an Schwachsinn.

Garth Barrett traf die einzig richtige Entscheidung, wie ich fand. Captain Ant White würde mitkommen. Er war ein regulärer Soldat, der sich vom Mannschaftsdienstgrad hochgearbeitet hatte und sein Handwerk verstand, er würde sich also ohne Probleme in den Plan einfügen. Ein Afrikaner würde ebenfalls mitkommen, da er sich möglicherweise als Dolmetscher nützlich machen konnte, aber er würde zusätzlich in ein Fahrzeug gezwängt werden und niemanden ersetzen. Der andere Selous Scout würde einfach »vergessen« und in Wafa Wafa zurückgelassen werden.

Ich als der Führer sollte im ersten Fahrzeug fahren. Dave Dodson, der die Piste beflogen hatte, würde neben mir sitzen und navigieren. Die beiden Selous Scouts – Captain Ant White und der afrikanische Soldat – sowie ein SAS-Trooper würden im Heck sitzen.

Sobald wir die geteerte Landstraße nach Lusaka erreichten, sollte Dave Dodson mit dem schwarzen Selous Scout den Platz tauschen. Der Scout würde Offiziersstreifen an seiner sambischen Uniform tragen und das Wort ergreifen, wenn wir auf Straßensperren trafen.

Dann – reichlich spät – erinnerte sich jemand, daß vor einiger Zeit, als die ZIPRA auf dieser Piste bewaffnete Terroristen über die Grenze schleuste, eine SAS-Patrouille dort zwei TM-46-Minen gelegt hatte.

Der Patrouillenführer wurde nach Kariba geflogen, um mit uns überzusetzen und die Minen zu räumen ... aber es war schon zu lange her, und er konnte sich nicht mehr genau erinnern, wo er sie gelegt hatte.

Es blieb uns nichts übrig, als unserem Glück zu vertrauen. Es schien uns wie eine Ironie des Schicksals, daß erstmals seit Jahren eine rhodesische Armeepatrouille Fahrzeuge benutzte, die nicht gegen Landminen geschützt waren, und daß die Piste bekanntermaßen nicht nur vermint war, sondern daß die Rhodesier gar selbst die Minen gelegt hatten!

Ich fuhr das Fahrzeug an der Spitze, und daß ich mich nicht sehr wohl dabei fühlte, war die Untertreibung des Jahres. Aber so war mir's immer ergangen, schon damals beim britischen SAS. Ich war ewig der Scout. Wenn es einen Hinterhalt gab oder eine Mine – ich war unweigerlich an der Spitze.

Peter Allen, der SAS-Sergeant-Major, paddelte mit einem kleinen Team in Faltbooten über den See. Er sollte die Landezone sichern, die Fähre heranlotsen und das Entladen überwachen.

Wir bekamen das Startzeichen. Erwartungsvoll gingen wir an Bord der *Sealion*. Dann hieß es wieder warten, weil jemand einen Fehler gemacht hatte ... Nkomo war nicht nach Lusaka zurückgekehrt.

Wir verbrachten die Nacht auf der Fähre, die vor Wafa Wafa ankerte. Alle waren nervös. Waffen wurden zerlegt, gereinigt und wieder zusammengesetzt. Dann erneut zerlegt, gereinigt, zusammengesetzt. Langweile machte sich breit. Wir schwammen im See, um uns die Zeit zu vertreiben, und warteten.

Ein beliebtes Gesprächsthema war, wer sich Joshua Nkomos massiv goldene Rolex schnappen würde. Der arme sozialistische Joshua Nkomo, der stets für sich in Anspruch nahm, ausschließlich im Interesse des afrikanischen Volks zu handeln, hatte jüngst unfreundliche Kommentare in der Weltpresse lesen müssen. Irgend jemand hatte seine massiv goldene Rolex bemerkt – mit dem Gegenwert von mehreren tausend Pfund hätte man in *jedem* Land ein bißchen Hunger und Armut lindern können!

Am 14. April kam erneut grünes Licht, und die *Sealion* legte ab. Diesmal endgültig.

Der Skipper, der den riesigen Karibasee wie seine Westentasche kannte, wollte den See hinauffahren, dann Kurs auf Sambia nehmen, mit der untergehenden Sonne im Rücken. Das Flammenspektakel, in sich schon eine Touristenattraktion, würde dafür sorgen, daß niemand vom sambischen Ufer her in die Sonne starrte und uns bemerkte. Die Landung sollte erfolgen, wenn die Sonne hinter dem Horizont versank, und das gelang ihm mit großer Präzision.

Wir hielten Ausschau nach sambischen Patrouillenbooten, die mit Bren-Maschinengewehren ausgerüstet waren und die Küste überwachten, wenn sie nicht mit Maschinenschaden im Reparaturdock lagen. Wenn uns solch ein Boot in die Quere gekommen wäre, hätten wir es mit unserer geballten Feuerkraft versenkt.

Unser Zeitplan war sehr knapp gehalten. Nach der Landung wollten wir uns sofort auf den Weg nach Lusaka machen. Dort würden wir die geplanten Ziele angreifen und schnellstens wieder zurückkehren. Bevor die Sonne aufging, mußten wir auf dem Rückweg sein.

Das Entladen der Landrover ging glatt über die Bühne. Peter Allan und sein Trupp versicherten uns, daß sich kein sambisches Militär oder Polizei in der Gegend befanden.

Die Fahrzeuge waren schon an Bord beladen worden, so daß wir sie bereits in Marschordnung an Land fahren konnten. Kaum war das letzte von Bord, setzte sich der Konvoi in Bewegung.

Die *Sealion* stach in See, wo sie warten würde, um uns nach der Rückkehr wieder an Bord zu nehmen. Peter Allen und seine Männer blieben zurück, um den Brückenkopf zu halten.

Die Piste war auf dem Meßtischblatt als dünne, punktierte Linie eingezeichnet, aber binnen zehn Minuten stellte ich fest, daß die Karthographen einen schlimmen Fehler gemacht hatten – die Punkte waren zu groß, und es gab zuviele. Das, was Dave Dodson bei seiner Befliegung andeutungsweise als Piste ausgemacht hatte, verschwand zusammen mit dem Tageslicht.

Am Ende fuhren wir praktisch nur noch nach Kompaß, denn Dave Dodson und ich wußten, daß wir letztlich die Landstraße erreichen mußten, wenn wir nur lange genug in die richtige Richtung fuhren. Wir hätten schon großes Pech haben müssen, wenn wir auf die Minen gefahren wären. Die lagen mindestens so verirrt im Busch, wie wir es waren.

Fünf Kilometer vom Karibasee erreichten wir eine Eingeborenensiedlung, und ich sah ein, daß wir ziemlich vom Kurs abgekommen sein mußten. Unser schwarzer Selous Scout suchte den Stammesältesten und diskutierte mit ihm, wie wir am besten zur Piste zurückgelangten. Schließlich nahmen wir ihn als Führer mit.

Der Stammesälteste war außerordentlich besorgt. Laufend versicherte er dem afrikanischen Selous Scout, daß er ein Mitglied von Joshua Nkomos ZAPU sei, wie auch von Präsident Kaundas UNIP. Wenn wir ihm nicht glaubten, sagte er, würde er jederzeit in sein Dorf zurückkehren und die Mitgliedsausweise samt den Beitragsquittungen holen. Es kam ihm nicht in den Sinn, daß seine einzige Trumpfkarte eine grünweiße rhodesische Flagge gewesen wäre.

Nachdem wir wieder auf der Piste waren, setzten wir den Stammesältesten ab und quälten uns voran. Es sollte die anstrengendste Fahrt in meiner ganzen militärischen Laufbahn werden.

Wir hatten geplant, ohne Licht zu fahren, doch unter den Bäumen war es stockfinster, und so schalteten wir die Scheinwerfer ein, denn ohne Licht hätten wir anhalten müssen oder wären gegen den nächsten Baum geprallt.

Selbst mit Licht sahen wir nur wenig. Die Scheinwerfer bestrahlten zwar das hohe Gras und Buschwerk, durchdrangen es aber nicht. Bei Tageslicht wäre der Busch kein großes Hindernis gewesen, aber bei Nacht erschien er wie eine undurchdringliche Wand. Dauernd mußten wir anhalten und unbefahrbare Löcher und Querrinnen mit Sandsäcken auffüllen, wir hackten Bäume um und legte die Äste in den Morast, damit die Räder wieder greifen konnten. Glücklicherweise waren die Landrover mit Sandblechen ausgerüstet, ursprünglich für den Wüstenkrieg gedacht, und die halfen uns durch die schlimmsten Stellen.

Wir verbrachten mehr Zeit außerhalb der Fahrzeuge als drinnen. Wir kämpften verbissen. Der Landrover ist ein schweres Fahrzeug und schon unter normalen Bedingungen schwierig zu handhaben – mit Munition und Ausrüstung beladen, wie unsere, war es noch viel schlimmer.

Wir erreichten ein ernormes *vlei* – einen Sumpf, gut zweihundert Meter lang und fünfzig Meter breit. Ich versuchte durchzukommen, doch nach wenigen Metern versank das Fahrzeug bis zu den Achsen. Schließlich, mit Vierradantrieb, qualmender Kupplung und viel Schieben und Zerren, erreichte ich die andere Seite.

Alle waren von Kopf bis Fuß mit schwarzem Schlamm bedeckt. Eine Zeitlang vergaßen wir alle militärischen Regeln. Waffen wurden abgelegt und auf den Fahrzeugen sicher verstaut, während wir qualvoll die nächsten vier Landrover über den Sumpf brachten.

Ein Mann wollte es unbedingt allein versuchen. Er setzte seinen Landrover zurück, gab Vollgas und raste in den Morast. Bewundernd und mit beträchtlicher Erleichterung sahen wir mit an, wie er inmitten einer Dampf- und Qualmwolke, schlamm- und wasserspritzend, schleudernd und rutschend das rettende Ufer erreichte.

Dem siebten Landrover gelang das gleiche Kunststück.

Mittlerweile war das *vlei* ein widerlicher See aus aufgerührtem und stinkendem schwarzen Morast.

Der achte Wagen kam etwa fünfzig Meter weit und versank dann bis zu den Türen. Der Motor heulte auf und starb dann ab. Trotz aller Versuche wollte er nicht mehr anspringen.

Wir hatten wertvolle Zeit verloren.

Captain Martin Pearse entschied sich schweren Herzens, Fahrzeug und Besatzung zurückzulassen. Die Leute sollten versuchen, den Landrover zu bergen. Wenn ihnen das nicht gelang, sollten sie das Fahrzeug zerstören und zum Seeufer zurückmarschieren.

Am Ende wurde es doch nicht zerstört. Das übliche Sparsamkeitsdenken bewog die Rhodesier, mit Hubschraubern Mechaniker einzufliegen, nachdem unser Angriff abgeschlossen war, und der zehn Jahre alte Landrover wurde zusammen mit den anderen von der Fähre zurückgebracht.

Kurz darauf wurde die Piste besser, wir erreichten eine gute Schotterstraße. Wir hatten fünf Stunden gebraucht.

Der Konvoi hielt an, und Martin Pearse machte Bestandsaufnahme. Nachdem ihm jetzt ein Landrover fehlte, entschied er, den Angriff auf die Government Central Stores zu streichen. Es war das am wenigsten wichtige Ziel, weil ich gar nicht hundertprozentig wußte, ob dort wirklich Munition gelagert wurde, während ich mir bei dem Liberation Centre sicher war, daß sich ein Angriff lohnte.

Rich Stannards Gruppe von zwei Fahrzeugen blieb intakt, dafür wollten wir mit fünf statt vier Landrovern Nkomos Haus überfallen.

Wir fuhren wieder los und versuchten, die verlorene Zeit aufzuholen, aber die mit Munition und Ausrüstung überladenen Landrover hatten kaum noch Reserven. An einem Punkt überlegten wir sogar, ob wir das Unternehmen abbrechen und zum See zurückkehren sollten. Wir hatten soviel Zeit verloren. Eine andere Möglichkeit wäre gewesen, in den Manali Hills zu kampieren und erst in der nächsten Nacht anzugreifen; aber wäre Nkomo dann noch in seinem Haus?

Wir fuhren weitere achtzig Kilometer, bis wir auf die Landstraße Chirundu-Lusaka trafen. Wir waren entsetzlich spät dran, doch Martin Pearse glaubte, daß die Zeit noch reichte, und so fuhren wir weiter.

Der afrikanische Selous Scout hatte vorne Platz genommen, während Dave Dodson im Heck saß. Hier auf der Hauptstraße kamen wir besser voran. Die Fahrt brachte viele Erinnerungen zurück. Wir kamen an Ians Farm vorbei, und ich verspürte einen Stich in der Brust. An dem Straßengraben bei Mazabuka, wo Chuck ums Leben gekommen war, dachte ich an jene schreckliche Nacht zurück.

Die Brücke über den Kafue River war ein neuralgischer Punkt. Wegen der strategischen Bedeutung wurde sie ständig von einer schwerbewaffneten Abteilung der sambischen Armee bewacht. Wenn wir entdeckt worden waren, konnten wir uns hier auf einen harten Kampf gefaßt machen. Viel größer war jedoch die Gefahr bei der Rückkehr, denn da würde uns der Feind vermutlich erwarten.

Ein Posten stand an der Brücke. Das verräterische Apfelgrün unserer Landrover machte uns keine Sorgen mehr; die Farbe verschwand völlig unter einer dicken Schicht Dreck und Schlamm. Der Posten winkte uns einfach durch. Das war nicht weiter überraschend, da es beträchtliche Militärbewegungen zwischen Lusaka und dem Nordufer des Sambesi bei Chirundu gab, wo ein großes Truppenkontingent stationiert war.

Die drei Männer, die die Brücke beobachten sollten, wurden ein paar hundert Meter auf der anderen Seite abgesetzt. Ihre Funkgeräte waren auf die Frequenz des Haupttrupps eingestellt, allerdings herrschte bis zum Abschluß der Angriffe absolutes Funkverbot. Wenn die Brückenwache alarmiert worden war und sich uns auf dem Rückweg entgegenstellte, würden wir das per Funk erfahren.

In diesem Fall wollten wir nach Süden schwenken und soweit vorrücken, wie das Gelände noch befahrbar war. Dann würden wir die Fahrzeuge zerstören, zu Fuß zum Sambesi marschieren und ihn schwimmend überqueren. Wir hofften, daß es keine Verwundeten gab, denn die würden eine Flucht zu Fuß sehr behindern.

Die Strecke vom Kafue River nach Lusaka brachten wir ohne Probleme hinter uns. Wir begegneten nur drei Fahrzeugen. In der Dunkelheit konnte uns kein Mensch identifizieren.

Um 02 Uhr 30 erreichten wir den Kafue-Road-Verkehrskreisel am Rande von Lusaka. Ich führte den Konvoi die Independence Avenue hinauf. Nachdem wir die Eisenbahnlinie überquert hatten, trennte sich Rich Stannards Abteilung von uns und fuhr mit zwei Landrovern Richtung Liberation Centre. Wir anderen fuhren den Cathedral Hill hinauf, bogen links in die United Nations Avenue ab und dann rechts in die Ngumbo Avenue. An der Ecke Ngumbo und Nyerere Avenue ließ ich den Konvoi anhalten.

Hastig formierten wir uns für den Angriff. Wir setzten den afrikanischen Selous Scout ab. Er hatte das Vorbereitungstraining nicht mitgemacht und bekam daher die Aufgabe, auf anrückende sambische Militärfahrzeuge zu achten. Wenn Gefahr drohte, würde er sie unter Feuer nehmen, um sie einen Moment aufzuhalten, sich dann zurückziehen und uns warnen.

Martin Pearses Abteilung fuhr mit zwei Landrovern los, bog rechts in die Speakers Lane ab und dann links in die Presidents Lane, um sich von hinten dem Ziel zu nähern.

Ich geleitete die anderen die Nyerere Avenue hinunter. Wir würden von vorne angreifen.

Zwei durch doppelflügelige Tore gesicherte Eingänge, die den Anfang und das Ende einer halbkreisförmigen Auffahrt bildeten, führten auf die Nyerere Avenue. Meine Aufgabe war es, das zweite Tor zu rammen, während der Landrover hinter mir das erste einrennen sollte. Der dritte Landrover würde auf der Straße zwischen uns Aufstellung nehmen.

Martin Pearses Abteilung hatte den weiteren Weg, deshalb warteten wir, bis er seine Ausgangsposition erreicht hatte. Wir ließen die Lichter brennen, da ein Ausschalten mehr aufgefallen wäre und möglicherweise die Wachen alarmiert hätte. Daher konnten wir an Martins Scheinwerfern erkennen, wann er in Position war.

Der Angriff sollte in drei Phasen ablaufen.

Die erste Phase – sobald Martins Trupp das Feuer eröffnet hatte – bestand darin, daß wir die zwei Tore eindrückten. Zwischenzeitlich würden Martins Leute auf ihrer Seite ein Loch in den Zaun schneiden und eindringen. Gleichzeitig würden wir aus allen Rohren feuern und die Wachen außerhalb des Hauses töten.

In der zweiten Phase würden wir das Gebäude unter Beschuß nehmen, um die Verteidiger zu beschäftigen, bis wir uns um sie kümmern konnten.

Captain Ant White, der mit einem zusammenklappbaren RPG-7 ausgerüstet war, dem einzigen Raketenwerfer, den wir für den Angriffsplan benötigten, würde eine Rakete in das Wohnzimmer feuern, um die dort befindlichen Gegner zu töten oder zu lähmen. Zwei von Martins Männern, beide mit leichten RPD-Maschinengewehren bewaffnet, würden Positionen einnehmen, von wo sie kurze Feuerstöße in die Eingangshalle abgeben konnten. Das sollte die Verteidiger in ihrer Bewegungsfreiheit einschränken.

Martin und ein weiterer Soldat würden dann um das Haus herumgehen und systematisch Bunkerbomben durch die Fenster werfen.

In der dritten Phase sollte die endgültige Säuberung erfolgen. Martin und zwei seiner Männer würden das übernehmen. Sie würden von Zimmer zu Zimmer stürmen, die restlichen Gegner töten und vor allem nach Nkomo Ausschau halten, falls der noch am Leben war.

Einer von diesen Glücklichen würde sich Nkomos goldene Rolex schnappen, dachten wir ... vermutlich Martin, weil er der Dienstälteste war.

Martins Abteilung eröffnete das Feuer. Die Sabres verfügten über je zwei MGs – eins vorne und eins im Heck montiert –, die wir nicht nur hören, sondern auch sehen konnten, weil sie Leuchtspurmunition verwendeten.

Die anderen MGs fielen ein. Der Lärm war unbeschreiblich.

Ich trat aufs Gas, und der Landrover schoß los. Wegen des kurzen Anlaufs war ich noch im ersten Gang. Ich riß das Steuer nach rechts und krachte gegen das Tor.

Es hielt.

»Zurück!« brüllte Dave.

Wir hatten mit der Möglichkeit gerechnet, daß das Tor dem ersten Ansturm standhielt. In diesem Fall mußte ich zurücksetzen. Dave würde dann das Schloß mit einer kleinen Sprengladung knacken.

Dave, der das vordere MG bediente, sprang aus dem Wagen und rannte gebückt, um das gegnerische Feuer zu unterlaufen, zum Tor. Dort brachte er einen Sprengsatz an und kam zurück.

Die Ladung hatte einen Zehnsekunden-Verzögerungszünder. Ich schützte meine Augen mit dem Arm, um nicht von der Explosion kurzzeitig geblendet zu werden.

Es gab einen scharfen Knall. Erneut packte ich das Lenkrad und rammte frontal das Tor. Ein Flügel sprang auf, der andere wurde aus den Scharnieren gerissen. Ich fuhr einfach darüber weg.

Das Zielobjekt war taghell erleuchtet, weil die Leuchtspurgeschosse das Sackleinen am Zaun in Brand gesetzt hatten.

Dave Dodson stand wieder hinter dem MG. Insgesamt zehn Maschinengewehre beharkten das Ziel. Diese Waffe verfeuert tausend Schuß pro Minute, das waren also insgesamt zehntausend Schuß in jeweils sechzig Sekunden, die von den Rhodesiern auf das Haus und das Gelände abgegeben wurden. Ein Feuersturm, dem ich mich nur sehr ungern entgegengestellt hätte.

Ich stoppte den Landrover in der Auffahrt, packte meine AK und eröffnete das Feuer.

Das Knattern ließ einen Moment nach, als Dave Dodsons MG zu Feuern aufhörte... entweder eine Ladehemmung, oder der Patronengurt war zu Ende.

Ein ZIPRA-Wachtposten lag hinter einem Pfeiler auf der vorderen Veranda in Deckung, aber ich konnte ihn nicht ins Visier kriegen. Daher sprang ich aus dem Wagen und bewegte mich nach links, um ihn von dort zu erledigen.

Ich stand im Scheinwerferlicht des Landrovers, aber das spielte keine große Rolle, da das brennende Sackleinen ohnehin genügend Licht abgab.

Links von mir in einem Steingärtchen befand sich ein ZIPRA-Posten, aber das wußte ich nicht. Ein Terrorist gab aus dieser Richtung einen Feuerstoß aus einem RPD-Maschinengewehr ab. Später rekonstruierten wir, daß er auf Dave Dodson gezielt hatte, der an seinem verstummten MG hantierte, denn wir fanden Einschüsse an der Stelle, wo er gestanden hatte.

Plötzlich verspürte ich einen heftigen Tritt am Hintern, der mich auf die Nase fallen ließ. Ich rappelte mich auf und blickte mich verwirrt und erbost um. Nachdem ich den Schuldigen nicht ausmachen konnte, vergaß ich die Sache wieder und feuerte weiter.

Captain Ant White mit seinem RPG-7 tauchte neben mir auf.

»Rückstoß... paß auf!« brüllte er und schoß eine Rakete ab. Dummerweise durchdrang sie nicht das Fenster und explodierte im Inneren, wo sie die größte Wirkung entfaltet hätte, sondern detonierte an der Außenwand.

Wie bei jedem Gefecht herrschte zu Beginn scheinbar das absolute Chaos. Doch dann entwickelte sich alles nach Plan.

Eine Bunkerbombe detonierte im Inneren des Hauses, und ich begriff, daß Martins Abteilung die zweite Phase eingeleitet hatte. Die Explosion der Bunkerbombe, die aus drei Kilogramm hochbrisantem Sprengstoff bestand, fetzte einen Großteil der Dachziegel weg. Es regnete Ziegelschrapnell auf unsere sambischen Stahlhelme.

Die beiden mit RPD-Maschinengewehren bewaffneten Männer hatten ihre Positionen eingenommen und feuerten kurze Salven durch die Eingangstür, um die Verteidiger zu beschäftigen.

»He, Taffy, paß auf!« brüllte jemand, Dave Dodson war es, glaube ich.

Ich blickte mich um und bemerkte mit einemmal, daß ich im Eifer des Gefechts bis auf einen Meter an die Veranda vorgerückt war. Hastig robbte ich zum Landrover zurück und entdeckte dabei erstmals den Heckenschützen mit dem RPD-Maschinengewehr in dem Steingärtchen. Ich zog das Genick ein, als er einen Kugelhagel in meine Richtung losließ, und erledigte ihn dann mit einem langen Feuerstoß aus meiner AK.

Einige Bewaffnete hatten sich in einem Dienstbotenquartier neben dem Haus verschanzt. Als wir sie entdeckten, beharkten wir die Fenster, bis jemand kam und sie mit Bunkerbomben erledigte.

Alles war glatt und nach Plan gelaufen. Die meisten Wachen hatten geschlafen, als der Angriff begann. Einige wenige, insbesondere draußen im Garten, hatten sich tapfer gewehrt, doch gegen den SAS hatten sie natürlich keine Chance.

Sechs versuchten dem Massaker zu entkommen, wobei sie die allerletzte Lektion ihres Leben lernten, daß ein Sicherheitszaun um das Gelände, in dem man sich verschanzt hat, einem nicht auch automatisch Sicherheit bietet. Sie warfen ihre Waffen weg und kletterten den Zaun hoch, nur um von den MGs in Fetzen geschossen zu werden, als sie die Krone erreichten.

Die Kampfhandlungen ließen unvermittelt nach. Etwa zwanzig Terroristen lagen tot um das Haus herum. Ich blickte mich um, konnte jedoch keine weiteren Gegner entdecken.

Wir luden unsere Waffen nach.

Martin Pearse säuberte mit zwei weiteren Soldaten das Haus. Ich konnte seinen Fortschritt akustisch verfolgen anhand der unvermittelten Feuerstöße aus automatischen Waffen, bevor sie das nächste Zimmer stürmten.

Martin Pearse erzählte später von einem Wachtposten, der aus einem geschlossenen Kleiderschrank heraus zu schießen begonnen hatte. Da er im Finstern stand und den Gegner überhaupt nicht sehen konnte, war diese letzte Heldentat ausgemachter Schwachsinn. Martin bestrich den Kleiderschrank mit einer lässigen Garbe aus seinem Sturmgewehr, und der todesmutige Verteidiger kippte durch die Tür ins Schlafzimmer.

Irgendwo mußten Bezinkanister oder Gasflaschen gestanden haben, denn mittlerweise brannte das Haus lichterloh. Das Feuer breitete sich rasend schnell aus, während Martin und seine Männer das Innere säuberten.

Nur Augenblicke später kamen Martin und seine Mannen aus dem Haus gelaufen und rannten zu ihren Fahrzeugen. Dies signalisierte das Ende... die Operation war abgeschlossen. Alle Hausbewohner waren tot.

Wir saßen auf und warteten auf Martin Pearses Abteilung. Wiederum übernahm ich die Spitze. Nachdem sich der Konvoi formiert hatte, fuhren wir die Chisidzi Crescent hinunter. Dave Dodson, der neben mir saß, tippte mir an die Schulter und befahl mir, anzuhalten.

»Was ist los?« fragte ich.

»Ein Landrover ist stehengeblieben.«

Wir saßen alle ab und nahmen dreißig Meter vor dem Konvoi Verteidigungspositionen ein. Dave Dodson lief zurück, um festzustellen, was passiert war.

Als er wenig später zurückkam, berichtete er uns, daß ein Sabre einen Treffer in den Motor bekommen hatte und wir das Fahrzeug aufgeben mußten. Wir bauten Funkgerät, Batterie und Reserverad aus und verteilten Munition und Waffen auf die anderen Landrover.

Als wir damit fertig waren, wurde am Benzintank unter dem Vordersitz ein SAS-Brandsatz angebracht. Dieser Brandsatz fraß sich, sobald er aktiviert war, durch das Blech und ließ den Tank hochgehen, nachdem wir davongefahren waren.

Nkomo war nicht zu Hause gewesen. Die Nachricht ging wie ein Lauffeuer herum... Nkomo war nicht tot! Nein, kein Witz, Nkomo war tatsächlich nicht im Haus gewesen.

Nkomo, der später ein paar Lorbeeren für sich reklamieren wollte, behauptete, er sei sehr wohl zu Hause gewesen, sei jedoch durch ein Toilettenfenster entkommen. Angesichts seiner Leibesfülle war das schlicht lächerlich. Jedenfalls, wenn er im Haus gewesen wäre, hätte er es nicht überlebt – daran gibt es nicht den geringsten Zweifel.

Während der Zwangspause sagte mir jemand, daß wir einen nicht gehfähigen Verwundeten hätten, einen Trooper aus Martins Abteilung. Ein Oberschenkeldurchschuß. Glücklicherweise war der Knochen nicht verletzt worden.

Als ich dort in meiner Verteidigungsposition kniete, verspürte ich einen plötzlichen und unerwarteten Schmerz im Kreuz. Ich langte an die Stelle, fühlte klebrige Feuchtigkeit – meine Hand war blutverschmiert. Verdutzt tastete ich meinen Rücken ab und stellte fest, daß sich dort tatsächlich ein Loch befand.

Ich erinnerte mich an den Vorfall, als ich gemeint hatte, von jemand getreten worden zu sein. In der Aufregung war mir das völlig entfallen.

Ich war angeschossen worden, ohne es zu merken.

Ich fluchte lauthals, aber Gottseidank hörte es niemand. Ich fluchte darüber, daß meine Chancen sehr schlecht standen, wenn wir es nicht über die Kafue-Brücke schafften und nach Hause laufen mußten. Der nicht gehfähige Verwundete hätte noch viel geringere Chancen. Ich hatte zuviel Erfahrung in Frontkämpfen, um mir Illusionen zu machen. Sicher, keiner würde gern einen verwundeten Kameraden zurücklassen, aber wenn der ganze Trupp dadurch in Gefahr geriet . . .

Ich fluchte erneut.

Dann beschloß ich, nichts davon zu sagen. Es würde sowieso nichts bringen, und außerdem hatten wir schon genug Probleme. Meine Aufgabe war es, den Konvoi aus Lusaka heraus und sicher nach Rhodesien zurückzubringen . . . es wäre dem Selbstvertrauen der Männer nicht gerade förderlich, wenn sie wußten, daß ich verwundet war.

Ich stand auf und lief vorsichtig umher. Die Verletzung tat weh, aber wenigstens konnte ich mich bewegen.

Die Besatzung des aufgegebenen Landrovers wurde auf die anderen Fahrzeuge verteilt. Zwei Mann zwängten sich in unseren Wagen, so daß wir jetzt zu siebt waren. In dem anderen Landrover befanden sich sechs Mann, einschließlich des Verwundeten.

Ich kannte Lusaka gut. Ich war durch Lusaka spaziert, war mit dem Wagen durch Lusaka gefahren, hatte Lusaka gebombt und mit Raketen beschossen, und noch öfter hatte ich Lusaka verflucht. Als der Nachthimmel von Leuchtspurgeschossen erhellt wurde und fernes MG-Feuer zu hören war, brauchte ich keinen Kompaß, um zu wissen, was dort lag . . . das Liberation Centre.

Niemand war darüber beunruhigt. Wir wußten, daß Rich Stannard das Liberation Centre angreifen wollte. Ich bestätigte Dave Dodson lediglich, daß der Lärm und das Feuerwerk aus der richtigen Richtung kamen.

Ich führte den Konvoi zum Kafue-Kreisel, wo wir die vier Fahrzeuge am Straßenrand abstellten. Während wir auf Rich Stannard und seine Männer warteten, wurde der Kreisel, der sonst um diese Zeit wie ausgestorben ist, mit einemmal sehr belebt. Der Verkehr nahm immer mehr zu, bis das Chaos aus Fahrzeugen, Fahhrädern und Fußgängern schlimmer war als im Berufsverkehr an einem Freitagnachmittag.

Aus allen Richtungen tauchten Autos auf, die meisten bis zum Besten vollgestopft mit Afrikanern. Auf den Dachgepäckträgern waren Matratzen, Kartons, Koffer, Stühle, Tische und Lattenverschläge mit Hühnern festgezurrt. Die Fußgänger und Fahrradfahrer trugen Bündel und Koffer, manche balancierten ihre Fracht auf dem Kopf. Kein Mensch nahm Notiz von uns.

»Allmächtiger« meinte ein Trooper, »die halbe Stadt flüchtet.«

Unser afrikanischer Selous Scout hörte sich um. Es herrschte allgemein die Befürchtung, daß es sich um einen kombinierten rhodesischen Luft- und Bodenangriff handelte.

Es war wie in Dünkirchen oder bei Napoleans Flucht aus Moskau ... aber viel rasanter – wie in einem Stummfilm, der zu schnell läuft.

Gegenüber von uns hielt ein Wagen mit vier Afrikanern. Ich kannte die ZAPU und kannte ihre Fahrzeuge – es war ein ZAPU-Wagen.

»Knall die Schweine ab!« drängte ich Dave Dodson.

Dave warf einen Blick auf das Feuerwerk über dem Liberation Centre und schüttelte den Kopf.

»Nein«, sagte er bedauernd, »unsere Leute machen denen immer noch die Hölle heiß. Niemand hat uns bis jetzt mit dem Angriff in Verbindung gebracht. Es ist dunkel, und überall stehen Fahrzeuge herum ... die denken, wir sind von der sambischen Armee oder so was. Nein, wir müssen sie leider in Ruhe lassen.«

Wenn es nach mir gegangen wäre, hätte ich sie getötet.

Funkgeräte wurden eingeschaltet, da es jetzt keine Rolle mehr spielte, ob man uns anpeilte. Wir mußten Verbindung halten, damit wir ungeschoren aus Lusaka wegkamen.

Martin Pearse rief Rich Stannard, damit er sich beeilen sollte.

»Wir stehen am Treffpunkt und warten auf euch ... setzt eure Ärsche in Bewegung!«

»Negativ«, kam die prompte Antwort. »Wir sind noch nicht fertig ... wiederhole, wir sind noch nicht fertig.«

Wir saßen ungeduldig an dem Verkehrskreisel und beobachteten die Blitze und Explosionen der Bunkerbomben, der Leuchtspurgeschosse und des Maschinengewehrfeuers beim Liberation Centre.

Die große Flucht aus Lusaka legte an Tempo zu. Mit Bedauern und einem juckenden Abzugsfinger sah ich mit an, wie die ZIPRA-Rebellen von dannen fuhren.

Wir erfuhren später, daß Rich Stannard und seine Männer in aller Stille Sprengladungen an den gut vierzig im Liberation Centre abgestellten Fahrzeugen angebracht hatten, als wir so rüde den Frieden brachen mit unserem lautstarken Sturm auf Nkomos Haus.

Die ZIPRA-Terroristen im Centre hatten den Lärm gehört und waren barfuß und nur notdürftig bekleidet aus ihren Quartieren gelaufen, um sich staunend das Spektakel am Nachthimmel zu betrachten. Der Lohn für ihre leichtsinnige Neugier war ein Kugelhagel von unseren Jungs gewesen.

»Los jetzt!« rief Martin Pearse ungeduldig ins Funkgerät. »Wir müssen schleunigst verschwinden.«

»Moment noch . . . Moment noch«, erwiderte Rich Stannards Funker. »Da stehen noch ein paar Scanias rum . . .»

»Scheiß auf die Scanias – macht euch sofort auf den Rückweg!« befahl Martin.

Die Lärm- und Lichteffekte am Himmel verschwanden wie von Zauberhand. Die Jungs hatten den Angriff abgebrochen und waren auf dem Weg zu uns. Wenig später tauchten die unbotmäßigen Landrover auf, und wir anderen, die nicht teilgehabt hatten an dem Spaß, ließen die Motoren an.

Drüben beim Liberation Centre gab es plötzlich eine mächtige Explosion. Der Himmel erstrahlte in einem abstrakten Gemälde aus pulsierendem Orange, Schwarz, Gelb und Rot.

»Wir haben das Munitionslager gefunden«, erklärte Rich Stannard begeistert über Funk, »ein wunderschönes riesiges Munitionslager.«

Auf der Fahrt aus Lusaka heraus hörten wir weitere Explosionen aus Richtung des Liberation Centre, wo die an den Fahrzeugen angebrachten Sprengladungen eine nach der anderen hochgingen.

Die Rückfahrt war ein Antiklimax, wie eine sonntägliche Spazierfahrt. Kurz vor der Brücke über den Kafue River stoppten wir und nahmen die Männer auf, die die sambische Brückenwache unter Beobachtung gehalten hatten. Sie bestätigten uns, daß kein Alarm ausgelöst worden war. Ohne Schwierigkeiten überquerten wir die lange Brücke, ein Flaschenhals, an dem wir hätten ersticken können. Der Wächter war noch immer auf dem Posten, nahm jedoch keine Notiz von uns. Er hatte sich in eine Decke gewickelt und schlief fest.

Danach kamen wir rasch voran. Bald erreichten wir die Livingstone-Abzweigung und bogen rechts ab. Wir fuhren durch den Manali-Paß und nahmen dann die Schotterstraße, die durch den Busch zum Karibasee führte. Es war halb fünf, und es wurde allmählich hell . . . wir befanden uns zwar noch in Sambia, waren jedoch in Sicherheit.

Ich hatte niemandem etwas von meiner Verletzung gesagt. Ich wollte die Führung des Konvois behalten. Wenn ich etwas gesagt hätte, wäre mir diese Führung entzogen worden. Klar, die Wunde schmerzte teuflisch beim

Fahren, doch das Bewußtsein, eine erfolgreiche Operation hinter mir zu haben, war ein gewisser Balsam.

Bei Morgengrauen ließ Martin Pearse eine kurze Rastpause einlegen. Wir rechneten nicht mehr mit einer unmittelbaren Verfolgung durch die Sambier. Es war uns ein kompletter Überraschungsschlag gelungen, und wahrscheinlich kam man erst viel später darauf, welchen Weg wir genommen hatten. Bis dahin wären wir längst in Sicherheit. Außerdem waren wir alles andere als ein leichtes Ziel. Die Abteilung war schwerbewaffnet und kampferprobt – wir konnten es sehr wohl mit allem aufnehmen, was die Sambier oder die ZIPRA kurzfristig auf die Beine zu stellen vermochten.

Mehr Sorgen machte uns ein Angriff aus der Luft, doch der Zustand der sambischen Luftwaffe war ein gewisser Trost – trotz ihrer flotten MIG-21 aus sowjetischer Produktion war die Einsatzbereitschaft miserabel. Wenn sie uns entdeckten und angriffen, konnten wir jederzeit über eine Befehls-Dakota, die irgendwo hoch über uns kreiste, Funkkontakt mit Rhodesien aufnehmen. Die rhodesische Air Force mit ihren alten, aber tadellos gepflegten Hawker Hunters würde sehr schnell den Sambesi überqueren und sie verjagen.

Die Männer atmeten auf. Die Raucher unter ihnen steckten sich zum erstenmal seit der Abfahrt von der ›Sealion‹ eine Zigarette an. Ich sah einen Sanitäter und beschloß, meine Verletzung zu melden. Die Schmerzen, verstärkt durch die Rüttelei auf der schlechten Straße, hatten mich veranlaßt, den Gürtel abzulegen. Das war ein Verstoß gegen alle militärischen Prinzipien – Prinzipien, die mir so in Fleisch und Blut übergegangen waren wie Essen, Trinken und Schlafen. An seinem Gürtel angehakt hat ein Soldat Munition, Trinkwasser, Notrationen für zwei Tage, Karten und Kompaß – alles, was er zum Überleben braucht. Wenn du angegriffen wirst, schnappst du deine Waffe und läufst los. Ohne Gürtel ist es ziemlich sinnlos, loszulaufen – du bist so gut wie tot. Ich hatte das Nächstbeste getan, unbemerkt von Dave Dodson: Ich hatte die Gürtelschnalle wieder geschlossen und den Gürtel neben mich gelegt, um ihn im Notfall über den Arm zu hängen und loszulaufen.

»Ich habe mich am Rücken verletzt«, sagte ich zu dem Sani.

»Ich seh mir's mal an.«

Ich drehte mich um.

»Großer Gott«, rief er, »du bist angeschossen worden.«

Er bemerkte mein Koppelzeug auf dem Sitz, nahm es kopfschüttelnd in die Hand und wendete es hin und her. »Dein Glück, daß du den Gürtel nicht vorher abgeschnallt hast«, meinte er.

»Wieso?« fragte ich.

Statt einer Antwort hielt mir nur den Gürtel hin.

Das Koppel und die Taschen waren von vier Kugeln durchlöchert. Drei waren offenbar abgeprallt. Die vierte hatte eine Tasche mit Notrationen, bestehend aus zwei Dosen Corned beef und Zwieback, getroffen. Die Kugel hatte die eine Dose Corned Beef und den Zwieback diagonal durchschlagen und war dann auf eine Gürtelöse geprallt. Ohne die Öse wäre mir die Kugel in den Rücken gedrungen und vermutlich durch die Brust wieder ausgetreten. Statt dessen war sie abgelenkt worden, hatte eine Furche wie von einem Säbelhieb quer über den Rücken gerissen und war dann gegen mein Rückgrat geprallt. Da hatte sie allerdings schon einen Großteil ihrer Energie eingebüßt.

Ich unterrichtete Dave Dodson. Er schlug vor, daß ich mich im Heck hinlegte. Das war wegen der holprigen Straße jedoch noch schlimmer, daher übernahm Dave das Steuer, und ich setzte mich neben ihn.

Sambia war inzwischen erwacht, als wir uns wieder in Marsch setzten. Die Dorfbewohner in den Stammessiedlungen, die wir passierten, bearbeiteten ihre Felder oder hüteten ihr Vieh. Sie reagierten überrascht auf unser Erscheinen – verständlich, denn wir müssen einen furchterregenden Eindruck gemacht haben. Wir hatten eine Schlammschlacht und eine echte Schlacht hinter uns, und der Schweiß hatte Zebrastreifen über unsere geschwärzten Gesichter gezogen. Einige wenige ignorierten uns, aber die meisten winkten, und wir winkten zurück.

Bei Tage war alles einfacher. Unser tolpatschiger Vormarsch bei der Hinfahrt hatte eine deutlich sichtbare Schneise durch den Busch geschlagen, der wir jetzt folgen konnten.

Jedermann war zufrieden – abgesehen davon, daß Nkomo überlebt hatte, war es eine erfolgreiche Operation gewesen, die uns keine eigenen Verluste gekostet hatte. Die Küste war noch sicher, wie wir per Funk erfuhren, und die *Sealion* wartete draußen auf dem See.

Die Buschpiste war zwar bei Licht leichter erkennbar, damit aber nicht weniger holprig. Der andere Verwundete litt entsetzliche Schmerzen und verlor sehr bald jegliches Interesse an dem, was um ihn herum vorging. Ich litt kaum weniger.

Der Konvoi hielt auf einer Lichtung, und die Air Force wurde gebeten, uns zu evakuieren. Eine Viertelstunde später landeten zwei Alouette-Hubschrauber der rhodesischen Luftwaffe. Sanitäter brachten uns auf Tragbahren an Bord, und kurz darauf überflogen wir in niedriger Höhe den Karibasee.

Auf dem Flughafen von Kariba wurde ich in eine wartende Dakota umgeladen, die mich nach Salisbury brachte. Von dort flog mich ein Hubschrauber ins Andrew Fleming Hospital. Mein Leidensgefährte war in Kariba geblieben, doch bei mir hatte man den Verdacht, daß die Kugel noch in der Wirbelsäule steckte. Glücklicherweise war das nicht der Fall. Niemand sagte mir etwas über meinen Zustand; durch die Morphiumspritzen döste ich zufrieden vor mich hin.

Die Rhodesier haben sich stets aufopfernd um ihre Soldaten gekümmert, die draußen im Busch kämpften. Es gab zahlreiche Privatinitiativen, eine davon unterhielt einen Bereitschaftsdienst in den Lazaretten. Wenn verwundete Soldaten eingeliefert wurden, brachten sie ihnen Lesestoff, erledigten Besorgungen, kümmerten sich um die Angehörigen.

Zwei von diesen netten Menschen warteten auf dem Hubschrauberlandeplatz des Andrew Fleming Hospitals. Ein freundlicher alter Herr und eine ältere Dame schritten neben mir her, als ich auf einer Bahre ins Hospital geschoben wurde. Sie fragten nach, ob ich etwas brauchte, erkundigten sich nach meinem Befinden und versprachen, mir einen Rasierapparat zu besorgen.

Der freundliche alte Herr, der lange vor meiner Zeit seine Kriege ausgefochten hatte, legte mir tröstend die Hand auf die Schulter.

»Sie sind viel zu alt für solche Sachen«, flüsterte er. »Das ist was für die Jüngeren, dieser verdammte Buschkrieg.«

Es ging klar daraus hervor, daß er mich als einen Kameraden aus der gleichen Generation ansah.

Ich starrte ihn entgeistert an. Seine Worte hatten mich tief getroffen. Was fällt dir ein, du alter Knacker, dachte ich erbost.

»Sie bekommen gleich eine Narkose«, sagte eine Krankenschwester, die erstaunlich jung war, aber auch nicht jünger als die meisten der SAS-Trooper, die nach Lusaka mitgekommen waren.

»Okay«, murmelte ich.

»Die Wunde muß im OP gründlich ausgeputzt werden«, erklärte sie. »Es sind noch Uniformreste darin.«

»Haben Sie vielleicht einen Spiegel?« fragte ich. Sie brachte mir einen. Ich nahm ihn in beide Hände und betrachtete interessiert mein unrasiertes, schmutziges, müdes Gesicht. Es war ein langes, hageres Gesicht, das dringend Wasser und Seife bedurfte... und es war nicht das Gesicht eines Fünfundzwanzigjährigen.

Später sah ich zu, wie der Narkosearzt die Spritze ansetzte und langsam den Kolben niederdrückte.

»Wissen Sie«, sagte ich träumerisch, kurz bevor ich das Bewußtsein verlor, »der alte Knacker hatte recht . . . ich werde langsam zu alt für solche Sachen.«

Der SAS-Trupp kehrte sicher nach Rhodesien zurück, wie ich später erfuhr.

Ich lag zwei Wochen im Krankenhaus. Nach zwei Monaten war ich wieder gesund und fit.

19

1979/1980
ALS ES NIE NOVEMBER WURDE

Der Mai verging, wie auch der Juni. Juli ist die Wintermitte in Rhodesien, doch der August war Vorbote des Sommers ... des letzten rhodesischen Sommers.

Colonel Joe hatte keine Aufträge für mich, und so wie es aussah, würde es auch keine weiteren Aufträge mehr geben, dennoch trafen wir uns noch jede Woche im Park Lane Hotel.

Am frühen Morgen des 21. August 1979 bekam ich zu Hause unerwartet einen Anruf.

»Kommen Sie so schnell wie möglich in die Wohnung am Greenwood Park«, sagte Colonel Joe. »Mein Boss, Ricky May, möchte Sie sprechen.«

Ich stellte keine Fragen, blickte nur auf die Uhr und versprach, in einer halben Stunde dort zu sein.

»Jetzt wird's wirklich ernst«, sagte Ricky May. »Die Regierung möchte wissen, ob Sie bereit sind, Robert Mugabe zu liquidieren.«

»Dumme Frage«, erwiderte ich. »Natürlich bin ich bereit dazu. Aber ist das nicht ein bißchen spät? Die Lancaster-House-Gespräche über die Zukunft Rhodesiens beginnen am 10. September in London. Warum haben Sie es so lange schleifen lassen?«

Diese Frage blieb unbeantwortet ... wie schon zuvor bei Joshua Nkomo.

»Genau deswegen sind wir hier«, sagte Ricky May. »Die Regierung hat entschieden, daß Robert Mugabe zu radikal und ein zu großes Risiko ist, vor allem, wenn er bei Wahlen, zu denen die Lancaster-House-Gespräche ja führen werden, eine schwarze Mehrheit hinter sich bringt.

Er hat seine Absichten bereits zu erkennen gegeben – er will das Land zu einem marxistischen Einparteienstaat machen. Wenn er aus dem Weg geräumt ist, kommt es vermutlich zu einem Machtkampf innerhalb der ZANU, der es erlaubt, daß entweder Bischof Muzorewa, der derzeitige Premierminister, im Amt bleibt, oder daß Joshua Nkomo als Marionette eingesetzt wird. Beide brauchen zum politischen Überleben weiße Unterstützung. Bei Robert Mugabe ist das nicht der Fall.«

»Das ist auch meine Einschätzung«, sagte ich. »Aber wo soll das Attentat steigen? Soweit ich weiß, hält sich Mugabe die meiste Zeit in Mosambik auf. Mosambik ist, wie wir alle wissen, ein portugiesisch sprechender, schwarzer marxistischer Staat. Weiße Besucher sind nicht gern gesehen. Ich halte es für fast unmöglich, dort etwas zu arrangieren.«

»Wir hatten an London gedacht«, sagte Ricky May beiläufig, »während die Lancaster-House-Konferenz läuft. Ich weiß, daß Sie sich in London auskennen. Ich möchte, daß Sie sich Gedanken darüber machen. Morgen treffen wir uns noch einmal.«

»So einfach, wie Sie sich das denken, ist es nicht«, warnte ich. »Lusaka mit seiner unfähigen Polizei ist eine Sache – aber in London sieht das ganz anders aus. Die Briten reagieren ziemlich sauer, wenn einer in London Bomben schmeißt. Denken Sie daran, was man mit Guy Fawkes gemacht hat!«

»Ja, ja«, sagte Ricky May unwirsch, »das wissen wir alles. Deshalb sollen Sie es sich ja durch den Kopf gehen lassen. Rufen Sie Colonel Joe an, wenn Sie sich entschieden haben, ob Sie den Auftrag übernehmen wollen oder nicht.«

»Da gibt's gar keine Frage«, erklärte ich. »Natürlich übernehme ich den Auftrag. Es muß allerdings entsprechend vorbereitet werden, das möchte ich betonen. Mir ist klar, daß Sie aus Sicherheitsgründen auf strengster Geheimhaltung bestehen. In London kann ich es möglicherweise allein schaffen, aber hier brauche ich unbedingt jemanden, mit dem ich trainieren und proben kann. Es bleibt nur wenig Zeit für Vorbereitungen. Die Konferenz beginnt am 10. September und soll am 24. September enden.«

»Das ist richtig«, bestätigte Colonel Joe.

»Können Sie mir jemanden vom SAS zur Verfügung stellen?« erkundigte ich mich.

»Tut mir leid – aber das kommt nicht in Frage«, erwiderte Ricky May. »Die regulären Sicherheitskräfte dürfen unter keinen Umständen darin verwickelt sein. Wenn Sie einen anderen Mann vorschlagen können, läßt sich darüber reden.«

Ich dachte einen Moment nach und schüttelte den Kopf. Im letzten Jahr hatte der Krieg so eskaliert, daß alle meine Bekannten, die dafür in Frage kamen, aktiv bei den Streitkräften oder der Polizei Dienst taten.

Halt, da gab es einen Mann, für mir plötzlich ein. Angus Monro. Wir hatten zusammen in der »A«-Schwadron des SAS gedient und viel zusammen erlebt. Wir waren immer noch gute Freunde. Er lebte in Salisbury. Kaum jemand wußte oder vermutete auch nur, daß er beim britischen SAS gewesen war. Während die meisten ehemaligen britischen SAS-Angehörigen, die nach Rhodesien gekommen waren, letztendlich beim rhodesischen SAS gelandet waren, hatte Angus sich für das Zivilleben entschieden. Als er, mit einer hervorragenden Beurteilung, aus der britischen Armee ausschied, sagte er klar und deutlich, daß er nicht die leiseste Absicht hätte, noch einmal als regulärer Soldat zu dienen. Er hatte Wort gehalten und arbeitete jetzt bei einer Bank in Salisbury. Wir trafen uns ab und zu auf ein Bier.

Als auch sein Jahrgang zum Wehrdienst einberufen wurde, war er zur Polizeireserve gegangen und hatte draußen im Busch Brücken und Polizeiposten bewacht. Nie hatte er sich über diesen langweiligen Dienst beklagt, aber das war eben Angus. Trotzdem war er jetzt Rhodesier, wie ich. Solch einem Angebot würde er nicht widerstehen können.

»Glauben Sie, daß er mitmacht?«, fragte Ricky May zweifelnd. »Nach dem, was Sie erzählen, hat er das alles lange hinter sich gelassen.«

»Der macht mit«, versicherte ich. »Außerdem ist er fit wie ein Junger. Ein richtiger zäher kleiner Schotte.«

»Also gut«, meinte Ricky May widerstrebend. »Wenn er einverstanden ist, soll mir's recht sein. Sie dürfen ihn allerdings nicht einweihen. Erzählen Sie ihm gerade soviel wie nötig.«

»Nein«, sagte ich entschieden, »das kann ich nicht machen. Ich muß ihm die komplette Story erzählen. Ich kann ihm nichts verheimlichen, weil ich ihn voraussichtlich brauche, wenn es ernst wird.«

Ricky May und Colonel Joe schienen wenig begeistert.

»Keine Sorge«, versicherte ich, »er wird kein Wort sagen.«

»Hoffentlich nicht«, meinte Ricky May seufzend. »Wäre das alles?«

»Nein, es gibt noch einiges. Ich brauche einen Adjutanten - jemanden, der mir alles Notwendige beschafft. Der Besorgungen erledigt. Außerdem brauche ich wahrscheinlich Zugang zu Fachleuten der verschiedensten Gebiete – Gifte, Ballistik, Sprengstoffe und so weiter.«

»Sprengstoffe?« sagte Colonel Joe überrascht. »Ich dachte, Sie wüßten alles über Sprengstoffe?«

»Wir sprechen von Großbritannien«, erwiderte ich. »Ich kann nicht einfach hochexplosiven Sprengstoff in meinen Koffer packen und nach England fliegen. Das wäre wahnwitzig. Es ist schwierig, praktisch unmöglich, hochbrisanten Sprengstoff selbst herzustellen, wie beispielsweise TNT oder Pentolite. Ich brauche jemanden, der mich in der Herstellung von Sprengstoff mit niedriger Explosivkraft unterweist. Ich habe keine Zeit, das alles nachzulesen. Deshalb brauche ich Experten. Fehler kann ich mir nicht leisten.«

»Ich nehme an, Sie wollen Sprengstoff aus Ammoniumnitrat und solchem Zeugs zusammenbrauen?« meinte Colonel Joe.

»Ja«, sagte ich lächelnd, »aus solchem Zeugs, wie Sie es ausdrücken, aber ganz so einfach, wie sich das anhört, ist es nicht. Nach der Zunahme des internationalen Terrorismus haben fast alle Länder die Hersteller gezwungen, dem Ammoniumnitrat einen Stabilisator beizufügen. Sie können das Zeug jetzt zusammenmischen wie Sie wollen, es knallt nicht mehr. Zuvor müssen Sie den stabilisierenden Zusatz entfernen. Dazu gehören eine Anzahl von Filtrierungsprozessen und am Schluß das Erhitzen, um die letzten Verunreinigungen herauszubacken. Das Ergebnis ist reiner Sprengstoff.

Die Herstellung ist allerdings ein heikles Geschäft, wie so mancher Paddy O'Reilly von der IRA zu seinem Leidwesen hat feststellen müssen – wenn er mitsamt seinem Backherd durch die Küchendecke geflogen ist.«

Ricky May versprach, mir Billy Sweetman als Adjutanten abzuordnen. Ich kannte Billy gut, er war ein ehemaliger rhodesischer SAS-Angehöriger und arbeitete jetzt in der »Versicherungsbranche«, das heißt, für die CIO. Über die anderen angeforderten Experten wollte er sich Gedanken machen.

»Lassen Sie mich wissen, was Angus Monro dazu gemeint hat«, sagte Ricky May zum Abschied.

Ich rief Angus bei der Bank an.

»Ich brauche einen Überziehungskredit«, sagte ich.

»Da biste nicht der einzige, Kollege«, erwiderte er in seinem breiten schottischen Dialekt.

Ich traf mich nach Feierabend mit ihm auf einen Drink.

»Ich habe einen Auftrag von der Regierung bekommen«, sagte ich ihm ganz offen. Angus mochte es nicht, wenn man um den heißen Brei herumredete. »Es wird wie in alten Zeiten sein, nur daß wir die gesamte Planung allein machen, ohne daß uns einer reinredet. Es geht darum, jemanden zu liquidieren. Die eigentliche Ausführung des Attentats besorge ich möglicherweise ganz allein. Andererseits kann es notwendig werden, daß du dabei bist.«

»Hört sich verdammt interessant an, Taffy«, erwiderte er ohne Zögern. »Wen knallen wir ab, und wo soll es steigen?«

»Das Zielobjekt ist Robert Mugabe ... der Schauplatz Lancaster House in London.«

Angus war sofort Feuer und Flamme.

Ich warnte ihn vor den möglichen Konsequenzen, falls man ihn in London schnappte, doch das tat er mit einem Achselzucken ab. Außerdem war er der Meinung, daß die Bank auch eine Weile ohne ihn auskommen könnte.

Ich sagte ihm, daß ich seinen britischen Reisepaß und seinen Impfpaß brauchte, damit die CIO beides »säubern« konnte. Wir fuhren bei ihm zu Hause vorbei, und am nächsten Tag gab ich Colonel Joe die Dokumente, zusammen mit meinen eigenen. Meine waren sauber. Mein Paß wies lediglich sambische, südafrikanische und britische Sichtvermerke auf. Angus hatte ein paar Stempel des rhodesischen Zolls in seinem Paß. Die CIO würde diese verräterischen Sichtvermerke entfernen.

Am nächsten Tag, es war Samstag, der 1. September 1979, traf ich mich erneut mit Colonel Joe und Ricky May. Ich sagte ihnen, daß alles okay sei, was Angus Monro betraf. Des weiteren hielt ich es für unerläßlich, daß wir beide nach London fuhren, um uns dort vor Konferenzbeginn umzusehen. Wenn die Teilnehmer erst einmal eingetroffen waren, erklärte ich, würden die Sicherheitsvorkehrungen zu sehr verschärft sein dafür.

»Nach unseren Informationen wird der SAS an der Personensicherung beteiligt sein«, sagte Ricky May. »Beispielsweise können Sie davon ausgehen, daß auf dem Dach von Lancaster House SAS-Scharfschützen postiert sind.«

»Um so wichtiger, daß wir vorher dort sind«, betonte ich. »Wir müssen uns so früh wie möglich mit der Lage vertraut machen, weil wir stark unter Zeitdruck stehen. Wir müssen damit rechnen, daß einige Konferenzteilnehmer schon früher eintreffen. Außerdem müssen wir auf die Möglichkeit vorbereitet sein, daß die Gespräche vorzeitig abgebrochen werden. In diesem Fall wird unsere Zielperson London frühzeitig verlassen und in sein Rattennest in Mosambik zurückkehren. Ich meine, wir sollten spätestens am 7. September in London sein.«

»Das läßt Ihnen nicht viel Zeit«, sagte Colonel Joe.

»Ganz recht.«

»Wir haben ein paar Experten für Sie aufgetrieben«, sagte Ricky May. »Sam Roberts zum Beispiel, einen brillanten Agrarchemiker und eine Kapazität für exotische Gifte.«

»Was ist mit Sprengstoffexperten?« wollte ich wissen.

»Da haben wir zwei hervorragende Leute von der Armee für Sie – Major Simon Anthony und Lieutenant Jack Butcher. Sie wissen nicht, was Sie vorhaben. Für die sind Sie lediglich Taffy. Sie haben Order, Ihnen in jeder Weise behilflich zu sein und keine Fragen zu stellen.«

»Ich brauche außerdem einen Elektronikfachmann, der mir eine elektronische Zündvorrichtung entwerfen soll. Als Ausgangsmaterial denke ich dabei an eine Funkfernsteuerung für Modellflugzeuge. Es ist ein verbreitetes Hobby – der Besitz solcher Teile würde keinen Verdacht erregen.«

»Ich finde Ihnen jemanden«, versprach Ricky May.

***

Sam Roberts, ein gebürtiger Schotte, war ein älterer Mann mit grauem Haar und buschigen Augenbrauen, der Urtypus eines Großvaters. Sam war freundlich, fürsorglich und hatte stets ein offenes Ohr für die Probleme anderer ... außer wenn er sich mit seinem Hobby beschäftigte. Er war von Beruf Agrarchemiker und analysierte an Werktagen Böden und ermittelte den Nahrungsbedarf von Pflanzen. Die Wochenenden widmete er seinem Hobby: seltenen exotischen Giften.

»Kann sein, daß Sam Ihnen ein bißchen merkwürdig vorkommt«, hatte mich Ricky May gewarnt.

In der Abgeschiedenheit eines erstaunlich gut ausgestatteten Labors im rückwärtigen Teil seines Hauses in Borrowdale hatte er eine große Zahl von faszinierenden Giften hergestellt, viele davon seit Jahrhunderten in Vergessenheit geraten.

Stolz zeigte mir Sam in einem Schrank eine ganze Batterie von winzigen Flaschen – manche mit unaussprechlichen lateinischen Bezeichnungen, andere mit Namen, die einem uralten Hexenkochbuch entstammen konnten und bei denen man unwillkürlich erwartete, daß zu der Herstellung gewisse Zaubersprüche und eine schwarze Katze gehörten.

»Was machen Sie mit dem ganzen Zeugs?« fragte ich.

»Was macht ein Briefmarkensammler mit all seinen Briefmarken?« erwiderte er mit einem Augenzwinkern.

»Unter dem Gesichtspunkt habe ich noch nicht darüber nachgedacht«, gab ich zu.

»Mir ist gesagt worden, ich dürfe Sie nicht fragen, wozu Sie die Gifte benötigen. Soll mir recht sein, aber ein paar Anhaltspunkte müssen Sie mir geben, sonst weiß ich nicht, was ich Ihnen empfehlen soll.«

»Ich muß einen Mann umbringen«, erklärte ich. »In offiziellem Auftrag.«

»Dachte ich mir, daß es in offiziellem Auftrag ist«, meinte Sam, »sonst hätte sich die CIO nicht an mich gewandt.«

Nachdenklich, beinahe liebevoll, betrachtete er seine Sammlung, nahm dann eine Phiole mit grauem Pulver heraus und hielt sie gegen das Licht.

»Dieser Bursche, den Sie killen wollen, ist das ein Afrikaner oder ein Europäer?«

»Ist das wichtig?« fragte ich mißtrauisch.

»Bei einigen Giften schon . . . bei Afrikanern brauchen Sie die doppelte Dosis wie bei einem Weißen. Ein Weißer hat nur zweimal am Tag Stuhlgang, ein Afrikaner drei- oder viermal. Das Material bleibt länger im Körper eines Weißen.«

»Es ist ein Schwarzer«, sagte ich. Ich deutete auf das Glasfläschchen, das er so bewundernd hochhielt. »Was ist das?«

»Thallium«, erklärte Sam. »Wurde früher für die Herstellung von Rattengift verwendet. Es ist so tödlich, daß eine ganze Anzahl von Leuten nur vom Ablecken der Finger gestorben sind, nachdem sie mit dem Zeug zu tun hatten. In den meisten Ländern ist seit Jahren der Einsatz verboten.« Er warf mir einen nachdenklichen Blick zu. »Ich wäre beinahe daran gestorben.«

»Wie ist das passiert?« fragte ich neugierig.

»Weiß ich bis heute nicht genau«, antwortete Sam seufzend. »Ich wasche mir immer sehr gründlich die Hände, aber irgendwie muß ich eine winzige Menge geschluckt haben. Ich entwickelte alle Symptome einer Thalliumvergiftung.«

»Und, was haben Sie gemacht?«

»Nichts«, erwiderte Sam achselzuckend. »Was sollte ich machen? Es war zu spät für ein Gegenmittel, und ich konnte schlecht zu einem Arzt gehen, ihm geduldig von meinem Hobby erzählen und wie ich mich dabei selbst vergiftet hatte. Er hätte mir nicht geglaubt, und es wäre sowieso Zeitverschwendung gewesen. Nein, ich rief lediglich meinen Anwalt an und sorgte dafür, daß meine Angelegenheiten geordnet waren. Dann ging mir's mit einemmal wieder besser. Es dauerte einen Monat, bis ich mich ganz davon erholt hatte. Ich bin nur sehr knapp davongekommen. Eine höchst unangenehme Erfahrung.«

»Kann ich mir vorstellen«, murmelte ich und nahm behutsam das Fläschchen in die Hand.

Es ging das Gerücht, daß es Monate gegeben hätte, in denen Sam mehr Terroristen liquidierte als die gesamte rhodesische Leichte Infantrie.

Im April 1978 brachte sich eine Gruppe von siebzehn ZANLA-Guerillas, die in Rhodesiens östlichen Bezirkungen Mord- und Terroroperationen durchgeführt hatten, taumelnd über die mosambikische Grenze in Sicherheit. Sie kotzten, hatten Durchfall und wanden sich vor Schmerzen. Man brachte sie ins Krankenhaus nach Beira, wo sie rätselhafterweise binnen drei Tagen alle wegstarben.

»Soweit ich es rekonstruieren konnte«, erzählte Sam, »brauchten sie zwei Tage bis zur Grenze, einen weiteren Tag bis zu ihrem Stützpunkt und dann noch drei Tage zum Sterben – insgesamt sechs Tage. Das ist zweimal so lang, wie es bei einem Weißen gedauert hätte.«

»Aber wie haben Sie die Burschen dazu gebracht, das Gift zu nehmen?«

»Sehr einfach«, strahlte Sam. »Die Special Branch wußte, wo sie sich versteckt hielten. Wir präparierten ein paar Säcke Maismehl mit Thallium und deponierten sie in einem ländlichen Kaufhaus, das sie später, auf der Suche nach Proviant, ausplünderten. Natürlich brannten sie den Laden anschließend, wie üblich, nieder.«

»Verstehe«, murmelte ich.

»Ich verpacke es Ihnen nachher in eine Schachtel«, sagte Sam und nahm die Phiole mit Thallium wieder an sich. Er deutete auf ein Waschbecken. »Möchten Sie sich die Finger waschen?«

»Ja«, würgte ich hervor und griff nach der Seife.

»Was ist mit Parathian?« fragte er, während ich mir die Hände abtrocknete.

»Wie wirkt das?«

»Die Special Branch brachte mir einmal einige Hundert Unterhosen und T-shirts. Ich habe sie mit einer Lösung von Parathian getränkt und trocknen lassen. Anschließend wurden sie auf mehrere Farmartikelläden verteilt, bei denen wir mit terroristischen Überfällen rechneten. Die Besitzer wurden nicht eingeweiht, man bat sie lediglich, die Wäschebündel oben in ihre Regale zu legen ... und sie unter keinen Umständen zu verkaufen.

Einige dieser Läden wurden anschließend tatsächlich von Terroristen ausgeplündert und dann angezündet. Die Räuber nahmen ihre Beute, einschließlich der präparierten Unterwäsche, in ihre Schlupfwinkel mit und zogen sie später an. Parathian ist ein Gift, daß durch die Haarfollikel in den Körper dringt. Der zahlenmäßige Erfolg war beachtlich.«

»Möglicherweise kann ich meinem Opfer Thallium ins Essen mischen, aber an seine Unterwäsche komme ich wohl kaum ran«, meinte ich lachend.

»Schade«, sagte Sam enttäuscht und stellte das Fläschchen wieder in den Schrank. »Ich hätte zu gerne einen Erfahrungsbericht aus erster Hand. Das ist das Problem bei Giften, Sie haben selten Gelegenheit, sie an Menschen auszuprobieren.«

»Bei Ihrem Hobby muß das frustrierend sein für Sie«, sagte ich ironisch.

»Oh, das ist es«, gab er zu und schüttelte nachdenklich den Kopf, »es ist wirklich frustrierend.«

»Mein Lieblingsgift ist Rizin«, fuhr der alte Schotte fort. »Es wird aus den Fasern der Castornuß destilliert – ein schwieriger Prozeß. Sie erinnern sich wahrscheinlich an den Fall dieses bulgarischen Überläufers, George Markow. Vermutlich ein russischer Agent hat ihn, mitten auf der Straße, von hinten mit der Spitze seines Regenschirms in die Wade gepiekst. Markow behauptete sofort, er sei vergiftet worden, doch alle Tests verliefen negativ. Es wäre ohnehin zu spät gewesen ... drei Tage später starb er. Es gibt ein Gegenmittel, aber zur Herstellung braucht man drei Wochen, es hat also wenig praktischen Wert. Um jemandem eine tödliche Dosis beizubringen, genügt eine winzige Hautverletzung. Es ist absolut tödlich.«

»Würde das funktionieren, wenn ich es auf eine Luftgewehrkugel schmiere?« fragte ich.

»Theoretisch schon«, meinte Sam, »aber bisher ist das Zeug immer auskristallisiert, wenn ich versucht habe, eine Paste daraus zu machen, es wird also nicht an der Kugel haften.«

»Und wenn ich Eierbecherkugeln nehme und es in die Höhlung schmiere?«

»Das müßte gehen«, überlegte er. »Wir müßten das Rizin nur irgendwie festkleben, damit es sich nicht löst.«

»Wie sieht's bei Gewehrkugeln aus?« wollte ich wissen.

»Ja, warum nicht, ich wüßte nicht, warum das nicht funktionieren sollte ... allerdings müßten Sie dann ein Loch in die Kugel bohren.«

Tags darauf setzte ich mich zwei Stunden mit Ricky May und Colonel Joe zusammen und diskutierte mit ihnen die verschiedenen Möglichkeiten, Robert Mugabe umzubringen. Ich wollte möglichst viele Methoden vorbereiten, auch die weniger erfolgversprechenden, um bei Bedarf genügend Ausweichmöglichkeiten zu haben. Sobald ich dann detaillierte Informationen über Mugabes Tagesablauf und Gewohnheiten in London besaß, würde ich die ersichtlich nicht praktikablen aussondern.

In dieser frühen Phase spielte ich mit dem Gedanken, in London meinen eigenen Sprengstoff herzustellen. Detonatoren konnte ich nicht selbst anfertigen, ich müßte sie also ins Land schmuggeln. Ein Detonator ist Präzisionsarbeit. Selbst wenn du die nötigen Kenntnisse für eine Heimproduktion hast, ist die Ausschußquote immer sehr hoch.

Der Hauptnachteil bei Sprengstoff niedriger Brisanz, ob zu Hause angefertigt oder in Form von Gelignit, ist die Notwendigkeit, große Mengen zu verwenden. Für eine Autobombe würde ich ungefähr fünfhundert Kilogramm benötigen.

Ich hatte schon oft mit solchen Zeugs experimentiert, aber ich mußte es noch einmal tun und mir die Wirkung genauestens ansehen.

Ich ließ mir die verschiedenen Methoden durch den Kopf gehen, die ich einsetzen konnte, wenn ich mich für einen Sprengstoffanschlag entschied.

Wenn ich eine Autobombe verwendete, müßte ich den Wagen dicht an der Stelle parken, wo Mugabe normalerweise ein- oder ausstieg. Detonieren lassen konnte ich die Bombe entweder durch ein Funksignal oder mit mechanischen Mitteln – zum Beispiel durch einen Stolperdraht.

Wenn ich mich für eine Kofferbombe entschied, würde ich den Koffer mit fünfzig bis hundert Kilo niederbrisantem Sprengstoff füllen und ihn in einem geschlossenen Raum deponieren, beispielsweise in einem Hotelfoyer. Zünden würde ich die Bombe entweder durch Funkfernsteuerung oder mittels einer langen Nylonangelschnur, die ich unter dem Teppich verlegt hätte. Ich würde mit Ohrpfropfen hinter einer Ecke stehen.

»Nehmen wir an«, sagte ich zu den beiden, »ich stelle fest, er wohnt in einer Suite im sechsten Stock. Um die Suite zu erreichen, muß er aus dem Fahrstuhl steigen, sich nach links wenden und zwanzig Meter zur Zimmertür laufen, wobei er an einer großen Aspidistra vorbeikommt. Ich würde meine Bombe hinter oder neben der Topfpflanze deponieren. Ich könnte sogar vorher den Topf austauschen gegen einen, der nichts weiter als eine Bombe ist. Dazu brauchte ich mir lediglich einen weißen Kittel anzuziehen, mit der Aufschrift ›Daisy's Blumendienst‹ oder dergleichen. Zünden würde ich wiederum per Funksignal oder mit einer Angelschnur, wobei ich mich hinter einer Ecke im Korridor oder auf der Treppe verstecken und auf seine Ankunft warten könnte.«

Eine weitere Möglichkeit war, ihm eine Bombe unters Auto zu schieben, wenn er in dichtem Verkehr anhalten mußte, oder auf dem Dach der Fahrstuhlkabine zu deponieren.

Jemand hatte die Idee, eine Bombe in einem Gulli anzubringen, an dem er vorbeikommen mußte. Auch wenn täglich die Fahrtroute gewechselt wird, gibt es doch Stellen, meist am Anfang und am Ende der Fahrt, die er zwangsläufig passieren muß. Es mochte vor seinem Hotel sein – oder auch vor dem Lancaster House.

Wenn ich nur frech genug vorging, konnte ich trotz Sicherheitskordon in einem Kastenwagen mit der Aufschrift »Greater London Council« oder dergleichen und mit einem passenden Overall bekleidet Absperrungen aufstellen und auf der Straße arbeiten. Vielleicht stellte ich einen Theodoliten auf oder eine Nivellierwaage. Niemand käme auf den Gedanken, mich zu fragen, warum ich in der Kanalisation arbeitete, statt durch die Vermessungsinstrumente zu spähen. Auf jeden Fall wollte ich vor meinem Abflug nach London alle Ideen in Salisbury austesten und proben.

Ich erkundigte mich nach den Chancen, ein Armalite-Gewehr zu bekommen. Wegen der Sanktionen waren sie rar in Rhodesien. Die Waffe ist treffsicher und leicht und läßt sich unschwer verstecken, da man sie in mehrere Teile zerlegen kann. Die Armalite, die von vielen westlichen Staaten verwendet wird, wurde von der Colt Armaments Company in den Vereinigten Staaten entwickelt. Sie ist aus Aluminium gemacht und wiegt knapp drei Kilogramm, komplett mit einem vollen 20-Schuß-Magazin ... ein FN-Gewehr wiegt leer fünf Kilogramm. Sie wurde während des Vietnamkriegs entwickelt und enthält viel Weltraumtechnologie. Das erste Modell hieß AR 15, dann kam die AR 16 und dann die M 16. Weiter verbesserte Modelle sind in der Entwicklung. Es ist eine selbstladende Einzelfeuerwaffe, die bei Bedarf auf vollautomatisches Dauerfeuer umgestellt werden kann. Eine ganz hervorragende Waffe! Der britische SAS benutzt sie ... statt des Schrotts, mit dem die anderen britischen Waffengattungen ausgerüstet werden.

Ein anderer Plan sah vor, mit einem 4-mm-Luftgewehr und einer mit Rizin präparierten Kugel auf das Opfer zu schießen. Ein Luftgewehr konnte ich ganz offiziell in London kaufen, da in England kein Waffenerwerbsschein erforderlich war. Ich kaufte in Salisbury eines zum Üben und erreichte sehr bald auf dreißig Meter eine Treffsicherheit von fünf Zentimetern. Wegen der kurzen Reichweite spielte ich mit dem Gedanken, mir in London ein Kombifahrzeug zu kaufen mit Vorhängen an den Heckfenstern. Ich wollte mir in Höhe des Fensters eine Plattform bauen, auf der ich liegen und das Gewehr abfeuern konnte.

Die Wirkung kann man sich unschwer ausmalen.

Ein Schwarm Prominenz würde aus irgendeiner Haustür treten, umgeben von Reportern. Plötzlich würde das Opfer aufschreien und sich mit der Hand an die Wange fassen, wo ein wenig Blut heraussickerte. Verständlicherweise wäre der Mann ein bißchen benommen von dem Treffer, denn eine 4-mm-Luftgewehrkugel erreicht eine Geschwindigkeit von etwa dreihundertfünfzig Metern pro Sekunde.

Niemand könnte sich erklären, was passiert war. Sicher, da gab es eine kleine Verletzung und ein wenig Blut, aber von einer Kugel konnte das nicht stammen. Er lebte noch, und ein Schuß war auch nicht zu hören gewesen.

Ich würde ganz lässig aus dem Kombi steigen und das Luftgewehr zurücklassen, in dem sicheren Bewußtsein, daß mein Opfer binnen zwei oder drei Tagen an dem Rizin sterben würde. Die Polizei würde natürlich später das Luftgewehr finden, aber das spielte keine Rolle – denn mich würden sie nicht finden.

Wenn ich eine schallgedämpfte Armalite benutzte, würde ich zusätzlich subsonische Munition verwenden. Für einen tödlichen Schuß auf ein bewegliches Ziel durfte dann die Entfernung nicht größer als einhundert Meter sein. Doch mit Kugeln, die mit Rizin präpariert waren, konnte ich bis auf dreihundert Meter gehen. Um ihn auch wirklich zu treffen, würde ich auf Dauerfeuer stellen und ihn in die Kugelgarbe hineinlaufen lassen. Es spielte keine Rolle, ob er nur verletzt und nicht getötet wurde – das Rizin würde für seinen Tod sorgen.

Ich wurde mit Johan du Plessis bekanntgemacht, der in der Entwicklungsabteilung einer Elektronikfirma in Salisbury an »Spezialaufträgen« für die Sicherheitsbehörden arbeitete. Er hatte nicht studiert, galt auf seinem Spezialgebiet jedoch als Genie.

Ich besprach mit Johan die Möglichkeit einer Funkfernsteuerung zum Zünden von Bomben. Ich erklärte ihm, daß ich an einen modifizierten Fernsteuersender und -empfänger gedacht hatte, wie er bei Modellflugzeugen verwendet wird. Johan sah keinerlei Probleme, ein derartiges Gerät entsprechend umzubauen.

Ein kompletter Bausatz für ein ferngesteuertes Modellflugzeug wurde in Johannesburg gekauft und mir zugeschickt.

Meine ursprüngliche Idee war, die Mechanik des Servos zu benutzen. Der Empfänger würde auf das Funksignal des Senders reagieren und den Servo veranlassen, einen mechanischen Kontakt zu schließen, worauf die Bombe detonieren würde.

Johan schüttelte abwehrend den Kopf und meinte, diese Lösung sei viel zu unzuverlässig.

Der Fernsteuersender hatte die Größe einer großen Tafel Schokolade und war doppelt so dick. Er wies drei Steuerhebel auf – einen für die Höhenruder, einen für die Seitenruder und einen zum Ein- und Ausfahren des

Fahrgestells. Johan baute den Kasten so um, daß ein elektronischer Impuls gesendet wurde, wenn man den Fahrgestellhebel umlegte. Für den Empfänger bastelte er ein raffiniertes elektronisches Relais, das nach dem Empfang dieses Impulses den Detonator zündete.

Die Batterien, wie sie normalerweise von Modellflugzeugbauern verwendet werden, haben eine Lebensdauer von etwa fünf Stunden. Dies war für mich natürlich nicht ausreichend, da ich nach dem Deponieren der Bombe nicht wissen konnte, wie lange ich warten mußte, bis ich sie zünden konnte. Auch das war kein Problem für Johan du Plessis. Er baute ein Batterie ein, die den Empfänger fünf Tage lang mit Strom versorgte.

»Was meinen Sie, wie weit kann ich von der Bombe weg sein, um sie noch zuverlässig zu zünden?« fragte ich.

»Wir probieren es aus«, erklärte Johan.

Er brachte statt des Detonators ein kleines rotes Lämpchen an. Wenn die Birne aufleuchtete, war genügend Spannung vorhanden, um den Detonator zu zünden.

In der Jameson Avenue, einer langen, geraden Straße, testeten wir es aus und kamen auf eine Reichweite von sechshundert Metern. Wenn der Empfänger in einem Gebäude stand, verringerte sich die Distanz um ein Drittel. Als wir den Empfänger unter einem Kraftfahrzeug anbrachten und von einem anderen Auto aus sendeten, machten wir die überraschende Feststellung, daß sich, je nach Verkehrsdichte, eine Signallaufzeit von bis zu vier Sekunden ergab. Diese Verzögerung hätte im Ernstfall über Erfolg oder Mißerfolg des Anschlags entscheiden können, was ganz klar zeigt, wie wichtig gründliche Testläufe sind.

»Wie funktioniert es in einem Fahrstuhl?« überlegte ich.

Die Beleuchtung vieler Liftkabinen ist versenkt in der Decke eingebaut, oft abgedeckt mit einem Gitter oder dergleichen. Hinter dem Gitter befindet sich meist eine Falltür, durch die ein Monteur zu Reparaturarbeiten aufs Dach der Kabine steigen kann. Wenn man die Klappe öffnet, wird ein Sicherheitsschalter ausgelöst, der den Fahrstuhl anhält.

Ich konnte mir einen leeren Fahrstuhl suchen, ihn zwischen zwei Stockwerken stoppen, die Bombe hinter dem Gitter deponieren und dann weiterfahren. Niemand würde etwas auffallen. Wenn es an der Decke keinen geeigneten Hohlraum gab, würde ich die Bombe auf das Kabinendach legen.

Ein Fahrstuhlschacht gehört zu den tragenden Konstruktionselementen eines Gebäudes. Eine moderne Struktur mit verglasten Außenfassaden besteht aus einer Reihe von zentralen Betonsäulen, einschließlich der Liftschächte. Eine Explosion in einem Fahrstuhlschacht wäre zwei- oder dreimal so wirkungsvoll wie in anderen Bereichen des Gebäudes. Für die Fahrstuhlbenutzer wäre die Wirkung auf jeden Fall tödlich.

Wir begaben uns in Salisburys ultramodernes Monomatapa Hotel. Ich setzte mich mit dem Sender ins Foyer, während meine Helfer, Major Simon Anthony und Lieutenant Jack Butcher, mit dem Empfänger im Fahrstuhl hinauf- und herunterfuhren. Den Empfänger hatten sie in einer braunen Papiertüte versteckt.

»Wir sind ziemlich dumm angeschaut worden«, erzählte mir Simon hinterher. »Offenbar hat man sich gewundert, warum zwei erwachsene Männer so fasziniert in eine Papiertüte starrten.«

Wir hatten befürchtet, daß der Beton des Schachtes das Funksignal stark dämpfen würde, aber das war nicht nennenswert der Fall. Es funktionierte einwandfrei bis zum fünften Stock, was ausreichend war.

Salisbury glich damals fast einer belagerten Stadt. In Kaufhäusern waren Bomben gelegt worden, darunter eine bei Woolworth, die viele Menschen getötet und verletzt hatte. Jedermann war sicherheitsbewußt. Aus heiterem Himmel riegelte die Polizei Straßen ab und durchsuchte jeden, der sich in dem Kordon befand, nach Waffen oder Bomben.

Ich streifte einen weißen Kittel über und stellte an einem verkehrsreichen Samstagmorgen auf einer Straße in Salisbury Fahrbahnabsperrungen auf. Der Empfänger war in einem Absperrkegel eingebaut, das rote Lämpchen befand sich an der Spitze.

Während ich auf diese Art die Möglichkeit ausprobierte, die Bombe in einem Absperrkegel zu deponieren, und dabei ein hoffnungsloses Verkehrschaos verursachte, stoppte ein Streifenpolizist sein Motorrad und wollte wissen, ob ich dabei sei, eine Fahrspur zu verlegen.

»Ja«, antwortete ich lächelnd.

»Großartig«, erklärte er, »das war schon lange fällig.«

Er donnerte mit seinem Motorrad davon. Ich war zufrieden. Wenn ich in dem bombengefährdeten Salisbury unbehelligt solch eine Nummer abziehen konnte, wäre mir das in London erst recht möglich.

»Trägt Robert Mugabe immer eine Brille?« fragte ich eines Tages.

Niemand konnte mir das beantworten. Aber ich mußte es wissen. Was nun, wenn ich plötzlich sah, daß der Mann, den ich im Visier meiner Flinte hatte, keine Brille trug?

Später bekam ich die Bestätigung: Robert Mugabe trug seine Brille ständig.

Colonel Joe besorgte mir eine Armalite, und ich nahm sie mit zu

Schießübungen auf der Cleveland Rifle Range. Egal, ob ich nun eine zerlegte M-16 nach England schmuggelte oder mir in Belgien eine besorgte, auf jeden Fall wollte ich präparierte Munition mitnehmen.

Ich feilte die Patronen an der Spitze ab und legte das Blei frei. Dies machte sie zu Dum-Dum-Geschossen. Sie würden beim Aufprall aufpilzen und dadurch viel größere Verletzungen verursachen. Dann bohrte ich Löcher hinein für das Rizin.

Die genaue Wirkung war nicht genügend bekannt für meine Zwecke. Zwar war das Gift zweifellos tödlich, ich mußte jedoch durch Experimentieren herausfinden, welche Dosis notwendig war, einen Menschen umzubringen.

Ich ging zum Tierasyl in Salisbury und erzählte den Leuten, ich hätte eine Farm am Rande der Stadt mit einem doppelten Sicherheitszaun. Ich brauchte einen großen und kräftigen Hund, den ich zwischen den beiden Zäunen frei laufen lassen wollte. Da zu der Zeit Tausende von Europäern das Land verließen, gab es eine große Auswahl an herrenlosen Hunden.

Ich liebe Tiere, und es gefiel mir gar nicht, was ich vorhatte, aber es war notwendig. Ich suchte mir Butch aus – eine große alte Dogge, die etwa fünfzig Kilo wog. Die Leute vom Tierheim waren richtig froh, denn Butch hätte in Kürze eingeschläfert werden sollen.

Angus und ich fuhren mit Butch aufs Land und banden ihn an einen Baum. Sam hatte eine Luftgewehrkugel mit Rizin präpariert. Aus dreißig Metern Entfernung feuerte ich einen Schuß auf Butch ab.

Er jaulte. Angus und ich untersuchten den Hund. Die Kugel hatte das Fell durchdrungen und eine kleine Wunde gerissen, aus der Blut sickerte. Das zeigte mir, daß ich bei Mugabe auf Kopf oder Hals zielen mußte. Den Stoff eines Jacketts würde die Kugel möglicherweise nicht durchdringen.

Das Gift zeigte keine sofortige Wirkung bei Butch, doch Sam erklärte mir, daß wir vierundzwanzig Stunden überhaupt nichts sehen würden. »Die Symptome«, sagte er, »beginnen mit Durchfall und Halsschmerzen. Dann hat er Blut im Stuhl. Dann kommt das Erbrechen, und dann der Tod.«

Wir brachten Butch in mein Haus, wo ich ihn, gut versorgt mit Futter und Wasser, in die Garage sperrte. Die Symptome entwickelten sich genauso, wie Sam vorausgesagt hatte. Nach drei Tagen war der arme alte Butch tot.

Dieser Test zeigte, daß die präparierte Kugel mehr als doppelt soviel Rizin enthalten hatte, wie es notwendig gewesen wäre, einen Menschen zu töten. Ich wußte nun, mit welcher Dosis ich arbeiten mußte.

Ich benötigte zwei weitere große Hunde für meine Experimente. Ich wollte mit der Armalite Dum-Dum-Geschosse auf sie abfeuern, um zu sehen, ob die Kugeln im Körper blieben oder ihn glatt durchschlugen. Erneut wandte ich mich an das Tierasyl.

»Wunderbar«, freute sich die Dame, »wie geht's Butch? Gefällt's ihm dort, wo er jetzt ist?«

»Tja«, meinte ich, ein wenig schuldbewußt, »ich glaube schon. Es ist schwer zu sagen.«

»Ach, er wird sich schon eingewöhnen«, versicherte die Dame.

Ich nahm die zwei Hunde mit aufs Land, band sie an einen Baum und schoß mit der Armalite auf sie, sowohl mit subsonischer als auch mit Überschall-Dum-Dum-Munition. In beiden Fällen blieben die Kugeln im Körper stecken. Nachdem ich mich so vergewissert hatte, gab ich den armen Hunden den Gnadenschuß.

Die Zeit verging viel zu schnell, und Bill Sweetman, mein Adjutant, war von früh bis spät unterwegs, um dieses und jenes zu besorgen, dies und das zu erledigen.

Ich bastelte Bombenattrappen, ähnlich dem Typ, mit dem ich Herbert Chitepo liquidiert hatte, dazu Streichholzschachtelkontakte, die durch einen darüberrollenden Reifen ausgelöst wurden. Weder Angus noch ich glaubten, daß wir nahe genug an Mugabes Wagen herankamen, um eine Bombe daran anzubringen, aber möglicherweise konnten wir ihm mitten im Londoner Verkehrsgewühl eine Bombe unters Auto schieben. Dazu müßten wir ihm Tag für Tag folgen und den richtigen Moment abpassen.

Die ideale Situation wäre, wenn sein Wagen auf der Innenspur an einer Ampel hinter einem anderen Fahrzeug halten mußte. Angus würde auf der Parallelspur auf gleicher Höhe halten. Auf der inneren Fahrbahn, der Linksabbiegerspur, fließt der Verkehr stets am langsamsten.

Ich würde im Heck eines Kastenwagens liegen und durch ein Loch in der Seitenwand das Zielobjekt im Auge behalten. In den Boden hätten wir ein weiteres, erheblich größeres Loch gesägt.

Angus würde auf Grün achten und warten, bis das Fahrzeug vor uns losgefahren war, für eine ungehinderte Flucht. Im gleichen Moment würde er mir ein Zeichen geben.

Ich würde durch das Loch im Boden langen, die Bombe unter das benachbarte Fahrzeug schieben und den Streichholzschachtelkontakt vor das Hinterrad legen.

»Fertig!«

Angus würde Gas geben und die Kreuzung überqueren, selbst wenn die

Ampel zwischenzeitlich wieder auf Rot umgesprungen war. Sekunden später würde Mugabes Fahrzeug losrollen, den Kontakt auslösen und in die Luft fliegen. Wir wären bis dahin in sicherer Entfernung.

Das mag sich furchbar kompliziert oder gar undurchführbar anhören, doch wir probierten die Methode viele Male aus, und sie funktionierte einwandfrei. In Salisbury schoben wir an Ampeln zahlreiche Bombenatrappen und Kontaktgeber unter die Autos ahnungsloser Verkehrsteilnehmer.

Nie fiel irgend jemand etwas auf.

Gelegentlich hupten hinter uns stehende Fahrzeuge ungeduldig, weil wir nicht sofort losfuhren, wenn die Ampel auf Grün schaltete, aber auch das kam nur selten vor, denn mit zunehmender Übung brauchte ich immer weniger Zeit.

Die Fahrer der Zielfahrzeuge warfen ganz selten mal einen Blick zu uns herüber – nichtsahnend, daß sie die Opfer von Übungsattentaten wurden. Sie waren viel zu sehr auf die Verkehrsampel konzentriert und auf das vor ihnen stehende Fahrzeug, das darauf wartete, nach links abbiegen zu können, sobald der Fußgängerstrom versiegt war.

Kommunikation zwischen London und Salisbury war von größter Wichtigkeit. Wir planten, das Telefon zu benutzen. Wegen der UN-Sanktionen gab es keine Direktverbindung nach Rhodesien mehr. Daher würde ich den Tankstellenpächter in Johannesburg, der mir all die Jahre eine Tarnadresse geliefert hatte, anrufen.

Ich schlug vor, wenn der Auftrag abgeschlossen war, noch einige Wochen in England zu bleiben, bis sich die Aufregung gelegt hätte. Es ist nicht schwer, in diesem Land unterzutauchen. Die Leute kümmern sich im allgemeinen nicht um Fremde, solange sie ersichtlich britisch wirken. Sobald die Fahndungsbemühungen der Polizei ein wenig nachgelassen hätten, würden Angus und ich getrennt abreisen, auf einer von hundert möglichen Routen.

Ich kam bald zu dem Schluß, daß selbstgebastelter Sprengstoff keine sonderlich gute Idee war, wegen der großen benötigten Menge. Daher machte ich mir Gedanken, wie sich hochbrisanter Sprengstoff nach England schmuggeln ließe.

»Wie sieht's aus, wenn wir Sprengstoff in Konservendosen verpacken?« fragte ich eines Tages. »Können Spürhunde das riechen?«

»Nein«, kam wenig später die Antwort, »können sie nicht.«

Ricky May machte eine kleine Konservenfabrik ausfindig, die uns diskret Plastiksprengstoff eindoste, teils in Obstkonservendosen, teils in indischen Mixed pickles. Ich fügte ein paar Fruchtstücke und Fruchtsaft hinzu, damit es sich richtig anhörte, wenn man die Dosen schüttelte. Unverfängliche Etiketten wurden aufgeklebt. Auch die Dum-Dum-Geschosse, die präparierten Luftgewehrkugeln und die Detonatoren wurden auf die gleiche Art eingedost.

Ich wollte die Konservendosen offen in einem Tragenetz durch den Zoll bringen. Ein paar echte Obstkonserven würden sich darunter befinden. Guavas beispielsweise; eine ziemlich unbekannte Frucht in Europa. Wenn man mich anhielt, wollte ich den freundlichen Touristen spielen. Ich würde eine Dose mit echten Guavas aus dem Tragenetz nehmen und sie dem Zollbeamten geben.

»Hier, haben Sie das schon mal probiert? Eine echte Delikatesse. Nehmen Sie, ich hab genug davon.«

Ich war mir sicher, daß ich damit durchkäme.

Simon Anthony führte ein paar Tests durch mit dem eingedosten Plastiksprengstoff. Er klebte einen Detonator an eine Konservendose und ließ sie hochgehen, um festzustellen, ob das Blech die Wirksamkeit des Detonators behinderte. Des weiteren band er mehrere Dosen zusammen, um zu sehen, ob sie alle gleichzeitig hochgingen.

Es gab keinerlei Probleme.

Die Fläschchen mit Thallium und Rizin versteckte ich in Zahnpastatuben.

Der erste Vorschlag war, daß Angus und ich getrennt nach Amsterdam oder Brüssel fliegen sollten. Dort würden wir einen Tag untertauchen, damit der MI-6 unsere Spur verlor, falls er einen Tip bekommen hatte. Dann würden wir mit einer kleinen lokalen Fluggesellschaft nach London weiterfliegen.

Später entschieden wir uns, nach Brüssel zu fliegen. Dort würden wir die benötigten Waffen kaufen, anschließend einen Wagen mieten und mit der Fähre nach Dover übersetzen.

Wenn ich alles für das Attentat vorbereitet hätte und startklar wäre, würde ich meinen Kontaktmann in Johannesburg anrufen.

»Der Kontrakt ist unterschriftsreif – besuchen Sie uns im November?« würde ich sagen.

Das Codewort »November« behielten wir bei, da seine Bedeutung klar war. Außerdem hatten wir September, das Wort »November« wäre also völlig unverdächtig.

Ich würde meinem Kontaktmann die Nummer meiner Telefonzelle geben und warten, bis er entweder Colonel Joe oder Ricky May angerufen hatte, um die endgültige Genehmigung für das Attentat einzuholen. »Ja, wir sehen uns im November, um den Kontrakt zu unterzeichnen«, hieß, daß alles klar war. Wenn wir die Aktion abbbrechen sollten, würde der Code lauten: »Nein, wir sehen uns nicht im November.«

Angus und ich arbeiteten unseren Zeitplan aus.

Wir würden am 7. September 1979 in London ankommen. Dort wollten wir uns im Zentrum möblierte Zimmer mieten, um nicht in einem Hotel absteigen zu müssen. Am 8. und 9. September, dem Konferenzbeginn, würden wir das Lancaster House und das Royal Gardens Hotel in Kensington ausspionieren, wo laut CIO sowohl Robert Mugabe als auch Joshua Nkomo absteigen wollten.

Vom 10. bis 12. September würden wir weitere eventuell notwendige Erkundungen machen und unser Gerät auf Einsatzfähigkeit überprüfen. Des weiteren würden wir uns mehrere falsche Nummernschilder besorgen.

Der Abreisetag kam rasch näher. Angus und ich waren hochzufrieden über die Fortschritte, die wir in so kurzer Zeit gemacht hatten.

Am 6. September ließ Ricky May die Bombe platzen.

»Es hat eine kleine Planänderung gegeben«, sagte er verlegen.

»Was für eine Änderung?« erkundigte ich mich mißtrauisch.

»Ihr müßt eure Abreise verschieben. Die Regierung möchte abwarten, wie die Konferenz läuft. Vielleicht zeigt sich Mugabe kompromißbereit und Nkomo als der Hardliner. In diesem Fall wäre Nkomo euer Ziel. Sie wissen es einfach nicht ... aber auf jeden Fall wollen sie die Entwicklungen abwarten.«

»Trotzdem ist es unerläßlich, vor Konferenzbeginn in London zu sein«, wandte ich ein. »Wir müssen uns alles ansehen können, bevor die Polizei dicht macht.«

Ricky May hob die Schultern und schüttelte den Kopf. »Tut mir leid«, sagte er, »aber ihr könnt nicht losfliegen, bevor wir nicht grünes Licht von der Regierung bekommen. Sie wollen zuerst sehen, wie Mugabe sich auf der Konferenz benimmt.«

»Dieser verdammte Krieg zieht sich jetzt seit acht Jahren hin«, erwiderte ich ärgerlich. »Da müßte die Regierung doch langsam ihre Feinde kennen ... wozu haben wir denn sonst gekämpft? Fragen Sie jeden beliebigen Soldaten draußen an der Front - der kennt die Greueltaten, die Mugabes Bande begeht. Er kann der Regierung alles erzählen, was sie zu wissen braucht ... und wie Mugabe sich benehmen wird.«

»Die Operation steht, sie ist nicht abgeblasen«, versicherte Ricky May. »Es ist nichts weiter als eine kleine Verzögerung – es bleibt noch genügend Zeit. Übrigens soll ich Ihnen ausrichten, daß Sie nach erfolgreichem

Abschluß fünfzigtausend Dollar bekommen ... Sie setzen also Ihr Leben nicht umsonst aufs Spiel.«

»Freut mich«, erwiderte ich, »aber offen gesagt, ich würde es auch umsonst tun ... ich habe noch nie Geld genommen.«

»Dieser Auftrag ist etwas Besonderes«, sagte Colonel Joe.

»Natürlich nehme ich das Geld, wenn's schon da ist, aber es ist nicht wichtig. Selbstverständlich bekommt Angus die Hälfte ab.«

»Unter Umständen brauchen Sie gar nicht den Anschlag in England auszuführen«, sagte Ricky May. »Möglicherweise können wir das später viel besser in den Vereinigten Staaten arrangieren. Ein Politiker, der Rhodesien wohlgesonnen ist, hat sich erboten, Mugabe oder Nkomo nach Amerika zu holen und in eine Falle zu locken. Sie sehen also, es ist noch genug Zeit.«

Ich war alles andere als glücklich, doch ich konnte nichts tun. Ich mußte akzeptieren, daß die CIO es am besten wußte.

Angus und ich intensivierten unser Training. Die Tage vergingen, der Beginn der Lancaster-House-Gespräche rückte immer näher.

»Ich bin gerade zu Reserveübungen einberufen worden«, eröffnete mir Angus eines Tages. »Ich muß für einen Monat nach Umtali.«

»Keine Sorge«, versicherte ich, »die CIO wird sich darum kümmern.«

Ich bat Colonel Joe, die Einberufung aussetzen zu lassen. Für mich war das eine Routineangelegenheit, über die ich mir keine großen Gedanken machte.

Am nächsten Tag erhielt ich die Antwort. Angus mußte nach Umtali gehen. Notfalls würde man ihn von dort zurückbeordern.

»Das ist so ziemlich der größte Schwachsinn, den ich je erlebt habe«, tobte ich. »Angus ist trainiert und startbereit, mit mir nach London zu fliegen, um die wichtigste Operation des Krieges durchzuführen ... das Attentat auf den Terroristenführer Nummer eins, Robert Mugabe, der, wenn wir nicht aufpassen, die Macht im Land an sich reißen kann ... und Angus wird auf Grenzwache nach Umtali geschickt! Hat irgend jemand daran gedacht, daß Umtali Kampfgebiet ist? Was ist, wenn Angus verwundet oder getötet wird?«

»Ich frage noch einmal nach«, versprach Colonel Joe.

Ich weiß nicht, ob er es tat oder nicht, jedenfalls kletterte zwei Tage später Angus auf einen Polizeilastwagen und wurde zur mosambikischen Grenze gefahren.

Am 11. September beraumte Ricky May erneut ein Gespräch an. »Sie fliegen morgen nach London – aber ohne Angus. Wenn Sie feststellen, daß Sie ihn brauchen, schicken Sie uns eine Nachricht, und wir setzen ihn in die nächste Maschine. Bereiten Sie alles für den Anschlag auf Mugabe vor und geben Sie uns Bescheid.«

Am folgenden Tag flog ich nach Johannesburg, wo ich alles nötige mit meinem Kontaktmann besprach. Tags darauf landete ich in Belgien. Bei Hertz mietete ich mir einen linksgesteuerten Austin Allegro und fuhr in die Stadt.

Brüssel wird oft als die Waffenmetropole der Welt bezeichnet. Das ist keine Übertreibung. An fast jeder Ecke gibt es ein Waffengeschäft. Ich suchte mir wahllos eines aus und ging hinein.

»Ich bin ein Waffensammler aus England«, erklärte ich dem Verkäufer, »und möchte eine Armalite kaufen.«

»Tut mir leid«, sagte er, »das ist eine Kriegswaffe, für die Sie eine Endbenutzerbescheinigung brauchen. Haben Sie so eine Bescheinigung?«

Ich schüttelte den Kopf. Seine Weigerung, mir eine Armalite zu verkaufen, kam unerwartet. Mit dem System der Endbenutzerbescheinigungen war ich vertraut. Es sollte dafür sorgen, daß terroristische Gruppen nicht allzu leicht Militärwaffen in die Finger bekamen, vor allem aber sollte es verhindern, daß Ostblockstaaten sich mit westlicher Militärausrüstung eindeckten.

Das System funktioniert jedoch nicht. Terroristen bekommen ihre Waffen über Leute wie den libyschen Colonel Gaddafi oder direkt von den Sowjets und ihren Stellvertretern. Die Sowjets bekommen alles, was sie brauchen, über seriöse Zwischenhändler oder mit gefälschten Endbenutzerbescheinigungen.

»Es spielt keine Rolle, ob das Gewehr auf Einzelschuß umgebaut ist«, erklärte mir der Händler. »Wenn es auf Dauerfeuer umgerüstet werden kann, wird es als Kriegswaffe eingestuft.«

Ich sah mir zahlreiche andere Waffen an, die ich sogar ohne jede Ausweisvorlage hätte kaufen können, aber dann ließ ich es doch. Die Chance, Mugabe in London mit einem Gewehr zu erledigen – und ungeschoren davonzukommen – war ohnehin sehr klein. Ich beschloß, mich an das Luftgewehr mit den vergifteten Kugeln zu halten, wenn ich schießen mußte.

Ich fuhr sodann direkt nach Ostende und erwischte die Fähre um 14 Uhr 15 nach Dover. Die Seereise verschlief ich. In Dover wollte man lediglich meinen Paß sehen.

Das Wetter war herrlich, und ich hatte eine angenehme Fahrt nach London. In einer schäbigen Pension hinter der Victoria Station mietete ich mir ein Zimmer. Es befand sich unter dem Dach und hatte ein schmales Bett sowie eine alte Frisierkommode nebst Spiegel. Frühstück oder Vollpension gab es nicht, die Miete war für ein »Zimmer mit Bad«. Das Bad war das einzige im Haus und lag eine Etage tiefer. Glücklicherweise schienen sich die anderen Pensionsgäste nicht allzu häufig zu waschen.

Das Zimmer kostete mich fünfzehn Pfund pro Tag – zahlbar im voraus –, und es wurden keine Fragen gestellt.

Wegen der ausländischen Nummernschilder parkte ich den Wagen nicht direkt vor der Pension. Es hätte nur unnötig Aufmerksamkeit erregt. Gleich am nächsten Tag wollte ich mich diesem Problem widmen.

Auf der Fahrt von Dover nach London hatte ich nach einem dunkelblauen 1979er Austin Allegro Ausschau gehalten und, als ich einen sah, mir die Nummer notiert. Es wäre idiotisch gewesen, mir irgendein Nummerschild zuzulegen, denn die Polizei kann ein verdächtiges Kennzeichen sofort per Funk bei der Zentralen Zulassungsstelle überprüfen. Wenn diese Überprüfung ergab, daß die Nummer einem dunkelblauen 1979er Austin Allegro gehörte, der nicht als gestohlen gemeldet war, würden sie mich aller Voraussicht nach nicht behelligen.

Ich fuhr nach Brixton, auf der Südseite der Themse, einer Gegend, die nicht gerade vornehm ist, und wo keine Fragen gestellt werden. Nach einigem Suchen fand ich einen Laden, der mir die passenden Nummernschilder anfertigte, während ich darauf wartete. An einem stillen Ort vertauschte ich die Kennzeichen. Der Wagen war linksgesteuert, aber die neuen Nummerschilder ließen ihn einigermaßen unauffällig erscheinen.

Ich kaufte mir einen A-Z-Stadtplan und suchte nach dem Lancaster House, wo die Konferenz im Gange war. Es liegt in der Nähe des Buckingham Palace, am Green Park, wenige Schritte von der Mall.

Ich parkte den Wagen so nahe wie möglich und ging zu Fuß zum Green Park. Die Polizei hatte eine Absperrung aufgestellt, so daß man nicht näher als vierhundert Meter an Lancaster House herankam. Zahlreiche uniformierte Polizisten und Zivilbeamte patrouillierten. Soweit ich feststellen konnte – und meine einschlägigen Erfahrungen halfen mir dabei –, befanden sich keine SAS-Männer darunter. Auch auf den Dächern waren keine Scharfschützen postiert.

Die beiden Gattungen lassen sich leicht unterscheiden. Uniformierte Polizisten in Zivil – CID-Personal kann selten für solche Anlässe erübrigt werden – neigen dazu, eine Art Sonntagsstaat zu tragen, und ihre Schuhe, breit und solide für den Streifendienst, stechen ebenfalls hervor.

Der SAS läßt sich fast ebenso leicht identifizieren. Die Männer können konservativ gekleidet sein oder auch wie Hippies. Altersmäßig sind sie zwischen fünfundzwanzig und fünfunddreißig. Sie sind sonnengebräunt, wirken sportlich und körperlich außergewöhnlich fit. Ein weiteres Markenzeichen ist die Rolex, die von allen SAS-Soldaten getragen wird. Es ist die einzige Armbanduhr, die den typischen Belastungen von SAS-Einsätzen gewachsen ist.

Ich schlenderte zu einem Polizisten, der an der Absperrung im Green Park stand.

»Was ist denn da drüben los?« erkundigte ich mich, mit einer Kopfbewegung zum Lancaster House.

»Da wird palavert... mit irgendwelchen Afrikanern«, sagte er zugeknöpft.

Es gab keinen Zweifel, daß Lancaster House schwer bewacht war, auch wenn es sich nur um unbewaffnete Polizisten handelte. Ich konnte nicht näher herankommen, ohne aufzufallen. So blieb mir nichts anderes übrig, als meine Pläne aufzugeben, in dieser Gegend etwas zu unternehmen. Außerdem wäre das Entkommen nachher weitaus schwieriger, und ich hatte nicht die Absicht, mich fangen zu lassen.

Ich beschloß, mich statt dessen auf das Royal Gardens Hotel in Kensington zu konzentrieren, wo Mugabe und Nkomo abgestiegen waren.

Das Royal Gardens ist ein Fünf-Sterne-Hotel in der Nähe von Harrods und der Wohnung, in der ich mich einst mit Colonel David Stirling getroffen hatte, zu der Zeit, als mein Zielobjekt ein anderer Terrorist war, Colonel Gaddafi von Libyen, den die Briten beseitigt haben wollten. Mir kam es fast so vor, als sei ich nach einem langen Weg wieder an den Ausgangspunkt zurückgekehrt.

Das Hotel verfügte über zahlreiche belebte Bars und Restaurants, was eine Erkundung einfach machte. Im Foyer herrschte ein ständiges Kommen und Gehen, überall stand Gepäck herum. Es ist ein relativ modernes, mehrstöckiges Gebäude, das an der verkehrsreichen Kensington High Street liegt. An der Westseite befinden sich Ladengeschäfte, an der Ostseite führt das Hotel auf Kensington Gardens hinaus, einen Teil des Hyde Parks.

Gegenüber war ein Schnellimbiß, eine Wimpy Bar, die einen hervorragenden Beobachtungsposten abgab.

Ich sah mir die Sicherungen an und stellte auch hier fest, daß der SAS nicht vertreten war. Es gab lediglich ein paar uniformierte und zivile Polizisten.

Dann schaute ich mir die möglichen Fluchtwege an, eine Sache, die jedem Attentäter am meisten am Herzen liegt. Dem Hotel konnte man sich nur aus zwei Richtungen nähern, von Osten oder Westen, über die Kensington High Street, auf der immer dichter Verkehr herrschte.

Die beste Fluchtroute war durch Kensington Gardens, vor allem wenn ich ein Motorrad benutzte, denn ein Auto würde mir nicht die Stufen hinauf und durch das schmale Tor folgen können. Ich würde den Park von Süd nach Nord durchqueren und auf der belebten Bayswater Road herauskommen.

Das Foyer des Hotels liegt eine Etage über Straßenniveau, und man erreicht es entweder über eine halbmondförmige Auffahrt oder über Treppen. Die gesamte Vorderfront ist aus Glas. Man gelangt durch Drehtüren hinein oder daneben durch normale Glastüren. Während meines London-Aufenthalts wurden die Drehtüren nicht benutzt.

Wenn man das Foyer betritt, steht man direkt vor einem massiven Stützpfeiler. Um den Pfeiler herum standen einige Sessel. Dahinter befindet sich die Rezeption. Halblinks geht's zu den Fahrstühlen. Rechts führt eine Treppe nach oben, dahinter stehen weitere Sitzgruppen, dann kommt der Eingang zu einem Restaurant. Rechts von der Treppe geht es in eine Bar hinunter. Die Bar kann man auch durch einen Straßeneingang erreichen. Linkerhand im Foyer befinden sich mehrere kleine Läden, die Blumen, Zeitungen, Andenken und so weiter verkaufen.

Ich hielt den ganzen Tag Wache, bis Robert Mugabe vom Lancaster House zurückkehrte.

Er war nicht zu übersehen. Mit einem Konvoi von Daimlers kam er mit seinem Gefolge westlich von Hyde Park Corner angefahren, eskortiert von Polizisten auf Motorrädern. In den Daimlers saßen als Personenschutz ebenfalls Polizisten.

Als die Kavalkade näherkam, trat ein Polizist auf die Straße und stoppte den Verkehr auf der Kensington High Street. Das erste Fahrzeug bog nach rechts ab, an dem wartenden Verkehr vorbei, und fuhr die Auffahrt von Westen hinauf. Es stoppte kurz hinter dem Haupteingang, um dem zweiten Fahrzeug mit Robert Mugabe Gelegenheit zu geben, direkt vor dem Eingang zu halten.

Die Schläge wurden aufgerissen, und Robert Mugabe stieg aus. Er trat durch den Vordereingang, passierte den Stützpfeiler in weniger als zwei Metern Abstand und ging zu den Fahrstühlen. Ein Polizist in Zivil hielt ihm die Fahrstuhltür auf. Mugabe trat hinein, die Türen schlossen sich, und ich verlor ihn aus den Augen.

Mehrere Tage lang hielt ich ihn unter Beobachtung und stellte fest, daß seine Ankunft im Hotel stets nach dem gleichen Schema ablief. Manchmal standen ein paar zusätzliche Polizeibeamte im Foyer herum, aber signifikante Abweichungen gab es nie.

Es gab zwei Möglichkeiten, wie ich ihn töten konnte.

Zum einen konnte ich in der Decke eines Fahrstuhls eine Bombe anbringen. Die Schwierigkeit war nur, den richtigen auszuwählen, weil das zufallsbedingt war. Der Polizist im Foyer hielt die erste Kabine an, die das Foyer erreichte. Das hieß, ich mußte mir irgendeinen aussuchen und die Bombe legen, dann durch die Klappen aller anderen klettern und sie außer Betrieb setzen. Die Gefahr war groß, daß mich jemand sah, und selbst wenn nicht, konnte ein Monteur schneller als erwartet auftauchen und sie reparieren. Möglicherweise fand er bei dieser Gelegenheit sogar meine Bombe...

Die zweite Methode, die mir wesentlich sympathischer war, bestand darin, in einen Aktenkoffer eine Splitterbombe einzubauen und sie neben den großen Stützpfeiler im Foyer zu deponieren. Ich würde sie per Funk zünden, wenn Mugabe durch die Tür kam. Das wäre eine *direkte positive* Methode mit einer 99-prozentigen Erfolgswahrscheinlichkeit. Freilich, Adolf Hitler war am 20. Juli 1944 mit dem Leben davongekommen, als Graf Stauffenberg im Führerhauptquartier eine gleichartige Sprengladung unter den Konferenztisch gestellt hatte, keine zwei Meter von Hitlers Sitzplatz. Aber in diesem Fall hatte das Schicksal einen unerwarteten Streich gespielt. Jemand schob die Aktentasche hinter ein schweres Tischbein. Explosionen nehmen stets den Weg des geringsten Widerstandes, und so wurde die Sprengwirkung durch das Tischbein von Adolf Hitler abgelenkt.

Graf Stauffenberg verließ den Führerbunker und war schon einige hundert Meter weg, als die Bombe hochging. Nach seiner Schilderung erinnerte die Wirkung an den Einschlag einer 155-mm-Granate: »Leiber wurden durch die Fenster geschleudert, Trümmerstücke flogen durch die Luft.« Für die Augenzeugen bestanden nicht die geringsten Zweifel, daß alle im Bunker tot waren oder im Sterben lagen.

Tatsächlich zeigt das nur, wie unberechenbar Explosionen sein können: Nicht nur Hitler, sondern auch paar andere kamen mit dem Leben davon.

Ich würde jedoch sicherstellen, daß Mugabe nicht solch ein Glück hatte wie Hitler.

Die Möglichkeit, auf meine Zielperson mit einer vergifteten Luftgewehrkugel zu schießen, verwarf ich. Es gab nirgends eine Versteckmöglichkeit, und damit kam diese Methode nicht in Frage.

Im Kaufhaus Army and Navy Stores an der Victoria Station suchte ich nach einer passenden Aktentasche. Ich war ein sehr kritischer Kunde und sah mir alles an, was sie auf Lager hatten; schließlich entschied ich mich für eine schweinslederne Tasche, weil sie auch innen mit Leder gefüttert war. Die Fütterung war mit großen, leicht lösbaren und wiederherstellbaren Stichen angeheftet.

In der Tottenham Court Road entdeckte ich ein Fahrradgeschäft, wo ich ein Dutzend Pakete Kugellagerkugeln erstand, drei bis fünf Millimeter im Durchmesser, dazu einige Dosen Klebstoff.

»Wozu brauchen Sie das alles?« fragte der Verkäufer neugierig.

»Ich will eine Art elektronisches Spiel bauen. Man spielt um einen sehr hohen Einsatz.«

»Hört sich interessant an«, meinte er. »Wenn es funktioniert, führen Sie mir's doch mal vor. Vielleicht kann ich's für Sie vermarkten.«

»Gern«, sagte ich. »Hoffentlich läßt sich die Idee auch verwirklichen.«

Ich packte meine Einkäufe zusammen und kehrte in mein schäbiges kleines Zimmer zurück. Mit einer Rasierklinge trennte ich das Lederfutter an den Nähten auf und klebte eine dicke Lage Kugellagerkugeln dahinter. Dann nähte ich das Leder wieder fest, so daß keine Spuren zu sehen waren.

In die eine Ecke der Aktentasche bohrte ich ein sauberes kleines Loch, durch das ich das eine Ende der Antenne steckte. Ich brachte einen winzigen Stecker an für die Verbindung zum Empfänger. Den Rest des Antennendrahts klebte ich außen um die Tasche.

Die Aktentasche war groß genug für alle meine »Obstdosen« sowie für den Empfänger, den ich in Geschenkpapier einpackte und mit einem blauen Zierband umwickelte. In der einen Ecke des »Geschenks« riß ich ein kleines Loch ins Papier, durch das ich später den Stecker schieben würde. Um den Empfänger einzuschalten, brauchte ich nur auf eine bestimmte Stelle des Geschenkpapiers zu drücken.

Das Resultat war eine völlig normal aussehende Aktentasche mit unverdächtigem Inhalt: ein paar Obstkonserven, Zeitungen und ein in Geschenkpapier eingewickeltes Päckchen. Es würde einer Kontrolle durch die Polizei leicht standhalten. Kaum jemand käme auf den Verdacht, daß sich hinter diesem alltäglichen Gebrauchsgegenstand eine tödliche Splitterbombe mit über sechs Kilo Plastiksprengstoff verbarg.

Ich kehrte ins Royal Gardens Hotel zurück, in der Hand die Aktentasche. Ich rechnete damit, daß ich sie aus Sicherheitsgründen öffnen mußte.

»Morgen«, sagte ich zu dem Polizisten an der Tür.

»Morgen«, erwiderte er.

Er nahm keine Notiz von der Aktentasche.

Ich setzte mich in einen Sessel im Foyer, nachdem ich die Aktentasche neben dem Pfeiler abgestellt hatte. Niemand kümmerte sich darum. Die folgenden vier Stunden blieb ich zeitunglesend im Foyer sitzen. Kein Mensch nahm auch nur die geringste Notiz von der Aktentasche, die, zumindest in meinen Augen, geradezu nach einer Sicherheitskontrolle schrie.

Während ich dort herumlungerte, kaufte ich mir am Stand eine Zeitung und las darin, daß Joshua Nkomo und sein Gefolge nicht mehr in dem Hotel wohnten. Sie waren ins Royal Lancaster umgezogen, einem anderen Fünf-Sterne-Hotel in der Bayswater Road, auf der Nordseite des Hyde Park. Offiziell hatte er als Grund angegeben, im Royal Gardens Hotel sei es ihm zu warm. In Wahrheit legte er keinen übermäßigen Wert auf die enge Nachbarschaft zu der ZANU-Konkurrenz.

Joshua Nkomo war mein Alternativziel, obwohl ich eigentlich nicht damit rechnete, daß ich Order bekam, von Robert Mugabe auf ihn umzudisponieren.

Aus den Zeitungsberichten war herauszulesen, daß weder Robert Mugabe noch Joshua Nkomo sich im mindesten kompromißbereit zeigten, wie es die rhodesische Delegation offenbar erhofft hatte. Ziel der Konferenz war es, einen vernünftigen Mittelweg für Rhodesien zu finden, der sowohl den Forderungen der Rebellen entgegenkam, als auch den Weißen den Eindruck vermittelte, daß sie noch eine Zukunft in Rhodesien hatten.

Statt dessen zeigten sich sowohl Mugabe als auch Nkomo starrsinnig ... entweder *ein Mann, eine Stimme* oder gar nichts.

Die Tatsache, daß solch eine Lösung nur zu einer pseudodemokratischen Wahl führen würde, mit massivem Druck auf die Wähler, und daß die Gewinner anschließend das Land schleunigst in einen marxistischen Einparteienstaat umwandeln würden, ignorierte die britische Regierung geflissentlich.

Jeden Tag wurden Mugabes Forderungen absurder, und jeden Tag zog er unter Protest aus der Konferenz aus.

Lord Carrington, der den Vorsitz führte, verbrachte die meiste Zeit damit, den Rhodesiern gut zuzureden, insbesondere ihrem braven schwarzen Premierminister, Bischof Abel Muzorewa, ihre starre Haltung aufzugeben und sich Nkomos und Mugabes Standpunkt anzunähern.

Bedauerlicherweise war der einzige Rhodesier, der das alles zu durchschauen schien und Lord Carrington ein entschiedenes Nein zur Antwort gab, der kampferprobte rhodesische Führer Ian Smith, der jedoch nicht mehr am Ruder stand und kaum noch Einfluß nehmen konnte.

Ich suchte das Royal Lancaster Hotel auf, falls sich die Notwendigkeit ergab, Joshua Nkomo umzubringen. Man fährt von Marble Arch die Bayswater Road hinunter und biegt rechts in die Lancaster Terrace ab. Das Hotel steht auf dem Dreieck zwischen Lancaster Terrace, Westbourne Street und Bayswater Road. In der Luftlinie ist es nicht weit vom Royal Gardens Hotel.

Das Foyer war lang und schmal, mit Ladengeschäften gegenüber dem Haupteingang. Wenn man sich rechts hielt, kam man zur Rezeption. Links von der Rezeption befanden sich die Fahrstühle. Am Eingang stand ein uniformierter Polizist, aber innen sah ich niemanden.

Nkomo konnte auf zwei Wegen das Hotel betreten. Einmal von der Tiefgarage mit dem Lift direkt in sein Stockwerk, zum anderen durch das Foyer und dann mit dem Fahrstuhl hinauf.

In beiden Bereichen standen zahlreiche Topfpflanzen, und es gab einige gute Stellen, an denen ich meine Aktentaschenbombe deponieren konnte. Wieder ließ ich sie stundenlang offen im Foyer stehen, doch wie im Royal Gardens nahm kein Mensch Notiz davon.

Ich kehrte ins Royal Gardens Hotel zurück und nahm meine Beobachtung wieder auf, um so viel wie möglich über Robert Mugabes Gewohnheiten herauszufinden. Ich stellte fest, daß die Polizeieskorte die Kollegen im Hotel per Funk vorwarnte, wenn Mugabes Konvoi im Anrollen war. Es war nicht zu übersehen, wann dies passierte, denn die Polizisten setzten sich sofort in Bewegung und trafen ihre Vorbereitungen. Sie nahmen ihre Positionen an der Tür ein, im Foyer, am Fahrstuhl und vor dem Hotel – einer stellte sich an den Straßenrand, um den Verkehr zu stoppen.

Um jedes unnötige Risiko zu vermeiden, wollte ich, wenn der Tag kam, vor dem Hotel solange warten, bis diese Vorbereitungen begannen. Dann würde ich das Foyer betreten, meine Aktentasche an den Pfeiler stellen und wieder auf die Straße gehen. Von einer bestimmten, ausgewählten Stelle hatte ich freie Sicht auf den Eingangsbereich und würde genau sehen, wann Mugabe sich dem Stützpfeiler näherte. In diesem Moment würde ich auf den Knopf drücken, und Sekunden später wäre Mugabe tot.

Mir war natürlich klar, daß nicht nur Mugabe sterben würde. Seine Begleiter wie auch zweifellos der Polizist an der Tür würden getötet werden. Der Zeitungskiosk würde völlig zerstört werden, und die Chancen waren sechzig zu vierzig, daß auch die Kunden, die sich gerade darin aufhielten, ihr Leben lassen mußten. Der Polizist, der die Wagentür öffnete, hatte eine

Fünfzig-fünfzig-Chance, mit dem Leben davonzukommen. Bei allen anderen, die sich im Foyer aufhielten, würde es von der Entfernung zum Explosionsherd abhängen. Die Wirkung der Bombe würde noch dadurch verstärkt werden, daß die gesamte verglaste Front herausflog und es tödliche Glassplitter regnete.

Es war kein Bild, auf das ich mich sonderlich freute. Aber Robert Mugabe und seine Terroristen waren verantwortlich für den Tod tausender schwarzer und weißer Rhodesier. Es herrschte Krieg. Ich tat nur meine Pflicht. Es war auch nicht Rache oder Vergeltung ... es sollte ihn daran hindern, die Macht zu übernehmen.

Während der Planungsphase las ich in einer Zeitungsmeldung, daß ein Mitglied der rhodesischen Delegation aus dem Fenster gestürzt und seinen Verletzungen erlegen war. Ich mußte an Garfield Todd denken und wie nahe er dem Tode gewesen war; hatte vielleicht jemand aus der Dirty-tricks-Abteilung des MI-5 ein bißchen nachgeholfen? Aus allen späteren Berichten ging hervor, daß der arme Bursche keineswegs depressiv oder geistig umnachtet gewesen war ... dennoch kam der Coroner bei der Untersuchung zu dem Verdikt »Selbstmord im Zustand geistiger Verwirrung«.

Es herrschte eben noch Kriegszustand.

Am 17. September 1979 war ich startklar – ich brauchte nur noch das Okay aus Salisbury.

An diesem Abend hielt ich mich im Foyer des Royal Gardens Hotel auf, als ganz unerwartet Robert Mugabe auftauchte und sich keine zwei Meter von mir mit drei Afrikanern unterhielt. Ich war unbewaffnet, doch ich mußte an mich halten, um ihm nicht mit bloßen Händen an die Gurgel zu fahren.

Am nächsten Morgen rief ich von einer Telefonzelle in Johannesburg an und bekam rasch eine Verbindung.

»Hallo«, meldete sich mein Kontaktmann in Johannesburg.

»Hallo«, sagte ich, »mein London-Besuch war sehr erfolgreich, und ich bin bereit, den Kontrakt zu unterzeichnen. Rufen Sie Joe an und fragen Sie ihn, ob er mich im November besuchen wird.«

»Okay, rufen Sie in einer Stunde zurück«, sagte mein Kontaktmann.

Ungeduldig wartete ich, bis die Stunde verstrichen war. Das endgültige Okay sah ich als reine Routine an. An diesem Abend, wenn Robert Mugabe vom Lancaster House zurückkam, würde ich meine Aktentasche deponieren und ihn töten.

Ich blickte auf die Uhr – eine Stunde war vergangen. Ich rief erneut in Johannesburg an.

»Hallo, haben Sie Joe erreichen können?« fragte ich.

»Ja«, erwiderte er, »er läßt Ihnen ausrichten, daß er Sie nicht im November besuchen wird.«

»Was?« Ich wollte meinen Ohren nicht trauen. Mit der Möglichkeit eines Aufschubs um ein oder zwei Tage hatte ich gerechnet, aber nicht damit!

»Sind Sie ganz sicher?« forschte ich nach.

»Ja, absolut sicher. Ich soll Ihnen ausrichten, daß Sie es nicht tun sollen, unter keinen Umständen tun sollen. Sie haben sofort zurückzukommen.«

»Blödsinn!« fauchte ich. »Rufen Sie noch einmal an. Sagen Sie ihm, daß alles vorbereitet ist... daß nicht das geringste Risiko besteht. Ich möchte den Kontrakt heute nachmittag unterschreiben. Wir müssen uns im November sehen, verflucht noch mal.«

»Okay«, sagte mein Kontaktmann, »aber es hat sehr entschieden geklungen.«

»Egal, telefonieren Sie ihn noch einmal mit ihm. Ich rufe Sie zurück.«

Ich wartete eine weitere Stunde und rief dann noch einmal in Johannesburg an. Die Antwort war ein entschiedenes Nein.

Warum? fragte ich mich. Warum? Warum? Warum?

Erst einige Jahre nach Kriegsende erfuhr ich, daß damals ein ehemaliger rhodesischer SAS-Angehöriger nach einem längeren Wanderurlaub auf dem europäischen Kontinent in England eingetroffen war. Ganz offensichtlich hatten die Grenzbehörden seinen Namen, wie überhaupt alle Namen ehemaliger rhodesischer SAS-Angehöriger. Er wurde festgenommen, gründlich durchsucht und von einem hohen Polizeibeamten hochnotpeinlich verhört über seine SAS-Vergangenheit und warum er nach England gekommen sei. Natürlich war er sauber.

Das zeigt, daß der britische Geheimdienst informiert worden war über meine bevorstehende Ankunft und meine Mission, höchstwahrscheinlich von jemandem in der CIO. Meine Identität war glücklicherweise nur wenigen bekannt, wenn auch in den letzten Kriegsjahren immer mehr Leute von meiner Existenz wußten.

Es gibt kaum einen Zweifel, daß der MI-6 über lange Zeit einen direkten Draht zu einem hohen Beamten des rhodesischen Geheimdienstes hatte.

Rhodesien war am Zerbrechen, ebenso bröckelte die Loyalität ab. Wie es scheint, hatten manche Leute nie ein wirkliches Gefühl der Loyalität gegenüber Rhodesien verspürt.

Wer immer den Briten den Tip gegeben hatte, gehörte ganz eindeutig nicht zu den wenigen, die meine Identität kannten. Offenbar wußte er, daß ich ein ehemaliger SAS-Angehöriger war, nahm jedoch fälschlicherweise an, daß ich beim rhodesischen, nicht beim britischen 22-SAS-Regiment gedient hatte. Ich bin überzeugt, daß die Engländer ganz schön in Panik gerieten, als ich so spurlos in London untertauchte, denn niemand, weder ein Rhodesier noch sonst jemand, wußte, wo ich zu finden war.

Wie ich ebenfalls erfuhr, wurde in späteren Jahren von den Sicherheitsbehörden in England eine große Suchaktion nach mir gestartet, aber glücklicherweise wußte niemand, nach wem man eigentlich suchen sollte.

Der unbekannte Verräter hatte genügend Einfluß in Rhodesien, sich gegen die Operation *November* auszusprechen und sie zu Fall zu bringen – demnach muß er einen ziemlich hohen Rang eingenommen haben. Die schützende Hand, die er über die Terroristenführer hielt, insbesondere über Nkomo, den die Briten schon immer favorisiert hatten, sorgte dafür, daß beide Männer den Krieg überlebten.

Das alles wußte ich damals naturgemäß nicht. Ich war lediglich ein Einsatzagent, der den Befehlen seiner Vorgesetzten Folge leistete. Privataktionen leistete ich mir nicht.

Dennoch spielte ich ernsthaft mit dem Gedanken, den Befehl zu ignorieren und Mugabe zu töten – doch mein soldatisches Training behielt die Oberhand, und ich ließ es bleiben.

Ich rief in Heathrow an und buchte in der nächsten Maschine nach Südafrika einen Platz in der Ersten Klasse. Ich hatte über zehntausend Dollar bei mir, und wenn jemand nach mir suchte, dann wohl kaum an einem so offenkundigen Ort wie Heathrow unter Erster-Klasse-Passagieren.

Ich beschloß, alles mitzunehmen – den eingedosten Plastiksprengstoff, die Detonatoren, das Gift, die Aktentaschenbombe. Im Grunde konnte ich nicht daran glauben, daß das Attentat endgültig abgeblasen war. Ich glaubte, man hätte vielleicht die Situation nicht richtig verstanden, hätte das Risiko für zu hoch gehalten. Ich war überzeugt, ihnen rasch Vernunft beibringen und die nächste Maschine nach London nehmen zu können. Das Zeug brauchte ich alles, denn es hätte zu lange gedauert, es noch einmal anzufertigen, zumal die Lancaster-House-Konferenz voraussichtlich in wenigen Tagen zu Ende ging.

»Nein«, hörte ich bei meiner Rückkehr von Colonel Joe in Salisbury, »die Operation ist definitiv gestorben.«

Bis dahin war ich immer davon ausgegangen, daß die CIO und die rhodesische Regierung wußten, was sie taten ... daß es stets einen vernünftigen Grund für die manchmal unverständlichen Entscheidungen gab. Doch nun, zum erstenmal, kamen mir Zweifel. Mugabe war ein Radikaler. Als etwas anderes konnte man ihn unmöglich ansehen. Wenn er am Leben blieb, würde er Rhodesien, meine Wahlheimat, in einen marxistischen Staat verwandeln.

»Die Regierung ist der Meinung, daß er nicht die geringste Chance hat, die Wahlen zu gewinnen«, erklärte Colonel Joe.

»Ich weiß nicht, wie die Leute auf diese Idee kommen«, knurrte ich. »Die Wahl wird auf Stammesebene entschieden. Die Mashonas sind in der Mehrheit, und sie werden zu nahezu hundert Prozent Mugabe wählen. Nkomo kann sich lediglich auf etwa achtzehn Prozent der schwarzen Bevölkerung stützen.«

»Die Regierung, in ihrer Weisheit, denkt anders«, sagte Colonel Joe.

»Die müssen verrückt sein«, erklärte ich.

Im Dezember endeten die Lancaster-House-Gespräche mit einer Vereinbarung, die das Land vorübergehend wieder einem britischen Gouverneur, Lord Soames, unterstellte, bis freie Wahlen abgehalten werden konnten.

***

Meinen letzten ZANLA-Terroristen erlegte ich indirekt und durch eine Art Zeitbombe.

Josiah Tongogara, der militärische Oberbefehlshaber der ZANLA-Truppen, war sowohl von dem sambischen Präsidenten Kaunda als auch dem mosambikischen Führer Samora Machel stets als der Mann angesehen worden, der den Tod von Herbert Wiltshire Chitepo inszeniert hatte.

Präsident Kaunda hatte versucht, ihn vor dem sambischen High Court wegen Mordes verurteilen zu lassen. Bevor die Anklage in sich zusammenfiel, hatte er ihn zu kreuzigen versucht durch das manipulierte Untersuchungsverfahren der »Internationalen Sonderkommission zum Attentat auf Herbert Wiltshire Chitepo«.

Als Tongogara sich in Mosambik in Sicherheit bringen wollte, wies ihm Präsident Samora Machel die kalte Schulter und lieferte ihn an Sambia aus.

Nachdem der Friede in greifbare Nähe gerückt war, mußte Samora Machel den Eindruck haben, daß der Mann, der seinen Freund und Kampfgefährten Herbert Chitepo in die Luft gesprengt hatte, nicht nur ungeschoren davonkam, sondern auch die besten Aussichten hatte, ein hohes Regierungsamt in dem neuen Staat Simbabwe zu übernehmen.

Am 24. Mai 1979 war Tongogara in Maputo, wo er sich zu einer letzten

Unterredung mit Präsident Samora Machel traf. Von dem Inhalt dieses Gesprächs ist nur überliefert, daß Tongogara zum Abschied gesagt haben soll: »Ich möchte noch einmal betonen, daß ich mit dem Mord an Chitepo nichts zu tun habe . . .«

Zwei Täge später wurde sein Tod in Mosambik gemeldet. Wie es hieß, war er umgekommen, als er mit seinem Auto auf einen Lastwagen der FRELIMO auffuhr.

Gleichzeitig mit ihm verschwanden weitere ZANLA-Anhörige aus seinem Gefolge. Dem Vernehmen nach tauchte ein Kassiber von einem dieser Verschwundenen auf, in dem er schrieb, er werde in einem mosambikischen Hochsicherheitsgefängnis festgehalten. Tongogara sei im Schlaf in den Magen geschossen und mit einer Axt erschlagen worden. Man hätte ihm den Bauch aufgeschnitten und die Kugel entfernt sowie die anderen Verletzungen so präpariert, daß es wie ein Verkehrsunfall aussah.

Die ZANU bestritt, daß es ein Mord gewesen sei.

Andererseits trauerte ihm niemand in der ZANU nach. Tongogara war zu einer Bedrohung geworden, wegen der militärischen Macht, die er durch die ZANLA ausübte. Die meisten waren der Überzeugung, so wie Kaunda und Machel, daß, wo Rauch war, auch ein Feuer sein mußte. Für sie hatte er Chitepo umgebracht, der ihm im Weg gestanden hatte bei seinem Ehrgeiz, die Führung der ZANU zu übernehmen.

Dies muß aus damaliger Sicht betrachtet werden. Wachsende Unzufriedenheit mit dem ZANU-Führer, Ndabaningi Sithole, hatte sich breitgemacht, doch er war nicht abgelöst worden. Es gibt kaum einen Zweifel, daß Herbert Chitepo seine Nachfolge angetreten hätte und wahrscheinlich Premierminister von Simbabwe geworden wäre.

Tongogara war ein sehr aussichtsreicher Vizekandidat, während Robert Mugabe noch gar nicht im Rennen lag, als Chitepo starb.

Die ZANU legte sogenannte »Beweise« für den angeblichen Verkehrsunfall vor, in Form einer Erklärung eines Europäers, Mr. Ken Stokes, von dem Bestattungsunternehmen Mashford and Sons in Salisbury. Stokes kam auf Ersuchen der Britischen Botschaft in Maputo angereist, um den Leichnam nach Rhodesien zu überführen.

Seine Aussage: »Die Verletzungen sind mit einem Verkehrsunfall vereinbar.«

Wenn jemand mit der Axt zu Tode gehackt und ihm der Bauch aufgeschlitzt wird, können die Verletzungen äußerlich durchaus denen ähneln, die man sich zuzieht, wenn man auf einen Lastwagen aufprallt. Durch eine Autopsie hätte sich leicht die Wahrheit feststellen lassen.

Warum veranlaßte nicht die Britische Botschaft in Maputo, oder die Regierung von Mosambik, oder die ZANU eine gerichtsmedizinische Untersuchung?

Für mich gab es jedenfalls keinen Zweifel... ich fügte Tongogara einfach meiner langen Abschußliste hinzu.

So wie ich es sah, steuerte Mugabe, der sich immer noch außer Landes aufhielt, auf einen sicheren Wahlsieg zu, wobei ihn die ZANU durch eine massive Einschüchterungskampagne gegenüber dem Mashona-Stamm unterstützte. Dennoch strahlte er zweifellos die Aura eines Siegers aus. Das brachte ihm enorme Unterstützung von vielen Afrikanern ein, die traditionell dem starken Mann folgen und die den Krieg ohnehin gründlich satt hatten. Sie hatten eingesehen, lange vor den Weißen, daß der Krieg und das Morden weitergehen würde, wenn Mugabe nicht zum Herrscher gekürt wurde. Was sie dabei nicht bedachten, war die Tatsache, daß das Morden trotzdem weiterging – nur legalisiert –, auf die gleiche Art, wie die Hinrichtungen im Iran legal sind, und die Greueltaten in Deutschland, nachdem Hitler 1933 die Macht ergriffen hatte.

Unter dem Jubel einer riesigen Menschenmenge kehrte Joshua Nkomo nach Rhodesien zurück. Als Mugabes Rückkehr bevorstand, hatte ich das deutliche Gefühl, daß sein Empfang alles in den Schatten stellen würde, was Rhodesien je gesehen hatte. Und so war es auch.

Wenig später beschäftigte sich die CIO wieder mit Gedanken, die ich für meine Person nie aufgegeben hatte. Colonel Joe bestellte mich zu einer dringenden Unterredung, wie üblich ins Park Lane Hotel.

»Man möchte, daß Sie Mugabe umbringen... hier... in Rhodesien... wenn er zurückkehrt. Es hat einen völligen Meinungsumschwung gegeben. Man hat eingesehen, daß es ein schwerer Fehler war, das Attentat in London abzublasen. Meinen Sie, Sie können das schaffen?«

»Alleine nicht«, erwiderte ich. »Ich brauche Angus dazu.«

»Ich bin ermächtigt, Ihnen das Okay dafür zu geben.«

»Es wird nicht einfach sein. Wenn er zurückkehrt, wird er überall von einem riesigen Schwarm von Anhängern und Leibwächtern begleitet werden. Wahrscheinlich ist es fast unmöglich, an ihn heranzukommen. Irgendwie werde ich's aber schon schaffen, glaube ich.«

»Ich schlage vor, wir behalten das Codewort *November* bei«, meinte Colonel Joe.

»Warum nicht«, erwiderte ich spöttisch, »ist ja schließlich fast so alt wie Mugabe und Nkomo!«

Colonel Joe gab mir eine Liste aller Häuser, die von der ZANU und der

ZAPU in Salisbury gekauft worden waren. Angus Monro und ich sahen sie uns alle an.

»Ich bezweifle, ob wir eine günstige Gelegenheit finden, ihn zu erschießen«, berichtete ich Colonel Joe bei einem späteren Treffen. »Eine Autobombe funktioniert wahrscheinlich auch nicht ... selbst wenn wir eine massive Splitterbombe bauen.«

»Was würden Sie empfehlen?« fragte Colonel Joe.

»Wenn er nach Rhodesien zurückkehrt, wird er hundertprozentig auf dem Salisbury Airport landen. Wir können davon ausgehen, daß er von dort den Queensway nimmt, weil dies die einzige Straße ist, die direkt nach Salisbury führt. Seine Anhänger werden die Straße säumen und ihm einen triumphalen Empfang bereiten. Danach allerdings läßt sich nicht mehr voraussagen, welche Route er nimmt. Mein Plan sieht vor, den Queensway zu verminen, vor seinem Eintreffen. Ich werde mich am Hatfield Golfplatz aufstellen und mit einem Fernauslöser die Sprengladung zünden, wenn er vom Flughafen in Richtung Innenstadt fährt.«

»Donnerwetter«, sagte Colonel Joe beeindruckt. »Können Sie für den Erfolg garantieren?«

»Das ist nie ganz leicht bei einem fahrenden Auto«, erwiderte ich. »Ich werde mehr als eine Mine legen.«

»Zwei?« fragte Colonel Joe.

»Nein, vier ... vier russische TM-46.«

»Donnerwetter«, sagte Colonel Joe zum zweitenmal an diesem Tag.

»Ich benutze die gleiche Funkzündung wie in London«, sprach ich weiter. »Die Laufzeitverzögerung wird eine Sekunde betragen. Wenn eine Mine durch ein Rad ausgelöst wird, pflanzt sich der Explosionsschock durch das ganze Fahrzeug fort, was die Überlebenschancen der Insassen verringert. Bei einer kleinen Zeitverzögerung durch Fernzündung ereignet sich die Explosion eher zwischen den Rädern. Das verringert die Wahrscheinlichkeit, alle Insassen zu töten, auf fünfundachtzig Prozent.

Ein Personenwagen ist etwa drei Meter lang. Um sicherzugehen, werde ich vier Minen verwenden, hintereinander im Abstand von zweieinhalb Metern vergraben. Ich verbinde sie, so daß eine gleichzeitige Explosion erfolgt. Mit ein bißchen Übung kann ich das Auto ziemlich genau abpassen. Das erhöht die Wahrscheinlichkeit, alle Insassen zu töten, auf neunzig Prozent.«

»Nur neunzig Prozent?« warf Colonel Joe ein. »Warum nicht hundert Prozent?«

»Mein Freund«, erwiderte ich lächelnd, »wahrscheinlich sind es hundert Prozent ... aber kein Mensch kann das garantieren.«

»Aber wie wollen Sie die Minen in der Straße vergraben?«

Ich grinste. »Angus und ich werden uns Arbeitskittel anziehen und Absperrungen aufstellen. Wir graben die Löcher selber, das ist nicht viel Arbeit. Wir brauchen nur etwa dreizehn Zentimeter tief zu graben – ein Loch pro Mine, plus einer flachen Rinne für die Verbindungsdrähte. Eine weitere Rinne führt von einer Mine zum Straßenrand und auf die Grasnarbe, wo ich den Empfänger aufstellen werde. Wenn wir fertig sind, schmieren wir alles mit Fertigasphalt zu. Wir können jederzeit losschlagen, wenn Mugabe sich entschließt, nach Rhodesien zurückzukehren. Angus und ich müßten in der Lage sein, innerhalb einer Stunde die ganze Sache vorzubereiten. Ich garantiere Ihnen, daß kein Mensch etwas Verdächtiges finden wird an unserem Tun.«

Colonel Joe übermittelte uns sehr bald die Antwort der CIO. Wir sollten die Planung weiterbetreiben, die Minen jedoch erst legen, wenn wir grünes Licht bekamen.

Angus und ich machten uns an die Erprobung. In einer stillen Straße außerhalb von Salisbury bauten wir am Straßenrand Detonatoren auf und verbanden sie mit dem Empfänger. Ich postierte mich dreihundert Meter entfernt im Gebüsch.

Angus fuhr mit unterschiedlichem Tempo die Straße hinauf und hinunter, und ich drückte auf den Knopf, wenn ich glaubte, daß der Wagen die richtige Position hatte.

Wir standen in Funkverbindung. Die Detonatoren waren so am Straßenrand aufgebaut, daß Angus sehen konnte, wann sie hochgingen. Er kommentierte die Ergebnisse über Funk: »Vorderer Kotflügel . . . Hinterrad . . . Mitte . . .»

In kurzer Zeit wurde ich so zielsicher, daß ich, ganz egal, wie schnell der Wagen fuhr, die Explosion immer in dem Bereich zwischen vorderer und hinterer Stoßstange auslösen konnte. Bei einer Kette von vier Minen war ich ganz sicher, das Fahrzeug genau zu erwischen und Robert Mugabe zu töten.

Für den Fall, daß sich die Gelegenheit ergab, auf Mugabe zu schießen, trainierte ich regelmäßig mit einer Armalite auf der Cleveland Rifle Range. Ich feuerte liegend, kniend, stehend, über das Fahrzeug gebeugt und aus dem Inneren.

Ich besaß noch immer die vergifteten Dum-Dum-Geschosse. Die kleinste Verletzung wäre todbringend – doch um ganz sicher zu gehen, wollte ich ihm drei Kugeln auf den Pelz brennen.

Schließlich, am 27. Januar 1980, flog Robert Mugabe nach Salisbury.

Schätzungsweise eine Viertelmillion Menschen begrüßte ihn begeistert. Er fuhr langsam, wie ein siegreicher Held, den Queensway hinunter. Fast im Schrittempo kam er am Hatfield-Golfplatz vorbei.

Er präsentierte ein Bilderbuchziel für die vier russischen TM-46-Minen . . . das Dummme war nur, wir hatten kein grünes Licht von der CIO bekommen, und so waren die Minen nicht gelegt worden.

Wären sie gelegt gewesen, und wir hätten dann im letzten Moment den Abbruchbefehl bekommen, dann hätten Angus und ich uns taub gestellt und Mugabe in die Luft gejagt.

»Sind Sie ganz sicher, daß nicht irgendein Schwein in den oberen Etagen ihn unbedingt am Leben halten will?« fragte ich Colonel Joe.

»Natürlich nicht«, versicherte er. »Die Regierung sieht einfach die Zeit noch nicht als reif an. Machen Sie einen anderen Plan, es ist noch Zeit genug.«

Jedesmal, wenn ich Colonel Joe traf, bedrängte ich ihn. Ich hatte eine komplette Ausrüstung bekommen, einschließlich den Minen, Zündkabel, zwei AKs, die Armalite, zwei Pistolen und einige tausend Schuß Munition für Schießübungen.

Rhodesien befand sich damals in einem seltsamen Zustand, und man konnte einfach nicht voraussehen, wie die Leute reagieren würden. Rhodesische Polizisten bewachten Nationalistenführer wie Robert Mugabe und Joshua Nkomo. Sie taten ihre Pflicht, wenn auch zweifellos widerwillig. Angus und ich bezweifelten, daß sie ihre Schützlinge bis aufs Blut verteidigen oder versuchen würden, uns zu ergreifen, aber wir konnten uns nicht sicher sein. Im schlimmsten Fall hätten wir ohne Zögern auf sie geschossen, denn uns blieb keine andere Wahl.

Daher planten wir, bei der Operation Pistolen zu tragen. Angus und ich waren vom britischen SAS in allen Waffenarten ausgebildet worden. Wir hatten beträchtliche Combat-Erfahrung. Nur wenige hätten bei einer Schießerei eine Chance gegen uns gehabt.

Robert Mugabe nahm sich als Wohnsitz eine feudale Villa im Vorort Mount Pleasant. Angus und ich kundschafteten die Gegend aus.

Die Straße, an der das Haus lag, war asphaltiert. Zwischen der Straße und den Vorgärten der Häuser gab es einen Radweg. Zwischen Radweg und Straße verlief ein unterirdischer Entwässerungskanal.

Angus und ich bauten aus einer dicken, ein Meter langen PVC-Röhre eine Bombe. Wir stopften fünfzig Kilogramm Plastiksprengstoff hinein und fügten Detonatoren und einen Fernsteuerempfänger hinzu. An einem Ende brachte ich einen großen Haken an.

Wir wollten weiße Kittel anziehen und mit einem Kastenwagen vorfahren. Angeblich hatten wir den Entwässerungskanal zu reinigen.

Ein Stück unterhalb von Mugabes Haus würden wir den Schachtdeckel abheben und Reinigungsspiralen an dem Haus vorbei durch den Kanal schieben bis zum nächsten Kanaldeckel oberhalb. Dort würden wir unsere PVC-Bombe – die auf einen zufälligen Betrachter wie ein Reinigungskopf wirken mußte – an die Spirale anhängen und soweit durch den Kanal ziehen, daß sie genau vor Mugabes Hauseingang positioniert war. Die Entfernung hatten wir exakt ausgemessen.

Anschließend würden wir die Kanaldeckel wieder schließen und davonfahren.

Von einem geparkten Auto aus würden wir das Haus unter Beobachtung halten und warten, bis Mugabe nach Hause kam. Ich würde per Funk die Bombe auslösen, wenn sein Wagen in die Einfahrt bog. Der Fahrer mußte an dieser Stelle wegen der scharfen Biegung das Tempo erheblich mindern.

Fünfzig Kilo hochbrisanter Sprengstoff würden von Fahrzeug und Insassen nicht viel übriglassen.

Der CIO gefiel die Idee, doch wieder einmal verweigerte man uns die Genehmigung, die Bombe zu legen. Wir sollten warten, bis die Zeit reif war – ein Spruch, den wir mittlerweile nur allzu gut kannten.

Robert Mugabes Beliebtheitsgrad unter der schwarzen Mashonabevölkerung wuchs, und er besuchte des öfteren Stammesgebiete.

»Da draußen können wir's auch machen«, schlug ich Colonel Joe vor. »Sie können leicht herausfinden, welche Stammesgebiete er zu besuchen plant. Wir fahren voraus und legen unsere vier TM-46-Minen in der Straße, die er benutzen muß. Das ist sogar noch einfacher, weil die Landstraßen dort draußen nicht asphaltiert sind, sondern nur einen Schotterbelag haben.«

Der Vorteil dieser Methode war, daß wahrscheinlich seine afrikanischen Konkurrenten für den Anschlag verantwortlich gemacht wurden. Vielleicht glaubte man sogar, es sei eine seiner eigenen, von der ZANLA gelegten Minen gewesen!

»Wie wollen Sie sich hinterher absetzen?« fragte Colonel Joe. »Stammesgebiete sind dicht mit Schwarzen besiedelt. Die Flucht wird nicht einfach sein.«

»Wir stellen auf der nächsten europäischen Farm einen Fluchtwagen bereit und fliehen zu Fuß.«

»Und wenn Sie geschnappt werden? Nach dem Anschlag wird man mit Hubschraubern und Suchtrupps hinter Ihnen her sein.«

»Angus und ich sind von britischen SAS ausgebildet worden – eine besseres Training gibt es nicht«, erwiderte ich grinsend. »Man hat uns auf den Dritten Weltkrieg vorbereitet. In Europa sind wir bei Manövern oft von zwei oder drei Divisionen gejagt worden. Sie waren technisch weit besser ausgerüstet als die rhodesischen Einheiten, und dennoch passierte es ganz selten, daß sie einen SAS-Angehörigen erwischten.«

Während wir auf die Genehmigung warteten, fuhren wir eines Nachts zur Cleveland Rifle Range hinaus, um probeweise die Minen in einer Schotterstraße zu verlegen. Es kostete uns zwei Stunden harter Arbeit, und hinterher hatten wir die Spuren so gut verwischt, daß wir anderthalb Stunden brauchten, bis wir die Stelle wieder fanden.

Ein ziemlich großes Kontingent pensionierter englischer Polizisten war von der britischen Regierung nach Rhodesien geschickt worden, um die Aktivitäten ihrer rhodesischen Kollegen zu beobachten. Rasch stellte sich heraus, daß die wenigsten von ihnen Sympathien für Mugabes und Nkomos Terroristen hegten ... ganz im Gegensatz zu gewissen anderen britischen Offiziellen. Drei Wochen nach ihrem Eintreffen jammerte ein hoher Vertreter des britischen Außenministeriums: »Die sind uns alle abgesprungen. Sie glauben, sie seien in der British South Africa Police!«

Polizisten sind von Natur aus konservativ, und die meisten der ehemaligen britischen Bobbies zeigten, nachdem sie Tag für Tag mit ihren rhodesischen Kollegen zusammenarbeiteten, großes Verständnis für ihre Probleme und solidarisierten sich mit ihnen.

Die nationalistischen Parteien, inbesondere die ZANU, beschwerten sich laufend bei dem von den Briten ernannten Gouverneur, Lord Soames, daß die Polizei ihnen immer wieder Wahlversammlungen untersagte.

Als Lord Soames' Mitarbeiter sich bei den Polizeistationen nach dem Grund dafür erkundigten, bekamen sie die lapidare Antwort, die Genehmigung sei aus Sicherheitsgründen verweigert worden.

Wenn sie ihre eigenen Beobachter befragten, fielen die Antworten häufig wesentlich deutlicher und nachgerade beleidigend aus.

Wir erfuhren bald, daß Robert Mugabe regelmäßig den britischen Gouverneur, Lord Soames, im Goverment House in Salisbury aufsuchte, um sich darüber zu beschweren, daß die Polizei seinen Anhängern nicht erlaubte, Wahlveranstaltungen abzuhalten.

Der Haupteingang zum Government House, den Mugabe benutzen mußte, lag auf der Westseite der Northern Avenue.

Warum nicht unsere vier Landminen in der North Avenue an einer Stelle verlegen, die Mugabe passieren mußte? dachten Angus und ich.

Am Eingang zum Government House standen Polizeiposten, ganz in der Nähe der von uns vorgesehenen Stelle, doch wir waren sicher, daß sie kaum Notiz von uns nehmen würden, wenn wir in Arbeitskitteln mit einem Kastenwagen vorfuhren, Absperrungen aufstellten, die Straße aufrissen und die Minen verlegten.

Über die CIO konnten wir herausfinden, wann Mugabe wieder einen Besuch machte. Dann würden wir unseren Beobachtungsposten in einem geparkten Auto beziehen und Mugabe bei der Ankunft oder der Abfahrt in die Luft jagen.

Ich bedrängte Colonel Joe laufend um die Genehmigung für einen unserer Pläne – funktioniert hätten sie alle.

»Nein«, hieß es unweigerlich, »noch nicht.«

Angus und ich waren nicht die einzigen, die allmählich Verzweiflung überkam bei dem Gedanken, daß Robert Mugabe, der Terroristenführer, den wir so viele Jahre bekämpft hatten, die Macht im Lande übernahm. Verschiedene Militäreinheiten, offenbar unterstützt von der Special Branch, starteten mehrere hastige und erfolglose Attentatsversuche.

Einmal wurden Handgranaten auf Mugabes Grundstück geworfen. Die Erfolgsaussichten waren gleich Null.

Eine ferngezündete Bombe explodierte an einer Brücke, außerhalb von Fort Victoria, wo Mugabe an einer ZANU-Wahlveranstaltung teilgenommen hatte, aber er hatte die Stelle bereits passiert, als die Bombe hochging. Angeblich steckte der SAS dahinter ... die Idee war gut, aber ganz offenkundig hatten die Burschen nicht gründlich genug geprobt.

Zwei Attentatsversuche durch die Selous Scouts schlugen ebenfalls fehl.

In Salisbury stationierte Agenten des britischen MI-6 warnten darauf ihre rhodesischen Kollegen in schärfster Form. Man habe zwar Verständnis für ihre Situation, wenn die Rhodesier jedoch die Anschläge auf Mugabe nicht unterließen, sei man zu härtesten Gegenmaßnahmen gezwungen. Ein Vertuschen käme nicht in Frage.

»Das ist das Ende«, sagte Colonel Joe zu mir, »weitere Attentatsversuche auf Mugabe kann es nicht mehr geben. Die Operation ist unwiderruflich gestorben.«

»Sie hätten uns früher die Genehmigung geben sollen«, erwiderte ich. »Geben Sie uns jetzt grünes Licht und scheißen Sie auf die Briten. Die gehen nach England zurück, wenn alles vorbei ist, aber wir werden Rhodesien verlieren, unsere Heimat. Wir erwischen Mugabe – darauf können Sie Gift nehmen.«

»Nein.« Bedrückt schüttelte Colonel Joe den Kopf. »Wir können es nicht riskieren.« Verlegen blickte er mich an. »Ich habe Befehl, Sie zu fragen, wo Sie die Minen und das andere Zeugs versteckt haben.«

»In meinem Haus«, sagte ich.

»Tut mir leid, aber ich muß heute nachmittag Bill Sweetman vorbeischicken, um alles abzuholen.«

»Haben Sie Angst, ich könnte auf eigene Faust losschlagen?« fragte ich bitter. »Vielleicht liegt da das Problem ... zuviele hochgestellte Regierungsbeamte hoffen darauf, daß die Briten ihnen zu ihren Pensionen verhelfen.«

»Ich weiß nicht, was sie denken oder was sie tun werden, Taffy«, sagte Colonel Joe unglücklich. »Wahrscheinlich liegt's einfach daran, daß es das Ende ist. Ich fürchte, es ist auch das Ende für Rhodesien.«

Colonel Joe behielt recht.

Es war das Ende.

Andreas Razumovsky

Nachwort

Ein Buch erläutern zu sollen, das man schon einmal, ablehnend und voll des Unbehagens besprochen hat* (dem Leser vorstellen zu sollen, was daran interessant ist, die Saga des Helden »Taffy« nämlich, vor der es dem Rezensenten schon einmal ordentlich gegraust hat), ist eine Herausforderung (siehe Anhang). Ihr stelle ich mich, nicht zuletzt um den eigenen Standpunkt zu überprüfen: die billigen Topoi des Journalismus unserer Zeit auszusondern und die Gemeinplätze der gerechten Entrüstung (über all die *Schlechten)* durch den, der weiß, was *gut* ist.

Zunächst belehrt uns Peter Stiffs Buch über Taffy, den britischen und später wahl-rhodesischen Geheimagenten, einsamen Meister der Terrorismusbekämpfung und selbst Terroristen von hohen Graden, daß Romane wie jene von John Le Carré, Gavin Lyall oder Ken Follett (ich nenne nur Beispiele für eine ganze, im Deutschen kaum existierende Literaturgattung) keine abwegige Phantasiewelt für gruselsüchtige Leser beschreiben. Es sind real dargestellte Kriegszustände, deren Beweggründe und psychologische Mechanismen so alt sind wie die Menschheit selbst, die in der späten industriellen Gesellschaft aber ihre eigenen Formen finden: »Der Krieg der Geheimdienste« ist eine Wirklichkeit, die täglich ins Leben der Völker hereinspielt, von deren Auswirkungen wir täglich in der Presse erfahren.

Die Grundlage für ihr Wirken ist zunächst, daß zwar in so gut wie allen, von den großen Religionen, Philosophien und »Weltanschauungen« geprägten Gesellschaften unseres Globus, das Töten der Menschen verboten, als größtes Verbrechen, als ärgste Sünde verdammt ist; daß aber dies nur für den Zustand des Friedens gilt, daß also im Kriegsfall aus dem Tötungsverbot ein Tötungsgebot wird: Unter dem Oberbefehl und der Anleitung des Königs oder seiner republikanischen Nachfolger, regelmäßig

*) Siehe Seite 321.

auch mit dem Segen der jeweils staatstragenden Kirche, ist der Untertan oder Bürger gehalten, den Feind in möglichst großer Zahl zu vernichten, ihm das Übelstmögliche anzutun. Wer dieser Feind ist und wann, zu welchem Zeitpunkt, und warum, auf die Beantwortung dieser Fragen hat weder der Untertan noch der Bürger, der Citoyen, normaliter ein Recht oder Einfluß.

Die ethische, von allen »religiösen« oder »ideologisch« motivierten Systemen vertretene Rechtfertigung für diese Mechanismen ist der *»gerechte Krieg«,* der regelmäßig als Verteidigungs- und Abwehrkrieg verstanden und propagiert wird, notfalls als präventiver (»Vorwärts«-)Verteidigungskrieg. Seit den Neandertalern, bis zum Falklandkrieg, ist die *gerechte Sache* jeweils auf der Seite des Kriegführenden. Nur selten findet sich eine etwa angreifende Partei bereit, die eigene für die *ungerechte Sache* zu halten und sie als solche zu bezeichnen; und sei die eigene Sache — die Motivation der Aggression — noch so dürftig vertretbar wie »der deutsche Drang nach Osten« oder gar der »Deutsche Lebensraum« ebendort. Der Staat erwartet vom Untertan/Bürger, daß er, wenn der *Kriegszustand* einmal hergestellt ist, keinen Zweifel äußert, daß er gehorcht, marschiert, blind tötet und sich töten läßt. Und er, der Bürger/Untertan, tut dies denn auch im Regelfalle. Diese Mechanismen sind, wie gesagt, uralt; sie gelten noch, aber in den veränderten Umständen der entsprechenden Varianten der Ära nach Hiroschima.

Da das leichtfertige Auslösen großer Kriege, wie das noch dilettantisch-dreist im ersten und zweiten europäisch losgetretenen Weltkrieg möglich war, durch das gehäufte Vorhandensein der A- und H-Waffen sich verbietet, haben wir uns an die Ersatzformen des *Stellvertreter-* und des *Terror-Krieges* sowie des *»Revolutionären Befreiungskrieges«* gewöhnen müssen. Sie beruhen auf den Zwängen, die aus dem Konflikt zwischen der Ersten und der Zweiten Welt entstehen sowie darauf, daß auf diesem Erdball weder die mächtige Erste, »kapitalistische«, noch die vielleicht ebenso mächtige Zweite, »sozialistische« Welt über die Mehrheit an Land und Leuten gebietet, sondern die ohnmächtige Dritte, die in den *Ost-West-Konflikt* einbezogen ist: teils gezwungenermaßen, von den Großmächten erpreßt, teils freiwillig, aus geschickt eingesetztem Profitbedürfnis — weil man eben aus einer mißlichen Situation immer noch das Beste herausschlagen kann.

Wir danken es nicht so sehr den Professoren der modernen, bedenklich hinter den Naturwissenschaftlern dreinhinkenden Politologie, sondern dem literarischen Außenseiter Elias Canetti: die Einsicht, daß die Machthaber dieser Welt, und mit ihnen ihre gefügigen Apparate, sich analog verhalten den Paranoikern.[1] Und zwar, je absoluter die Macht der Herrscher ist, desto paranoischer ist ihr Verhalten. Die reinste Form der Paranoia ist, neben oder noch vor dem »Größenwahn«, der »Verfolgungswahn«: Der Betroffene sieht sich, in der »Ursituation der Paranoia« (Canetti), nämlich »von einer Meute von Feinden umstellt«. Zu den charakteristischen Symptomen des Paranoischen Wahnsinns gehört, wie der *Große Brockhaus* es formuliert, daß er »zu einem in sich logischen System ausgebaut und durch Gegeneinwände nicht zu entkräften« ist. Das Phänomen der politischen Paranoia nun ist ja keineswegs beschränkt auf totalitäre Gesellschaftsmodelle. Es ist vielmehr ein uraltes Phänomen, das sich auch in relativ sauberer Reinkultur in parlamentarisch-halbdemokratischen Staaten findet, wie in dem letzten primären Sklavenstaat Südafrika, oder in ganz archaischen, monarchisch-patriarchalischen Gesellschaften, wie es beispielsweise in neuester Zeit kaum übertreffbar anschaulich der polnische Journalist Ryszard Kapuściński bei seiner Rekonstruktion der letzten Regierungsjahre des äthiopischen Kaisers Haile Selassie beschrieben hat.[2]

Ich möchte aber doch behaupten, daß schon rein quantitativ unser spätes 20. Jahrhundert, wie wohl noch nie eine Ära, dem Paranoismus in seiner vornehmen Verfolgungswahn-Variante besonders günstige Entfaltungschancen bietet — und zwar schon deshalb, weil auch im letzten, abgelegensten Dritt-Hinterland, das Führen normaler, traditioneller (seit Jahrhunderttausenden als selbstverständliche Männerunterhaltung und Ehrenpflicht geübten) Kriege immer schwieriger wird, die ja ursprünglich darin bestehen, daß man den Nachbarstamm überfällt, seine Männer tötet und Rinder, Frauen und Kinder als Beute ins eigene Lager treibt (in Afrika noch vor 100 bis 50 Jahren tägliche Selbstverständlichkeit). Immer schwieriger zu verantworten, zu rechtfertigen, in der Ära der Supermächte und der »öffentlichen Meinung« der Welt, der ständig präsenten »Medien«, der erpresserisch sich einmischenden Korporationen wie der UNO, der *Blockfreien,* oder, wieder in Afrika, der »OAU«.

Und hier sind wir schon unserem eigentlichen Thema nähergerückt, den Taten unseres Helden Taffy, dargestellt — zugunsten der romanhaften Lesbarkeit gerafft — durch seinen Freund Peter Stiff. Doch wenden wir uns erst dem in aller »Dritten« Welt, besonders anschaulich jedenfalls in Afrika, gegenwärtig immer noch anhaltenden, funkenschlagenden, dröhnenden Aufeinandertreffen zu, dem Aufeinandertreffen unserer modernen Verfolgungswahn-Variante der Paranoia mit jener des vorigen Jahrhunderts, der Größenwahnausformung, der Ära des Kolonialismus und Imperialismus.

Über die Beschaffenheit der militärischen Träger des Größenwahnes, der Briten besonders, wie Jamesson, Milner oder Kitchener, sich hier näher einzulassen, verbietet mir der Platzmangel. Dies ist schade, denn wenn der zeitgenössische Leser sich vom typischen Paranoiker unserer Jahre (wie Hitler, Stalin, Tito, Ceausescu, Hodscha, Kim Il Sung, Mao, Pol Pot, Gaddafi, Bokassa, Idi Amin und wie sie alle heißen mögen, bis zu den Caudillos und Obristen Mittel- und Südamerikas) eine genaue, im Idealfall von ideologischen Enthusiasmen freie Vorstellung bilden kann, ist ihm wohl die Ruchlosigkeit eines Cecil Rhodes weniger präsent, der, neben seiner eigenen Tasche, sein Leben der Wahnidee widmete, ganz Ostafrika müsse britisch werden, »von Kapstadt bis Kairo«. Und jedermann in diesem östlichen Kontinentdrittel müsse zwangsweise in den Gnadenzustand eines Untertanen der britischen Majestät erhoben werden. (Bei der erfolgreichen Realisierung solcher Vorhaben ist Rhodes von vielen tüchtigen, nicht minder wahnsinnigen Landsleuten unterstützt worden.)

Selbstverständlich ist es immer noch mit der Ruchlosigkeit des Rhodes, des paranoischen Abenteurers, die, hier im typischen Fall des nach ihm genannten kolonialen *Rhodesien* und seines Überganges zu den »freien« Staaten Zambia und Zimbabwe, die Situation mitbestimmt. Der weise Gelehrte und erste Universitätsprofessor für Geschichte des Schona-Volkes in Zimbabwe, Stanlake Samkange, hat mir gegenüber einmal auf eine kurze Formel gebracht, was er »die beiden Verbrechen der Engländer« an seinen Landsleuten, die heutigen Bürger des freien, autonomen und souveränen Zimbabwe nennt: »Sie sind über Nacht gekommen. Und sie sind über Nacht gegangen.« Dies ist die Situation, die das Wirken, den Auftritt unseres Taffy einlädt, möglich macht.

Es ist die Situation, über die hier erst einmal nachgedacht werden soll: »Paranoisch« haben wir es genannt, wenn die »gute« Partei, die stets die eigene ist, sich »von einer Meute von Feinden umstellt« wähnt (oder diese Konstellation, wenn sie die Regierung stellt, ohne daß nach dem Wahrheitsbeweis gefragt werden dürfte, dem Volke gegenüber als gegeben unterstellt): Dann ist ein Feind von außen benennbar, der den Staat/die Nation/das Gemeinwesen gefährdet; und der über geheime Verbündete im Inneren verfügt, Agenten »in unseren eigenen Reihen«. Diese Feinde haben eine Verschwörung gebildet, eine Konspiration; sie gilt es unschädlich zu machen. Die Agenten des Feindes sind entschlossen, im Namen ihrer diabolischen Ideologie, des Faschismus/Kolonialismus/Bolschewismus die

Revolution/Konterrevolution durchzusetzen und mit gräßlich terroristischen Maßnahmen und volksverhetzenden Lügen die einzig legitime Regierung/Partei des Volkes zu stürzen.

Noch ist nicht Krieg. Aber, so will es unfehlbar die Propaganda wahrhaben, er steht unmittelbar bevor, oder die gegenwärtige Situation ist ohnehin *dem Kriege gleich.* Da von vornherein feststeht, daß der Feind *vor keinem Mittel zurückschreckt,* sind alle applizierbaren Mittel gegen ihn gerechtfertigt und gottgesegnet. Dies trifft, im Bereich der *Dritten Welt,* der ehemaligen Kolonien des Westens, besonders auf die stets bürgerkriegsartigen Varianten des »revolutionären Befreiungskrieges« (der regelmäßig aus dem kommunistischen Lager der zweiten Welt mit den notwendigen Kalaschnikows versorgt wird) und der niemals ausbleibenden, wenn auch auf die Dauer meist vergeblichen Versuche, deren Zielsetzung mit adäquaten Maßnahmen zu bekämpfen.

Die Doktrin der *Adäquanz der Mittel* ist, so sieht es manchmal aus, den Grundsätzen der Ungezieferbekämpfung entnommen; ihre Praxis jedenfalls folgt den Natur-Gesetzen des primären, des von allen jahrhundertelangen Zivilisationsbemühungen befreiten Krieges. Die primitivste, niedrigste und grausamste Form der Kriegsführung setzt sich folgerichtig, durch das Prinzip der Vergeltung (»Retaliation«), als die gemeinsame durch: Als gen Ende des zweiten Weltkrieges auf manchen Abschnitten der Ostfront auf beiden Seiten Gefangene überhaupt nicht mehr gemacht wurden, entsprang dies zwar einer gemeinsamen Haltung, die aus der Analogie in Praxis und Ideologie des Auschwitz- und des Gulagstaates folgerte. Zunächst aber entsprang dieser Rückfall ins Neolithikum den Bedürfnissen der Adäquanz und der Vergeltung.

Auf den Prinzipien der Adäquanz und der Vergeltung beruht der Terrorismus und der Antiterrorismus unserer Zeit. Bedenken wir nur, was die Siegermächte des Westens (von der Sowjetunion oder China gar nicht zu reden), die in Nürnberg über den Unrechtsstaat zu Gericht saßen, schon in den drauffolgenden Jahren an *Verbrechen gegen die Menschlichkeit* sich leisten zu können geglaubt haben: allein beispielsweise Frankreich, vom schmutzigen »Indochina«-Krieg über die Greuel in Algerien bis hin zur Versenkung des *Greenpeace*-Schiffes »Rainbow Warrior«.

Die allgemeine Attitude der Regierungen gerade auch des demokratischen Westens ist, daß in der Abwehr des revolutionären, verschwörerisch-geheim mit im Untergrund wirkenden terroristischen Mitteln arbeitenden Feindes eben die gleichen Mittel die einzig wirksamen und daher die zuzulassenden Mittel sind. Da aber diese in Friedenszeiten mit der eigenen *frei-*

heitlich-demokratischen Gesellschaftsordnung, Verfassung und öffentlichen Moral durchaus nicht vereinbar sind, müssen diese Abwehrmaßnahmen »mit allen Mitteln« auf einer zweiten, besonderen Ebene stattfinden, auf der Ebene einer »zweiten Wirklichkeit«, die, wie u. a. Doderer es zeigte, der (paranoischen) Wirklichkeit des totalitären Staates entspricht. Was sich auf dieser Ebene der totalitären »Zweiten Wirklichkeit« abspielt, ist notgedrungen-konsequent verschwörerisch, wirkt innerhalb einer »eingeschworenen Gemeinde«. Natürlich ist sie streng geheim; selbstverständlich muß ein SAS-Anwärter, der nur ein Wörtlein im *Pub* von seinen Aufgaben verlauten läßt, sofort (wie Taffy es berichtet) entlassen werden.

Die Welt, die Taffy uns nahebringt, ist diese Welt der durchaus konkreten zweiten Wirklichkeit. Er ist ein Patriot, daher dementsprechend »motiviert« — und er selbst sieht sich nicht anders als ein speziell ausgebildeter Berufssoldat. Völlig richtig hält er z. B. den antirevolutionären Straßenkampf der südafrikanischen Polizei und Armee gegen den »schwarzen Aufruhr« fanatisierter Jugendbanden von 1985 für dilettantisch und zuletzt zum Mißerfolg verdammt, weil die jungen Wehrpflichtigen, oft frische Rekruten, die da eingesetzt seien, für die ihnen zugemuteten grausamen Aufgaben weder genug vorbereitet noch ausreichend motiviert seien.

Taffy möchte weder mit gedungenen Mördern gleichgestellt werden noch mit jenen allzu zahlreichen Helden jedes (Bürger-)Krieges, denen das Töten anderer Menschen ein sadistisches Vergnügen bereitet. Auch der typische Söldner, den Beute und heiße Abenteuer für sein verwegenes Leben entschädigen, ist Taffy nicht.

Er sei, so berichtet er in persönlichem Gespräch, tatsächlich so gut wie zufällig zu einer speziellen Berufung gelangt, als mittelloser junger Arbeitersohn nämlich, dem, als er sich anwerben ließ von der britischen Armee, eine Ausbildung als Ingenieur versprochen wurde. Erst der allmählich sich entwickelnde Ehrgeiz, »tough«er zu sein als die Kollegen, verbunden mit ungewöhnlichen athletischen Fähigkeiten und patriotischen Überzeugungen, haben ihn, wie man im Buche nachlesen kann, die ungewöhnliche Laufbahn des SAS-Spezialsoldaten einschlagen lassen.

Daß er dann, vom entkolonialisierten England enttäuscht, das gute alte Rhodesien, in der »die Welt noch in Ordnung« ist, für sich adpotiert und seine speziellen Künste, im guten Glauben, daß diese beitragen würden, das Allerschlimmste zu verhüten, der neuen Heimat zur Verfügung stellt, nur um aufs neue zu scheitern, hat ja fast etwas Tragisches an sich: Dies wird z. B. deutlich, wenn er zuletzt, durchaus verständlich, sich voller Abscheu die aus England herangereisten Liquidatoren Rhodesiens betrachtet und dazu bitter vermerkt, daß die Zeit vorbei war, als gute, anständige weiße Rhodesier »euphorisch« in die Zukunft blicken konnten. »Euphorisch wie Lord Carrington[3], der Architekt der gesamten Katastrophe, und Lord Soames, der interimistische britische Gouverneur (Sonderbeauftragte), der mit dem fetten Grinsen auf seinem Gesicht so tat, als wäre die endliche Übergabe an die Terroristen der vollendende Schritt im großen alten Plan des britischen zivilisierten Einflusses . . .«

Daß Taffy hier, wie ja auch sonst auf dieser Seite dieses Buches, nicht als objektivierender Beobachter, sondern als Beteiligter, als richtiger Aktivist auftritt, macht das Buch interessant.

Es ist ein Dokument für Zeitgeschichtler.

Da er selbst an der großen Paranoia teil hat, ihr Instrument geworden ist, ist es nicht an ihm, die Paranoia durchschauend bloßzulegen, darzustellen: auch nicht den ihm natürlich geläufigen Zusammenhang, daß, indem er sich mit wahrhaft terroristischen Mitteln so überaus erfolgreich dem Kampf gegen die antirhodesischen »revolutionären« Terroristen-Partisanen widmete, er selbst zum Terroristen, zum terrorverbreitenden Killer wurde.

Mir gegenüber hat er das, unwiderlegbar einleuchtend, selbst begründet: »Wenn einem von uns es im 2. Weltkrieg gelungen wäre, sich nach Berlin einzuschleusen und Hitler zu erschießen, gelte er bis heute und für alle Zeiten als ein Nationalheld. Aber selbstverständlich wäre ein deutscher Agent, dem es gelungen wäre, Churchill zu erschießen, in Deutschland auch als Held gefeiert worden; zumindest bis Mai 1945.«

Und daß es Taffy bis heute wurmt, den Groß-Patron des Terrorismus unserer achtziger Jahre und Hohenpriester der Paranoia, den Obersten Gaddafi, nicht auf seine Weise aus dem Verkehr gezogen zu haben, wer will ihm das verargen?

Über seine Hoffnungen und Illusionen berichtet Taffy selbst ausführlich. Im nachhinein ist es natürlich leicht, es besser zu wissen; aber als er 1973 nach *Rhodesien* kam, das ehemalige *Südrhodesien,* aus Zambia, dem einstigen Nordrhodesien der Kolonialära, hat er dort, in Salisbury[4], noch genügend Leute angetroffen, die zunächst an die Möglichkeit eines ausschließlich weiterhin von den weißen, britisch-stämmigen Kolonialisten, in der nächsten Phase eines von Weißen und wenigen, von ihnen zu weißen Bedingungen kooptierten Schwarzen regierten *Zimbabwe* geglaubt haben. Der langjährige weiße Diktator Ian Smith (entgegen vielen Klischees war er auch bei einer großen Zahl schwarzer Untertanen sehr beliebt) hatte erklärt, Schwarze könnten »nur über seine Leiche« die Alleinregierung übernehmen.

In Wirklichkeit war damals, 1973, das Schicksal Rhodesiens längst entschieden: im Grunde schon seit dem Oktober 1964, als die *Labour Party* in Großbritannien die Wahl gewann und der Entkolonialisierungsopportunist Harold Wilson — man darf füglich sagen, ein gegenüber den viktorianischen Imperialisten keineswegs weiserer, in seinen außenpolitischen Vorstellungen verbohrt-bornierter Mann — an die Macht kam. Seinem Ungeschick ist es zuzuschreiben, daß Ian Smith sich ein Jahr später vom Mutterlande lossagen konnte:

Im Oktober 1965 kam Smith nach London, gleich darauf, beim letzten Besuch Wilsons in Salisbury, brach der Konflikt offen aus.

Am 5. November erklärte Smith den Ausnahmezustand (State of Emergency), der nota bene bis heute, nach fast sechs Jahren des Regimes des schwarzen charismatischen Diktators Mugabe, alljährlich weiter verlängert wird.

Am 11. November kündigte Smith mit der »Unilateral Declaration of Indenpedence« die weitere Zugehörigkeit Rhodesiens zum britischen Commonwealth auf, proklamierte eine neue Verfassung und führte die Pressezensur ein. Damals versammelten sich schon, zunächst unter der unbestrittenen Führung Joshua Nkomos, den man später als »Vater Zimbabwes« ehrte, die Guerilleros aus den Stämmen des Schona- und des Matabelevolkes zum vom Ostblock großzügig mit Waffen versehenen »Befreiungskampf«. Damals war der — später evident von moskauhörigen Kommunisten übernommene — »Afrikanische Nationalkongreß« ANC noch eine fast ideologiefreie nationale Bewegung, mit dem Bischof Muzorewa an der Spitze. Noch 1973, als Taffy seine Spezialtalente entfalten durfte, konnte Muzorewa glaubhaft beteuern — er wurde noch Ende 1974 als dessen Vorsitzender bestätigt —, daß der ANC weder »marxistisch orientiert« sei noch »den Terror unterstütze«.

Die heroische Zeit des *Patriotischen Unabhängigkeitskampfes* und gnadenlosen schwarz-schwarzen Bürgerkrieges hatte damals erst begonnen.

Die verschiedenen Fraktionen, später im Scheinfrieden der *Patriotischen Front* zusammengefaßt, bekämpften einander mit allen Mitteln des Terrorkriegs um die Macht im künftigen Staate.

Durch Stammeszugehörigkeit und -feindschaft bestimmte Partisanenarmeen nahmen ihre Inkursionen von außen, aus Zambia und später auch aus Mocambique, gegeneinander und auch gegen Smiths Regime auf:

Joshua Nkomo, der fettwanstig-joviale Massenmörder aus der Kriegernation der Ndebele, mit den unerschöpflichen Waffenlieferungen der Sowjets;

Robert Mugabe, der intellektuell weit überlegene »Leninist«, der Apostat und letztendliche Sieger, mit den wesentlich bescheideneren Gaben der Chinesen.

Dies ist der Hintergrund der hier in Peter Stiffs und Taffys Buch berichteten, ebenso dramatischen wie durch und durch afrikanischen Ereignisse.

Johannesburg, im November 1985

1 Elias Canetti, »Masse und Macht«, S. Fischer, Frankfurt 1980.

2 R. Kapuściński, »The Emperor«, Picador, London 1984.

3 der damalige Außenminister der Regierung Thatcher

4 1890 nach dem Lord Salisbury genannt, einem fanatisch-imperialen Briten, viktorianischem Regierungschef und Miturheber des »Großen Burenkrieges« 1899—1902; heute Harare.

Wie man erfolgreich Zwietracht sät

Die »hohe Kunst« des Mörders »Taffy« und seiner Helfer

Von Andreas Razumovsky*

Robert Mugabes (und seiner ungezügelten Anhänger) neueste Espakaden gegenüber den Weißen Zimbabwes und den Gegnern im Matabele-Land geben zu Sorgen Anlaß. Manchen Kommentatoren und regierungsnahen Sprechern im benachbarten Südafrika indessen sind sie eine Lust. Hatte man doch neuerdings in Südafrika sogar schon eine gar nicht so schwache »Rückwanderungswelle« nach Zimbabwe registrieren müssen — von einigen tausend ehemaligen Rhodesiern, denen es nicht gelungen war, inmitten der Wirtschaftskrise in Südafrika eine neue Existenz zu gründen. Nun freut man sich: »Wir haben es immer schon gesagt, daß Herr Mugabe kein Demokrat ist, sondern ein kleinkarierter Vorstadtdiktator im Werden . . .« Und man hat natürlich damit recht: es ist die Wahrheit. Aber doch nicht die ganze Wahrheit.

Daß es eine andere Seite der Wahrheits-Medaille gibt, daran erinnert jetzt ein dieser Tage in Johannesburg auf den Markt gekommenes Buch. Es stammt von einem ursprünglich englischen Geheimdienstmann und Terroristen, der im weiteren Verlauf seiner Karriere, im Dienste der Regierung Ian Smith, durch einige Jahre hindurch im damaligen Rhodesien, unter anderem aber auch in Sambia, dem ehemaligen Nord-Rhodesien, fast nach Belieben — und erfolgreich — Mord, Verderben und Zwietracht um sich streuen durfte, wie der Landmann die Saat. Man könnte es »eine Beichte« nennen, dieses Buch, wenn der Autor irgend etwas bereute; dies tut er aber nicht: »Wir hatten Krieg, und mein Job war es zu töten.« Er brüstet sich umständlich seiner Taten. Wenn er etwas bedauert, dann nur, daß es ihm damals nicht gelungen ist — woran regelmäßig andere, meist hinderliche Vorgesetzte, schuld waren —, den späteren Ministerpräsiden-

*) Erschien in der FAZ am 13. Juli 1985.

ten Mugabe sowie dessen früheren Vorgesetzten, späteren Mitkämpfer und zuletzt Gegner, Joshua Nkomo, auch noch umzubringen.

Das Buch ist unter dem Autor-Namen des Peter Stiff erschienen, der schon mehrere Bücher über den rhodesischen Kolonialkrieg geschrieben hat; der Ich-Erzähler und Held erscheint unter dem Pseudonym »Taffy« — »der Code-Name des Führers des geheimsten auswärtigen Operations-Teams der ›Central Intelligence Organisation‹ CIO«. Der wahre Name Taffys wird nicht preisgegeben; es gibt Leute ähnlichen Zuschnittes in Johannesburg, die ihn kennen. Der normale Bürger tut gut daran, seine Nichtkenntnis der Nomenklatur solcher Art Reptilien zu behalten. Der Inhalt des Buches, an dessen »Authentizität« kaum ein Zweifel möglich ist — dazu ist das alles allzugut dokumentiert —, wird durch zwei Sätze aus dem Vorwort über die Qualitätsarbeit Taffys und seiner Helfer gut charakterisiert: »Es gelang ihnen auf das brillanteste, einen Spalt zwischen den beiden in Sambia residierenden Hauptgruppen des terroristischen Feindes zu treiben, zwischen Robert Mugabes Zanu und Joshua Nkomos Zapu, einen Spalt, der fortwirkt bis auf den heutigen Tag. Sie führten beide Gruppen an der Nase herum, in einem rasenden Tanz des Todes und der Zerstörung, indem sie in jeder der Parteien die Überzeugung weckten, jeweils die Rivalen seien die Übeltäter.«

Die Bekenntnisse und akribischen Berichte des Massenmörders Taffy werden in der Tat die Historiographen der Werdung Zimbabwes zur Revision ihrer Bücher zwingen. Selbst eine so hervorragende Kennerin dieser Vorgeschichte wie Diana Mitchell (Universität von Harare) wäre wohl nie auf die Idee gekommen, daß der Mord an dem damaligen Vorsitzenden der Zanu, Herbert Chitepo — der Mord, der jegliche »freiheitskämpferische« Aktion in Rhodesien doch tatsächlich für 18 Monate stoppte — nicht ein Ausfluß »innerfraktioneller Machtkämpfe« gewesen war, worauf ja alle Anzeichen damals hingewiesen hatten, sondern eine Tat der CIO: der geheimen Mordspezialisten von Ian Smith.

»Taffy« beschreibt, wie er einen der obersten Funktionäre der Zapu, Jason Moyo, mittels einer Briefbombe tötet — und die zu den Tätern führenden Fäden kunstvoll im Hauptquartier der Zanu in Lusaka verknüpft. Und der Leser erfährt über Dutzende von Angriffen auf Eisenbahnzüge, Benzindepots, öffentliche Gebäude Sambias, und Wohnkasernen und Kommandozentralen jeweils der Zanu und der Zapu in Lusaka, Angriffen mit Raketen, Sprengladungen, Kanonen und Maschinenwaffen — es wurde grundsätzlich ausschließlich Material sowjetischen Ursprungs benutzt —, die Hunderte von Menschenleben kosteten.

Für alle solche Taten ist »Taffy« ein hervorragend ausgebildeter Spezialist: Er hat seinen Unterricht und erste Praxis im britischen S.A.S. genossen; über den berichtet er mehr, als es dessen Oberkommando lieb sein dürfte. Taffy ist auf sein Spezialistentum nicht wenig stolz: Als er endlich den Auftrag hatte, Chitepo zu töten, brauchte er geraume Zeit, dessen versteckten Wohnsitz in Lusaka auszumachen; sein einziger Mitarbeiter und er konnten, emsig, diesen dann doch ausforschen: »Nun wußten wir, wo er lebte, und damit war er schon so gut wie tot. Wir brauchten allerdings dann noch ein paar Tage, um die Art zu wählen, ihn zu töten.«

Wie alle großen Künstler — »Taffy« ergeht sich gerne, auch theoretisch, über die hohe »Kunst des Mordens« — hat er eine Sache sehr ungern, und zwar wenn ihm einer hineinredet, oder gar ihm »von oben« ins Handwerk pfuscht. Über zwei wirklich frustrierende solcher Erlebnisse berichtet er minutiös: ganz am Anfang, als er, noch als Kombattant des britischen S.A.S., führend bei der Vorbereitung eines Attentats auf Oberst Gaddafi mitwirkt — und erst im letzten Moment von der Ausführung Abstand nehmen muß, wegen eines Vetos der Amerikaner, die dies später gewiß oft genug bedauert haben, wie er im nachhinein grimmig sinniert; und ganz zuletzt, als es ihm doch nicht gelungen ist — das kränkt ihn schon genug in seiner Berufsehre — zu verhindern, daß aus Rhodesien Zimbabwe werde, und »Taffy« noch während der Lancaster-House-Verhandlungen beauftragt wird, Robert Mugabe in die Luft zu sprengen — diesmal nicht in den finsteren Gassen Lusakas, sondern mitten in London in einem Hotel: Und auch diesmal wird durch Intervention »von oben« sein mit größtem Sachverstand und logistischer Konsequenz schon komplettiertes Mord-Kunstwerk vernichtet.

Ganz umsonst jedenfalls, dieser Trost ist »Taffy« gewiß, hat er seine hohen Künste nicht geübt. Wenn jetzt, nach den Parlamentswahlen in Zimbabwe, in Vororten Harares Zanu-Frauen und -Kinder (die doch sonst normalerweise Gegenstand, Opfer des Terrors sind) Zapu-Repräsentanten und -Sympathisanten umbrachten, dann geht dieser nie mehr bewältigbare, niemals mehr bezähmbare Haß unter »Kollektiven« nicht zuletzt auch auf die Zwietracht zurück, die so meisterhaft wirkungsvoll der einsame Virtuose der hohen Mordkunst an Ort und Stelle gestreut hat. Dieses Buch ist in Südafrika verlegt und gedruckt. Es erscheint rechtzeitig, um das südafrikanische Publikum hellhörig vor allem dafür zu machen, daß es Phänomene gibt, die nur allzu häßlich klingen — in den Tonarten der hohen Kunstwerke des »Taffy«.

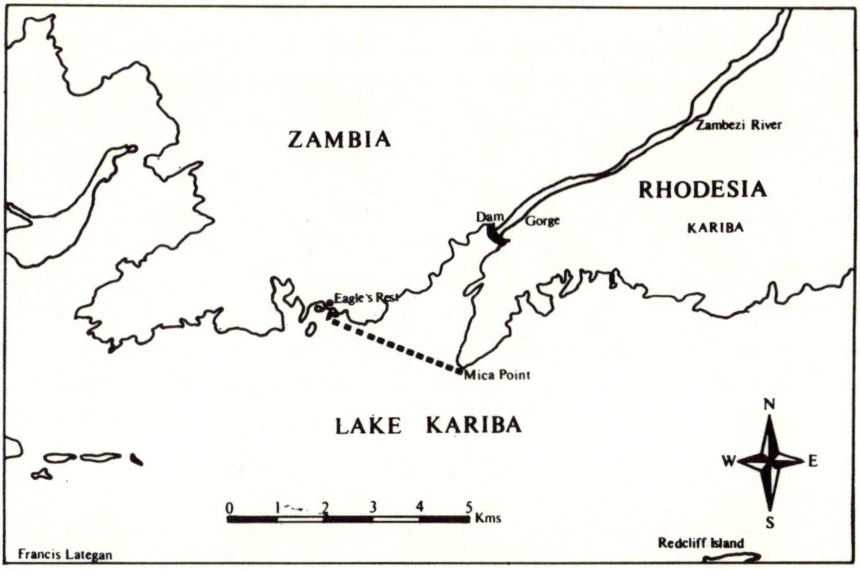

M1 Route der Klepper-Faltboote, mit denen für das CIO-Team Waffen von Mica Point in Rhodesien nach Eagle's Rest in Sambia transportiert wurden.

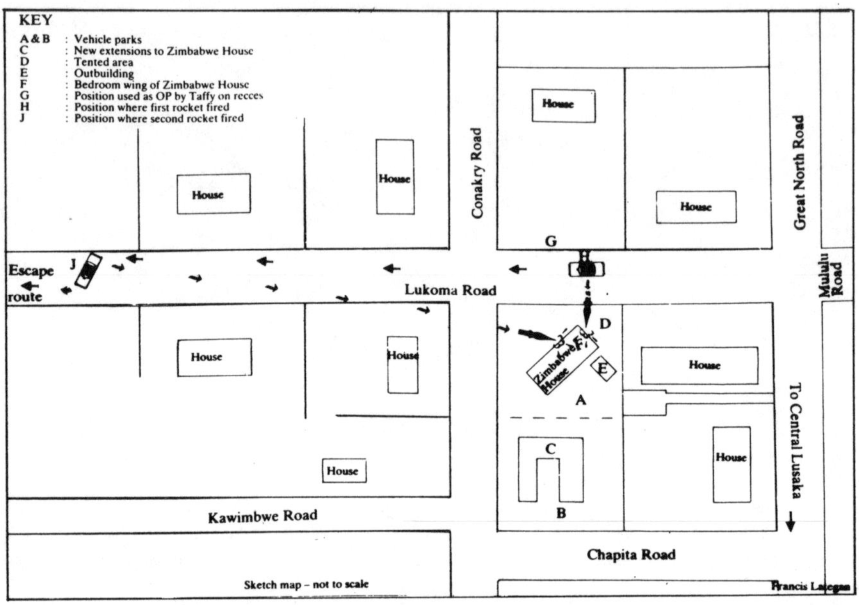

M2 Skizze des Raketenangriffs im Juli 1977 auf Zimbabwe House, Hauptquartier der ZANU in Lusaka.

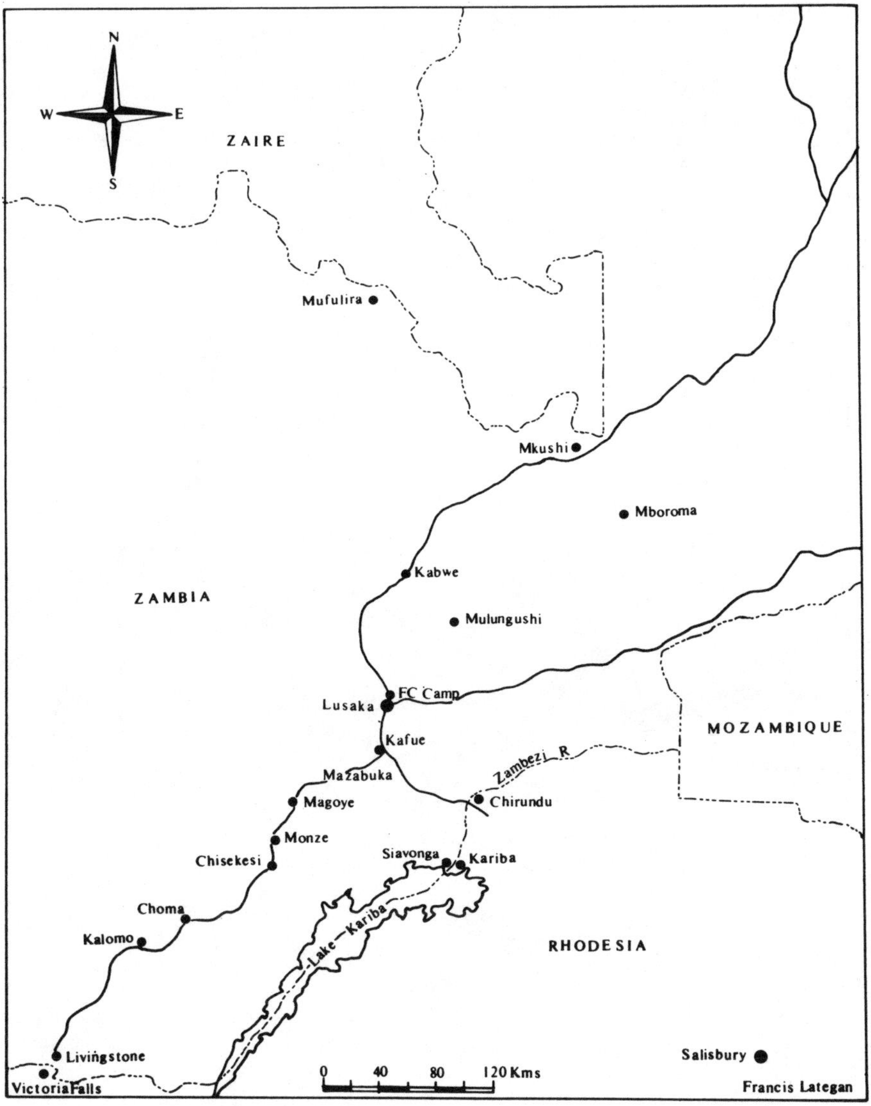

M3 Übersichtskarte von Sambia

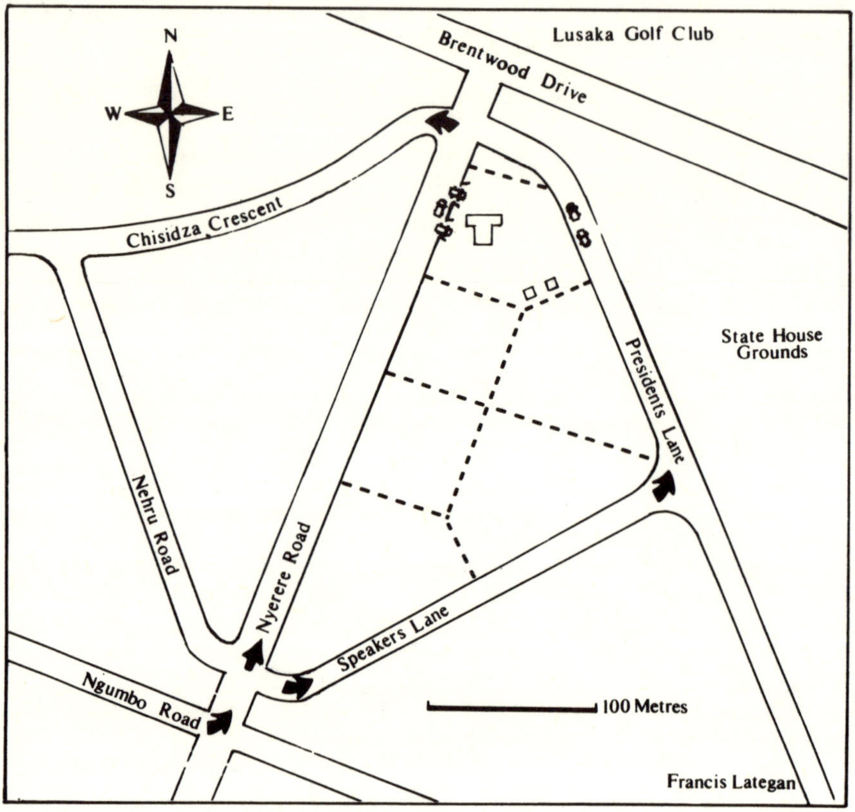

M4 Skizze des SAS-Überfalls auf Joshua Nkomos Haus

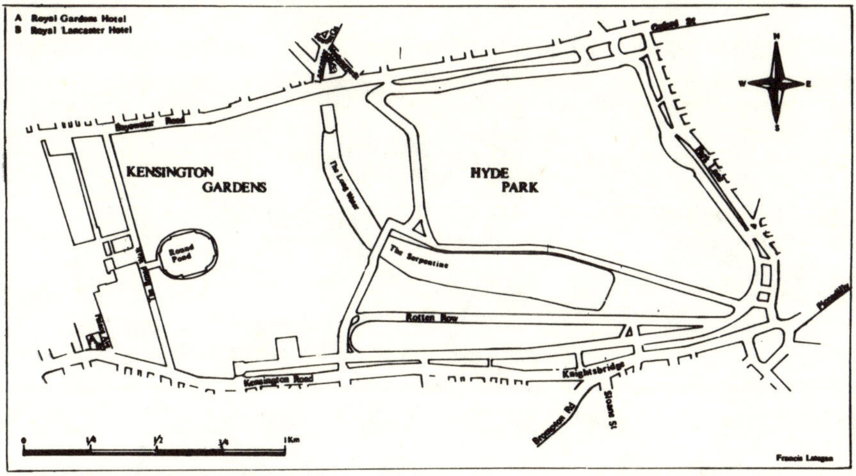

M5 Skizze des Londoner Hotels, wo Robert Mugabe und Joshua Nkomo abgestiegen waren während der Lancaster-House-Gespräche über die Zukunft Rhodesiens. In den Foyers sollten Bomben deponiert werden.

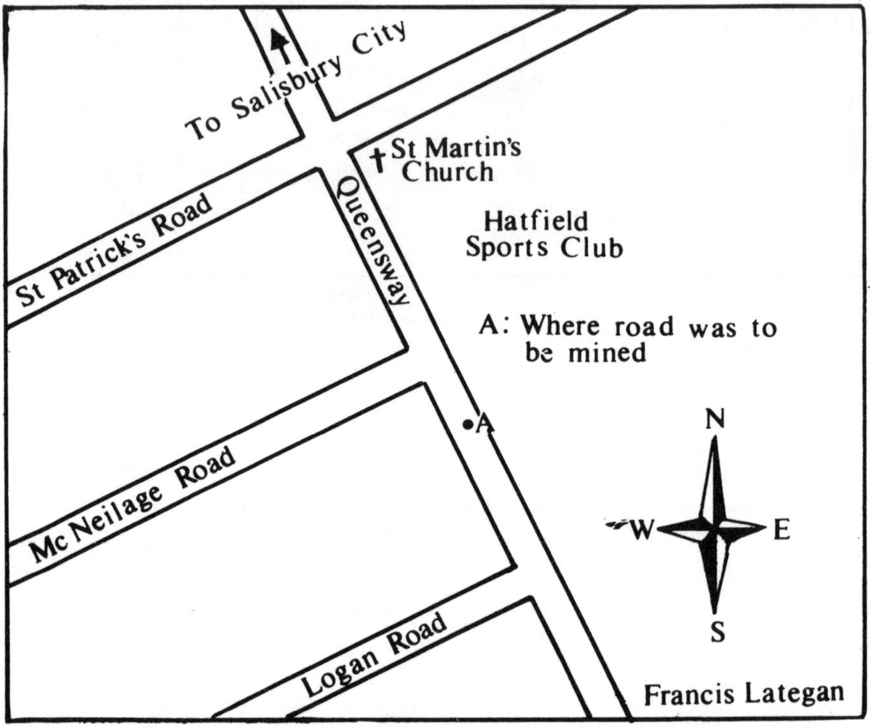

M6 Skizze der Stelle, wo Taffy die Straße vom Salisbury Airport ins Zentrum von Salisbury verminen und Robert Mugabe nach seiner triumphalen Rückkehr nach Rhodesien 1980 töten wollte.

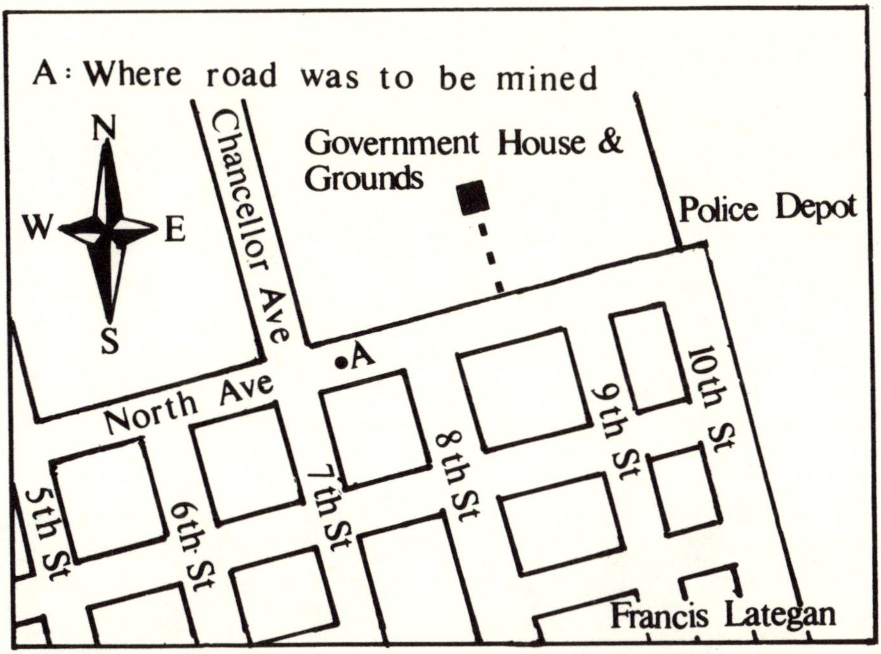

M7 Skizze der Stelle, wo Taffy die Straße vor dem Gouvernment House in Salisbury verminen sollte. Er hatte vor, Robert Mugabe zu töten, wenn dieser einen seiner regelmäßigen Besuche bei Lord Soames machte, um sich über die Behandlung der ZANU durch die Polizei zu beschweren.

Bibliographie der Originalausgabe

Dieses Buch ist überwiegend nach Originalunterlagen entstanden, hauptsächlich von »Taffy«, Codename eines ehemaligen britischen 22-SAS-Soldaten, der das CIO-Geheimdienst-Team anführte – das Thema dieses Buchs –, sowie nach umfangreichem Material über das rhodesische Sicherheitswesen, das sich im Besitz des Verfassers befindet.

Im Nachhinein ist jedermann klüger, und ein Schriftsteller, der einen historischen Bericht schreibt, sieht sich der Versuchung ausgesetzt, Material zu verwenden, von dem der Ich-Erzähler nichts wissen konnte, als die erzählten Ereignisse stattfanden. Wenn solches Material verwendet wird, gibt es oft eine falsche Perspektive und ein falsches Zeitgefühl. Doch mit dem Rhodesischen Krieg ist es genauso wie wenn man über die »Luftschlacht um England« schreibt, bei der man nicht umhin kann, tatsächliche Verlustzahlen (nach dem Krieg bekanntgeworden) mit den von Piloten behaupteten Abschußzahlen zu vergleichen. Beispielsweise wurden detaillierte Informationen über die Auswirkungen von Chitepos Ermordung auf die Kriegsführung der ZANLA, die zu der Zeit nicht bekannt waren, mit aufgenommen, um zu zeigen, wie umfassend die Planung der CIO aufging. Aus dem gleichen Grund wurde auch zu anderen Aspekten zusätzliches Material aufgenommen.

In Anbetracht der Tatsache, daß sich fast die ganze Welt gegen das Land verschworen hatte, waren die Erfolge des rhodesischen Geheimdienstes oft bemerkenswert, wenn man die »Billig-Methoden« bedenkt, die angewandt werden mußten wegen der Knappheit an Finanzen und Material – eine Folge der gut 15 Jahre währenden UN-Sanktionen. Vieles bleibt noch zu sagen, aber dieses Buch ist der erste authentische Bericht über die Operationen des rhodesischen Geheimdienstes CIO. »The Assassination of Chitepo« von David Martin und Phyllis Johnson (Zimbabwe Publishing House, März 1985) befaßt sich mit einigen Aspekten dieses Buches, doch die Autoren konnten sich fast nur auf Gerüchte stützen, so daß vieles an dem Bericht unkorrekt ist.

Das gleiche gilt für den Plan des britischen MI-6 zur Ermordung des libyschen Oberst Gadaffi. Obwohl dies in zahlreichen Veröffentlichungen erwähnt wird, war bis jetzt die einzige maßgebliche Quelle das Buch »The Hilton Assignment« von Seale und McConville (Fontana 1973), in dem ein Teil der Story enthüllt wird, doch die Autoren hatten mit der Schwierigkeit zu kämpfen, daß sie beim Schreiben nicht auf die Unterstützung von Einsatzagenten zurückgreifen konnten.

Die folgenden Veröffentlichungen boten bei der Erstellung dieses Buches allgemeines Hintergrundmaterial:

BÜCHER:
Cary, Robert and Diana Mitchell – Who's Who – African Nationalist Leaders in Rhodesia (Books of Rhodesia 1977); Cole, Barbara - The Elite - The Story of the Rhodesian SAS (Three Knights 1984); Dickens, Peter – SAS – The Jungle Frontier (A and AP 1983); Geraghty, Tony – Who Dares Wins (A and AP 1983); Martin, David and Phyllis Johnson – The Struggle For Zimbabwe (Faber and Faber 1981); Nkomo, Joshua – The Story Of My Life (Methuen 1984); Terrorist Weapons' Handbook (Rhodesian Intelligence Corps – official publication); Stiff, Peter – Selous Scouts Top Secret War als told by Col Ron Reid Daly (Galago 1982); Stiff, Peter – Selous Scouts – A Pictorial Account (Galago 1984)

ZEITUNGEN:
Times of Zambia; Chronicle (Bulawayo); Daily Mail (Sambia); News Of The World (London); Rand Daily Mail (Johannesburg); Rhodesia Herald

AMTLICHE DOKUMENTE:
Gerichtsakte SSP/269 des Lusaka Subordinate Court von 1978 (Prozeß gegen Ian Sutherland in Sambia)

Bildnachweis
Sammlung Peter Stiff – 7,8,10,11,12,13,14,16,17,18,27,28 (RDM), 29,32,33, 34, 35, 36, 38, 39, 42, 43, 44; Associated Press – 1, 2, 4; Don Hollingworth – 5, 15; RIS – 5, 37; Clive Mocke – 22, 40; Times of Zambia – 19, 20, 21; Rhodesia Herald- 23, 24; Chris Vermaak – 28 (Nkomo); Nato Barnard – 45; Gionalfoto – 3; Francis Lategan – Karten 1-7 auf den Seiten 325 bis 331.

Anmerkung des Übersetzers:
Bei geografischen Bezeichnungen und Eigennamen wurde, soweit gebräuchlich, die eingedeutschte Schreibweise verwendet. Zum Verständnis der Namen der Befreiungsbewegungen und ihrer Abkürzungen (ZANU, ZAPU etc.) ist zu beachten, daß Simbabwe und Sambia im Englischen »Zimbabwe« und »Zambia« heißen.